中国物流技术协会推荐教材

面向"十三五"物流专业工学结合规划系列教材

# 物流与供应链管理

供应链是围绕核心企业，通过对信息流、物流、资金流的控制，从采购原材料开始，制成中间产品以及最终产品，最后由销售网络把产品送到消费者手中的将供应商、制造商、分销商、零售商、直到最终用户连成一个整体的网链结构和模式。

WULIU YU GONGYINGLIAN GUANLI

主　编　莫柏预　秦龙有
副主编　戴国武　王志琪

中国商业出版社

图书在版编目(CIP)数据

物流与供应链管理/莫柏预,秦龙有主编.—北京:中国商业出版社,2020.2(重印)
ISBN 978-7-5044-5851-3

Ⅰ.物… Ⅱ.①莫…②秦… Ⅲ.①物流-物资管理-高等学校;技术学校-教材②物资供应-物资管理-高等学校;技术学校-教材 Ⅳ.F252

中国版本图书馆 CIP 数据核字(2007)第 039372 号

责任编辑:刘毕林

中国商业出版社出版发行
010-63180647　www.c-chook.com
(100053　北京广安门内报国寺 1 号)
新华书店经销
北京京丰印刷厂印刷
\* \* \* \* \*
787×1092 毫米　开本:1/16　印张:17.75　字数:320 千字
2007 年 9 月第 1 版　2020 年 2 月第 3 次印刷
定价:45.00 元
\* \* \* \*
(如有印装质量问题可更换)

# 序

当前物流不仅在我国,就是在世界范围也已经成了经济活动的热点!因为随着市场国际化、采购全球化,生产布局也随市场采购一道全球化了,这就大大地加长了供应链。而电子信息网络技术的发展,已把供应链加长对商流、信息流和资金流造成的不利影响解决掉了,从而使物流的效率对整个生产与营销成本的影响突显出来,引起了大家的关注。中国已成为世界的加工厂,其物流需求极大,在国内物流企业快速发展的同时,国外的物流企业也纷纷进入中国,物流市场竞争极为激烈,这就更加剧了我国物流人才短缺的状况。所以,各院校纷纷设立物流专业,以满足市场对物流人才的迫切需求。在解决需求方面,高端的如研究生、本科生等参与的单位很多,但在高职、中专方面关心的就少多了。这主要是由于人们对物流人才市场缺乏了解,加上我国的学生与家长们望子成龙的心太迫切,殊不知人才的需求也是综合的,尤如一架机器上的各个部件一样,是缺一不可的。为什么有些产品我们都喜欢原装的?这不是输入到中国的零部件有问题,主要是我们的操作人员在领会设计意图,理解操作规范和实际动手装配上,较之国外的企业有较大的差距。为此,国家教育部特别强调在大、中专学生培养中一定要加强实操能力的培养与训练。在重视高层物流经营与管理人才培养的同时,也要特别关心物流职业技术教育,培养和造就一大批有一定的基础理论知识,又了解物流第一线生产实际状况,并具备岗位实操能力的物流人才。

为解决上述问题,中国物流技术协会与全国职业教育教学培训委员会商贸专业委员会合作进行了物流专业教师物流实践知识的培训,在海尔、昆船、红河、北京西南物流中心等国内著名企业里现场进行物流生产知识的讲授和参观、考察与研讨,丰富教师的物流生产实践知识;考察中教师们还对生产线进行了拍照和录像,带回学校作为课堂教学的素材,配合课堂讲解增强学生们对物流生产的感观认知度。在此基础上我们又做了大量的调研,分析了教学方面对教材的质量与专业性的要求,在兰州召开了"现代物流职业教育教材"编写研讨会,提出编写一套物流管理与实训相结合的系列教材。该系列教材共有14本,既系统地涵盖了目前物流专业教育的教学内容,又有针对性地培养学生的职业技能。

本系列教材在突出实用性技能的同时,也编进了一定量的物流领域新知识、新技术和新概念。除了可作学校教学使用外,也可作为企业人才培训和物流从业人员自我提高的辅导材料。

中国物流技术协会 牟惟仲

# 前　言

人类进入21世纪后,以新型流通方式为代表的连锁经营、物流配送、电子商务等产业发展迅速,加之经济全球化趋势明显增强,给世界各国经济发展带来了前所未有的机遇。被誉为"第三利润源泉"的现代物流产业,在国民经济建设与社会发展中发挥着愈来愈重要的作用。在原材料、设备、劳动力、成本的压缩空间趋于零后,对成本的控制将转为物流领域,因此,发展现代物流产业对优化资源配置、降低生产成本、提高经济效益,从而增强市场竞争力具有十分重要的意义。物流产业的发展,将成为衡量一个国家现代化程度和综合国力的重要标志之一,它又被称为经济发展的"加速器"。

我国加入WTO以后,物流业是最先对外开放的行业之一,实现物流一体化、发展第三方物流、与国际物流企业竞争,已引起各级政府部门和众多国内大企业的重视,如海尔公司、一汽大众公司等,率先组建自己的物流公司。但是由于我国对物流研究相对滞后,物流技术水平相对落后,使得培养出的人才参差不齐,与国外物流产业人才相比,主要体现在人员素质以及物流知识和技能与实践脱节,很难满足社会对物流人才的要求。在加强高层次物流经营与管理人才培养的同时,最好大力发展物流职业技术教育,培养和造就大批物流生产第一线技术操作和运作管理的应用型人才。

从总体上看,我国物流职业教育方面刚刚起步,还没有真正形成一个较完整的职业教育体系,在课程设置、教材选取、培养方向等方面缺乏规范性。物流业既是一个跨行业、跨部门的复合产业,又具有劳动密集型和技术密集型相结合的特征。在此情况下,由全国职业教育教学培训委员会商贸专业委员会组织编写了这套教材,该系列教材针对培养学生的职业技能,精练理论,并突出实用性技能,充分体现物流领域的新知识、新技术、新思想和新方法。

"现代物流管理"系列教材共14本,由经济管理出版社和中国商业出版社分别出版。《物流与供应链管理》是该系列教材中的一本。随着科学技术的迅猛发展和经济全球化趋势的增强,世界各国经济发展面临着前所未有的机遇与挑战。从中央到地方,都已将物流作为提高市场竞争能力、提高企业核心竞争力的重要手段。

本书主编是广西财经学院的莫柏预副教授和广西商业学校的秦龙有高级讲师,副主编是海南商业学校的戴国武博士和安徽财贸职业学院的王志琪副教授。其中,第一、二、三章由莫柏预副教授编写;第四、五、六章由秦龙有高级讲师编写,第七、八章由戴国武博士编写;第九、十章由王志琪讲师编写。全书最后由莫柏预总纂。

在本书的编写过程中,借鉴了国内外许多专家学者的学术观点,参阅了许多报刊和网站的报道资料,在此表示感谢。

由于时间仓促和水平所限,书中难免有不妥之处,敬请读者批评指正。

编　者<br>2020年2月

# 目 录

**第一章　物流概述** ········································································ (1)
　　第一节　物流的概念 ································································· (2)
　　第二节　物流的分类 ································································· (5)
　　第三节　物流的作用 ································································· (9)
　　第四节　国内外物流发展概况及趋势 ········································· (11)
　　第五节　物流管理的概念、目标和内容 ······································· (23)

**第二章　物流的功能要素** ····························································· (27)
　　第一节　运输 ··········································································· (28)
　　第二节　保管 ··········································································· (36)
　　第三节　装卸搬运 ···································································· (40)
　　第四节　包装 ··········································································· (47)
　　第五节　物流信息 ···································································· (50)
　　第六节　流通加工 ···································································· (61)

**第三章　供应链管理概述** ····························································· (63)
　　第一节　供应链的定义及特征 ···················································· (66)
　　第二节　供应链类型 ································································· (71)
　　第三节　供应链管理的概念及特点 ············································· (73)
　　第四节　供应链管理的目的及内容 ············································· (75)
　　第五节　供应链管理的基本原则与实施步骤 ································ (77)
　　第六节　供应链管理的实现方法 ················································· (79)
　　第七节　实施供应链管理的意义 ················································· (84)
　　第八节　供应链管理与物流管理的关系 ······································· (88)

## 第四章　供应链管理的基本业务流程 …………………………………… (89)
### 第一节　采购管理 ……………………………………………………… (95)
### 第二节　库存管理 ……………………………………………………… (102)
### 第三节　客户关系管理 ………………………………………………… (105)
### 第四节　供应商管理 …………………………………………………… (112)

## 第五章　供应链管理的信息技术 ………………………………………… (113)
### 第一节　供应链管理中的信息技术概述 ……………………………… (117)
### 第二节　条码技术 ……………………………………………………… (123)
### 第三节　射频识别技术 ………………………………………………… (127)
### 第四节　地理信息系统技术 …………………………………………… (131)
### 第五节　电子数据交换技术 …………………………………………… 138

## 第六章　供应链管理的信息系统 ………………………………………… 138
### 第一节　快速反应（QR）方法 ………………………………………… 140
### 第二节　有效客户反应（ECR） ………………………………………… 147
### 第三节　电子订货系统（EOS） ………………………………………… 154
### 第四节　销售时点信息系统（POS） …………………………………… 157
### 第五节　配送需求计划（DRP） ………………………………………… 159

## 第七章　供应链构建 ……………………………………………………… 165
### 第一节　供应链的构建 ………………………………………………… 165
### 第二节　供应链设计的原则 …………………………………………… 166
### 第三节　供应链的系统结构模型 ……………………………………… 168
### 第四节　供应链设计的重要问题 ……………………………………… 171
### 第五节　供应链的设计策略 …………………………………………… 174
### 第六节　供应链结构中的企业角色 …………………………………… 179
### 第七节　供应链设计步骤 ……………………………………………… 187

## 第八章　物流与供应链管理战略 ………………………………………… 196
### 第一节　物流战略管理概述 …………………………………………… 197
### 第二节　物流战略管理 ………………………………………………… 199
### 第三节　物流企业战略 ………………………………………………… 204
### 第四节　供应链战略合作伙伴关系 …………………………………… 207

# 第九章 物流与供应链管理绩效评价 ............ 219
## 第一节 绩效评价概述 ............ 219
## 第二节 物流绩效评价 ............ 225
## 第三节 供应链绩效评价 ............ 232
## 第四节 供应链绩效报告 ............ 249

# 第十章 绿色供应链管理 ............ 256
## 第一节 绿色供应链管理的含义 ............ 257
## 第二节 绿色供应链管理体系的内容 ............ 260
## 第三节 绿色供应链管理的发展 ............ 265

# 第一章 物流概述

\* 本章主要内容
- 物流的概念
- 物流的分类
- 物流的作用
- 国内外物流发展概况及趋势
- 物流管理的概念、目标和内容

---

\*
**沃尔玛"天天平价"奥秘在物流**

"我们的'天天平价'不是来自于外界所传言的榨干供应商和低工资低福利,而是依靠改善和提高我们物流体系的效率来节约成本。物流供货系统是沃尔玛的核心竞争力所在。"

2004年3月12日,沃尔玛中国物流总监戴浩文专程来京参加中国企业采购与供应链管理高层论坛。在这个有麦肯锡、惠普、Oracle以及索尼爱立信等跨国公司物流与信息主管参加的论坛上,戴浩文演讲的题目是"沃尔玛中国公司的物流体系和机遇"。由于沃尔玛在全球零售业乃至全球"500强"中多年来的"老大"地位,尤其是在物流信息流控制方面也早闻名业界,因此戴浩文的演讲格外引人注目。

平价要靠现代物流

戴浩文说,在沃尔玛,物流配送体系的重要性仅次于员工,如果说员工对沃尔玛健康发展的重要程度是75%的话,物流几乎占了余下的25%。因为顾客之所以能在沃尔玛以最低价格买到最优的产品,在很大程度上都依赖于物流体系在发挥作用。

在戴浩文看来,沃尔玛的"天天平价"不是像其他零售商那样来自对供应商收取各种进场费等方式的"盘剥",更不是来自对内部员工克扣工资降低福利待遇的"压榨",而是从不断改善和效率提升的物流配送体系中降低成本,从而进一步降低商品价格。沃尔玛中国公司目前在深圳和天津一南一北分别建有两大配送中心,分别负责沃尔玛在东北和南部的商品配送工作。戴浩文认为,正是依靠南北两大配送中心的集中配送(大型送货卡车主要在夜间工作),沃尔玛有效控制了商品的成本、交货时间以及供应商的订单满足率。

对于这一点,戴浩文显得格外自豪。他进一步介绍说,通过对供应链的有效整合,沃尔玛借助 POS 自动补货系统,可以实现配送中心和每个商店的现货最大化和多余库存最小化。这样,进入沃尔玛配送中心的商品可以做到无滞留地于当天直接转送到各店,从而减少了库存,加速了流通速度。

**完成"不可能完成的任务"**

但戴浩文还不满足于这一点,他给物流部门定下的量化目标:实现 98.5%的现货率和 100%的供应商订单满足率。这个目标对别的企业来说,几乎是"不可能完成的任务",但在戴浩文看来,凭借沃尔玛全球的技术和经验支持,沃尔玛中国应该也必须完成这一任务。

在加盟沃尔玛之前,戴浩文是沃尔玛的一家第三方物流服务公司老板。由于其出色的管理和服务水平,戴浩文被招聘进了发展空间更具想像力的沃尔玛体系中。尽管在中国工作已 8 年(沃尔玛 3 年),戴浩文已经是一个不折不扣的"中国通",但在刚刚起步的中国物流市场,仍有许多让戴浩文感到非常无奈的地方。

最让戴浩文感到为难的,是国内各成体系、地方保护主义严重的地方货运系统:中央没有一个全国性的物流政策,各地方政府的物流体系与标准又各不相同,每个省都建有自己的运输配送体系,而全国性的运输网尚未建立起来,这对沃尔玛这样需要在全国范围内实现大规模物流配送的公司造成了较大的阻碍。

此外,目前国内的货运公司基本都是整车起运,没有那种全国范围内的门对门个性化运输服务,国外早已普遍采用的大型拖车设备(53 英尺超大挂车)在国内运输中还很少;物流公司对货物在运输过程中的信息追踪能力非常弱。这些都在无形中加大了沃尔玛等的物流配送成本。正因为如此,也曾有分析家认为,沃尔玛等在华零售企业仍一直处于亏损状态的一个重要原因,就在于其灵活高效的物流配送优势在中国还无法展现。由于开店数量不多及分散的原因,其深圳与天津的两大配送中心的规模递增成本递减的效应暂时无法显现。

物流需适应中国国情,对此,戴浩文也不得不承认,中国充足而廉价的劳动力资源,使得沃尔玛这样善于依靠自动化设备的跨国企业优势难以发挥。比如,现在很多供应商都依靠员工对货物进行手工贴标签,这并不需要太多技术性,成本还很低。这样一来,供应商建立自动化的货物识别体系的压力就不大。

尽管如此,沃尔玛仍一直在努力提高其在华物流供货体系的信息化水平。据戴浩文透露,目前沃尔玛中国公司正在尝试着将一种先进的无线射频技术引入中国,这种不需高额成本的技术将有助于沃尔玛进一步降低商品管理成本,从而降低商品价格。但由于这一技术在美国也才刚开始试用,中国还没有国家标准,因此何时才能在中国大规模推广还不得而知。

## 第一节　物流的概念

### 一、"物流"一词的由来

物流概念最早出现在 20 世纪初的美国,当时被称为"Physical Distribution"(即 PD),中文意思是"实物分配"或"货物配送"。PD 这一概念最早由一位叫阿·奇萧(Arch Shaw)的美国市场营销学者提出。他在 1915 年出版的《市场流通中的若干问题》一书中指出:"物流(Physical Distribution)是与创造需求不同的一个问题……流通活动中的重大失误都是因为创造需求与物流之间缺乏协调造成的。"这里,明确地将企业的流通活动分为创造需求的活动和物流活动,Market Distribution 指的是商流;时间和空间的转移指的是销售过程的物流。书中还提出:"物资经过时间或空间的转移,会产生附加价值。"这是首次提到物流创造价值,也是对传统经济学观点"生产创造价值,而流通不创造价值"的突破。20 世纪 20 年代,美国著名营销专家弗雷德·E·克拉克(Fred E·Clark)在研究市场营销问题时再次使用这一概念,泛指一切与产品销售有关的实物配送活动。1935 年,美国销售协会正式定义了"Physical Distribution",对其作了进一步阐述,认为"物流(Physicai Distribution)是包含于销售之中的物质资料和服务在从生产场所到消费场所的流动中所伴随的种种经济活动。"此时的物流指的是销售过程中的物流,侧重于商品的物质移动,属于狭义的物流概念范畴,还不是现代意义上的物流。第二次世界大战后,西方经济进入大量生产、大量销售的时期,降低流通成本的矛盾引人注目,实物分配(PD)的概念更为系统化。20 世纪 50 年代,PD 的概念在日本被译为"物的流通",日本著名学者、被称为物流之父的平原直就用"物流"这一更为简捷的表达方式代替"物的流通",之后迅速地被广泛使用。我国许多文献中也是按 PD 的概念来阐述物流的。

另一方面,第二次世界大战期间,围绕着军事战时物资的供应管理,美国创立了"后勤管理"(Logistics Management)理论,它是指将战时物资生产、采购、运输、配给等活动作为一个整体进行统一布置,以使战略物资补给的费用更低、速度更快、服务更好。实践证明这一理论很有效,战后这一理论逐渐由军事领域渗透到工商领域,在企业中广泛应用,后来又有商业后勤、流通后勤的提法,这使得后勤包含了生产过程和流通过程的物流,而且是一个范围更广泛的物流概念。

到了 20 世纪 60 年代,美日欧经济危机以及日本和亚洲四小龙等新兴工业化国家和地区的出现,加之 70 年代西方国家爆发的两次"石油危机",使企业开始意识到重视物流系统的能源与供应管理的重要性,导致企业物流管理开始走向制度化。物流概念开始从 Physical Distribution 向 Logistics 过渡,并已被广泛接受。物流理论实现了从一个狭小的应用领域(具体的流通领域或者军事领域)向一个更加广阔的空间(一般的供应链)的飞跃,物流概念也实现了从狭义的传统物流向广义物流或者是现代物流转变。成立于 1963 年的美国物流管理协会作为世界上比较有影响的物流协会,在 1985 年下半年将其名称从 National Council of Physical Distribition Management(NCPDM)更名为 Council of Logistics Management(CLM),Logistics 取代 Physical Distribution 成为物流的标准用语。目前,欧美国家中把物流称作 Logistics 的多于称作 Physical Distribution。

日本的物流概念是 1956 年直接从英文的 Physical Distribution 翻译而来的,1956 年日本派团考察美国的流通技术,引进物流概念。到了 20 世纪 70 年代,日本已成为世界上物流最发达的国家之一。

我国现在广泛使用的物流概念,主要是在 20 世纪 70 年代末 80 年代初从日本的"物流"概念引进的。

## 二、物流的基本概念

物流概念产生后,物流问题在西方发达国家引起广泛关注。许多国家加强了对有关物流问题的研究,美国、欧洲、日本等纷纷成立国家或区域性物流协会或学会,一些跨国公司成立物流部,统一协调和管理公司物理活动。物流概念的界定也成为物流理论研究的重要内容。自

20世纪60年代以来,这些物流定义层出不穷,现在很难统计到底有多少机构或组织给出了物流的定义。这里只能列举一些有权威性的定义。

日本日通综合研究所1981年的《物流手册》认为:"物流是将货物由供应者向需求者的物理性移动,是创造时间价值和场所价值的经济活动,包括包装、搬运、保管、库存管理、流通加工、运输、配送等活动领域。"

1986年,美国物流管理协会正式给物流的定义:"所谓物流,就是为了满足顾客需要而对原材料、半成品、成品及其相关信息从产地到消费地有效率或有效益的移动和保管进行计划、实施、统管的过程。这些活动包括但不局限于顾客服务、搬运及运输、仓库保管、工厂和仓库选址、库存管理、接受订货、流通信息、采购、装卸、零件供应并提供服务、废弃物回收处理、包装、退货业务、需求预测等。"随着现代物流以及相关领域(如供应链管理)时间和理论研究的发展,1998年该协会对物流概念做了局部的修订,认为:"物流是供应链流程的一部分,是为了满足客户需求而对商品、服务及相关信息从原产地到消费地的高效率、高效益的正向和反向流动及储存进行的计划、实施与控制过程。"

欧洲物流协会(ELA European Logistics Association)1994年公布的物流术语中,对物流下了这样的定义:"物流是在一个系统内对人员或商品的运输、安排及与此相关的支持活动的计划、执行与控制,以达到特定的目的。"

台湾物流管理协会(Taiwan Association of Logistics Management)于1996年1月给出的物流定义为:"物流是一种物的实体流通活动的行为,在流通过程中,透过管理程序有效结合运输、仓储、装卸、流通加工、资讯等相关物流机能性活动,以创造价值,满足顾客及社会性需求。"这一定义与美国物流管理协会的定义相似。

2001年,我国国家标准《物流术语》对物流下的定义是:"物品从供应地向接收地的实体流动过程。根据实际需要,将运输、储存、装卸、搬运、包装、流通加工、配送、信息处理等基本功能实施有机结合。"

从上面的这些定义来看,尽管表述不同,但对物流的本质理解是一致的。即:物流的实质是通过产品与服务及其相关信息在供给点与消费点之间的加工、运输与交换,以低成本提供用户满意的服务,从而实现价值,是密切市场经济中供求关系的网络组织。它主要涵盖以下方面的内容:

1. 物流的对象既包括有形的"物"即传统上认知的一般性物品,如农、畜、渔、原材料、在制品、零部件、产成品、邮件、包裹、废弃物等,也包括无形的信息和服务等传统上不能被认知的特殊性物品,如电力、信用卡、物流服务和废弃物清理服务等。这一点在美国物流管理协会的物流定义中可以看出,物流管理的对象是物品、服务和相关的信息(goods, services and related niformation)。

2. 物流过程是一个由许多物流作业环节组成的复杂系统。比如物流过程包括运输、储存、包装、装卸、流通加工、信息处理等环节,其中的运输环节,又包括组配、装车、驾驶、卸货等具体作业,每一项作业还可以划分为若干具体的动作,如组配作业动作。要使物流过程的结果符合要求,必须对物流过程进行系统化的设计与管理。由于物流过程是由具有相对独立性的运输、储存、包装等组成的,在对物流系统进行管理之前,需要对物流系统进行重新设计,也有称为工程再造或物流系统重构的,这种设计是使物流系统最优的保证,而物流管理的重点就是对运输、储存、包装等环节进行的系统化管理以及对物流过程进行控制。

3. 物流功能并不是物流各组成要素功能的简单加总。物流作为一个系统,它当然不能等同于这个系统中的某个部分。例如物流与传统储运就是两个内涵完全不同的概念。虽然传统的储运指的是储存、运输等活动,物流也包括储存、运输等活动,但物流概念代表着各种物流活动的集成与协调。物流包括但不只包括这些活动,更为关键的是,物流中的这些传统活动,在一个共同的目标下经过权衡而能够达到比较好的配合,无论是由第三方物流公司提供这些服务,还是由作为物流用户的生产、销售企业自己承担这些活动,都会从物流的实际需要出发,对物流各环节进行整合并开展总体设计,最优的总体设计方案并不能使储存或运输环节局部达到最优,但却能使系统整体达到最优。提供物流服务的公司会将传统的储存、运输等服务集成起来,实现储存、运输等服务的最优组合从而降低用户的物流总成本,提高物流服务水平。总之,物流除了包含储存、运输等这些纵向的具体活动,更强调各环节活动之间的横向协调、配合与集成。在物流中虽然储存、运输这些具体的活动或环节依然存在,但是它们是以行使物流系统的特定使命而存在的,是经过集成的储存和运输,比以前单独存在的储存和运输具有更大价值。物流系统仍然需要纯粹的、传统的运输公司、储运公司、仓储公司、包装公司、配送公司等,但是他们是执行物流系统集成指令、因为物流系统而存在的具体物流运作组织。类似地,我们还可以把物流的概念与其中包含的包装、流通加工、配送、信息处理等进行比较,采用同样的方法和思路,我们也可得出类似的结论。

4. 物流活动大多是由商品贸易、服务贸易和物流服务等多种方式,通过许多的人员、地点、行为和信息的组合搭配以及协调才能够完成的。这个过程涉及到顾客服务、运输、仓储、信息处理等多项作业,还要涉及到公司的策略选择与企业具体作业的联系,但最终的目标都是利用供应链中的资源,使物流活动在成本和收益的约束条件下达到顾客的满意。

早期的物流概念仅限于运输领域。随着理论研究的深入和实践的发展,企业开始认识到整合物流各种功能能够带来巨大的效益。在利益的驱动下,企业逐步开始集成物流的各个功能,形成了物流系统。物流活动涉及采购物流、生产物流、销售物流及回收物流、废弃物流等领域,物流概念逐步向外扩展,形成了现代的广义物流概念。如图1-1所示。

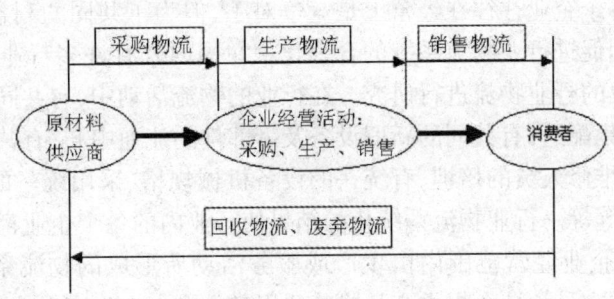

图1-1 物流的基本概念

## 第二节 物流的分类

物流是社会经济活动的重要组成部分,它贯穿于社会再生产的全过程,存在于国民经济的各个领域。由于在不同领域中物流的对象、目的、范围和范畴的差异,可根据物流的需求、物流在社会再生产过程中的地位与作用等不同角度,可以将物流划分为不同类型。

## 一、按照从事物流的主体分类

可将物流分为第一方物流、第二房物流、第三方物流、第四方物流等。

第一方物流是指供应方(生产厂家或原材料供应商)提供运输、仓储等单一或某种物流服务的物流业务。

第二方物流是指需求方(生产企业或流通企业)为满足自己企业在物流方面的需求,由自己完成或运作的物流业务。

第三方物流(Third Party logistics 缩写 TPL)是指由物流的供应方与需求方以外的物流企业提供的物流服务,即由第三方专业物流企业以签订合同的方式为其委托人提供所有的或一部分的物流服务。所以第三方物流也称之为合同制物流。

第四方物流(Fourth party logistics)是一个供应链的集成商,是供需双方及第三方的领导力量。它不是物流的利益方,而是通过拥有的信息技术、整合能力以及其他资源提供一套完整的供应链解决方案,以此获取一定的利润。它是帮助企业实现降低成本和有效整合资源,并且依靠优秀的第三方物流供应商、技术供应商、管理咨询以及其他增值服务商,为客户提供独特的和广泛的供应链解决方案。

## 二、按照物流系统性质分类

可以将物流分为社会物流、行业物流和企业物流三大类。

1. 社会物流。是物流的主要研究对象,是指以全社会为范畴、面向广大用户的超越一家一户的物流。社会物流涉及在商品的流通领域所发生的所有物流活动,因此社会物流带有宏观性和广泛性,所以也称之为大物流或宏观物流。伴随商业活动的发生、物流过程通过商品的转移,实现商品的所有权转移这是社会物流的标志。

2. 行业物流。顾名思义,在一个行业内部发生的物流活动被称为是行业物流。在一般情况下,同一个行业的各个企业往往在经营上是竞争对手,但为了共同的利益,在物流领域中却又常常互相协作,共同促进行业物流系统的合理化。在国内外有许多行业均有自己的行业协会或学会,并对本行业的行业物流进行研究。在行业的物流活动中,有共同的运输系统和零部件仓库以实行统一的集配送;有共同的新旧设备及零部件的流通中心;有共同的技术服务中心进行对本行业操作和维修人员的培训;有统一的设备机械规格、采用统一的商品规格、统一的法规政策和统一报表等等。行业物流系统化的结果使行业内的各个企业都得到相应的利益。

3. 企业物流。在企业经营范围内由生产或服务活动所形成的物流系统称为企业物流。企业作为一个经济实体,是为社会提供产品或某些服务的。一个生产企业的产品生产过程,从采购原材料开始,按照工艺流程经过若干工序的加工变成产品,然后再销售出去,有一个较为复杂的物流过程;而一个商业企业,其物流的运作过程包括商品的进、销、调、存、退等各个环节;而一个运输企业的物流活动从按照客户的要求提货、将货物运送到客户指定的地点并完成交付。

## 三、按照物流系统功能结构分类

可以分为运输、保管、装卸搬运、包装、流通加工、物流信息等六种功能类型。

1. 运输。指对物资进行较长距离的空间移动。它是物流的动脉,是物流体系中所有动态功能的核心。

2. 保管。指对物资进行储存、管理、保养、维护。它是物流的中心,是物流体系中唯一静态环节。

3. 装卸搬运。指在同一地域范围内进行的、以改变物的存放状态和空间位置为主要内容和目的的活动。它是物流的接口,包括装上、卸下、移动、拣选、分类、堆垛、入库、出库等。

4. 包装。指对物资进行某种程度的困渣或装入适当容器,保护物品在流通过程中不受损坏。它是物流的起点。

5. 流通加工。指在流通过程中辅助性的加工活动,是生产加工在流通中的延伸。它是物流价值的新途径。

6. 物流信息。指对物流各项活动进行计划、预测、分析,及时提供物流有关信息。它是物流的中枢神经。

### 四、按照物流活动地域范围分类

可以分为地区物流、国内物流和国际物流(不同国家之间的物流)。

1. 地区物流。地区物流是指某一行政区域或经济区域的内部物流。研究地区物流对于提高所在地区的企业物流活动的效率,以及保障当地居民的生活福利环境具有不可缺少的作用。对地区物流的研究应根据所在地区的特点,从本地区的利益出发组织好相应的物流活动,并充分考虑到利弊两方面的问题,要与地区和城市的建设规划相统一和妥善安排。例如,某地区计划建设一个大型物流中心,这将提高当地的物流效率、降低物流成本;但也应考虑到会引起供应点集中所带来的一系列交通问题。

2. 国内物流。为国家的整体利益服务在国家自己的领地范围内开展的物流活动称为国内物流,国内物流作为国民经济的一个重要方面,应该纳入国家总体规划的内容。我国的物流事业是国家现代化建设的重要组成部分,因此国内物流的建设投资和发展必须从全局着眼,清除部门和地区分割所造成的物流障碍,尽早建成一些大型物流项目为国民经济服务。

3. 国际物流。对国家之间和世界各大洲之间进行的原材料与产品的流通称为国际物流。当前的世界已成为地球村,国家与国家之间的经济交流越来越频繁,各国的经济发展已经融入了全球的经济潮流之中。另外,企业的发展也走向社会化和国际化,出现了许多跨国公司,使一个企业的经济活动范畴就可以遍布世界各大洲。因此,国际物流已成为物流研究的一个重要分支并显得越来越重要。

### 五、按照物流涉及的领域分类

可以分为宏观物流和微观物流。

1. 宏观物流。也称社会物流(External logistics),是指社会再生产总体的物流活动,物流的业务活动以社会为范围,面向社会。其主要特点是综观性和全局性。主要研究内容包括物流总体构成,物流与经济发展的相互关系等。

2. 微观物流。也称企业物流(Internal logistics),是指消费者、生产企业所从事的物流活动,物流活动以企业为范围,面向企业。其主要特点是具体性和局部性。主要内容贴近企业经营管理的实际,包括生产物流、供应物流、销售物流、回收物流及废弃物流等。

两者的区别在于前者是从国民经济宏观角度划分的物流范围,后者是从企业的微观角度划分的物流业务范围。一般地,在大空间范畴内发生的物流活动,往往带有宏观性,属于宏观物流;在小空间范畴发生的物流活动,往往带有微观性,属于微观物流。

### 六、按照物流在社会再生产中的作用进行分类

可以将物流分为供应物流、销售物流、生产物流、回收物流、废弃物流等不同的种类。

1. 供应物流。即物质产品生产企业、流通企业或消费者购入原材料、零部件或商品的物流过程称为供应物流,也就是物资生产者、持有者至使用者之间的物流。对于工厂而言,是指生产活动所需要的原材料、备品备件等物资的采购、供应活动所产生的物流;对于流通企业来说,是指在交易活动中,从买方的角度出发的交易行为中所发生的物流。企业的流动资金大部分是被购入的物资材料及半成品等所占用的。供应物流的严格管理及合理化对于企业的成本有着重要的影响。

2. 销售物流。生产企业、流通企业售出的产品或商品的流通过程称为销售物流,是指从产品的生产者或持有者到用户或消费者之间的物流。对于工厂来说是指售出产品,而对于流通企业来说是指交易活动中,从卖方角度出发的交易行为中的物流。通过销售物流,企业得以回收资金,并进行再生产活动。销售物流的效果关系到企业的存在价值是否被社会承认。销售物流的成本在产品及商品的最终价格中占有一定的比例。因此,在市场经济中为了增强企业的竞争力,销售物流的合理化是可以收到立竿见影的效果的。

3. 生产物流。从工厂的原材料购进入库开始,直到工厂的成品库的成品发送为止,这一全过程的物流活动称为生产物流。生产物流是制造产品的工厂企业所特有的,它和生产流程同步。原材料、半成品等按照工艺流程在各个加工环节之间不停顿地移动、流转形成了生产物流。如果生产物流中断,生产流程也随之停顿。生产物流合理化对工厂的生产秩序、生产成本有极大影响。生产物流均衡稳定,可以保证在制品的顺畅流转,缩短生产周期。在制品库存的压缩,设备负荷的均衡化,也都和生产物流的管理和控制有关。

4. 回收物流。在生产和流通活动中有一些物资是要回收并加以利用的,如作为包装物的纸箱、塑料瓶、啤酒瓶等,建筑业的脚手架也属于这一类物资。还有可用杂物的分类和再加工,例如旧报纸、书籍通过回收、分类可以再制成纸浆加以利用。特别是金属的废弃物,由于金属具有良好的再生性,可以回收并重新熔炼成有用的原材料。目前我国冶金生产每年有 3000 万吨废钢铁作为炼钢原料来使用,也就是说我国钢产量中有 30% 以上是由回收的废钢铁重熔冶炼而成的。回收物资种类繁多,流通渠道也不规则,且多有变化,因此管理和控制的难度较大。

5. 废弃物流。生产和流通系统中所产生的废弃物,如开采矿山时产生的土石,炼钢中产生的废渣、工业废水,以及其他一些无机垃圾等。如果不妥善处理,不但没有再利用价值,还会造成环境污染,就地堆放会占用生产用地以至妨碍生产。对这类物资的处理过程产生了废弃物流。废弃物流没有经济效益,但是具有不可忽视的社会效益。为了减少资金消耗,提高效率,更好地保障生活和生产的正常进行,对废弃物流的综合利用及研究很有必要。

### 七、其他物流种类

除以上物流种类外,还有绿色物流、虚拟物流、军事物流、定制物流等。

绿色物流(Environmental logistics)是指在物流过程中抑制物流对环境造成危害的同时,实

现对物流环境的净化,使物流资源得到最充分合理的利用。现阶段,由于环境问题的日益突出以及与环境的密切关系,在处理社会物流与企业物流时必须考虑环境问题。尤其是在原材料的取得和产品分销中,运输作为主要的物流活动,对环境可能会产生一系列的影响,而且废弃物品如何合理回收,减少对环境的污染或最大可能地再利用也是物流管理所需考虑的内容。

虚拟物流(Virtual logistics)是指以计算机网络技术进行物流运作与管理,实现企业间物流资源共享和优化配置的物流方式。虚拟物流最初的应用是为了满足高价值、小体积的货物要求,如航空货物、医疗器械和汽车零部件等。特别是中小企业在大的竞争对手面前经常处于不利的地位,他们从自己的物流活动中不但无法获取规模效益,而且还会加大物流成本的消耗。虚拟物流可以使这些小企业的物流活动,并入到一个大的物流系统中,从而实现在较大规模的物流中降低成本,提高效益。虚拟物流的要素包括:(1)虚拟物流组织:它可以使物流活动更具市场竞争的适应力和赢利能力;(2)虚拟物流储备:它可以通过集中储备、调度储备以降低成本;(3)虚拟物流配送:它可以使供应商通过最接近需求点的产品,并运用遥控运输资源实现交货;(4)虚拟物流服务:它可以提供一项虚拟服务降低固定成本。

军事物流(Military logistics)是用于满足军队平时和战时需要的物流活动。

定制物流(Customized logistics)是根据用户的特定要求而专门设计的物流服务模式。它是快速响应客户的物流需求,在不影响成本和效率的基础上,为客户进行物流服务的设计和提供物流服务。

## 第三节 物流的作用

物流活动的范围非常广泛,贯穿于原材料和备品备件的采购、入库、保管和出库,所生产的产品的入库、保管、包装、流通加工、出库、运输、配送,以及退货、可回收和不可回收废弃物的运输、验收、保管等活动之中,由一系列相关要素构成。据统计,2000年,全球物流费用总支出为35000亿美元。其中,代美国、英国、法国、意大利、日本和德国就占了58.8%。在某些情况下,产品的储存、装卸、运输等物流活动所花费的时间和成本甚至远远超过生产制造和销售过程所花费的时间和成本。因此,加强物流控制,建立高效物流体系,具有十分重要作用。

表1-1　　　　　　　　　2000年世界主要经济大国物流成本

| 国　家 | 物流成本(亿美元) | 占该国 GDP 比例(%) |
|---|---|---|
| 美　国 | 8000 | 10.5 |
| 英　国 | 1330 | 10.7 |
| 法　国 | 1500 | 11.1 |
| 意大利 | 1400 | 11.3 |
| 日　本 | 5250 | 11.5 |
| 德　国 | 3100 | 13.1 |
| 合　计 | 20580 | 11.1 |

物流的作用主要表现在以下五个方面:

1. 物流具有保值作用。也就是说,任何产品从生产出来到最终消费,都必须经过一段时间、一段距离,在这段时间和距离过程中,都要经过运输、保管、包装、装卸、搬运等多环节、多次数的物流活动。在这个过程中,产品可能会淋雨受潮、水浸、生锈、破损、丢失等。物流的使命就是防止上述现象的发生,保证产品从生产者到消费者移动过程中的质量和数量,起到产品的保值作用,即保护产品的存在价值,使该产品在到达消费者时使用价值不变。

2. 物流具有节约作用。搞好物流,能够节约自然资源、人力资源和能源,更重要的是能够节约费用。这是因为物流组织的好坏,直接影响着生产过程的顺利进行,决定着物品的价值和使用价值能否实现。而且物流成本已成为生产成本和流通成本的重要组成部分。据有关资料,美国的生产成本占到工厂成本的10%左右,其他就是流通费用和物流成本;全部生产过程只有5%的时间用于制造加工,其余95%多为搬运、储存等物流时间。据估计,美国工业每年支出的流通费用超过4000亿美元。由于科技进步和生产管理水平的提高,通过降低物资消耗和提高劳动生产率来降低产品成本已经取得很大成效,在这方面的潜力已经越来越小;而物流领域却是一块"未被开垦的处女地",在管理和技术上加以改进,将是"大幅度降低成本的宝库"。通过采取合理组织运输、减少装卸次数、提高装卸效率、改进商品包装和装卸工具来减少物品损耗等措施,降低物流费用,将成为企业"第三利润"的源泉。当代一些经济发达的国家已开始把重点放到"第三利润"的挖掘上,在节约物流费用上大做文章,并取得了较好的效果。在我国,节约物资消耗和提高劳动生产率的潜力固然很大,但节约流通费用的潜力更大。例如,在我国生产建设中,煤炭的物流费用占价格的50%左右,水泥占30%左右,钢材占10%~20%。据不完全统计,全国由于物流方面的原因造成的损失每年不下百亿元。水泥每年在物流过程中的破包率为15%~20%,损失水泥相当于年产量的5%,直接损失4.5亿元;玻璃的物流损失平均为20%,年损失4.5亿元;陶瓷破损率占产量的20%,达2亿多元;化肥破袋率占产量的80%,达4亿多元;粮食由于仓储条件差和保管不善,每年损失约300亿斤;鲜活商品因运输困难致使大量腐烂而造成的损失更是屡见不鲜。同时,重复运输、相向运输十分严重,既浪费运力又增加流通费用。这些都充分说明,我国物流领域的潜力是巨大的。开发物流、改进物流、提高物流管理水平无论对于企业经济效益还是社会宏观经济效益,都具有十分重要的作用。

3. 物流是企业生产连续进行的前提条件。现代化生产的重要特征之一是连续性。一个企业的生产要连续地、不间断地进行,一方面必须根据生产需要,按质、按量、按时,均衡不断地供给原材料、燃料和工具、设备等;另一方面,又必须及时将产成品销售出去。同时,在生产过程中,各种物质资料也要在各个生产场所和工序之间互相传递,使它们经过一步步的连续加工,成为价值更高、使用价值更大的产品。在现代企业生产经营中,物流贯穿于从生产计划到把产成品送达顾客手中的整个循环过程之中,并紧紧围绕着物品使用价值的形态功能更替和价值的实现转移。企业生产经营的全部职能都要通过物流得以实现,企业生产经营管理活动无一不伴随着物流的开发与运行。不论是供应物流、生产物流还是销售物流,如果出现阻塞,企业整个生产经营系统的运行就必然要受到影响。因此,我们说,物流是企业生产连续进行的必要的前提条件。

4. 物流是保证商流顺畅进行,实现商品价值和使用价值的物质基础。在商品流通过程中,一方面要发生商品所有权的转移,即实现商品的价值,这个过程即是"商流";另一方面,还要完成商品从生产地到消费地的空间转移,即发生商品的实体流动——"物流",以便实现商品的使用价值。商流引起物流,物流为商流服务。没有物流过程,商流就不能最后完成,包括在商品中的价值和使用价值就不能真正实现。而且物流能力的大小,直接决定着整个流通的规模和速度。如果物流效能过小,整个市场流通就不会顺畅,就不能适应整个市场经济发展对物品快进快出、大进大出的客观要求。

5. 物流能提高企业效率,增强企业竞争力。在新经济时代,企业之间的竞争越来越激烈。在同样的经济环境下,制造企业,例如家电生产企业,相互之间的竞争主要表现在价格、质量、功能、款式、售后服务的竞争上,在工业科技如此进步的今天,各企业的家电产品在质量、功能、款式及售后服务方面的水平已经没有太大的差别,惟一可比的地方往往是价格。各企业要想在价格上占有优势,需设法降低产品和服务成本。在新世纪和新经济社会,第一利润源和第二利润源已基本到了一定极限,目前剩下的惟一"未开垦的处女地"就是物流。降价是近几年家电行业企业之间主要的竞争手段,降价竞争的后盾是企业总成本的降低,即功能、质量、款式和售后服务以外的成本降价,即降低物流成本。

国外的制造企业很早就认识到了物流是提高企业竞争力的法宝,搞好物流可以实现零库存、零距离和零流动资金占用,是提高为用户服务,构筑企业供应链,增加企业核心竞争力的重要途径。在经济全球化、信息全球化和资本全球化的21世纪,企业只有建立现代物流结构,才能在激烈的竞争中,求得生存和发展。

## 第四节　国内外物流发展概况及趋势

### 一、发达国家物流概况

(一) 美国物流发展概况

美国是最早提出"物流"概念并将其付诸实践的国家之一,也是目前世界上物流最发达、最先进的国家。1901年 J. F. Growell 在美国政府报告"关于农产品的配送"中,第一次论述了对农产品配送成本产生影响的各种因素,揭开了人们对物流认识的序幕。1927年 R. Borsodi 在"流通时代"一文中首次用 Logistics 来称呼物流,为后来的物流概念奠定了基础。从实践发展的角度看,1941~1945年第二次世界大战期间,美国军事后勤活动的组织为人们对物流的认识提供了重要的实证依据,推动了战后对物流活动的研究以及实业界对物流的重视。1946年美国正式成立了全美输送物流协会(American Society of Traffic Logistics),这是美国第一个关于对专业输送者进行考查和认证的组织。

20世纪60年代,是美国历史上的繁荣时期。当时美国的经济发展速度很快,支撑其经济发展的主要动力是以制造业为核心的强有力的国际竞争能力。美国的工业品向全世界出口,MADE IN USA 成为优质品的代名词。因此,美国60年代是大量生产、大量消费的时代。生产厂商为了追求规模经济进行大量生产,而生产出的产品大量地进入流通领域。大型百货商店、超级市场纷纷出现在城市的内部和郊区。此时,现代市场营销观念逐步形成,改变了企业经营管理的行为,使企业意识到顾客满意是实现企业利润的惟一手段,顾客服务成为企业经营管理的核心要素,而物流起到了为顾客提供服务的重要作用。因此,物流,特别是配送,得到了快速的发展。1960年,美国的 Raytheon 公司建立了最早的配送中心,结合航空运输系统为美国市场提供物流服务。1963年,美国成立了国家实物配送管理委员会(National Council of Physical Distribution Management,1985年更名为 Council of Logistics Management))。集中了物流实业界及教育界的专家,通过对话和讨论,促进了对物流过程的研究和理解及物流管理理论的发展,以及物流界与其他组织的联系与合作。这一时期最重要研究成果之一是物流总成本分析概念的形成。

此间,虽然物流有快速发展,但由于美国政府对提供运输服务的企业提出严格的管理制度,限制了物流的发展。再加上当时处在大量生产、大量消费的生产模式下,企业的收益相对稳定,企业一般都拥有大量库存。作为企业的物流管理者,认为大量库存是天经地义的事。因此,一般企业对物流系统的改革并不热心,大多数利用自家车辆进行货物运输。大多数企业仅把物流作为一个成本核算的部门。对物流的理解也只停留在工厂的产成品的物理性的移动功能。

70年代末80年代初,由于两次石油危机,能源价格高涨,通货膨胀率增加,美国经济停滞不前。美国政府意识到传统的物流政策对非定期的运输业的发展起到了不良的影响,因此政府对一系列运输的经济法规进行了修订,以鼓励承运人在市场上的自由竞争。修订了的法规条款去除了或修改了在航空、铁路、公路及远洋运输中以往经济法规中的不利于市场竞争的因素,在市场准入、运价、运输路线等等方面给运输企业以更大的自主权,而对于货主来讲,由于更多的选择机会,使其从承运方面得到的物流效率及服务水平都得到提高,这些大大促进了运输业的发展。

进入20世纪80年代的美国,物流管理的内容已由企业内部延伸到企业外部,其重点已经转移到对物流的战略研究上,企业开始超越现有的组织结构界限而注重外部关系,将供货商(提供成品或运输服务等)、分销商以及用户等纳入管理的范围,利用物流管理建立和发展与供货厂商及用户稳定、良好、双赢、互助的合作伙伴关系,物流管理已经意味着企业应用先进的技术、站在更高的层次上管理这些关系。电子数据交换(EDI)、准时制生产(JIT)、配送计划,以及其他物流技术的不断涌现和应用发展,为物流管理提供了强有力的技术支持和保障。

20世纪90年代,电子商务在美国如火如荼地发展,促使现代物流上升到了前所未有的重要地位。目前的发展表明,电子商务交易额中80%是商家对商家(B2B)交易。据统计,1999年美国物流电子商务的营业额达到了80亿美元以上。电子商务是在互联网络开放环境下一种基于网络的电子交易、在线电子支付的新型商业运营方式。电子商务带来的这种交易方式的变革,使物流向信息化并进一步向网络化方向发展。此外,专家系统和决策支持系统的推广使美国的物流管理更加趋于智能化。

(二)日本物流发展概况

日本1956年开始从美国引进"物流"概念。到了20世纪70年代,日本已经成为世界上物流业最发达的国家之一。发达的"物流",是日本战后迅速崛起的重要因素。

20世纪50年代,日本经济已基本恢复到第二次世界大战前的水平。此期间企业进行大规模设备投资和更新改造,技术水平不断提高,生产力大幅度上升。为了改进流通领域的生产效率,确保经济的顺畅运行和发展,1956年,日本向美国派出了"流通技术专业考察团",考察了被日本人称之为流通技术而美国称之为"Physical Distribution(PD)"的运输、包装等物流活动。考察团回国后便向政府提出了重视物流的建议,并在《流通技术》杂志上发表了考察报告,报告中直接引用了"Physical Distribution"一词,在产业界掀起了PD启蒙运动。1964年,日通综合研究所1964年6月期《输送展望》杂志中刊登了日通综合研究所所长金谷璋的"物的流通的新动向"演讲稿,正式运用"物的流通"概念来取代原来直接从英语中引用过来的PD。1970年以后很多人觉得"物的流通"有点长,于是简称为"物流"。"物流"这个词在日本至今仍在使用。

20世纪60年代中期至70年代初是日本经济高速增长的时期之一,商品流通量大大增加。随着这一时期生产技术向机械化、自动化发展以及销售体制的不断扩充,物流已成为企业发展的制约因素,因此日本在这一时期开始进行较大规模的物流设施的建设。日本政府开始在全国范围内开展高速道路网、港湾设施、流通聚集地等各种基础建设。同时,各企业也开始高度重视物流,建立了相应的专业部门,积极投资物流体系的建设,大量建设物流中心等物流设施。可以说这一时期日本各企业经营战略是增大物流量、扩大物流处理能力,以适应商品流通的需求。与以前的"人工装卸"的低级化物流相比较而言,日本物流进入了广泛采用叉车等机械化装卸设备和采用自动化仓库、灵活运用托盘和集装箱、实现货物单元成组装卸,同时建立物流中心积极推行物流联网系统,开发 VSP、配车系统等物流软体的较高级时期。1970 年日本同时成立了两个最大的物流学术团体"日本物流管理协会"和"日本物的流通协会",开展全国和国际性的物流学术活动。这一时期是日本物流建设大发展的时期,原因在于社会各个方面都对物流的落后及其对经济发展的制约性有着共同认识。这一阶段的发展直到 1973 年第一次石油危机爆发才告一段落。

20 世纪 70 年代中期至 80 年代中期,日本经济发展迅速。尽管物流量大大增加,但企业盈利没有增加,于是,降低物流成本就成为企业经营战略的重要课题。物流建设进入合理化与最优化阶段。表现在:担当物流合理化作用的物流专业部门开始登上了企业管理的舞台,真正从系统整体的观点来开展降低物流成本运动;物流子公司开始兴起。这一时期的物流合理化主要是改变以往将物流作为商品蓄水地或集散地的观念,认为物流是流通过程的"黑暗大陆",体现了"物流利润源"学说。在实践上,对应于理论发展,开始大范围地设立合理化工程小组,实行物流活动中的质量管理。在推进物流合理化的过程中,日本全国范围内的物流联网也在蓬勃发展。在物流管理政策上,1977 年日本运输省流通对策部公布了"物流成本计算统一标准",这一政策对于推进企业物流管理有着深远的影响。由于企业和政府的共同努力,这一时期的物流管理得到了飞跃性的发展,也使日本迅速成为物流管理的先进国。

进入 80 年代中期以后,物流合理化的观念面临着进一步变革的要求,这主要是 80 年代以后,日本的生产经营发生了重大的变革,消费需求差异化的发展,尤其是 90 年代日本泡沫经济的崩溃,使以前那种大量生产、大量销售的生产经营体系出现了问题,生产的多种化和少量化成为新时期的生产经营主流,其结果整个流通体系的物流管理发生了变化,即从集货物流向多频度、少量化、进货短时间化发展。

在销售竞争不断加剧的状况中,物流服务作为竞争的重要手段在日本得到了高度重视,这表现在 80 年代后期日本积极倡导高附加价值物流、Just-in-time 物流等方面。但是,随着物流服务竞争多样化,物流成本的高昂成为这一时期的特征,在日本有把这一时期称为"物流不景气"时代的说法,即由于经营战略上升、提高物流效率是 90 年代日本物流面临的一个最大问题。

1997 年 4 月 4 日,日本政府制定了一个具有重要影响力的《综合物流施策大纲》,这个大纲是日本物流现代化、纵深化发展的指针,对于日本物流管理的发展具有历史意义。大纲强化了今后日本物流进一步发展的方向是:(1) 信息化的推进;(2) 物流技术的开发;(3) 物流人才的培养;(4) 新物流服务的开展;(5) 国际化的对应;(6) 包装机械化、在库管理数码化的推进;(7) 整体系统化的加强;(8) 社会资本的充实;(9) 规格化、标准化的推进;(10) 共同化、协作化的推进。

### (三)欧洲物流发展概况

欧洲和美国同样,在物流业发展方面走在了世界的最前沿。欧洲物流发展的鲜明特点是服务和覆盖范围的不断扩大,形成不同的物流发展阶段:20 世纪 50~60 年代的单个工厂物流阶段、70 年代多个工厂或集团的综合物流阶段、80 年代的供应链物流阶段、90 年代的全球物流阶段以及 21 世纪初的电子物流和协作式物流的发展阶段。

20 世纪 50~60 年代,欧洲各国为了降低产品成本,开始重视工厂范围内的物流过程中的资讯传递,对传统的物料搬运进行变革,对厂内的物流进行必要的规划,以寻求物流合理化的途径。工厂内的物资由工厂内设有的仓库提供。工厂产品客户的期望是同月供货服务,资讯交换通过邮件;产品跟踪采用贴标签的方式。这一阶段储存与运输分离,各自独立经营,是物流的初级阶段。

70 年代是欧洲经济快速发展商品生产和销售进一步扩大的时期。出现了由多个工厂联合的企业集团或大公司,工厂内部的物流已不能满足企业集团对物流的要求,因此出现了综合物流,即基于工厂集成的物流。这时的制造业已广泛采用成组技术(GT),对物流服务的需求增多,要求也更高。客户的期望已变成同一周供货或服务。服务节奏明显加快,因此仓库已不再是静止封闭的储存式模式,而是动态的物流配送中心。需求资讯不光是看订单,主要是从配送中心的装运情况获取需求资讯。供应链经济主要着眼于防止生产和物流的延误而造成经济上的损失。这个时期资讯交换采用电话方式,通过产品本身的标记实现产品的跟踪。基于工厂集成的物流和工厂内部物流相比,服务面要大得多。

进入 80 年代,随着经济和流通的发展,不同的企业(厂商、批发业者、零售业者)都在进行各自的物流革新,建立相应的物流系统,其目的是追求物流系统集成化的过程中,实现物流服务的差别化,发挥各自的优势与特色。由于流通渠道中各经济主体都拥有不同的物流系统,必然会在经济主体的联结点处产生矛盾。为了解决这个问题,80 年代在欧洲开始应用物流供应链的概念,发展联盟型或合作大的物流新体系。供应链物流强调的是在商品的流通过程中企业间加强合作,改变原来各企业分散的物流管理方式,通过供应链物流这种合作型的物流体系来提高物流效率,创造的成果由参与企业共同分享。为此欧洲各国出现半官方的组织协作物流委员会(Corporate Logistic Council)以推动供应链物流的发展。这一时期制造业已采用准时生产(JIT)模式,客户的物流服务需求已发展到可同一天供货(或服务)(见表 1-2)。因此供应链的管理进一步得到加强,实现供应的合理化。这时期物流需求资讯可直接从仓库出货点获取,通过传真方式进行资讯交换,产品跟踪采用条码扫描。值得一提的是这一时期欧洲第三方物流开始兴起。

表 1-2    送货时间表

| 类别\地区 | 欧洲 | 日本 | 美国 |
| --- | --- | --- | --- |
| 制药品 | 1 天(国内) | | |
| 消费物品和电子产品 | | 2 天(国内) | 1 天(国内) |
| 资讯技术方面产品 | | | 2 天(国际) |

90 年代以来,全球经济一体化的发展趋势十分强劲,欧洲企业纷纷在国外,特别是在劳动力比较低廉的亚洲地区建立生产基地,生产零部件,甚至根据市场的预测和区位的优势分析在

国外建立总装厂。由于从国外生产基地直接向需求国发送的商品增加迅速,这一趋势大大增加了国与国之间的商品流通量,又由于国际贸易的快速增长,全球物流应运而生。这一时期欧洲的供应链着眼于整体提供产品和物流服务的能力。同时欧洲制造业已发展到精良制造(Lea Manufacturing)。客户的物流服务要求同一工班供货,因此这一时期物流中心的建设迅速发展,并形成了一批规模很大的物流中心,例如荷兰的鹿特丹港物流中心,石油加工配送量为6500万吨/年,汽车分销量300万辆/年,橙汁与水果分销量90万吨/年,已成为欧洲最重要的综合物流中心之一。在供应链管理上采用供应链集成的模式;供应方、运输方通过交易寻求合作伙伴。这一时期物流的需求资讯直接从顾客消费点获取,资讯交换采用EDI,产品跟踪应用射频标识技术队和资讯处理广泛应用Internet和物流服务方提供的软件。这一时期是欧洲实现物流现代化的重要阶段。

目前,基于互联网和电子商务的电子物流正在欧洲兴起,以满足客户越来越苛刻的物流需求,例如,要求在同一小时供货。全球资料处理和网络整合系统发展迅速,资讯经由电子邮件或是互联网传递交换,其速度之快消弭空间的距离。这一时代的供应链管理概念,已由局限于公司内部的生产过程,演化延伸到附加价值链上。见图1-2。整个供应链由原本的内部经营供应链,向上下游延伸,结合供应商、经销商和消费客户为一体。

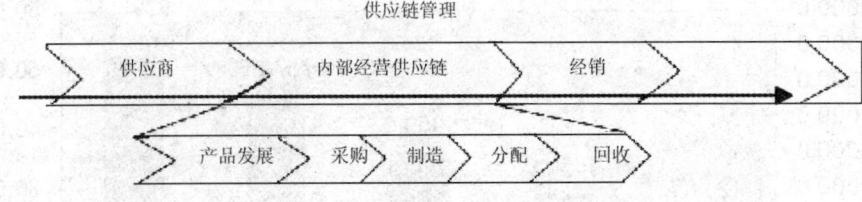

图1-2 供应链管理

## 二、我国物流发展概况

### (一)物流概念的传入

物流活动久已有之,但用"物流"一词表述,在我国也仅有20多年的历史。我国现在广泛使用的"物流"概念,是20世纪70年代末由日本传入的。1978年11月,我国派出由原国家物资总局会同原国家计委、财政部,山东、陕西、广西三省区有关单位共17人组成中国物资工作考察团,赴日本考察生产资料管理和流通现状。在日本,考察团首次接触到"物流"这一新词。回国后在考察报告中,专门介绍了商流和物流的涵义及日本物流合理化管理经验,该考察报告被收录在由中国物资经济学会编写、中国物资出版社出版发行的《外国和港澳地区物资管理考察》一书中。1979年10月22日至11月6日,应中国物资经济学会筹备组的邀请,以社团法人日本能率协会会长、日本物的流通协会副会长十时昌先生为团长、东京大学教授林周二先生为顾问、大和运输株式会社社长小仓昌男先生为副团长的"日本物的流通协会物流访华团"一行10人,作为国外第一个来访的专业物流团体,先后访问了北京、武汉、成都、重庆、上海等城市,在各地共举行了11场物流学术讲演和座谈。日本物流专家、学者详细介绍了日本、美国的物流现状和物流管理经验,给我国的物资工作者带来了崭新的物流概念,引起了热烈的反响。"物流"一词进一步在我国传播开来。

(二)物流发展状况

经过20多年的发展,我国物流业也同国民经济其他部门一样取得了巨大的发展,目前已迈过起步期,进入快速发展时期,成为我国国民经济的重要产业。当前我国物流发展呈现以下特点:

1. 国内物流行业固定资产投资较快增长,物流基础设施和装备已初具规模。"十五"以来,我国物流固定资产投资增长迅速,物流基础条件持续改善,物流行业可持续发展能力得到增强。"十五"期间,物流用固定资产年均增速达19.7%(见图1-3),增长速度比"九五"时期加快了4.2个百分点,物流业基础条件得到充分改善。截至2005年,我国铁路营业里程达已达到75438公里,位居世界第三、亚洲第一,其中,复线铁路25566公里,电气化铁路20151公里;公路里程达193.05万公里,其中高速公路4.1万公里,居世界第二;全国内河航道通航里程12.33万公里。同时还建成了一批铁路、公路站场和货运枢纽,海运和内河港口、机场,一些大型新型交通工具等也有了快速增长和质的提高,已形成了四通八达、水陆空立体交错的交通网络。这些都为中国物流业的发展提供了必要的基础条件。尤其是东部地区及东南沿海的物流"硬件",在许多方面已接近或达到世界先进水平。

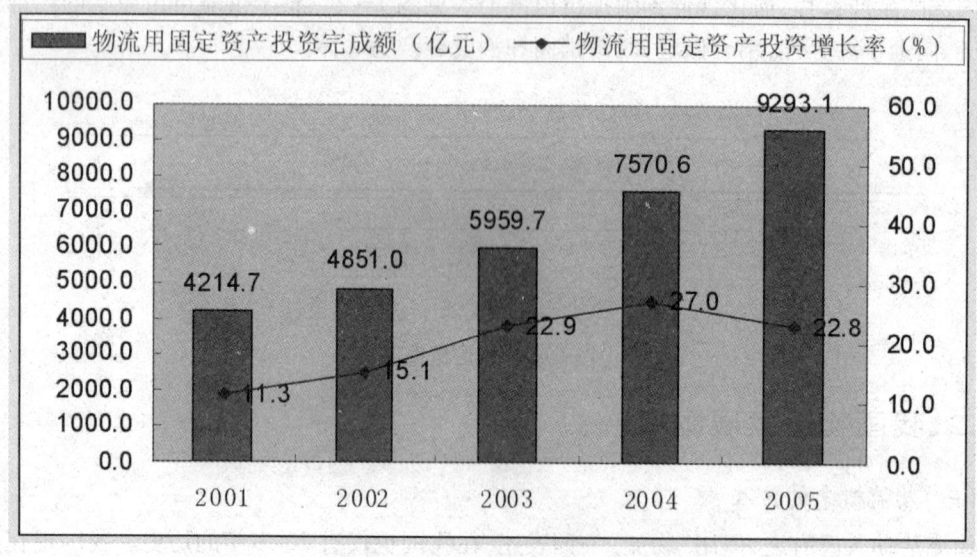

图1-3 "十五"时期我国物流用固定资产投资及增长情况

2. 社会物流总费用增幅回落,占GDP比例进一步降低。2005年,我国社会物流总费用为33860亿元,同比增长12.9%(按第一次经济普查调整口径计算,下同)。这一增幅比上年同期回落了3.7个百分点。社会物流总费用与GDP的比例,呈进一步下降之势。2004年为18.8%,比上年下降0.15个百分点;2005年这一比例继续下降,为18.6%,比上年下降0.2个百分点。物流与GDP的比例下降0.2个百分点,就意味着增加了365亿元经济效益。

"十五"期间,虽然我国物流费用仍处在较高水平,但我国社会物流总费用与GDP比例呈逐渐下降的趋势。由2000年的19.4%下降到2005年的18.6%。"十五"期间由于与GDP比例下降而节约的社会物流费用合计为1090亿元,相当于2005年全国规模以上电力工业企业实现利润总额的水平。

表1-3　　　　"十五"期间社会物流费用与GDP比例及节约的社会物流费用

| 年份 | 社会物流费用<br>与GDP比例(%) | 与上年相比<br>下降百分点 | 节约社会物流<br>费用(亿元) |
| --- | --- | --- | --- |
| 2001 | 18.80 | 0.58 | 634.1 |
| 2002 | 18.90 | -0.10 | -114.6 |
| 2003 | 18.92 | -0.02 | -26.5 |
| 2004 | 18.77 | 0.15 | 243.6 |
| 2005 | 18.57 | 0.19 | 353.5 |

3. 我国社会物流需求出现持续高速增长的局面,社会物流总额规模持续扩大。"十五"期间,社会物流总额达158.7万亿元,比"九五"时期增长近1.4倍,年均增长23%。扣除价格因素,需要运输、装卸等物流服务的实物量年均增长15%左右。这一速度明显快于"十五"时期GDP增长9.5%的水平,一方面说明我国物流发展正处在高增长期;另一方面也表明社会经济发展对物流的依赖程度明显增大。根据测算,1991年单位GDP对物流需求的系数为1:1.4,到2005年已经上升到1:2.64,这说明目前我国每单位GDP产出需要2.64个单位的物流总额来支持,比1991年提高了一倍多。从发展的趋势看,社会经济发展对物流的需求是不断加速的。见表1-4。从统计数据看可出社会经济发展越来越依赖于现代物流的发展,这是一个国家调整经济结构,转变经济增长方式的必由之路,也反映出通过流通现代化推动工业现代化的必然规律。

表1-4　　　　　　　　1991~2005年单位GDP物流需求系数

| 年　份 | 物流需求系数 |
| --- | --- |
| 1991 | 1.40 |
| 1992 | 1.47 |
| 1993 | 1.54 |
| 1994 | 1.64 |
| 1995 | 1.68 |
| 1996 | 1.55 |
| 1997 | 1.57 |
| 1998 | 1.53 |
| 1999 | 1.55 |
| 2000 | 1.72 |
| 2001 | 1.77 |
| 2002 | 1.93 |
| 2003 | 2.18 |
| 2004 | 2.40 |
| 2005 | 2.64 |

4. 政府部门对现代物流的重视程度不断提高,物流在国家经济规划中的地位不断加强。2004年8月,国家九部委联合发布了《关于促进我国现代物流业发展的意见》,意见有四大部分内容:第一,营造有利于现代物流业发展的良好环境,包括调整现行行政管理方式、完善物流企业税收管理、整顿规范市场秩序,加强收费管理;第二,采取切实有效措施,促进现代物流业发展,包括鼓励工商企业逐步将原材料采购、运输、仓储等物流服务业务分离出来,利用专业物流企业承担、积极拓宽融资渠道、积极推进物流市场的对外开放、支持工商企业优化物流管理、加快物流设施整合和社会化区域物流中心建设、简化通关程序、优化城市配送车辆交通管理;第三,加强基础性工作,为现代物流发展提供支撑和保障,包括建立和完善物流技术标准化体系、提高从业人员素质、提高物流信息化水平、推广先进适用的物流专用车辆和设备;第四,加强对现代物流工作的综合组织协调,建立由国家发改委牵头,商务部等有关部门和协会参加的全国现代物流工作协调机制。这一意见的出台,破除了困扰物流企业发展的障碍。同年,物流业税改大幕开启,而且,"物流服务业"首次纳入《国家科技发展长期规划》。2006年3月,国家将"大力发展现代物流业"纳入我国的第十一个五年规划中,具有里程碑意义,标志着中国物流业将进入一个崭新的发展时期。

5. 新技术的成熟与应用。射频识别卡(RFID),通常被称为无线标签,该技术的成熟利用使得物流自动化水平尤其是仓储检货物水平大大提高;物流管理信息系统的利用也改变了传统信息流和资金流需要人工完成的落后局面;GPS(全球定位系统)、GIS(地理信息系统)等系统用于物流行业也为用户实时货物跟踪提供了保证;新近研制成功的"电子加封锁"技术为产品在运输途中的真实性和完整性提供了安全保证。上述产品和技术的成熟运用,不但提高了物流服务质量和物流信息管理水平,其最显著的作用就是促进了物流效率的提高。

6. 市场潜力巨大。随着全球化进程的加快,全球制造业中心第五次转移正由韩国转向中国。大量的商品由中国制造并被运往中国和世界各地,巨大的原材料和产品流通需求将保证中国的物流需求会以10%~20%的速度增长。而且,相对于发达国家成熟的物流市场,中国物流产业还处于起步阶段,市场潜力巨大。首届中国物流企业家论坛暨2003中国物流(企业)年会的报告显示,1至9月,全国社会物流总值21.7万亿元,同比增长26.9%。同时,众多大型跨国零售巨头抢滩中国大陆和中国经济的良好经济发展形势,也预示着中国物流产业的巨大潜力。

虽然我国物流发展取得了较大成绩,但仍存在许多问题,如物流观念淡薄,许多决策人士不懂现代物流;物流一体化程度不够,行政分割、行业垄断;与物流相关的服务体系落后;物流系统效率低,物流成本高;物流技术装备水平还比较低;专业人才缺乏;标准化仍比较滞后;竞争将更加激烈等等。这些问题都有待我们进一步改进和完善。

## 三、现代物流发展趋势

进入新世纪,由于全球经济一体化进程日益加快,企业面临着更加激烈的竞争环境,资源在全球范围内的流动和配置大大加强,世界各国更加重视物流发展对于本国经济发展、国民生活素质和军事实力增强的影响,都十分重视物流业的现代化,从而使现代物流呈现出一系列新的发展趋势。

从世界范围来说,目前物流产业呈现以下几方面的发展趋势:

（一）现代物流的全球化趋势

20世纪90年代以后，跨国经营在全球范围风行，企业为了追求更大的利润，根据比较成本优势的经济原则，将许多商品的原料生产、半成品生产、零部件加工、成品组装、标志、包装和发运销售，分别安排在国内外许多不同的地方进行，并同生产、流通、分配、消费过程交叉结合，从而改变了传统的生产经营方式。国际化采购、国际化生产、国际化销售格局逐渐形成。为了实现资源和商品在国际间的高效流动与交换，促进区域经济的发展和全球资源优化配置的要求，跨国企业的物流运作必须要向全球化的方向发展。在全球化趋势下，物流目标是为国际贸易和跨国经营提供服务，选择最佳的方式与路径，以最低的费用和最小的风险，保质、保量、准时地将货物从某国的供方运到另一国的需方，使各国物流系统相互"接轨"。

表1-5　　　　　　　　目前世界主要经济体的采购来源百分比

|  | 欧洲 | 美国 | 日本 | 亚洲四小龙 |
| --- | --- | --- | --- | --- |
| 地方性（Local） | 45% | 46% | 69% | 41% |
| 地区性（regional） | 36%（EU） | 17%（NAFTA） | 10%（东南亚） | 26%（东南亚） |
| 欧盟（EU） |  | 12% | 15% | 24% |
| 亚洲 | 12% | 23% |  |  |
| 东欧 | 1.5% |  |  |  |
| 新西兰、澳大利亚（NAFTA） | 5% |  | 4% | 9% |
| 南美洲 |  | 2% |  |  |

近年来，跨国物流企业，如美国总统轮船、联邦快递、丹麦马士基，日本通运、佐川急便，德国西门子等都在角逐世界物流市场，与他们供应链中的生产企业结伴进入各国物流领域。这些大型跨国物流公司，由原来雄踞国际海、陆、空运输市场，进而深入各国参与物流基础设施和物流枢纽建设，逐步完善了跨国物流网络框架和主干线与支线的衔接，使国际物流网实现贯通和触角终极化。借助经济全球化的大好良机，通过融资、贷款、援助、合资、合作等种种形式把游资投入到世界各地最关键的物流环节，如：港口、码头、公路、物流园区、集装箱终端，建立了自己的投资主体地位，确保了国际物流的畅通无阻，从而进一步拓宽了国际物流通道，促进了全球物流的大循环，把现代物流推向了全球化发展的新时代。

（二）现代物流的信息化趋势

现代社会已经步入了信息时代。由于现代信息技术的不断提升，企业信息化的不断普及，使得物流的信息化成为整个社会信息化的必然要求和重要组成部分。物流的信息化是指商品代码和数据库的建立、运输网络合理化、销售网络合理化、物流中心管理电子化、电子商务和物品条码技术应用等。各种信息平台、电子数据交换系统（EDI）、事务处理系统（TPS）、管理信息系统（MIS）、决策支持系统（DSS）、销售时点信息系统（POS）、地理信息系统（GIS）、全球卫星定位系统（GPS）、智能交通运输系统（ITS）等信息处理和条形码技术、射频标识技术在物流中广泛运用，将使信息实现共享，信息传递更加方便、快捷、准确，大大增强运输、保管、装卸搬运、包装、流通加工、配送等物流各环节的功能。近年电子商务的兴起，人们对电子商务直接向消费者供货的做法表示了极大关注。建立更进步的电子商务B to B（Business to Business）或B to C（Business to Consumer）经营方式，将是蓄势待发的下一波主流。美国消费品和日本汽车制造,已经透过这样的电子虚拟公司,与经销商、服务业者和顾客互相传递资讯,连成一网络,把经销计划及订单完成步骤最佳化。德国联邦物流协会(BVL)的 Triade Studie99 调查报告,未来有60%~70%的公司采取虚拟方式与顾客联络。美国因为互联网普及、顾客对网络的接纳度高、电话费低和政府支持,让 B to C 和 B to B 的应用很明显地领先其他地区。由于电子商务当红,带动物流业起飞。

信息化是现代物流发展的基础,没有物流的信息化,任何先进的技术装备都无法用于物流领域,信息技术在物流中的应用将会彻底改变世界物流的面貌,一些新的物流信息技术在未来的物流中将会得到普遍采用。

### (三)现代物流的网络化趋势

网络化是物流业的支撑。随着网络经济电子商务的发展,电子商务使商品交易发生了巨大的变革,不仅时间缩短,交易速度加快,而且可以大大降低商业交易的成本,未来的流通时间和流通成本绝大部分被物流所占有,因此,物流对未来的经济发展会起到非常大的决定和制约作用。网络还可以支撑、优化、改造、提升物流实体,增强企业竞争力。用网络经营可以改造企业经营方式和传统的商业模式,整合企业物流资源、物流线路,改造企业物流流程。用网络优化物流,不但能够大大提高物流效率,而且还可以使物流成本降低、利润增加,从而改变它的传统形象,成为新的经济增长点。

### (四)现代物流服务的综合化趋势

面对日益激烈的市场竞争和迅速变化的市场需求,为客户提供全程物流服务,即一体化的综合物流服务,成了现代物流企业生存与发展的关键。物流体系的整体运作效率、客户供应链管理不断优化将成为其核心服务内容。物流企业的"混业"经营——船运公司上岸、货代公司下海,互为代理、战略联盟或在全球范围内的网络扩张,加速了物流服务或供应链管理市场的一体化整合。例如中邮物流公司致力于开拓物流综合化服务市场,取得了显著的成效。其做法是:第一,由物流基本服务向增值服务延伸。主要是由提供运输、仓储、配送等传统物流服务的同时,根据客户需求,在各项功能的基本服务基础上延伸出增值服务,以个性经服务内容表现出与市场竞争者差异性。第二,由物流功能服务向管理服务延伸。通过向客户提供物流系统优化、物流业务流程再造、订单管理、库存管理供应商协调、客户服务等服务,参与客户的物流管理,将各个物流功能有机衔接起来,实现对客户的"一站式"服务。实现高效的物流系统运作,帮助客户提高物流管理水平的控制能力,为采购、生产和销售提供有效支撑。第三,由实物服务向信息流,资金流服务延伸。向客户提供如预先发货通知、兼而有之签收反馈、订单跟踪查询、库存状态查询、货物在途跟踪、运行绩效监测、管理报告等物流信息服务,提高信息服务务的增值作用。

### (五)现代物流转向供应链管理趋势

在物流的思想、概念和定义方面,有一个发展的过程。20 世纪 50 年代以前,企业物流强调的是运输效率;50 年代,企业物流强调的是降低成本和提供客户服务;60 年代,出现了综合外包的概念,企业寻求物流外包开始成为一种趋势;70 年代,强调运作整合和质量;80 年代,强调对企业的财务表现和运作优化的问题;到 90 年代,则强调物流对客户关系的作用和跨企业的延伸。物流跨企业的延伸,实质上就是供应链形态。2005 年,美国物流管理协会更名为"美国供应链管理专业协会",标志着世界物流已进入供应链时代。

之所以会出现这样的发展趋势,是因为随着经济的发展和企业在激烈的市场竞争的群体优势化,物流的作用已经日益显得单一和不足。物流必须与生产、采购、销售以及信息相结合,形成整体优势,才能适应新的竞争环境,企业只有在发挥核心竞争力的同时,与自己的上游企业和下游企业结成联盟,参加由优秀的生产者、原材料供应者、产品批发商、零售商、物流企业乃至相关的金融、保险、信息、咨询等企业优势组合的同盟体,才能维持生存和发展。由于逐渐由单个企业与单个企业之间的竞争,转向了企业群体与企业群体之间的竞争,物流的功能便显得乏力,只有供应链才能满足这种竞争的需要。所以,作为一种重要的发展趋势,物流渐渐地被涵盖在供应链管理之中,或者说物流向更高的阶段发展了。

#### (六)现代物流更注重消费者需求

在市场经济情况下,社会商品极大丰富,买方市场矛盾突出,买者是"上帝",生产者、供应者、服务业者都把传统的以"自我"为中心,转向以"消费者"为中心。过去生产企业依据市场情况,制定商品价格。现在已不是由市场支配价格,而是由消费者支配价格。生产企业已无法自行决定价格,必须调查消费者能承受或消费者希望的价格标准,然后再考虑划给分销商、物流企业的利润,最后决定自己的产品出厂价格。在这种情况下,物流服务也必须随着生产企业的转变而转变,由过去的服务于生产,转向现在的服务于消费者,满足消费者多样化、个性化的要求。比如为居民提供搬家服务的搬家公司;为居民邮寄小件包裹以及代送礼品、代运高尔夫和滑雪用具的"宅急送"公司;为长期出差职工保管家具和贵重物品的仓库等,都是物流企业转向最终消费者的例证。为了适应消费者的需要,运输企业增加冷藏运输车辆,仓库企业大量增建冷冻仓库,形成一贯制冷链物流体制,牛奶、肉蛋、海产品、蔬菜、水果等一律冷藏、冷冻化流通。今后,能够为消费者而不仅仅是生产者提供高质量的服务,将是物流企业的生存发展之道。

#### (七)绿色物流将成为新的增长点

物流虽然促进了经济的发展,但是物流的发展同时也会给城市环境带来负面的影响。为此,21世纪对物流提出了新的要求,即绿色物流。绿色物流主要包含两个方面,一是对物流系统污染进行控制,即在物流系统和物流活动的规划与决策中尽量采用对环境污染小的方案,如采用排污量小的货车车型,近距离配送,夜间运货(以减少交通阻塞、节省燃料和降低排放)等。发达国家政府倡导绿色物流的对策是在污染发生源、交通量、交通流等三个方面制定了相关政策。绿色物流的另一方面就是建立工业和生活废料处理的物流系统。

### 案例1-1

#### 华宇物流 十年磨一剑

在中国,提起最大的零担货物运输,不得不提起华宇物流;提起华宇物流,不得不提起华宇的十年创业史。十年的时间,湮没了无数原本成功的企业,也成就了许多像华宇物流这样白手起家的企业。

被称为中国最大零担货物运输企业的华宇物流集团,经过十年的打拼、十年的艰辛,如今在中国物流界已是锋芒毕露,发出耀眼的光芒,成为许多物流企业作为标榜的奋斗目标。可谓白手起家的华宇物流何以能够以如此快的速度发展扩张?靠什么取得如此辉煌的业绩?它的基本经验和成功之道是什么?

1. 节节攀高的三个里程碑

1995年9月至2000年9月是华宇物流公司第一个创业时期。因为是白手起家,从零起步,万事开头难,经过五年艰苦卓绝的创业奋斗和团结一致的一路打拼,华宇公司由创立时的十几个人发展到三千余人;从只有一个广州公司和到上海的两点一线运营格局,发展成为拥有150多个运营网点和公司的庞大货运总公司;从无运输车辆发展成为拥有三百多部各种运输车辆的实力雄厚的公司;从极少自有资产发展和创造了近亿元的资产总值;从年产值不到2000万元发展到超过3亿元人民币。华宇人创造了奇迹。

2000年9月至2004年12月,是华宇物流公司的第二个创业时期。原本五年的创业目标,提前一年便全面完成,又创造了国内物流发展史上的一个惊人奇迹:公司由3000人的货运总公司发展成为拥有近千家全资公司、万余名员工的全国著名大型物流集团公司;年产值由3亿多元发展到10亿元人民币;运营网络覆盖全国,通达世界,建成了全国公路运输第一网络,成为全国最大零担运输集团;物流设施、设备、各种装卸搬运工具和集团公司资产总值都成倍的增长,集团公司实力和竞争优势显著增强。

2005年1月至2010年1月,是华宇集团计划的第三个创业时期。这个新创业时期的战略目标更加宏伟,除了激动人心的产值和利润指标以外,更为宏伟的战略目标是:通过"转型提升"和"整合再造"来实现"创百强千年大业,塑中国物流名牌";通过资本运营、品牌经营、战略联盟和并购整合,快速做大做强、做精做细物流企业,与国际物流巨头接轨。华宇正处在发展势头良好的第三次创业的开局之年。现在看来,在这风雨兼程、发展跃升的三个创业阶段和发展时期,华宇人用自己的激情、智慧、力量、血泪和生命,铸造了永放光芒的发展丰碑。

2. 十年风雨打造品牌企业

十年的时间,可以造就很多成功的企业。一般来说,人世间的许多成功,一定会有很多原因才能促成;而失败,却只要一条便足够,把企业做大、做强也是如此。认真总结、提炼、概括十年创业发展的基本经验和主要教训,无论是对自己的可持续发展和中国物流产业的更大发展,都具有重大而深远的意义,这也是华宇集团十年大庆的首要功课和话题。

经过十年的快速开发、持续拓展,华宇物流网络成为覆盖全国的第一网络。现代物流网络为本,知识经济网络制胜。有多大的运营网络,就会有多大的物流规模,同样也就会有多大的企业。华宇物流抓住了千载难逢的大好机遇,第一个实现了从南到北、从东到西、突出战略发展要地,占据大物流区域的整体战略布局和企业网点建设,很快地建成了中国公路货物运输的最大网络,实现了运营网络覆盖全国、华宇物流通达天下的全新格局,而且形成了华宇网络天天扩大,运营线路日日延伸的发展态势。深谙网络经济发展奥妙和真谛的华宇物流集团领导团队,抓住机遇,快速布局,在战略和战术的有机结合上,很快建成了中国公路货物运输的第一网络。这个最具价值的第一运输网络,已成为华宇物流做大做强的第一资本。

十年的历程创就了华宇辉煌的物流品牌。品牌先发制人,文化后发制胜。品牌与文化综合,能强能大又能赢。十年创业辉煌的华宇物流集团,最大的成就、价值和贡献是成功地打造了一个大型的名牌物流集团,坚定实施名牌发展战略。大名牌整合大资源,实现企业大发展。大名牌能够赢得大客户和更多客户的高度信赖,从而实现公司更大、更强、更快、更好地发展。没有"一切为客户着想"这种大气魄、大手笔、大效应的华宇品牌,华宇物流不可能获得那么多的大客户群体,从而实现翻番式、跨越式的大发展和快发展。要做大做强物流集团必须靠打造大品牌。没有强大的品牌,不可能有强大的企业,这是客观规律。华宇物流的品牌战略便是一个成功案例。

经过十年艰难困苦的历练,华宇培养造就了一大批中高级物流经营管理人才和业务技术人才。56个一级公司的总经理、6个大区的总经理、6位集团公司副总裁和集团总部各经营管理部门的领导者,大都经过国内外和企业内外名牌大学的 EMBA、MBA、CEO 和高级经理人的专业培训教育,大都具有较高的物流素养和很强的经营管理能力。这支训练有素的中高级管理团队和领导集团,必将对华宇物流和中国物流的更大发展做出重要贡献。

做专、做精主营业务。公路零担运输是华宇物流的主营业务与核心业务,也是华宇物流的利润区和利润源。华宇的经营管理者一贯高度重视做专、做精、做细、做优、做大、做强这个主营业务与核心业务。这是华宇物流重要的成功经验之一,没有专业化和精细化,很难让物流能发展起来。

强化企业团队建设。企业存亡完全在于团队,大型物流企业更是这样。这既是华宇物流的成功经验,又是华宇物流强化提升和不断增强团队能力的重点。领导团队是核心,经营管理团队是关键、员工团队是根本,人才团队能力是重点,必须采取互动共进的办法,全员显著提升和不断增强。否则,就会成为企业发展的最大障碍。没有结构优化组合的强大人才队伍,要实现企业强大和持续发展,是根本不可能的。因此,开发和提升经营管理能力和水平,是能让企业发展的第一要务。

经过十年的不断创建和精心打造,华宇物流成为中国公路零担运输最大的物流集团。经过最近5年的高速发展和快速扩张,华宇集团已从五周年庆典时的150多个公司,发展成为拥有6个大区、50多个一级公司和1100多个分公司,综合实力雄厚、竞争优势强大、客户数量众多、年吞吐能力超过千万吨的大型物流集团公司。在最近三年中国物流企业百强、50强和中国民营物流企业30强的评选排名中,都位居前三甲和名列前茅,创造了中国物流企业发展中的奇迹。

3. 让利剑的光芒发挥极致

华宇高层提出了"三五"宏图,即到2010年由公路运输为核心主业加快向供应链管理延伸,全面提升管理技术、增加服务功能、拓展服务领域、向打造陆海空三位一体的运输新格局迈进;计划在国内15个中心城市建造现代化的物流配送中心,在六大区建造20个物流中转平台,在100个城市设立枢纽公司,服务网点2000个,网络覆盖1000个城市,员工30000人,产值突破50亿元人民币;全面实现网络信息化、作业机械化、管理智能化、办公自动化的发展目标,以产业战略推动资本战略,以资本战略带动产业战略的大提升大发展,力争在"三五"前三年使企业上市,实现与国际市场的全面接轨,把华宇打造成为国内领先、国际知名的物流强企。这是华宇第三个历史性的飞跃,为了实现这个新的历史性飞跃,华宇全体经营管理者必须在思想理念上实现一个历史性的飞跃;在管理和服务质量上实现一个历史性的飞跃;在公司整体素质、能力和水平上实现一个历史性飞跃。

## 第五节 物流管理的概念、目标和内容

### 一、物流管理的概念和目标

所谓物流管理,就是根据客户的要求,为了达到物流的根本目的,而对物流活动进行的计划、组织、协调与控制。

物流管理的目标主要包括：快速反应、最小变异、最低库存、整合运输、产品质量以及生命周期支持等。

1. 快速反应。快速反应关系到企业能否及时满足客户的服务需求的能力。信息技术提高了在尽可能短的时间内完成物流作业，并尽快交付所需存货的能力。快速反应的能力把物流作业的重点从根据预测和对存货储备的预期，转移到从装运到装运方式对客户需求作出迅速反应上来。

2. 最小变异。最小变异就是尽可能控制任何会破坏物流系统表现的、意想不到的事件。这些事件包括客户收到订货的时间被延迟、制造中发生意想不到的损坏、货物交付到不正确的地点等。传统解决变异的方法是建立安全储备存货或使用高成本的溢价运输。信息技术的使用使积极的物流控制成为可能。

3. 最低库存。最低库存的目标是减少资产负担和提高相关的周转速度。存货可用性的高周转率意味着分布在存货上的资金得到了有效的利用。因此，保持最低库存就是要把存货减少到与客户服务目标相一致的最低水平。

4. 整合运输。最重要的物流成本之一是运输。一般来说，运输规模越大及需要运输的距离越长，每单位的运输成本就越低。这就需要有创新的规划，把小批量的装运聚集成集中的、具有较大批量的整合运输。

5. 产品质量。由于物流作业必须在任何时间、跨越广阔的地域来进行，对产品质量的要求被强化，因为绝大多数物流作业是在监督者的视野之外进行的。由于不正确的装运或运输中的损坏导致重做客户订货所花的费用，远比第一次就正确地履行所花费的费用多。因此，物流是发展和维持全面质量管理不断改善的主要组成部分。

6. 产品生命周期支持。某些对产品生命周期有严格需求的行业，回收已流向客户的超值存货将构成物流作业成本的重要部分。如果不仔细审视逆向的物流需求，就无法制订良好的物流策略。因而，产品生命周期支持也是设计的重要目标之一。

## 二、物流管理的内容

物流管理的内容包括：
1. 对物流活动诸要素的管理，包括运输、储存等环节的管理；
2. 对物流系统诸要素的管理，即对其中人、财、物、设备、方法和信息等六大要素的管理；
3. 对物流活动中具体职能的管理，主要包括物流计划、质量、技术、经济等职能的管理等。

## ※思考题：

1. 简述物流的基本概念。
2. 物流分类有哪些？
3. 试述发达国家的物流发展概况。
4. 试述我国物流发展概况。
5. 现代物流的发展趋势是什么？
6. 物流管理的概念、目的和内容是什么？

**参考文献**：
1.《最新物流讲座》，靳伟编著，中国物资出版社，2003.5
2.《"十一五"我国物流业将进入快速协调发展轨道》，丁俊发，http://www.cflp.org.cn（2006年3月24日）
3.《物流与供应链管理》，查先进著，武汉大学出版社，2003.5
4. http://www.dianliang.com/
5. http://www.ztb.org.cn/
6. http://www.tianyablog.com/

**案例讨论**：

### 一流三网海尔独特的现代物流

海尔的物流改革是一种以订单信息流为中心的业务流程再造，通过对观念的再造与机制的再造，构筑起海尔的核心竞争能力。

海尔物流管理的"一流三网"充分体现了现代物流的特征："一流"是以订单信息流为中心；"三网"分别是全球供应链资源网络、全球配送资源网络和计算机信息网络。"三网"同步流动，为订单信息流的增值提供支持。

"一流三网"

在海尔，仓库不再是储存物资的水库，而是一条流动的河。河中流动的是按单采购来进行生产所必需的物资，也就是按订单来进行采购、制造等活动。这样，从根本上消除了呆滞物资、消灭了库存。

目前，海尔集团每个月平均接到6000多个销售订单，这些订单的品种达7000多个，需要采购的物料品种达26万余种。在这种复杂的情况下，海尔物流自整合以来，呆滞物资降低了73.8%，仓库面积减少50%，库存资金减少67%。海尔国际物流中心货区面积7200平方米，但它的吞吐量却相当于普通平面仓库的30万平方米。同样的工作，海尔物流中心只有10个叉车司机，而一般仓库完成这样的工作量至少需要上百人。

全球供应链资源网的整合，使海尔获得了快速满足用户需求的能力。

海尔通过整合内部资源优化外部资源，使供应商由原来的2336家优化至840家，国际化供应商的比例达到74%，从而建立起强大的全球供应链网络。GE、爱默生、巴斯夫、DOW等世界500强企业都已成为海尔的供应商，从而有力地保障了海尔产品的质量和交货期。不仅如此，海尔通过实施并行工程，更有一批国际化大公司已经以其高科技和新技术参与到海尔产品的前端设计中，不但保证了海尔产品技术的领先性，增加了产品的技术含量，还使开发的速度大大加快。另外，海尔对外实施日付款制度，对供货商付款及时率达到100%，这在国内，很少有企业能够做到，从而杜绝了"三角债"的出现。

JIT的速度实现同步流程

由于物流技术和计算机信息管理的支持，海尔物流通过3个JIT，即JIT采购、JIT配送和JIT分拨物流来实现同步流程。

目前，通过海尔的BBP采购平台，所有的供应商均在网上接受订单，使下达订单的周期从原来的7天以上缩短为1小时内,而且准确率达100%。除下达订单外,供应商还能通过网上查询库存、配额、价格等信息,实现及时补货,实现JIT采购。

为实现"以时间消灭空间"的物流管理目的,海尔从最基本的物流容器单元化、集装化、标准化、通用化到物料搬运机械化开始实施,逐步深入到对车间工位的五定送料管理系统、日清管理系统进行全面改革,加快了库存资金的周转速度,库存资金周转天数由原来的30天以上减少到12天,实现JIT过站式物流管理。

生产部门按照B2B、B2C订单的需求完成以后,可以通过海尔全球配送网络送达用户手中。目前海尔的配送网络已从城市扩展到农村,从沿海扩展到内地,从国内扩展到国际。全国可调配车辆达1.6万辆,目前可以做到物流中心城市6~8小时配送到位,区域配送24小时到位,全国主干线分拨配送平均4.5天,形成了全国最大的分拨物流体系。

在企业外部,海尔CRM(客户关系管理)和BBP电子商务平台的应用架起了与全球用户资源网、全球供应链资源网沟通的桥梁,实现了与用户的零距离。在企业内部,计算机自动控制的各种先进物流设备不但降低了人工成本、提高了劳动效率,还直接提升了物流过程的精细化水平,达到质量零缺陷的目的。计算机管理系统搭建了海尔集团内部的信息高速公路,能将电子商务平台上获得的信息迅速转化为企业内部的信息,以信息代替库存,达到零营运资本的目的。

积极开展第三方分拨物流

海尔物流运用已有的配送网络与资源,并借助信息系统,积极拓展社会化分拨物流业务,目前已经成为日本美宝集团、AFP集团、乐百氏的物流代理,与ABB公司、雀巢公司的业务也在顺利开展。同时海尔物流充分借力,与中国邮政开展强强联合,使配送网络更加健全,为新经济时代快速满足用户的需求提供了保障,实现了零距离服务。海尔物流通过积极开展第三方配送,使物流成为新经济时代下集团发展新的核心竞争力。

流程再造的关键是观念的再造

海尔实施的现代物流管理是一种在现代物流基础上的业务流程再造。而海尔实施的物流革命是以订单信息流为核心,使全体员工专注于用户的需求,创造市场、创造需求。

机制的再造

海尔的物流革命是建立在以"市场链"为基础上的业务流程再造。以海尔文化和OEC管理模式为基础,以订单信息流为中心,带动物流和资金流的运行,实施三个"零"目标(质量零距离、服务零缺陷、零营运资本)的业务流程再造。

构筑核心竞争力物流带给海尔的是"三个零"。但最重要的,是可以使海尔一只手抓住用户的需求,另一只手抓住可以满足用户需求的全球供应链,把这两种能力结合在一起,从而在市场上可以获得用户忠诚度,这就是企业的核心竞争力。这种核心竞争力,正加速海尔向世界500强的国际化企业挺进。

讨论题:

1. 为什么说海尔的"一流三网"充分体现了现代物流的特征?
2. 如何理解海尔构筑的物流核心竞争力?

# 第二章
# 物流的功能要素

\* 本章主要内容
- 运输
- 保管
- 装卸搬运
- 包装
- 物流信息
- 流通加工

### 中远:物流"旗舰"之七种"舞步"

中国远洋运输(集团)总公司(以下简称"中远集团")是世界第二大航运物流集团,同时也是中国最大的航运物流集团,目前拥有和经营着600多艘现代化远洋船舶,总计超过3500万吨。中远集团目前拥有数百家成员企业,形成了以北京为中心,以香港、日本、韩国、新加坡、美国、欧洲、澳洲、非洲和西亚等9个区域公司为辐射点,覆盖160多个国家和地区,1300多个港口的全球业务网络,堪称国内物流业的"旗舰"。

成大事需远见卓识。但凡成就大事者多具非凡眼光,正是充分认识到物流业的发展前途,才成就了中远的今天,而这一认识和理解经历了一个不断深化和扩展的过程。早在上世纪90年代初,中远集团就开始了对集装箱班轮市场物流服务的研究,对中远集团发展物流的必要性和可能性进行研究和探讨。2001年,中远集团组织编制了《中远集团"十五"物流发展规划》,明确了中远集团五年物流发展总体思路、发展目标和实施措施,同时确定了发展规模和投资预算等。

循市场之规。市场的反馈也逐渐让高层决策者认识到,单纯的海上运输已经不能适应世界性物流业务发展的需要。市场就是命令,中远集团的集装箱运输服务根据客户需求,开始从"港到港"向"门到门"多式联运服务扩展。1998年7月,中远集装箱运输有限公司(以下简称"中远集运")率先成立了综合物流部门。

战略随需应变。综合物流业务的开展同时对集团行业定位也提出了新的要求,2000年初,中远集团提出了"两个转变"的发展战略,即从全球承运人向以航运为依托的全球物流经营人转变,从跨国经营向跨国公司转变。通过提供新的管理服务产品,实现产业的创新。2001年,中远集团提出并实施核心业务重组改革计划,构筑了班轮和物流两大业务单元,在保持和加强班轮的持续竞争能力和客户服务功能的同时,为物流提供一个可快速增长的空间,并迅速发展成为全球领先的物流经营人,实现集团整体价值最大化。

管理的集中与分散。1998年9月,中远集团成立中远物流工作组,决定由中远集运带头,统一指挥和协调中远物流业务,为具体开展"门到门"服务提供决策支持。除中远集运外,工作组还包括了中远货运公司、中国外轮代理公司、中远空运公司。2000年9月,中远集团在运输部增设了物流处,并明确物流处统一归口管理中远集团物流工作,全面规划、推进、协调中远物流业务。同时,中远集团要求集团海外区域公司根据各自具体情况及业务发展现状,建立相应的物流业务部门,共同开拓和推进中远物流业务。

整合资源铸"旗舰"。1993年,以中国远洋运输总公司为核心的中国远洋运输(集团)总公司组建成立,同年在北京成立了中远集装箱运输总部,实现了集装箱运输的统一经营。1995年,中远开始对陆上货运企业进行了改组和调整。这次整合,是对集团成员中的中汽总公司、外轮代理总公司以及各远洋运输公司下属货运公司的陆上货运资产进行重组,成立了中远国际货运有限公司,形成了中远统一的全国货运网络。1996年,中远集团根据发展空运业务的需要,通过整合系统的空运资源,在北京成立了中远空运代理有限公司。1997年,中远对海外地区的众多业务机构进行归口管理,成立了香港、新加坡、美洲、欧洲、日本、澳洲、非洲、西亚、韩国九大区域公司,并先后在这些区域公司内组建了物流公司或物流部。之后于1998年,中远集运、中货、外代和中空等单位派人参加成立物流工作小组。这些工作的相继开展奠定了国内物流"旗舰"的雏形。

"外脑"助力示范工程。2001年,中远集团聘请了美国著名的美智管理顾问咨询公司作为物流顾问,以中远重要客户青岛海尔为目标客户,开展了长达五个月的物流示范项目研究。开展此项目的主要目的就是在为具体的物流客户设计详尽的物流服务方案的基础上,树立中远作为第三方物流经营人的服务典范;同时更加明确自身在物流市场的定位,促进中远物流的快速发展;也为中远进一步的物流服务扩展指明方向和长期发展战略;通过示范项目,提高中远自身物流管理人员的业务素质。

欲善其事,必利其器。近年来,中远集团围绕集装箱运输、船舶调度指挥和现代物流构筑了集装箱运输管理信息系统、全球航海智能系统、船岸通信系统和物流仓储调度系统等全球信息系统,以及集装箱运输和物流管理的电子商务平台,并在逐步优化和完善中远的电子物流网络。

中远集团在物流业务方面取得的成绩无疑是卓越的,如果说其所获得的各种相关荣誉只代表着一个个结果的话,全球近千个经营网点,大批的码头、仓储物流服务设施及构建的各种全球信息系统也许正体现了中远的"内功"所在。

# 第一节　运　输

## 一、运输的概念

运输是指物品借助于运力在空间上所发生的位置移动。具体地讲,它是在不同的地域范围内(如两个城市、两个工厂或两个物流结点之间),以改变"物"的空间位置为目的,实现物流的空间效应。它具有扩大市场,稳定价格,促进社会分工,扩大流通范围等社会经济功能,对发展经济、提高国民生活水平有着十分巨大的影响。现代的生产和消费,就是靠运输事业的发展来实现的。

运输和搬运、配送等概念有时容易被人们混为一谈,它们之间其实有着明显的区别。运输和搬运的区别在于,运输是在较大范围内(如不同城市)的活动,搬运是在同一地域之内(如同一城市)的活动。运输和配送的区别在于,运输一般指长途运输,而配送则是从物流网点到用户的短距离、小批量的运输。

## 二、运输在物流中的作用

交通运输是人类社会生产和生活中一个不可缺少的方面。随着不同社会形态的发展,运输适应各种社会形态的需求在一直不断发展,从单个运输方式扩展到多种运输方式的综合运输系统,进而发展到与商品的生产和流通相结合的大系统,成为综合物流的重要环节,在现代物流中起着举足轻重的作用。主要表现在:

1. 运输已构成物流的动脉系统。运输是物流过程的重要支柱,是把物流系统连接在一起的纽带,它犹如人的造血系统中的动脉系统一样,将物流过程中的其他各项活动如包装、储存、装卸搬运、信息、情报等连接起来,使物流形成一个有机的系统。缺少运输,整个物流系统就会陷入瘫痪。因此,运输是物流过程不可缺少的组成部分,快速有效的物流必须具备良好的运输条件,没有运输就没有物流。

2. 运输能创造物流的空间效用。空间效用的含义是:同种"物"由于空间场所不同,其使用价值的实现程度不同,其效益的实现程度也不同。在物流中,运输的主要功能就是产品在价值链中的来回移动,只有当它移到确实能提高其价值的场所时,才能充分实现该产品的使用价值。从这个意义上讲,运输的主要功能就是产品在价值链中实现位移,从而产生了物流的空间效用。

3. 合理的运输能降低物流费用,节约物流成本。运输费用是构成物流费用的主要组成部分,在物流费用中占着很大的比例。表2-1及图2-1分别反映了美国、加拿大和我国物流总成本中的构成情况:从美国、加拿大公司2001年物流成本构成情况来看,运输成本超过总的物流成本的1/3;从我国2003年物流总成本构成来看,运输成本达到总成本的52.6%,运输成本、保管成本在总成本中所占比例较高,是我国物流成本居高不下的主要原因。因此,通过合理的组织运输,缩短运输里程,提高运输工具的运用效率,从而降低运输费用,进而达到降低物流费用,节约物流成本的目的。

表2-1　　　　　　　　**美国、加拿大公司2001年物流成本构成情况**

| 成本内容 | 美国公司(%) | 加拿大公司(%) |
| --- | --- | --- |
| 客户服务/订单清关 | 8 | 8 |
| 仓　储 | 25 | 25 |
| 运　输 | 37 | 36 |
| 管　理 | 9 | 8 |
| 库存搬运 | 21 | 23 |

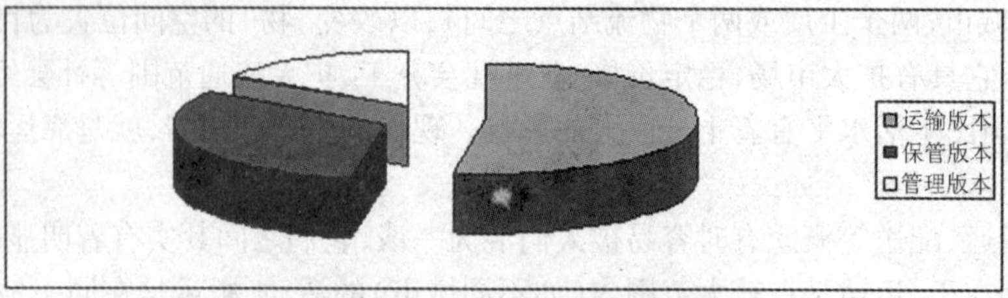

运输成本占 52.6%；保管成本占 31.8%；管理成本占 15.6%。

图 2-1　2003 年我国物流总成本构成图

4.合理的运输能加快资金周转速度，降低资金占用时间，提高物流的经济效益和社会效益。

从宏观的角度讲，合理的运输能促使物流建设的加快，减少物品的库存量，加快资金的周转，节约了资金的占用。相应地提高了社会产品的使用效率，提高物流的经济效益和社会效益。

### 三、运输的方式

物质产品从生产地向消费地转移，是通过不同的运输方式来实现的。不同运输方式的服务质量、技术性能、方便程度、管理水平等，会影响着不同层次的物流定位对运输方式的选择。因此，对运输方式及其特点的了解，便成为物流研究的重要内容。

运输有五种基本方式，分别是铁路运输、公路运输、水路运输、航空运输及管道运输。

#### （一）铁路运输

铁路运输指在铁路上以车辆编组成列车载运货物的一种方式，是现代物流中最重要的货物运输方式之一。例如在我国，每年有 50% 的货物运输工作是由铁路运输来完成的，它为货物的异地交换起了重要的作用。在实际的使用中，可以根据货物的具体情况来选择不同的货运车辆，如表 2-2 所示。

表 2-2　　　　　　　　主要货车类型、包括范围及其基本记号表

| 名称 | 包括范围 | 基本记号 |
|---|---|---|
| 棚车 | 棚车 | P |
|  | 通风车 | F |
|  | 零担宿营车 | SLP　BT |
| 敞车 | 敞车 | C |
|  | 煤车 | M |
|  | 矿石车 | K |
| 平车 | 平车 | N |
| 砂石车 | 砂石车 | A |
| 罐车 | 罐车 | G |
| 保温车 | 保温车 | B |
| 其他 | 特种车 | T |
|  | 散装水泥车 | K15 |
|  | 代用罐车 |  |
|  | 家畜车 | J |
|  | 落下孔凹型长大货物车 | D |
|  | 其他货车 |  |

铁路运输具有一些其他运输工具不能取代的优点，主要是：

1. 运量大、运价低且运距长。一列火车按40辆车皮计,每车皮标重60吨,一列火车可运2~3千吨,运量较大。铁路运输采用大功率机车牵引列车运行,可承担长距离的货物运输服务。长距离的运输成本比较低,在各种运输方式中,铁路单位运输成本仅高于水路运输,而低于航空和公路运输。

2. 安全性能高,事故率低。铁路运输具有高度的导向性,只要行车设施无损坏,在任何气候条件下,如:下雨、下雪等,列车均能安全行驶,受气候因素限制小。

3. 速度较快。在实际运行中,一般铁路时速为80~150公里,高速铁路运行时速可达220以上公里。

铁路运输的缺点是:

1. 灵活性差,难以实现门到门的运输服务。
2. 投资大,建设周期长。
3. 短距离的运费高。
4. 营运缺乏弹性。受固定线路,货站的限制,不能像公路运输那样可以随货源所在地而变更营运路线,缺乏弹性。

鉴于以上特点,铁路运输适于承担长距离、大批量的货物运输。

(二) 公路运输

公路运输一般指汽车运输,在所有运输方式中它是影响面最为广泛的一种运输方式。其优点是:

1. 灵活性强,可以实行"门到门"的运输,即从发货者门口到收货者门口,不需要转运或反复装卸。
2. 全程速度快,适于短距离中小批量货物运输,其运量相对较低。
3. 货损货差小。在运输过程中,货提货差主要出现在各种重复的装卸和转运环节上,由于公路运输多为"门到门"的直达运输,装卸环节少,因而减少了货损货差的发生。

公路运输的缺点是:

1. 运量少,能耗运量小。汽车货运载运量一般为3~5吨,即使使用全拖车,载运量也不过数十吨,显然无法与铁路或轮船相比。
2. 长距离运输能耗大、成本低。
3. 污染环境严重,如:噪音、废气等。

鉴于以上特点,公路运输适于承担近距离、小批量的货运以及水运、铁路运输难以到达地区的长途、大批量货物运输。

(三) 水路运输

水路运输指水路运输又称为船舶运输,是指使用船舶及其他航运工具,在江河湖海上载运货物的一种运输方式。水路运输按船舶航行的路线划分,可分为海上运输和水域内河运输。

水路运输的优点是:

1. 运量大。船舶货舱的比例比其他运输工具都大,因此,可供货物运输的舱位及其载重量比其他运输工具也大。例如:一艘万吨级的轮船货物运输就相当于5~6列普通火车的货物运输。
2. 能耗小,成本低廉。在各种运输方式中,水运是运费最低廉的一种,其运输成本仅为铁路运输的1/25~1/20,为公路运输的1/100。

3. 航道投资省,不占用耕地面积。

水路运输的缺点是:运输速度较慢,且受自然条件影响大等。

水路运输适于承担运距长、运量大、时间性不强的各种大宗货物的运输。

(四)航空运输

航空运输又称为飞机运输,是指在有航空线路和航空港(飞机场)的条件下,利用飞机运载工具进行货物运输的一种运输方式。

航空运输的优点是:运输速度快,这是航空运输的最大优势,现代喷气式客机的巡航速度为 800~900 公里/小时,比汽车、火车快 5~10 倍,比轮船快 20~30 倍。且运距越长,速度快的优势就越明显。同时,飞机运输不受地形限制,机动性大。且适用范围广,不仅可用于客运、货运,而且还可以用于邮政、农业、渔业、林业、气象、工程、救济等。

航空运输的缺点是:运费高,不适合低价物品和大批量货物的运输,同时受气候条件影响大,且噪音污染严重。

基于以上特点,航空运输主要适于价值高、体积小以及时效性强的货物运输及救灾抢险物资的运输。

(五)管道运输

管道运输是指指利用管道输送气体、液体和粉状固体的一种运输方式。它是近几十年发展起来的一种新型运输方式,主要用于运送油品、天然气、煤浆以及其他矿浆等。

与其他几种运输方式相比,管道运输有其独特的性质。其他它是静止的,通过运输设备(如:泵、压缩机等)驱动货物,使之通过管道流向目的地。

管道运输的优点是:运量大,一条管径 720 毫米的管道可年输送原油 2000 万吨以上。相当于一条铁路的运量;能耗少,运费低,输送每吨公里轻质原油的能耗只有铁路的 1/17~1/2,成品油运费仅为铁路的 1/6~1/3;占用耗地少,管道多埋于地下,永久占用土地少;沿途无噪声,漏失污染少;等等。

管道运输的缺点是单向的封闭输送系统,灵活性差,专用性强,只适于石油、天然气及一些固体料浆运输;等等。

## 四、运输的合理化

运输的合理化是物流系统的最重要的功能要素之一,物流的合理化在很大程度上依赖于运输的合理化。在物流过程中,运输的合理化是从物流的总体目标出发,运用系统理论和系统工程原理和方法,充分利用各种运输方式,选择合理的运输路线和运输工具,以最短的路径、最少的环节、最快的速度和最少的劳动消耗,组织好物质产品的运输活动。

合理组织运输,不仅有利于社会再生产的进程,促进国民经济持续、稳定、协调的发展,而且能降低物流成本,加快物流速度,提高物流综合效率。对我国现代物流的发展有着重大的影响意义。

(一)影响合理运输的因素

运输的合理化,起决定作用的主要有五大因素,如图 2-2 所示。

——第二章 物流的功能要素

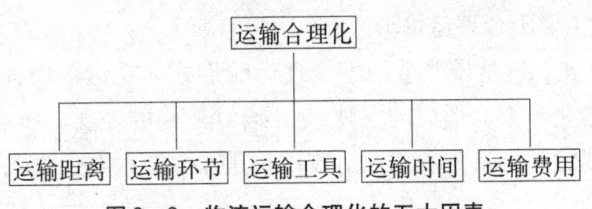

图 2-2 物流运输合理化的五大因素

1. 运输距离

运输既然是商品在空间上的移动,或称"位移",因此,商品移动的距离即运输里程的远近,就是决定其合理与否的一个最基本的因素。物流部门在组织商品运输时,首先要考虑运输距离,尽可能实行近产近销,避免舍近求远。

2. 运输环节

在物流过程的各个环节中,运输是一个很主要的环节,也是决定物流合理性的一个重要因素。因为运输业务活动,还需要进行装卸、搬运、包装等工作,多一道环节,就需要多花很多劳动。所以物流部门在调运商品时,对有条件直运的,尽可能组织直达、直拨运输,使商品不进入中转仓库,越过一切不必要的中间环节,由产地直接运到销地或用户,减少二次运输。

3. 运输工具

要根据不同商品特点,分别利用铁路、水运或汽车运输等不同运输方式,选择最佳的运输线路,合理使用运力。改进车船的装载技术和装载方法,提高技术装载量;使用最少的运力,运输更多的商品,提高运输生产效率。

4. 运输时间

对商业物流来说,为了更好地为顾客服务,及时满足顾客的需要,时间是一个决定性因素。运输不及时,不仅容易失去销售机会、造成货物脱销或积压。同时,商品在运输过程中停留时间过长,也容易引起商品的货损货差,增加物流管理费用,降低运输效率。因此,在市场变化很大的情况下,时间问题更为突出。所以在物流过程中,要特别强调运输时间,要抢时间,争速度,要想方设法加快货物运输,尽量压缩待运时间,使货物不要长期徘徊、停留在运输途中。

5. 运输费用

运输费用占物流费用的比例很大,是衡量物流经济效益的重要指标,也是组织合理运输的主要目的之一。运输费用的高低,不仅影响到商业物流企业或运输部门的经济效益,而且也影响销售成本。目前,由于我国交通运输紧张,出现了运输难、运费高的问题。

上述因素,既互相联系,又互相影响,有的还相互矛盾。如在一定条件下,运输时间短了,费用却不一定省或运输费用低了,而运输时间却又长了。这就要求进行综合分析,寻求最佳运输方案。在一般情况下,运输时间快、运输费用省,是考虑合理运输的两个主要因素,集中体现了物流过程中的经济效益。

(二)不合理运输的形式

不合理运输,是指不考虑经济效果,违反商品合理流向和各种运力的合理分工,不充分利用运输工具的装载能力,环节过多,从而导致浪费国家运力,增加商品流转费用,延缓商品流转速度,增加商品损失等不良后果的运输形式。

目前我国存在的主要不合理运输形式有：

1. 返程或起程空驶。这是最严重的不合理运输形式。在运输中,因调运不当,货源计划不周,不采用运输社会化体系而形成的空驶,是不合理运输的表现。如不利用社会化的运输体系,自备车送货提货或者车辆过分专用而造成单程重车、单程空驶现象;车辆空去空回造成双程空驶现象;等等。

2. 对流运输。又称相向运输,指同一种货物或彼此间可互相代用而又不影响管理、技术及效益的货物,在同一线路或平行线路上作相对方向的运送,而与对方运程的全部或一部分发生重叠交错的运输称为对流运输。在判断对流运输是需注意的是,有的对流运输是不很明显的隐蔽对流。例如不同时间的相向运输,从发生运输的那个时间来看,并无出现对流,可能做出错误的判断,所以要注意隐蔽的对流运输。

3. 迂回运输。这是一种舍近取远,可以选取短距离进行运输而不办,却选择路程较长路线进行运输的一种不合理形式。物流过程中的计划不周,组织不完善或调运差错都容易造成迂回运输。但由于自然灾害或其他事故的阻碍,为保证商品及时运输,而采取绕道的办法是允许的,不能称之为不合理运输。

4. 重复运输。指本可以直接将货物运达目的地,却在中途将货物卸下,再重复装运送达目的地。重复运输最大的毛病就是增加了不必要的中间环节,增加了装卸搬运费用,延长了商品在途时间。

5. 倒流运输。指货物从销地或中转地向产地或起运地回流的一种运输现象。

6. 过远运输。指调运物资舍近求远,近处有物资不调,而从远处调,造成舍近程而取远程的运输,拉长货物的运距。

7. 运力选择不当。指未根据各种运输工具的优势来进行合理选择运力而造成所选择的运输工具不正确的不合理现象。常见的形式有:

(1)弃水走陆;

(2)铁路、大型船舶的过近运输;

(3)运输工具承载能力选择不当。

8. 托运方式选择不当。指对于货主而言,可选择最好的托运方式而未选择,造成运力浪费及支出加大的一种不合理运输。例如,应整车而选择零担,应直达而选择中转,等等。

上述各种不合理的运输形式都是在特定的条件下表现出来的,在进行判断是必须注意其不合理的前提条件,否则就容易出现判断的失误。例如,如果同一种产品,商标不同,价格不同,所发生的对流,不能绝对看成不合理,因为其中存在市场机制引导的竞争,优胜劣汰,如果强调因为表面的对流而不允许运输,就会起到保护落后、阻碍竞争甚至助长地区封锁的作用。

在实际操作中,要克服上述不合理的运输现象,需组织物品的合理化运输,使货物运输达到及时、准确、经济、安全的要求。

(三)合理运输的有效途径

1. 组织双程运输,杜绝空车行驶。双程运输是指运输工具在发到点之间,往返行驶均有载货的运输。它是减少运输工具空驶里程,提高运输工具使用效率的重要方法之一。在组织运输时,充分利用社会化的运输体系,制定详细周密的货运计划,杜绝出现返程或起程空驶现象。

2. 减少动力投入,增加运输能力。运输的投入主要是能耗和基础设施的建设,在设施建设已定型和完成的情况下,尽量减少能源的投入,是减少投入的核心。这可大大节约运费,降低运输成本,达到合理化的目的。例如,客运紧张时,在机车能力允许情况下,多加挂车皮,加长列车,做到在不增加机车情况下增加运量。

3. 发展社会化的运输体系。实行运输社会化,可统一安排运输工具,避免出现因一家一户自成体系运输的规模小、需求量有限而造成的空驶、运力选择不当等现象。

4. 开展中短距离铁路公路分流、"以公代铁"的运输。在公路运输经济里程范围内尽量利用公路,实行以公代铁,一可以缓解紧张的铁路运输压力,二可充分利用公路"门到门"运输的灵活机动优势,实现铁路运输难以达到的水平。

5. 开展直线直达运输。直达运输是指把商品从产地直接运达到要货单位的运输,中间不需要经过各级批发企业的仓库的运输,直线运输是指减少商品流通环节,采取最短运距的运输。直达、直线运输是合理组织商品运输的重要措施之一。它可以减少商品的周转环节,消除商品的迂回、对流等不合理运输,从而减少商品的损耗,节省运输费用。品种简单、数量很大的商品或需要尽可能缩短周转时间的商品,应尽可能采取直达运输。

6. 组织"四就直拨"运输。"四就直拨"是减少中转运输环节,力求以最少中转次数完成运输任务的一种形式。"四就"直拨,即指就厂直拨、就站直拨、就库直拨和就车(船)过载。就厂直拨,是将商品由生产厂家直接发送到要货单位,又分为厂际直拨、厂库直拨、厂站直拨等几种形式。一般日用工业品多采用就厂直拨的方式。就站直拨,是将到达车站或码头的商品,不经过中间环节,直接分拨给要货单位。就库直拨,是将由工厂送入一、二级批发企业仓库的商品,由批发企业调拨给要货单位或直接送到基层商店。就车(船)过载,是将到达消费地或集散地的商品,在卸车(船)的同时,装上另外的车(船),分送给要货单位,中间不再经过其他环节。四就直拨,需要各部门紧密配合,加强协作,才能做到及时、准确、安全、经济。

7. 提高技术装载量。运用各种装载技术,提高各种运输工具的载重吨位及装载容积的利用率。在实际工作中,技术装载方法有:轻重配载技术,解体装载技术,改进堆码技术(如物品的套装、对装、压缝、多层装载)以及实现轻泡物品"三化"(打包机械化,包装规格化,装载定型化)工作。

8. 增强运输科技含量,提高运输效益。①要进行周密的运输系统设计。在物流活动中,运输、保管、装卸搬运、包装流通加工、配送以及信息是物流系统的七大环节,运输是其中的一个子系统,在进行运输系统设计时,必须与企业的原材料采购和产品销售等相关环节一并考虑。特别是企业的销售政策直接关系到运输和配送的标准和要求。企业的运输格局、运输网络怎么搞,要根据企业的经营战略、销售政策等因素决定,为了确保销售和市场占有率,需要利用多少个仓库、配送中心;是全部外包,还是自己承担一部分;配送中心、仓库如何布局,密度多大,相距多远等应该整体规划,统一考虑。这样才可能既满足销售的需要,又能减少交叉、迂回、空载运输,降低运输成本,提高运输效益。②采用现代运输方法。现代运输方法可列出很多种:多式联运、一贯托盘化运输、集装箱运输、散装化运输、门到门运输、智能化运输、全球卫星定位运输等。多式联合运输,简称多式联运,有的国家称其为联合一贯制运输。顾名思义,是一种将铁路、公路、船舶、飞机等各种不同的运输工具组合在一起,进行"门到门"运输的货运方式,这种运输方式以集装箱等单元化装卸运输手段为结点,把各种不同形式的运输工具的优势有效地结合在一起,克服了地理、气候、物流设施的差异,适于中长距离、杂货的跨国、跨地区联合运输,手续简便、运费低廉,便于供应链的一揽子化运输管理;一贯托盘化运输是货物从发货地点到收货地点,一直装载在托盘上进行运输的运输方式。这种形式的运输能提高装卸搬运效率和装载率,节约保管面积。要求的条件是托盘尺寸、规格统一,有托盘租赁和托盘回收企业参与;集装箱运输是以集装箱为运输单元进行运输的现代化运输方式。由于将各种单件货物集中放入标准规格(20英尺或40英尺)的箱子内运输,所以能避免散失和货损,提高装卸和运输效率,节约包装和保管费用,降低物流成本;散装化运输是一种将谷物、水泥、盐、细砂等散状物装在一个大型容器内进行运输的运输方式。运输物的装卸采用吸扬、抓斗等机械完成。这种运输方法能节省包装材料,减少货损;门到门运输是从发货地的门到收货地的门的全部运输均由运输企业负责到底的一种运输方式。这种运输方式主要优点是运输途中不二次装卸搬倒,充分显示出卡车的运输优势;智能化运输是克服交通拥阻、减少事故、提高运输效率的一种手段。主要通过监控、信息通讯等现代化方式,掌握道路交通状况,以便引导车辆运行,疏通道路交通、跟踪车辆、事故报警、保证交通运输安全。不仅交通指挥系统能总揽全局,及时疏导交通阻塞,而且司机也能根据各种交通信息随时改变行车路线,绕过塞车路段,减少行车时间;全球卫星定位运输系统,英文简称GPS。这是利用多颗卫星对地面运行的船舶、车辆进行跟踪监控的一种运输调度管理方式。这种运输管理方式以满足货主随时查寻货物的确切地点的要求,同时通过向运行的车辆或船舶提供气象、道路交通等信息,确保船舶航行安全,提高车辆运输效率。

# 第二节 保 管

## 一、保管的概念

保管是指对物品(商品、货物、零部件等)的保存与管理。具体来说是在保证物品的品质和数量的前提下,依据一定的管理规则,在一定的期间内把物品存放在一定的场所的活动。

在现代物流系统中,保管是极其重要的构成要素。随着现代物流市场的迅速发展,仓储保管作为物流服务的结点,其功能发生了巨大的变化,从传统的以被动型"储藏"概念为基础的、以提高储藏效率为中心的储藏型库存保管,向现代的以主动型"流通"概念为基础的、以提高顾客物流服务水平为中心的流通型库存保管转变,它不仅要求具有保管功能,而且还要求具备检验、分类等活动功能,以适应现代物流的发展需要。

## 二、保管在物流中的作用

在社会生产和生活中,由于生产与消费节奏的不统一,总会存在现在用不上或用不了或有必要留待以后用的东西。如何在生产与消费或供给与需求的时间差距里,妥善地保持物质实体的有用性,便是物流中保管这一环节首要解决的问题。

在物流体系中,保管是惟一的静态环节,也有称之为时速为零的运输。随着经济的发展,物流中保管活动在化解物质实体供求之间在时间上矛盾的同时,也创造了新的时间上的效益(如时令上的差值等)。因此,保管是物流中的重要环节,保管功能相对于整个物流体系来说,既有缓冲与调节的作用,也有创值与增效的功能。

保管在物流中的作用主要表现在以下几个方面。

(一)保管能创造物流的"时间效用"

在物流系统中,运输与保管是并列的两大功能要素,被称作物流的两大支柱。运输承担了改变空间状态的重任,创造了物流的空间效用,而保管则承担了改变时间状态的重任,创造物流的时间效用。所谓时间效用,是指同种"物"由于时间状态不同,其使用价值的实现程度可能有所不同,其效益的实现也就会不同。由于改变了时间而最大限度发挥使用价值,最大限度地提高了产出投入比,就称之为"时间效用"。保管是解决物品的生产与消费在时间上相背离的矛盾的,因此,通过保管,可以使物品的效用在最高的时间发挥作用,创造了物流的时间效用。

(二)保管对货物进入下一道环节前的质量提供了保证作用

在物流中,通过保管环节,对货物在进入下一环节进行数量和质量的检验,可防止伪劣货物混入市场。因此,为保证物品的质量,防止各种人为和自然等因素对物品的影响,必须对物品进行保管活动。在保管过程中,要求不断提高保管技术水平,把影响储存物品的各种因素控制在允许的范围内,保证物品不变质、不受损、不短缺和有效的使用价值。只有有效地保管物品,才能促进保管作用的充分发挥,才能对物品进入下一环节的质量起保证作用,保证物流的有效性,否则就失去了保管物品的意义。

(三)保管是保证社会再生产过程顺利进行的必要条件

保管活动普遍存在于生产领域和流通领域中。在生产领域里,各道生产环节之间半成品的必要储存是保持生产得以持续进行的必要条件。同样,在流通领域里,由于物品的生产和消费存在着时间上的不均衡、不同步现象,也需必要的储存保管才能使生产与消费得以相协调。因此,缺少了储存保管,生产过程会终止,流通过程会终止,从而整个社会再生产过程就会停止。

(四)保管是加快商品流通,节约流通费用的重要手段

在商品流通中,保管是一个重要环节,保管得好,就能加快流通速度,节约流通费用,保管得不好,就会流通不畅甚至停止。因此,可以说没有保管,就没有商品流通。

(五)保管为货物进入市场做好准备

在保管期间,可以对货物完成整理、包装、质检、分拣、加标签等加工工作,为货物进入市场做好准备,以缩短后续环节的工作和时间,加快货物的流通。

### 三、保管在物流中的任务

保管的基本任务是,根据物品本身的特性及其变化规律,合理规划并有效利用现有仓储设

施,采取各种行之有效的技术与组织措施,确保库存物品的质量与安全,并为物流的其他活动提供服务与支持。具体包括以下几方面:

1. 合理规划与配备仓储设施。仓储设施是进行保管的物质技术基础,包括仓库建筑物和有关保管设备。对仓储设施进行合理规划与利用,搞好挖潜、革新、改造工作,不断扩大仓库储存能力,提高作业效率。

2. 制定物品储存规划。物品储存规划是根据现有仓储设施和储存任务,对各类各种物品的储存在空间和时间上做出全面安排。合理的储存规划是进行科学养护的前提。

3. 提供良好的保管条件。各种物品由于具有不同的物理化学性质,要求要有相应的保管条件。

4. 进行科学的保养与维护。库存物品由于受各种自然与人为的因素影响,总要发生一些变化,因此应采取一定的防护措施。

5. 掌握库存物品信息。主要包括各种原始单据、凭证、报表、技术证件、账卡、图纸、资料的填制、整理、传递、分析与运用。

6. 合理储存,降低费用。在物流成本中,保管成本所占比例仅次于运费成本,约为物流成本的1/4。因此,降低保管费用,是现代保管活动的重要任务。

7. 建立健全必要的规章制度。做好物品保管工作,不仅要做各项技术工作,同时还要加强管理,建立健全各项规章制度,以制度管人、管物,做到管理出效益。

8. 提高职工的业务素质。随着现代物流的发展,传统储藏型保管逐渐转变为流通型保管,开展的新业务将越来越多,对职工的业务素质要求将越来越高。要适应这些新业务的需要,必须采取各种有效的措施,鼓励和支持职工努力学习现代保管业务知识,掌握各种科学的技能和方法,提高业务素质,使之成为懂业务,善经营的现代物流人才。

### 四、保管应遵循的基本原则

在保管活动中,应以物品保管的合理化为目标,充分考虑保管费用与保管作业效率,在此基础上做好保管各项工作。在实际中,一般应遵循以下基本原则:

1. 面向通道进行保管原则。为便于物品上架存放和取出物品,提高保管效率,物品的码放、货架的朝向应面对通道,这也是库内设计的原则。

2. 高层堆码原则。尽可能往高处存放,有效利用库内面积。

3. 先出原则。对于易变质、易破损、易腐败以及机能易退化、老化的物品,应尽可能按先进先出原则,组织商品出库。

4. 以周转率为基础原则。即按物品在仓库的周转率(销售量除以存货量)来排定储位。周转率愈高的物品应离入口愈近。

5. 同一性原则。相同品种的物品在同一地方保管。对于同一物品的存取花费最少的搬运时间是提高物流中心作业生产力的基本原则之一,因而同一性法则是保管工作应遵守的重点原则。

6. 类似性原则。将类似物品放在邻近的地方保管,提高作业效率和保管效率。

7. 重量特性原则。根据物品的重量安排保管位置。一般而言,重物应保管于地面上或料架的下层位置,而轻物则置于料架的上层位置。

8. 产品特性原则。彼此易互相影响的物品应分开放置,以免损害产品品质。如烟、香皂、茶不可放在一起,而危险品必须独立存放。

9. 储位标识原则。将保管物品的位置给予明确标识,以利于货物的查找,提高存取货物的速度,减少差错的发生。

### 案例 2-1
#### 一汽大众成功应用物流系统实现"零库存"

1. 基本情况

一汽大众汽车有限公司目前仅捷达车就有七八十个品种、十七八种颜色,而每辆车都有 2000 多种零部件需要外购。从 1997 年到 2000 年年末,公司捷达车销售从 43947 辆一路跃升至 94150 辆,市场兑现率已高达 95%~97%。与这些令人心跳的数字形成鲜明对比的是公司零部件居然基本处于"零库存"状态,而制造这一巨大反差的就是一整套较为完善的物流控制系统。

2. 实现"零库存"的具体的动作方法

(1) 车间里只有"入口",没有仓库

一个占地 9 万多平方米,可同时生产 3 种不同品牌的、亚洲最大的整车车间,不知情的人一定以为它的仓库也一定非常壮观,可这里的工作人员知道他们那里没有仓库,只有入口。

(2) 进货的"零库存"处理流程

下面结合具体的操作实例来看看进货"零库存"的处理流程。

我们只要走进一汽大众的一个标有"整车捷达入口处"牌子的房子,只见在上千平方米的房间内零零星星地摆着几箱汽车玻璃和小零件,四五个工作人员在有条不紊地用电动叉车往整车车间运零件。在入口处旁边的一个小亭子里,一位小伙子正坐在电脑前用扫描枪扫描着一张张纸单上的条形码——他正在把订货单发往供货厂。

一辆满载着保险杠的货车开了进来,两个工作人员见状立即开着叉车跟了上去。几分钟后,这批保险杠就被陆续送进了车间。据保管员讲,一汽大众的零部件的送货形式有三种:

第一种是电子看板,即公司每月把生产信息用扫描的方式通过电脑网络传递送到各供货厂,对方根据这一信息安排自己的生产,然后公司按照生产情况发出供货信息,对方则马上用自备车辆将零部件送到公司各车间的入口处,再由入口处分配到车间的工位上。刚才看到的保险杠就采取这种形式。

第二种叫做"准时化"(Just in time),即公司按整车顺序把配货单传送到供货厂,对方也按顺序装货直接把零部件送到工位上,从而取消了中间仓库环节。

第三种是批量进货,供货厂每月对于那些不影响大局又没有变化的小零部件分批量地送 1~2 次。

过去这是整车车间的仓库,当时库里堆放着大量的零部件,货架之间只有供叉车勉强往来的过道,大货车根本开不进来。不仅每天上架、下架、维护、倒运需要消耗大量的人力、物力和财力,而且储存、运送过程中总要造成一定的货损货差。现在每天平均 2 小时要一次货,零部件放在这里的时间一般不超过 1 天。订货、生产零件、运送、组装等全过程都处于小批量、多批次的有序流动当中。公司原先有一个车队专门往来各车间送货,现在车队已经解散了。

(3) 在制品的"零库存"管理

公司很注重在制品的"零库存"管理,从以下的运作中可以看得出来:

在该公司流行着这样一句话:在制品是万恶之源,用以形容大量库存带来的种种弊端。在生产初期,捷达车的品种比较单一,颜色也只有蓝、白、红三种。公司的生产全靠大量的库存来保证。随着市场需求的日益多样化,传统的生产组织方式面临着严峻的挑战。

1997年,"物流"的概念进入了公司决策层。考虑到应用德方的系统不仅要一次性投入1500万美元,每年的咨询和维护费用也需要数百万美元,中方决定自己组织技术人员和外国专家进行物流管理系统的研究开发。

1998年年初,公司开发的物流控制系统获得成功并正式投入使用。如今,投资不足300万元人民币的系统已经受住了生产十几万辆车的考验。在整车车间,我们看到生产线上每辆车的车身上都贴着一张生产指令表,零部件的种类及装配顺序一目了然。计划部门控装车顺序通过电脑网络向各供货厂下计划,供货厂按照顺序生产、装货,生产线上的工人按顺序组装,一伸手拿到的零部件保证就是他正在操作的车上的。物流管理就这样使原本复杂的生产变成了简单而高效率的"傻子工程"。令人称奇的是,整车车间的一条生产线过去仅生产一种车型,其生产现场尚且拥挤不堪,如今在一条生产线同时组装2~3种车型的混流生产线,却不仅做到了及时、准确,而且生产现场比原先节约了近10%。此外,零部件的存储减少了,公司每年因此节约的成本达六七亿元人民币。同时,供货厂也减少了30%~50%的在制品及成品储备。先进的管理带来了实实在在的效益,也引发了一场深刻的管理革命。

(4) 实现"无纸化办公"

随着物流控制系统的逐步完善,电脑网络由控制实物流、信息流延伸到公司的决策、生产、销售、财务核算等各个领域中,使公司的管理步入了科学化、透明化。现在公司主要部门的管理人员人手一台微机,每个人以及供货厂方随时可以清楚地了解每一辆车的生产和销售情况。公司早已实现了"无纸化办公",各部门之间均通过电子邮件联系。德国大众公司每年的改进项目达1000多个,一汽大众依靠电脑网络实现了与德方同步改进,从而彻底改变了过去那种对方图纸没送来就干不了活儿的被动局面。工作方式的改善,不仅使领导层得以集中精力研究企业发展的战略性问题,也营造了一个充满激烈竞争的环境,促使每个员工不断提高自身的业务素质。

透过"零库存",我们看到,对于一个企业来说,进行物流管理,领导者的超前意识、一批兢兢业业的专业技术人员和企业较强的开发能力是必不可少的前提。

# 第三节 装卸搬运

## 一、装卸搬运的概念

装卸搬运是物流过程中对于保管物资和运输两端物资的处理活动。具体来说,包括物资的装载、卸货、移动、货物堆码上架、取货、备货、分拣等作业以及附属于这些活动的作业。

习惯上,"装卸"是指以垂直位移为主的实物运动形式;而"搬运"是指物资在区域范围内所发生的以水平方向为主的短距离的位移运动形式。在流通领域中,人们常把装卸搬运活动称为"物资装卸",而在生产领域则把这种活动称之为"物料搬运"。在实际操作中,装卸和搬运是密不可分的。

装卸活动是物流各项活动中出现频率较高的一项作业活动。它是把物流各环节以及同一环节各活动连接起来的桥梁和纽带,它的效率的高低,直接影响着物流的整体效率。

## 二、装卸搬运在物流中的作用

物品由生产到消费的流动过程中,装卸搬运是必不可少的一环节,它是随运输和保管等活动而产生的必要活动,无论在生产领域还是在流通领域里,装卸搬运都是影响物流速度和物流费用的重要因素。其在物流中的作用表现在以下几方面:

### (一)装卸搬运活动是衔接物流活动各环节的桥梁与纽带

通过装卸搬运活动将物流的各个阶段连接起来,使之成为连续的流动过程。在生产过程中,装卸搬运成为各生产工序间联接的纽带,使企业的生产物流成为从原材料、设备等装卸搬运开始,以产品装卸搬运为止的连续作业过程。例如,在美国全部生产过程中只有5%的时间用于加工制造,95%的时间则用于装卸搬运、储存等物流过程;在运输过程中,各种不同运输方式所以能联合运输,也正是依赖于装卸搬运作业才得以完成;在流通领域中,装卸搬运像影子一样伴随着流通活动的始终。

### (二)合理进行装卸搬运,是提高物流速度的关键

装卸搬运的基本功能是改变物品的存放状态和空间位置,无论是在生产领域还是在流通领域,装卸搬运是影响物流过程的重要因素。据典型调查,我国机械工业企业1吨的产品,需经过252吨次的装卸搬运;在火车货运方面,以500公里为分界点,运距超过500公里,运输的在途时间多于起止的装卸时间,运距低于500公里,装卸时间则超出实际运输时间;在美国和日本之间的远洋航运,一个往返需25天,其中运输时间13天,装卸时间12天。事实证明,通过加强对装卸搬运的组织设计和操作管理,合理装卸,减少无效装卸次数,杜绝各种不合理装卸活动的出现,提高装卸效率,对缩短整个物流活动时间,提高物流速度起着关键性的作用。

### (三)合理进行装卸搬运,能降低物流费用支出

装卸搬运活动是增加物流成本的活动。尤其对传统的装卸搬运活动而言,反复多次的装卸搬运活动,不仅延长物流时间,且需投入大量的活劳动和物化劳动,这些劳动不能给物流对象带来附加价值,只是增大了物流成本。在现代物流中,虽然装卸搬运作业环境得到改善,装卸的机械化水平得到大幅度提高,但装卸费用在物流的成本中所占比例仍比较大。因此,装卸活动的合理化对于提高装卸效率,降低物流费用至关重要。

### (四)合理进行装卸搬运,可减少货物的损失

在物流过程中,货物的损失主要发生在装卸搬运这一环节。在进行装卸搬运时往往需要接触到货物,若不小心,或野蛮装卸,就会造成货物的破损、散失、损耗、混合等损失。装卸次数越多,货物的损失也就越大。因此,选择合理的装卸方式,采用规范的操作方法,将装卸环节减至最少次数,最大限度地减少货物在物流过程中的损耗。

## 三、装卸搬运的基本原则

装卸搬运合理化,必须遵循以下原则:

### (一)减少装卸搬运环节,降低装卸搬运次数原则

装卸搬运本身就有可能成为玷污、破损等影响物品价值的原因,如无必要,尽量不要搬运。在物流中,我们应从研究装卸搬运的功能出发,分析各项装卸搬运作业环节的必要性,取消不

必要的环节,合并重复的环节,努力将装卸搬运的环节和次数控制在最少的范围内。例如,车辆不经换装直接过境,大型发货点铺设专用线,开展门到门集装箱运输等,都可大幅度减少装卸环节次数。

(二)移动距离(时间)最小化原则

搬运距离长短与搬运作业量大小和作业效率是联系在一起的,在货位布局、车辆停放位置、入出库作业程序等设计应充分考虑货物移动的距离长短,以物品移动距离最小化为设计原则。

(三)人身、设备、物品三安全原则

装卸搬运作业需要人与机械、货物、其他劳动工具相结合。工作量大,情况变化多,环境复杂,使装卸作业存在各种安全隐患。在装卸作业中,车毁人亡的事故也屡见不鲜,造成货物损失也数以亿计。因此,在装卸搬运中,应加强科学管理,采取各种有效措施,杜绝野蛮装卸,确保货物、设备的完好无损,保障人员人身安全。例如,在进行装卸时,一定要按照工艺要求,缓起轻放,不碰不撞;作业场地及设备的安全装置、安全标示要齐全、有效;搬运职工要按劳动保护要求规范作业;等等。

(四)单元化原则

大力推行使用托盘和集装箱,将各种物品集装成集装箱、托盘、网袋等货物单元,成为大件货物,以利于机械搬运、运输、保管,形成单元货载系统,大大提高装卸效率。

(五)机械化原则

由于劳动力不足,应尽量采用各种现代化机械设备来替代人工作业,把作业人员从繁重的体力劳动中解放出来,使装卸搬运作业实现省力化和效率化。

(六)标准化原则

标准化有利于节省装卸作业的时间,提高作业效率。在装卸搬运中,应对装卸搬运的工艺、作业、装备、设施、货物单元等制定统一标准,使装卸搬运标准化。

(七)系统化原则

一方面将各个装卸搬运活动作为一个有机的整体实施系统化管理,协调各搬运环节,增加搬运系统的柔性,以适应多样化、高度化的物流需求,提高装卸搬运效率;另一方面,装卸搬运要与物流的运输、保管、包装、加工等活动协调起来,当成一个系统处理,以求其合理化。

## 四、装卸搬运的设施和设备

(一)装卸搬运设施设备的种类

装卸搬运设施和设备是进行装卸搬运作业的劳动工具或物质基础,其技术水平是装卸搬运作业现代化的重要标志之一。装卸搬运设施主要包括存仓、漏斗、装车隧洞、卸车栈桥、高路基、装卸线、固定站台、活动站台、照明、动力、维修、工休设施、防疫、计量检验、保洁设施等。

装卸搬运设备的制造已经产业化,西方和日本一般称为搬运机械制造业,我国称为起重运输机械制造业,都在机械工业上占有相当的比重,为装卸搬运作业提供各种机械设备。

为便于管理,通常按其用途和结构进行分类。按装卸机械的用途主要分为:单件作业设备、集装作业设备和散装作业设备三大类。按结构则分为起重机械,输送机械、工业车辆、专用机械四大类。

具体分类如表2-3、2-4所示：

表2-3 装卸搬运设备按用途分类

| 按用途分类 | 卸搬运设备名称 | 备 注 |
|---|---|---|
| 单件作业设备 | 桥式门类起重机<br>门式门类起重机<br>臂式门类起重机<br>梁式门类起重机<br>悬挂输送机<br>辊子输送机<br>带式输送机<br>盘式输送机 | 单件作业使用的各种装卸搬运设备也可用于各种集装单元的装卸搬运作业 |
| | 链式输送机<br>板式提升机<br>电梯、升降台、升降机<br>大型叉车、侧叉、跨车<br>件货装(卸)船(车)机<br>各种类型分拣设备 | |
| 集装作业设备 | 集装箱龙门起重机<br>岸臂集装箱起重机<br>集装箱叉车<br>集装箱跨车<br>侧面类型集装箱装卸车<br>水平类型集装箱装卸车<br>滚装类型集装箱装卸车<br>挂车和底盘车<br>牵引车<br>叉车<br>托盘搬运车、移动器<br>堆垛机<br>码盘机、卸盘机<br>给盘机<br>汽车尾板装卸装置 | |
| 散装作业装备 | 斗式类型装卸机<br>斗轮类型装卸机<br>侧翻类型装卸机<br>抓斗类型装卸机<br>连续输送机<br>气力输送装置 | |

表2-4　　　　　　　　　　　　装卸搬运设备按结构特点分类表

| 类　别 | 设备名称 | 特　点 |
|---|---|---|
| 起重机械 | 轻型重设备：葫芦吊、绞车<br>升降机：电梯、升降机<br>起重机：<br>　桥式类型起重机<br>　门式类型起重机<br>　臂式类型起重机<br>　梁式类型起重机 | 间歇动作<br>重复循环<br>短时载荷<br>升降活动 |
| 运输机械 | 有牵引构件的起重机：<br>　带式输送机、轮式输送机、<br>　悬挂输送机、斗式提升机、<br>　板式提升机、链式输送机<br>　自动扶梯<br>无牵引构件的输送机：<br>　螺旋输送机、振动输送机、<br>　辊子输送机<br>气力输送装置：<br>　悬浮式气力输送装置<br>　推送式气力输送装置 | 连续动作<br>循环运动<br>持续载荷<br>路线一定 |
| 工业车辆 | 叉车：<br>　前移式叉车<br>　插腿式叉车<br>　平衡重式叉车<br>　跨车<br>　测叉<br>单斗装载机<br>牵引车<br>跨车、底盘车 | 轮式无轨底盘上装有起重、输送、牵引或承载装置，进行流动作业。 |
| 专用机械 | 翻车机<br>堆取料机<br>堆垛机、拆垛机<br>分拣专用机械设备<br>集装箱专用装卸机械<br>托盘专用装卸机械<br>船航专用装卸机械<br>车辆专用装卸机械 | 带专用取物装置的起重、输送机械或工业车辆的综合一般进行专用作业 |

## （二）装卸搬运设备的选择

不同类的货物、不同的搬运场所，所需的装卸搬运设备不尽相同。合理选择装卸搬运设备，可降低搬运费用，提高搬运效率。

在选择装卸搬运设备时，应综合考虑以下因素：

1. 货物的特性。货物特性是指货物的单件规格、物理化学性能、包装情况、装卸搬运的难易程度等，应在考虑货物特性的基础上选择适宜的装卸设备。

2. 作业特性。在货物输送过程中，不同运输方式有不同作业特点，因此，应根据不同运输方式的作业特点及储存作业特点，如作业类别多、转运次数多、装运方向多变等，选择适宜的装卸设备。

3. 环境特性。主要指设施属于公用还是私用，是本企业设施还是借用设施，还有货物的流程、设施的配置、建筑物的构造、站台的高低、地面的承重等各种因素。

4. 装卸设备的特性。在选择装卸设备时，还应考虑其安全性、信赖性、性能、弹性、机动性、耗能、噪音、公害等因素。

5. 经济性。在对以上因素分析后，还要从经济性的角度加以分析，在多个适用方案中选择最优方案。

## 五、装卸搬运合理化

装运搬运环节是在物流各环节的连接点上进行的，因此，合理地设计连接的时间地点的配合，尽量避免不必要的装卸，才能避免在搬运中浪费时间，减少因装卸而造成的物品破坏、损坏等。为此，装卸搬运这作业应追求合理化。

装卸搬运合理化的途径主要有：

1. 防止无效装卸。无效装卸的含义是指有用货物必要装卸劳动之外的多余装卸劳动。无效装卸会阻缓物流速度，耗费劳动，增加物流费用。因此要防止以下几种无效装卸：

（1）防止过多的装卸次数。装卸次数是指产品生产和流通过程中发生装卸作业的总次数。对企业物流而言，从原材料进厂卸车到成品入库，要发生若干次装卸作业，对于社会物流而言，从成品装车到进入消费，也要发生多次装卸。每一次装卸就意味着耗费一定的人力和物力，过多的不必要装卸则无疑会大大增加装卸成本，延长物流时间。因此，尽量减少装卸次数，是装卸合理化的主要内容之一。

（2）防止过大的包装装卸。包装是物流中不可缺少的辅助手段。包装过大，会使装卸搬运增加作用于包装上的无效劳动。而包装的轻型化简单化和实用化则可不同程度的减少作用于包装上的无效劳动。

（3）防止无效物质的装卸。进入物流过程的货物，有时混杂着没有使用价值的杂物，如：矿石中的水分、杂质等，在货物反复装卸时，实际上对这无效物质反复消耗劳动，形成浪费，增加费用。

2. 利用重力作用，减少能量消耗。在装卸时，考虑重力因素，利用货物本身的重量，进行一定落差的装卸，以减轻劳动力和其他能量消耗。这是合理装卸的重要方式。例如：对火车、汽车进行卸车时，利用力学斜面原理，使用滑板、滑槽等，使货物从高处降至低处，完成货物的卸车作业。这种方法不需要复杂的设备，不耗能源，可大大减轻人员的劳动强度。

3. 提高货物装卸搬运活性及运输活性。装卸搬运活性的含义是指从物的静止状态转变为装卸搬运运动状态的难易程度。如果容易转变为下一步装卸搬运而不需要过多做装卸搬运前的准备工作,则活性就高;反之,则活性就低。货物的运输活性是指装卸搬运操作时直接为运输服务,是货物在下一步直接转入运输状态。运输活性越高,货物越容易进入运输状态,能带来缩短运输时间的效果。在装卸搬运作业中,对待运物品,应尽量使之处于易于移动的状态,将货物整理成堆或放置托盘上,或放车上,或放在运输带上,以提高搬运活性和运输活性,缩短在搬运时间,提高搬运速度。装卸搬运活性指数可用0~4共五个级别表示,如表2-5所示:

表2-5　　　　　　　　　　　装卸搬运活性指数

| 装卸搬运活性指数 | 货物状态描述 |
| --- | --- |
| 0级 | 货物杂乱地堆放在地面上 |
| 1级 | 货物已被成捆地捆扎或集装起来 |
| 2级 | 货物被置于箱内,下面放着枕木或衬垫,或放置于托盘内,以便于叉车或其他机械进行装卸搬运 |
| 3级 | 被放置于台车或起重机等装卸、搬运机械上,处于即可移动状态 |
| 4级 | 已被起动,处于装卸、搬运的直接作业状态 |

4. 合理选择装卸搬运方式,节省体力消耗。在装卸搬运过程中,必须根据货物的种类、性质、形状、重量来确定装卸搬运方式,节省人工体力劳动消耗,提高装卸效益。在装卸中,对货物的处理大体有三种方式:第一是"分块处理",即按普通包装对货物逐个进行装卸;第二是"散装处理",对粉粒状货物不加小包装进行原样装卸;第三是"单元组合处理",即货物以托盘、集装箱为单元进行组合后装卸。单元组合,可充分利用机械操作,提高作业效率。

**案例2-2**

### 青岛港集装箱装卸作业率刷新世界纪录

青岛港始建于1892年,具有100多年的历史。是我国重点国有企业,中国第二个外贸亿吨吞吐大港。是太平洋西海岸重要的国际贸易口岸和海上运输枢纽。它由青岛老港区、黄岛油港区、前湾新港区三大港区组成。现有职工1.6万人,拥有码头15座,泊位72个。其中,可停靠5万吨级船舶的泊位6个,可停靠10万吨级船舶的泊位有6个,可停靠30万吨级船舶的泊位有2个。主要从事集装箱、煤炭、原油、铁矿、粮食等进出口货物的装卸服务和国际国内客运服务。与世界上130多个国家和地区的450多个港口有贸易往来。2003年港口完成货物吞吐量达到1.4亿吨,集装箱吞吐量突破400万标准箱,居世界集装箱大港第14位,中国第3位。目前,青岛港港口资产为110.4亿元。拥有全国最大的集装箱码头、原油码头、铁矿码头和国际一流的煤炭码头、散粮接卸码头。有近20家合资企业,其中有6家世界500强企业与青岛港合资。

作为拥有目前国内最长岸线、吃水最深、陆域纵深最大、装卸设备最先进的青岛港前湾集装箱码头,自2003年试投产以来,就提出要在世界一流、中国最好的集装箱码头上创出世界最高作业效率的目标。他们以码头桥吊队队长许振超的名字命名了集装箱作业服务品牌"振超效率",在中国大陆沿海港口中第一个推出了集装箱服务品牌。让我们来看看"振超效率"是如何创造的:

2002年3月4日,以许振超为队长的桥吊队,在对英国铁行公司"托米斯轮"的货物装卸作业中,以每小时装卸299.7自然箱的单船效率,刷新了中国大陆集装箱装卸的最高纪录。

2003年4月27日夜,许振超团队在接卸"地中海法米娅"轮的装卸作业中,以每小时339自然箱的单船效率,首次刷新了世界集装箱装卸的最高纪录。上一个纪录是由香港现代货柜码头于2001年2月1日创造的,单船效率为每小时装卸336自然箱。

2003年9月30日,许振超桥吊队在接卸"地中海阿莱西亚"轮的作业中,创造了每小时作业381自然箱的船时效率,一举刷新了世界最高集装箱作业船时效率,同时以靠泊30分钟即通关的速度,创出了国内通关最快的效率。2003年10月,世界航运业权威杂志《港口与港湾》专门刊发了许振超团队创造的381箱的世界纪录。世界著名船公司地中海航运公司专门写信到青岛港致贺。

青岛港(集团)有限责任公司以桥吊队队长许振超的名字,命名这一世界效率为"振超效率"。"振超效率"一举震惊世界航运界。世界许多知名航运公司闻讯,主动寻求与青岛港合作,仅8个月时间,青岛港就新增13条国际航线。

青岛港以自己的装卸效率向国际航运市场展示了其以"振超效率"为服务品牌的雄厚实力。

## 第四节 包 装

### 一、包装的概念

(一)包装的定义

我国国家标准 GB/T4122.1－1996《包装流通术语》中,对包装的定义为:所谓包装是指为在流通过程中保护商品、方便运输、促进销售,按照一定技术方法而采用的容器、材料及辅助物等的总体名称,也指为了达到上述目的而采用容器、材料和辅助物的过程中施加一定技术方法等的操作活动。简言之,包装是包装物及包装操作的总称。

人们对包装的认识和理解,从早期单纯的理解为保护商品发展到现代包装的认识。随着经济社会的发展,包装不仅在大量的运输、搬运等物流活动中成为商品不受损坏和灭失的保护者,而且还起到商流活动中的促销作用。在我国,包装已发展成为一个独立于商品生产之外的工业部门,经过上个世纪20多年的努力,包装工业有了长足的发展。2001年,全国包装工业总产值达到2376亿元,比1982年增长了近28倍。包装生产规模、数量、品种及质量水平,都有了很大的发展和提高,使我国成为了世界包装大国。

(二)包装的种类

在生产、流通和消费过程中,包装所起的作用不同,包装的类别也不同。对包装进行分类,有利于我们对包装的进一步认识及有针对性地进行研究开发。

根据不同的标准,包装的分类有以下几种情况:

1.按包装的形态层次分类,分为个包装、内包装、外包装。

(1)个包装是指直接盛装和保护商品的最基本的包装形式,是交到使用者手里的最小包装,包装上的标识和图案、文字起着指导消费、便于销售的作用。

(2)内包装是个包装的组合形式,可将多个个包装归并为1个或2个以上的较大包装。在流通中起着保护商品,便于计量和销售的作用。

(3)外包装。指商品的外部包装。目的便于物品的运输、装卸和保管,保护商品。

2. 按包装在流通中的作用,可分为运输包装和销售包装两大类。

(1)运输包装。又称为工业包装或外包装。它以保护商品的安全输送,提高运输效率为目的。即要便于装卸、储存和运输,将商品完好无损地送达目的地。这类包装一般不与商品直接接触,不随商品卖给顾客。对运输包装的基本要求是要确保商品运输安全,包装需要具备抗击运输过程中温度、湿度、紫外线、雨雪等气候和自然条件因素对商品的侵害;要有明确的包装标志,运输包装外形须标明各种储运标志以及危险的标志,便于商品在储运时易于识别和辨认,准确无误运往目的地;要采用先进的包装技术和包装材料,通过实现包装的标准化和规格化,提高储运的现代化程度。

(2)销售包装。又称商业包装。它是以美化商品,宣传商品,促进商品销售为目的的包装。如化妆品瓶盒、饮料瓶盒等。这种包装直接与消费者见面,并随同商品一起出售给消费者,因此,要求商品包装在设计时重点要考虑包装外型、结构和装潢。在包装材料性质、图案、文字、色调、装潢等方面要能吸引消费者,刺激消费者的购买欲望,促进商品销售。

## 二、包装在物流中的作用

在社会再生产过程中,包装处于生产过程的末尾和物流过程的开头,既是生产过程的终点,又是物流的起点。作为生产的终点,是最后一道工序,标志着生产的完成,包装必须根据产品的性质、形状和生产工具进行,必须满足生产的需要。作为物流的起点,包装完成后便具有物流的能力,在整个物流过程中,包装便发挥对产品的保护作用。

包装在物流中的作用,可概括为以下几方面:

1. 在商品运输环节里,经过包装的商品能起到防护和方便的作用。在运输过程中,包装最大的作用就是保护途中包装内的商品不受损伤,能承受震动、颠簸、挤压等各种外力的冲击。同时,经过包装的物品能提高运输工具的装载能力,减小运输难度,提高运输效率。

2. 将物品包装整理成为适合使用托盘、集装箱等搬运的单元,便于在装卸搬运环节里,装卸搬运机械化和自动化,减少劳动强度和难度,保护商品,提高装卸效率。对于传统的人工装卸来说,包装物过大,人工操作困难,包装物过小,则人工操作频率增加,易引起疲劳和降低效率,因此,要求包装的外形要适合于人工操作,应装有把手,方便抓拿,同时重量不超过25公斤,宽度不超过肩宽,以保证人工装卸的效率。对于机械装卸,集装能减少货物单位的总件数,可将运输包装货件成组化,采用托盘、集装箱、集装桶、集装袋等,运用各种装卸机械进行作业,可大大缩短装卸时间,提高效率。

3. 在商品的保管环节里,经过包装的商品,便于计数,便于商品的交接验收,缩短商品的收发时间,可以使仓库进行高堆垛和高度储存,以节省建筑费用和占地面积。但要注意避免出现高堆垛超过一定限度造成包装压坏形成损失的现象。

## 三、包装的基本功能

1. 保护商品的功能。这是最基本最重要的功能。它是指保护被包装的商品在制造、运输、仓储、销售等环节中不破损、不变质,防止风险,避免出现渗漏、浪费、偷盗、损耗、散落、掺杂、收缩和变色等现象。产品从生产来到使用之间这段时间,保护措施非常重要,包装如不能保护好里面的物品,这种包装则是一种失败。

2. 提供方便的功能。物品包装具有便利流通,方便消费的功能,体现在经过包装的商品,特别是推行包装,标准化,可以带来极大的便于运输、便于装卸、便于储存等作用,给生产者、销售者及消费者在运输或携带物品时带来极大的方便。

3. 促进销售的功能。包装具有识别、美化产品的作用,可以吸引、指导消费者。美国当今化工行业最大的杜邦公司曾提出著名的"杜邦定律",即有63%的购买者是根据产品的包装而进行购买决策的。我国古代也曾写下"买椟还珠"的寓言故事。如今,商界流行的包装谚语举不胜举。如:"佛要金装,人要衣装,货要包装","货买一张皮"等等。商品包装被商家称为"沉默的推销员"。这些都表明,现代商品包装具有保护商品,介绍商品,宣传商品,刺激购买等功能。

4. 增加利润的功能。包装还具有增值的功能。好的包装不仅可与好的产品相得益彰,避免"一等产品,二等包装,三等价格",而且还能提高产品档次,获得超值。同时,由于包装产品便于储存管理,方便运输,减少损耗等,可提高物流各环节的效率,也能相对增加盈利。

## 四、包装器材

包装器材与包装功能存在着不可分割的联系,不同的商品特性要求采用不同的包装材料,采用不同的包装容器。常用的包装器材有以下几种:

(一)木制包装容器

木制包装是指以木材、胶合板、纤维板为原材料而制成的包装。这类包装具有抗压、抗震、抗冲击等优点,主要用于商品的外包装,在包装容器中所占的比重较大。主要的木制包装容器有木制箱、木桶、木笼、木托盘等。

(二)纸制包装容器

在包装器材中,纸的应用最为广泛,它的品种最多,耗量也最大。纸制包装具有价格低、耐摩擦、耐冲击、不受温度影响、无毒、无味、易加工、质轻、废弃物回收等优点,在现代包装中占有重要的地位。主要的纸制包装容器有纸袋、瓦楞纸箱、纸板箱、纸盒、纸筒和纸罐等。

(三)塑料包装容器

塑料包装容器是随着科技的发展,新型材料的使用而出现的一种现代包装容器,主要采用聚乙烯、聚丙烯、聚氯乙烯、聚酯、聚苯乙烯为原材料。这类包装具有透明、防潮、防水、耐药品、耐油脂、耐热、耐寒、耐污染等优点。主要的包装容器有塑料袋、塑料软管、塑料瓶、塑料箱等。

(四)金属包装容器

金属包装容器是传统包装容器之一。主要以钢材和铝材两大类为原材料。具有机械性能好、强度高、抗冲击力强、牢固、综合防护性能好、能耗和成本较低等优点。主要金属包装容器有马口铁罐、铝箔软管、金属桶、金属丝、网等。

(五)玻璃包装容器

玻璃包装容器具有耐风化、不变形、耐酸、耐磨等优点,适于各种液体物品、固体药物的包装。主要的玻璃包装容器有各种形状的玻璃瓶。

### (六) 其他包装容器

如用草类植物编织成的草席、蒲包、草袋;用天然纤维(如黄麻、红麻、大麻等)和合成纤维(如合成树脂、玻璃纤维)制作的袋状包装;用两种以上不同材料复合(如塑料与玻璃纸复合、金属箔与塑料复合)在一起而制成的各种包装容器;等等。

### 五、包装容器的选择

包装容器各种各样,各有性能特点及对所装商品的要求均不相同;同时,商品本身的特点也影响着包装的效用。因此,在实际操作中,不同的商品选择响应的包装容器。这是物流管理者要考虑的一个重要方面。

在选择包装容器时,应考虑以下几方面因素:

1. 商品的形态。货物有液体、带有黏性的流体、粉状体、颗粒体、固体、气体等不同状态,不同状态的商品应选择不同的包装。同时不同产品有不同的外形,如方形、球形、多面形、锥形、细长形等,这要求包装具有固定良好、体积小且方便搬运的包装。另外,商品还有不同的比重、容量,有轻重之分,对于重量轻的松泡产品如羽绒服等产品应设法压缩体积,所需的包装要求保证在堆放中不被压坏,跌落中不破损,而对于重量大的物品如小五金等,其包装要求注意强度,保证在搬运中不会被破损,对于容易受冲击或震动损坏的物品如家电等,还要求采用不同形式的缓冲包装。

2. 商品的特性。对于不同特性的商品需考虑其自身特性选择适宜的包装容器。例如有些商品怕潮怕霉,其包装需要有防潮防霉措施;有些商品易腐败变质,要求采用冷冻包装或真空包装、充气包装;有些商品易燃易爆,需采取有效措施,要求有明显的说明、特殊标志和注意事项的包装;有些商品具有有毒性特点,要求的包装要严密不漏,与外界隔绝;等等。

3. 流通的特性。物品的包装容器还需考虑到方便运输、方便储存、方便销售以及方便用户等。例如机械装卸和人工装卸的包装单位和包装强度不一样,选择的包装容器也不一样;在商品交易中,也要注意包装单位大小的选择。

## 第五节 物流信息

### 一、物流信息的概念

物流信息是指与物流活动相关的信息,是反映物流各活动内容的知识、资料、图像、数据、文件的总称。从狭义上讲,物流信息是指与物流活动(如运输、保管、包装、装卸、流通加工)有关的信息。在物流活动中,物流信息和运输、仓储等各环节有着密切的关系,它起着中枢神经系统的作用。如在物流活动过程中进行计划预测、动态分析时,要及时提供物流费用、生产情况、市场动态等有关信息。只有及时收集和传输有关信息,才能使物流通畅化、定量化。又如,运输工具的选择、运输路线的确定、运送批量的确定、库存量的确定、订单的管理等等,也都需要详细和准确的物流信息,物流信息对物流各项活动具有支持保证的功能。从广义上讲,物流信息不仅指与物流活动有关的信息,还包括与其他流通活动有关的信息(如商品信息和市场信息)。商品交易信息主要包含与进行交易有关的信息,如货源信息、物价信息、资金信息、合同信息、付款结算信息等,市场信息包含与市场活动有关的信息,如消费者需求信息、竞争者信息等。在现代企业的经营管理中,物流信息与商品交易信息、市场信息相互交叉、融合,有着彼此密切的联系。

现在,物流信息已经向系统化发展,信息流和物流分离是其发展的一个特征。在信息流和物流一致的情况下,比如发货票随货物同行,货物发了后无论发货单位还是收货单位都可能对货物的中间状况不了解。而在信息流和物流分离的情况下,通过统一的信息系统,发货单位或收货单位及中转单位均可及时了解货物的运输状况。在现代化物流信息系统中普遍采用电子计算机网络系统来管理物流信息。

## 二、物流信息在物流中的作用

物流活动每日每时都需大量的内部信息和外部信息。由于及时利用信息可以控制人员、资金、设备、原材料和技术资源的有效使用,提高物流的劳动生产率、降低成本,提高企业经济效益。因此,物流信息对整个物流系统起着融合贯通的作用,对物流活动具有支持保证的作用。具体表现如下:

1. 物流信息在物流系统中起着中枢神经的作用。物流各环节的正常运转,依赖于科学合理的决策,而科学合理的决策又依赖于反映实际的各种信息。在物流过程中,通过物流信息的采集、整理、加工、传递后,成为决策的依据并对物流活动进行指挥、协调,使各项活动灵活运转,连续进行。如果缺乏有效的信息系统,就有如人因没有中枢神经系统而造成动作失调一样,整个物流活动就会陷入瘫痪。因此,高效的物流信息系统起着中枢神经的作用,是物流系统正常运转的必要条件。

2. 物流信息可提高经济效益。物流系统的优化,各个物流环节的优化所采用的办法和措施,如选用合适的设备、设计合理线路、决定最佳库存等,都要切合实际,即要依靠准确反映实际的物流信息,否则,任何活动都免不了带有盲目性。因此,从这个意义上讲,物流信息对提高经济效益起到非常重要的作用。

## 三、物流信息的内容

根据物流信息在物流活动中所起的作用,可将其分为以下六个方面信息的内容:

1. 接受订货信息。这是一切物流活动的基本信息。办理接受订货手续是物流活动的始发点,所有物流活动均从接受订货开始。为迅速准确地将商品送到,必须准确迅速地办理接受订货的各种手续。

2. 库存信息。正确把握商品库存,是企业制定恰当采购计划、接受订货计划、收货计划和发货计划必不可缺的条件。所以,库存信息乃是物流信息的中心。

3. 采购指示信息。当商品库存量不足时根据采购指示信息安排采购。

4. 发货信息。为做好发货准备,需根据发货信息将商品转移到搬运地点,以便发货。

5. 收货信息。根据收货信息,对收到货物进行检验,与订货要求进行核对无误后,计入库存。

6. 物流管理信息。物流管理信息部门为了能有效地管理物流活动,必须收集各种表单以及关于物流成本、仓库和车辆等物流设施、设备运转等资料,以此作为物流管理信息。

## 四、物流信息系统

现代物流需要大量的信息,靠人工解决既费时又易出错。越来越多的企业开始应用信息技术,建立物流信息系统,实时、精确、高效率的完成对信息的处理。一些部门、公司、企业设立的先进的物流信息中心,用以全面管理、传递和交换物流信息。

在物流范畴中,建立的信息收集、管理、加工、储存、服务工作系统称为物流信息系统。

(一)物流信息系统的主要工作

1. 收集信息。开展物流信息工作,最重要、最基础的工作,是首先进行信息的收集工作。收集信息的质量(即真实性、可靠性、准确性、及时性)决定着信息时效价值的大小,是信息系统运行的基础,如果信息的质量不高、甚至是错误的信息,带来的后果则是物流决策失误,就有可能给企业带来惨重的损失。因此,只有广泛的通过各种渠道收集各种信息,才能充分真实的反映物流的全程。为使信息收集工作有效,需遵守针对性、系统性、连续性等原则,有计划、有组织、有目的的开展收集活动。

根据信息的来源不同,可以把物流信息的收集工作分为原始信息收集和二次信息收集两种。原始信息收集是指在信息和数据发生的当时当地,从信息和数据所描述的实体上直接把信息或数据取出,并存储在某种介质上的信息和数据。二次信息收集是对经过处理或分析后的物流信息的收集。

2. 信息处理。信息处理工作,是对收集到的信息进行筛选、分类、加工及储存等活动。由于收集到的原始信息大都是零散的、孤立的、不规范的、杂乱无序的信息,需要对这些信息进行一定的整理加工程序,使之条理化、有序化、系统化、规范化,成为真实、可靠、有较高实用价值的信息,方便下一道环节的传递和使用。

信息的处理方式可以分为数值运算和非数值处理两大类。数值运算包括简单的算术与代数运算,数理统计中的各种统计量的计算及各种检验,运筹学中的各种最优化算法以及模拟预测方法,等等。非数值数据处理包括排序、归并、分类以及文字处理的各项工作。

3. 信息传递。经过整理加工后的有用信息,通过适当的媒介和渠道有效地输送给信息使用者,为信息使用者做决策提供信息准备,提高信息使用者的决策速度和效率。信息的传递最基本的要求是迅速、准确和经济。

现代物流信息的传递基本上有两种方式,即计算机网络传递和人工传递。计算机网络传递是通过以计算机为中心,通过通信线路与近程终端或远程终端相连,形成的联机系统;或者通过通信线路将中、小计算机联网,形成分布式系统来进行传递的。衡量其信息传递的指标是传输速度和误码率。人工传递就是指以各种单据、报表、计划等形式进行传递。此外,还有一种介于计算机和人工传递之间的过渡形式——盘片传递。当各子系统之间的计算机网络尚未连成而又需要信息传送时,可以采用软盘传送,取代书面报表的传送。目前,这种方法广泛运用于计算机管理中,在一定程度上起到了节省人力、物力,提高效率的作用。

4. 信息应用。信息的应用是物流信息工作的最终目的。所收集、整理加工的信息只有被应用,才能实现其自身的使用价值和价值,也才能更有效的使其服务于物流活动的经营管理过程,为企业创造更多的经济效益和社会效益。

(二)物流信息系统的类型

典型的物流信息系统有以下几种类型:

1. 订单处理系统。一个企业从发出订单到收到货物的时间,称为订货提前期,而对于供货方,这段时间称为订货周期。在订货周期中,要相继完成四项重要活动:订单传递、订单处理、订货准备、订货运输。这就是订单处理系统的流程。

2. 库存信息系统。主要有以下几个目的:①掌握各分散地点的库存量及生产企业库存量;②具体于某一仓库中进行库存管理;③在高层货架仓库中建立库存信息分系统等。库存信息系统是应用较为广泛的系统,也可以说是各类型物资及物流管理信息系统的基础系统。无论进行哪种管理,库存都是首先要掌握和收集的。

3. 运输信息系统。主要是处理各种运输问题。例如日本开发的直达运输系统,目的在于选择最接近用户的仓库,然后对用户实行快速直达运输。

4. 配送信息系统。配送信息系统有一定的综合性,主要目的有:向各营业点提供配送物资信息,根据订货查询库存及配送能力,发出配送指示,发出结算指示及发货通知,汇总及反馈配送信息等。

5. 货物追踪系统。在货物流动范围内,对货物的状态进行实时把握信息的系统。

## 第六节 流通加工

### 一、流通加工的概念

所谓流通加工,就是商品在从生产者向消费者流通的过程中,是为了方便流通、方便运输、方便储存、方便销售、方便用户,在保证产品使用价值不发生改变的前提下,对产品进行简单的组装、剪切、套裁、贴标签、刷标志、分装、检量、打孔等加工作业。流通加工是生产加工在流通领域的延伸。和一般生产加工相比较,在加工方法、加工组织、生产管理方面无明显区别,但在加工对象、加工程度方面差别较大,其差别主要表现在:

加工对象不同:流通加工的对象是进入流通过程的商品,具有商品属性,而生产加工的对象不是最终产品,使原材料、零配件和半成品。

加工内容不同:流通加工大多是简单加工,使生产加工的一种辅助和补充,而生产加工一般是复杂加工。

加工目的不同:流通加工目的是为了方便流通、促进销售、完善产品的使用价值,并在不做大改变的情况下提高其价值。而生产加工的目的在于创造物资的使用价值,使它成为人们所需要的商品。

所处的领域不同:流通加工出在流通领域,由流通企业完成,生产加工处在生产领域,由生产企业完成。

将流通加工活动放在物流过程中完成,成为了物流的一个组成部分。在现代物流中,虽然流通加工不能与运输、仓储等主要功能要素相比拟,但它能起到运输、仓储等要素无法起到的作用。流通加工是一种低投入、高产出的加工方式,往往通过这种简单的加工解决了大问题。实践证明,有的流通加工通过改变装潢便使商品档次跃升而充分实现其价值,有的流通加工可使产品利用率一下子提高20%~50%。所以流通加工是物流企业的重要利润源,它在物流中的地位是必不可少的,属于增值服务范围。

## 二、流通加工在物流中的作用

一般认为,生产是通过改变物的形态来创造价值,流通则是保持物的原有形态和使用价值。但随着流通现代化的发展,上述概念已发生了很大的变化。现在,工业发达的国家广泛开展流通加工活动,使流通过程更加合理。例如,日本东京、大阪、名古屋地区的90家公司,在仓库及流通中心配有加工设备的超过了一半,流通加工的规模也很大。流通加工正日益成为创造物流价值的新途径。

流通加工的作用表现在以下几方面:

1. 流通加工能创造附加价值,提高用户服务水平。生产商品的目的是创造价值,流通加工是在此基础上完善商品的价值,增加商品的价值。在生产和消费之间,由于存在着生产的集中、大批量与消费者的分散、小批量之间的差异,形成规模化大生产与千家万户消费者之间的场所价值和时间价值的空白,使商品的价值和使用价值需要通过流通加工来实现。流通加工在生产和消费者之间,起着承上启下的作用。它把分散的用户需求集中起来,使零星的作业集约化,作为广大终端用户的汇集点发挥作用,生产者几乎无法直接满足用户的要求,也达不到服务标准,只有通过流通加工者来弥补。

2. 流通加工可节约材料,降低物流成本。节约材料是流通加工十分重要的特点之一。由于流通加工属于深加工性质,直接面对终端用户,综合多方需求,集中下料,合理套裁,充分利用边角材料,减少废钢、角铁、碎块的浪费,做到最大限度的"物尽其用",节约大量的原材料;另外,流通加工一般都在干线运输和支线运输的结点进行,这样就能使大量运输合理分散,有效地缓解长距离、大批量、少品种的物流与短距离、少批量、多品种物流的矛盾,实现物流的合理流向和物流网络的最佳配置,从而避免了不合理的重复、交叉、迂回运输,大幅度节约运输、装卸搬运和保管等费用,降低物流总成本。

3. 流通加工可提高原材料的利用率。流通加工中的集中下料,能做到优材优用,小材大用,合理套裁,提高原材料的利用率,降低原材料的消耗。服装业就是最好的例子。如果将企业生产的布匹直接送到消费者手中,其布料的平均利用率大约80%左右;而服装企业批量生产,特别是套裁、拼裁的运用,使布料利用率达90%以上。又如,将原木或大规格锯材直接提供给使用部门,平均利用率不到50%;而在流通部门中实行集中下料,根据用户的不同要求供应不同规格板材,使原木的利用率提高到97%以上。

4. 提高加工效率及设备利用率。加工设备在分散加工的情况下,由于受生产周期和节奏的限制,设备利用时紧时松,甚至会长时间的停滞,这种表现为加工过程的不均衡,从而导致加工设备的加工能力不能得以充分发挥,设备利用率低。而在流通领域里,流通加工面向全社会,加工的数量,加工对象的范围都得到了大幅度的提高,通过建立集中加工点,可采用效率高,加工量大,技术先进的专门机具和设备,提高加工效率和设备的利用率。

5. 提高物流效率,使物流更加合理。通过物流加工,改变商品的形态和包装,更能合理地组织配送,提高物流效益。如钢板的剪裁,玻璃的裁剪,一般是在接到用户订货后再进行剪裁。

6. 提高运输保管效率。例如,组装型商品运输和保管过程中处于散件状态,出库配送前或到达用户后再进行组装,以此提高运输工具的装载率和仓库保管效率。

## 三、流通加工的内容

目前我国流通加工主要有以下几种形式。

### (一)生产资料的流通加工

主要包括钢材的加工、水泥的加工、木材的加工及其他生产资料的加工。具体如下:

1. 钢材加工。汽车、冰箱、洗衣机等生产制造企业每天需要大量的钢板,除了大型汽车制造企业外,一般规模的生产企业如若自己单独剪切,难以解决因用料高峰和低谷的差异引起的设备忙闲不均和人员浪费问题,如果委托专业钢板剪切加工,企业可解决这个矛盾。专业钢板剪切加工企业能够利用专业剪切设备,按照用户设计的规格尺寸和形状进行套裁加工,精度高、进度快、废料少、成本低,这种加工可以适应用户的各种需求,使用户省心、省力、省钱。当前,我国的冰箱、洗衣机、彩电等家电的生产仍保持着增长势头,汽车和造船业尚有极大的拓展空间,国家拉动内需的政策又刺激了建材业的大发展,这些都有利于钢材加工业的不断扩大。

钢材加工主要包括:(1)钢板的切割。(2)使用矫直机将薄板卷材展平。(3)纵向切割薄板卷,使之成为窄幅(钢管用卷材)。(4)用汽割厚板。(5)切断成形钢材。一般地说,钢材集中加工的利用率比分散加工可提高20%。

2. 水泥的加工。水泥流通加工的方式主要有三种:一是将大批量、长途、散装输送来的水泥,转换成纸袋包或小规模的散袋;二是将出厂的熟料运到使用地区分散磨制成水泥;三是将水泥与砂石一起加工搅拌成各种标号及特性的生混凝土作为商品出售。在这几种方式中,尤以商品混凝土作为水泥流通加工的突出标志。混凝土搅拌是指将水泥、砂石、水以及添加剂按比例进行初步搅拌,然后装进水泥搅拌车,卡车一边行走,一边搅拌,到达工地后,搅拌均匀的混凝土直接进行浇注。水泥流通加工有许多优点,首先,水泥搅拌车具有灵活机动的特点,可以接近作业现象,可节省现场的作业空间和时间,优于直接供应或购买水泥在工地现制混凝土的技术经济效果。其次,混凝土的集中搅拌,可以采取准确的计量手段和选择最佳的工艺,提高混凝土的质量,节省水泥,提高生产率。例如,制造一立方米混凝土的水泥使用量,采用集中搅拌比分散搅拌少使用20~30公斤。第三,混凝土的集中搅拌,在设备投资、管理费用及其他消耗方面均比分散加工有大幅度的降低,且可延长设备的使用寿命、提高设备的利用率。第四,水泥的集中搅拌能使集中搅拌站与水泥厂之间形成固定的渠道,大大减少分散使用水泥的线路,使水泥输送呈现大批量、高效率形态,水泥的物流更加合理。

3. 木材的加工。木材的流通加工基本上有两种方式:一种是将木材磨制成碎屑,然后采用压缩方法将其运输到造纸厂,成为造纸原料,这种方式的运输可以比直接运输原木节约50%的运费;另一种方式是将原木加工成板材,或按用户要求加工成各种形状的材料,如板材、方材、胶合板等等,提供给家具厂、木器厂的用户。木材进行集中流通加工,综合利用,出材率可提高到72%,原木利用率达到95%,极大地增加了木材产品的附加价值,企业的经济效率也相当可观。

其他的生产资料加工还有平板玻璃的流通加工、燃料的流通加工、铝材的加工等。

### (二)消费资料的流通加工

消费资料的流通加工以服务顾客、促进销售为目的。如:衣料品的标识和印记商标;粘贴标价;安装作广告用的幕墙;家具等的组装;地毯剪接。

### (三) 食品的流通加工

流通加工最多的是食品。为便于保存、提高流通效率,食品流通的加工是必不可少的。主要有:

1. 冷冻加工。为解决食品在流通中保鲜及搬运装卸的问题,采取低温冻结方式的加工,如鱼和肉类的冷冻,生奶酪的冷藏等。

2. 分选加工。农副产品的离散程度很大,为获得一定规格的产品,采取人工或机械分选的方式加工,如果类、瓜类、棉毛原料的分选等。

3. 精致加工。在产地或销地设置加工点,去除农副产品的无用部分,进行切块、洗净、分装等加工。

4. 分装加工。为了便于销售,在销售地区按所要求的零售起点进行新的包装,将大包装货物换为小包装货物,以满足消费者对不同包装规格的需求。

## 四、流通加工的合理化

### (一) 几种不合理的流通加工形式

1. 流通加工地点设置不合理。流通加工地点设置是流通加工是否能有效的重要因素。流通加工地点设置不合理主要有以下几种情况:

(1) 单品种大批量生产与多样化需求的产品流通加工地点设置在生产地区,而不设在需求地区;

(2) 为方便物流的流通环节不设在产出地,设置在进入社会物流之前,却设在了消费地;

(3) 即使产地或需求地设置流通加工的选择是正确的,还存在着流通加工在小地域范围内的选址不合理问题(如选择在交通不方便的地方)。

2. 流通加工方式选择不当。流通加工方式包括流通加工对象、流通加工工艺、流通加工技术、流通加工程度等。流通加工方式的确定实际上是与生产加工的合理分工。分工不合理,本来应由生产加工完成的,却错误地由流通加工完成,本来应由流通加工完成的,却错误地由生产过程去完成,都会造成不合理性。

流通加工不是对生产加工的代替,而是一种补充和完善。所以,一般而言,如果工艺复杂、技术装备要求较高,或加工可以由生产过程延续或轻易解决者都不宜再设置流通加工,尤其不宜与生产过程争夺技术要求较高、效益较高的最终生产环节,更不宜利用一个时期市场的压迫力使生产者变成初级加工或前期加工,而由流通企业完成装配或最终形成产品的加工。如果流通加工方式选择不当,就会出现与生产夺利的恶果。

3. 流通加工作用不大,形成多余环节。有的流通加工过于简单,或对生产及消费者作用都不大,甚至有时流通加工的盲目性,不仅未能解决品种、规格、质量、包装等问题,相反却实际增加了环节,造成流通加工不合理的现象。

4. 流通加工成本过高,效益不好。流通加工之所以能够有生命力,重要优势之一是有较大的产出投入比,因而有效起着补充完善的作用。如果流通加工成本过高,则不能实现以较低投入实现更高使用价值的目的。除了一些必须的、从政策要求即使亏损也应进行的加工外,都应看成是不合理的。

### (二) 流通加工合理化

流通加工合理化的含义是实现流通加工的最优配置,不仅做到避免各种不合理,使流通加工有存在的价值,而且做到最优的选择。

实现流通加工合理化途径有:

1. 加工和配送相结合。这是将流通加工设置在配送点中,一方面按配送的需要进行加工,另一方面加工又是配送业务流程中分货、拣货、配货之一环,加工后的产品直接投入配货作业,这就无需单独设置一个加工的中间环节,使流通加工有别于独立的生产,而使流通加工与中转流通巧妙结合在一起。同时,由于配送之前有加工,可使配送服务水平大大提高。这是当前对流通加工做合理选择的重要形式。例如,钢材剪切加工配送作为一种新型的服务方式,其功能就是在配送中心将库存钢材经裁剪、加工、检查等处理后,在最佳时间内送达每个用户,以满足用户的加工、配送、仓储、运输等需求。在当今发达国家,现代物流的发展已带动并影响加工与配送的结合,成为一种趋势。

2. 加工和配套相结合。在对配套要求较高的流通中,配套的主体来自各个生产单位,但是,完全配套有时无法全部依靠现有的生产单位,进行适当流通加工,可以有效促成配套,大大提高流通的桥梁与纽带的能力。

3. 加工和合理运输相结合。利用流通加工,在支线运输转干线运输或干线运输转支线运输这本来就必须停顿的环节,不进行一般的支转干或干转支,而是按干线或支线运输合理的要求进行适当加工,从而大大提高运输及运输转载水平。

4. 加工和合理商流相结合。通过加工有效促进销售,使商流合理化,也是流通加工合理化的考虑方向之一。

5. 加工和节约相结合。节约能源、节约设备、节约人力、节约耗费是流通加工合理化重要的考虑因素,也是目前我国设置流通加工,考虑其合理化的较普遍形式。

**案例2-3**

## 阿迪达斯的流通加工

阿迪达斯公司在美国有一家超级市场,设立了组合式鞋店,摆放着不是做好了的鞋,而是作鞋用的各种半成品,款式花色多样,有6种鞋跟、8种鞋底,均为塑料制造的,鞋面的颜色以黑、白为主,搭带的颜色有80种,款式有百余种,顾客进来,可任意挑选自己喜欢的各个部位,交给职员当场进行组合。只需10多分钟,一双崭新的鞋便出现在眼前。这家鞋店昼夜营业,职员技术熟练,鞋子的售价与成批制造的价格差不多,有的还稍便宜些。所以顾客络绎不绝,销售的金额比邻近的鞋店多10倍。

※ **思考题**:

1. 实现运输合理化的有效途径是什么?
2. 简述保管在物流中的作用。
3. 装卸搬运应坚持哪些原则?装卸合理化的途径有哪些?
4. 简述包装的基本功能。
5. 简述物流信息系统的主要工作及其类型。
6. 论述流通加工的合理化。

## 参考文献：

1. 《现代物流实务》，王斌义主编，对外经济贸易大学出版社，2003
2. 《现代物流信息化》，郝渊晓主编，中山大学出版社，2001
3. 《物流管理学》，王槐林、刘明菲主编，武汉大学出版社，2002
4. 《物流管理基础》，翁心刚主编，中国物资出版社，2002
5. 《物流包装实务》，孙宏岭、武文斌主编，中国物资出版社，2003
6. 《现代物流学》，王之泰主编，中国物资出版社1995年版
7. 《保管与装卸管理》，现代物流管理课题组编，广东经济出版社，2002
8. 《物流运输管理实务》，缪六莹编著，四川人民出版社，2002
9. 《物流企业仓储管理与实务》，真虹、张婕妹主编，中国物资出版社，2003

## 案例讨论：

### "美国经济的主干架"——联合包裹公司

1907年，美国人吉米·凯西创立了联合包裹公司。创业初期仅有一辆卡车及几部摩托车，主要为西雅图百货公司运送货物。现在，联合包裹已发展到拥有15.7万辆地面车辆，610架自有或包租飞机，全球员工33万多名，年营业额270亿美元的巨型公司。

它每个工作日处理包裹130万件，每年运送30亿件各种包裹和文件。

联合包裹提供的服务已经成为美国人日常生活中须臾不可离的东西，成为"美国经济运行中一只几乎无处不在的手"，每年装载了美国国民生产总值的6%。1997年，联合包裹卡车司机罢工事件不仅使得这一"美国经济的主干架"几近瘫痪，对当年美国经济的打击也很大。据说，当年美国国民生产总值曾因此下降几个百分点。

1997年的罢工风潮使联合包裹的国内竞争对手美国国家邮政和联邦快递坐收渔利：罢工的15天内便抢去了3.5亿美元的营业额，而且联合包裹也因此损失了至少2亿美元，并丢掉了大批老客户。但联合包裹并没有就此一蹶不振，相反它自此励精图治，不仅努力修补与卡车司机工会及客户的关系，并打破百年封闭式经营的保守传统，1998年在华尔街上市(上市金额高达55亿美元，创下了美国历史最高纪录)，同时涉足电子商务领域，大踏步向以知识为基础的全球性物流公司迈进。

过去10年，联合包裹共投资了110亿美元，用于采购主机、PC、手持电脑、无线调制解调器，建立蜂窝无线网络，雇佣4000名电脑程序员和技术人员。这一浩大的投资活动不仅使得联合包裹实现了对包裹运送每一步的紧密跟踪，而且使之在电子商务大潮中占据了有利地位。如果说，联合包裹过去是一家拥有技术的卡车运输公司，那么现在，它是一家拥有卡车的技术型公司。如果联合包裹是一家纯粹的电子商务公司，那么它可能只是徒有虚名，净利润为零；但强大的物质实力使得它赢利状况十分可观。1999年和罢工前的1996年相比，联合包裹的净利润翻了一番，达23亿美元，营业额也增长了21%。

联合包裹公司的电子跟踪系统，跟踪每日130万件包裹的运送情况。公司的卡车司机(同时也是送货人)人手一部如手持电脑大小信息获得器，内置无线装置，能同时接收和发送送货信息。客户一旦签单寄送包裹，信息便通过电子跟踪系统传送出去。客户可以随时登录联合包裹的因特网网站，查询包裹运抵情况。有时当他上网查询到包裹已经送达收件人手中

时,卡车司机可能还没有回到车座上呢。电子跟踪系统有时还随时发送信息给卡车司机,告诉他将经过的路段路况,或者告诉他某位收件人迫切需要提前收取包裹。联合包裹还使用全球定位卫星,随时通知司机更新行车路线。

实际上,联合包裹的服务还不止于此。它在新泽西和亚特兰大建立了两大数据神经中心,1998年还成立了联合包裹金融公司(联合包裹拥有流通现金30亿美元),提供信用担保和库存融资服务,所有这些使得联合包裹在电子商务活动中同时充担中介人、承运人、担保人和收款人四者合一的关键角色。

目前,联合包裹为Gateway公司运送包裹,从收件人那里收取现金,然后这笔款项将直接打入Gateway公司的银行账号。这种业务现已占到该公司业务的8%。Gateway公司毕竟是已经建立起市场信誉的公司,如果客户从某个拍卖网站或者电视广告中看中某件商品,尽管价格十分具有诱惑力,但还没有见到实物前,让他掏钱毕竟有所顾虑。联合包裹的担保业务恰好解决了电子商务活动中现金支付和信用问题。联合包裹的这种技术手段在国际贸易中更显示出威力。比如,它可以直接到马来西亚的一个纺织原料厂收取货物并支付现金,然后将这些原料运抵洛杉矶的制造商,并从这家公司手中收取费用。这远比信用证顶用。因为联合包裹既提供了马来西亚原料厂急需的现金,又保证了洛杉矶的商人得到了更可靠的货物运送。

联合包裹最近宣布准备增加机队数量,今年将有7架空中客车A300交货,同时投资10亿美元扩建其设立在肯塔基州路易斯维尔的航空枢纽。所有这些,将为联合包裹的物流业务奠定了扎实基础。路易斯维尔航空枢纽附近的物流部门正在为惠普等计算机公司提供这种服务:每天晚上在三到四小时的一段时间内,一共90架飞机降落在占地面积500公顷的这一航空枢纽。从这些飞机上卸下有故障的电脑部件以及笔记本电脑等,并以最快速度运到离枢纽只有几英里远的物流部门。在那里,60名电脑修理人员能利索干完800件活,并赶在联合包裹的头班飞机起飞前完工。

通过物流业务,联合包裹还顺势跨上了因特网零售业的快车。据调查公司统计,1998年圣诞节期间,联合包裹公司几乎垄断了美国因特网零售公司的承运业务,美国人在此期间网上订购的书籍、袜子和水果蛋糕大约有55%是由这家公司送去的。

耐克公司注册的网上零售公司Nike.com成了联合包裹的最大客户。联合包裹在路易斯维尔的仓库里存储了大量的耐克鞋及其他体育用品,每隔一个小时完成一批定货,并将这些耐克用品装上卡车运到航空枢纽。联合包裹设在圣安东尼奥的电话响应中心专门处理Nike.com的客户定单。这样,耐克公司不仅省下了人头开支,而且加速了资金周转。而联合包裹的另一公司客户——最近刚成立的时装网站Boo.com甚至连仓储费都不用掏:联合包裹将这家公司的供应商的货物成批运到物流中心,经检验后,打上Boo.com的商标,包装好即可运走。

联合包裹的物流部现已是公司业务增长最快的部门,过去两年增长了70%以上,而且今后三年仍可望有35%的年增长率。

联合包裹1976年即进入欧洲,耐心等待了22年之后,它的国际业务方开始赢利。在欧洲,它收购了不下几十家地面及空中运输公司。每天,全欧洲有300架次的联合包裹货运班机降落,有1.7万辆卡车在这个旧大陆来回穿梭。

联合包裹的企业形象可以从卡车司机为形象看出来。

联合包裹的卡车司机(兼送件人)不能留长发,蓄胡须,外套只能打开最上方的第一个纽扣。在客户面前不能抽烟。送件时只能疾行,不许跑步。皮鞋只能是棕色或黑色,而且必须始终光可鉴人。他必须始终用右手尾指勾住钥匙串，以免满口袋找钥匙时耽误时间。登车后，必须用左手系安全带，同时马上用右手将钥匙插入油门发动引擎。司机每天工作前必须经过三分钟的体能测试，这一传统从公司创始人开始保留至今。飞行人员头天工作完毕必须清理桌面，以免第二天凌晨登机时耽误时间。高层经理人员每人工作桌下常备擦皮鞋用具。所有这一切细枝末节，都将保证公司的高运营效率，在客户面前树立值得信赖的良好形象。

联合包裹的员工队伍相当稳定，稳定率保持在90%以上，许多人一干就是几十年。高层管理人员有的就是从司机、装卸工一步步升上来的。公司首席执行官凯里的衣橱里至今还挂着28年前在联合包裹兼职当司机时穿的棕色套装。联合包裹上市后，一下造出了数百名百万富翁。这就更增强了员工对公司的向心力。

**讨论题：**
1. 为什么说联合包裹公司是"美国经济的主干架"？
2. 联合包裹公司经营有什么特色？

# 第三章 供应链管理概述

* **本章主要内容**
  - 供应链的定义及特征
  - 供应链类型
  - 供应链管理概念及特点
  - 供应链管理的目的及内容
  - 供应链管理的基本原则与实施步骤
  - 供应链管理的实现方法
  - 实施供应链管理的意义
  - 供应链管理和物流管理的关系

**中国香港大力推进供应链管理**

1. 货品编码协会的角色

中国香港货品编码协会(Hong Kong Article Numbering Association,简称 HKANA)是中国香港总商会1989年建立的非营利性组织,也是国际货品编码协会(EAN)成员单位。中国香港货品编码协会以"推广高效的商务营运,积极协助中国香港工商业提高在国际市场上的竞争力"为使命,其从事的工作主要有:推动供应链管理及电子商务的最佳实务和标准,监管和支持 EAN. UCC 标准在全球供应链管理上的应用,提供有关供应链管理及电子商务应用的服务、培训及技术支持。

2. 供应链管理的推广

供应链管理是一套现代的商业管理策略,目的是让各贸易伙伴紧密合作,在整个供应链上以最低的成本和最高的效率,为顾客带来最大的益处。随着国际市场的变化,供应链管理已成为一种必然的经营策略,并促使欧美制造商和零售商大大降低成本及提高运作效率。

在中国香港特区政府的资助下,中国香港货品编码协会加强对本地供应链管理的研究推广,以改善本地消费品生产及分销效率。在推广工作中,中国香港货品编码协会分析了零售商、生产商和分销商实施供应链管理的可行性,帮助工商企业了解采用供应链管理带来的好处,制定中国香港供应链管理指南图,指导个别企业了解自身情况和发展方向,还提供了一系列培训,并进行了供应链管理试验研究。

指南图研究结果显示,在中国香港推行供应链管理,预计可使产品成本降低2.7%,其中营运成本降低1.8%,存货成本降低0.9%;对全球性供应链而言,则营运成本与存货成本分别下降4.0%和1.9%,即总成本下降5.9%。

中国香港货品编码协会还建立了快速流转消费产品、零售百货等行业性的供应链管理委员会和工作小组。行业性委员会负责制定供应链管理方向、推行试验计划、开展区域/国际性合作;工作小组根据实际需要而设立,执行委员会指定的任务;有的工作小组是跨行业的,以照顾不同行业的共同利益。

3. 供应链管理试验研究

中国香港货品编码协会组织了供应链管理试验研究,其内容包括:
(1)产品类别管理,目标是增加产品销量;
(2)货仓自动化研究,目标是提高货仓运作效率;
(3)零售业电子销售点计划,目标是利用电子销售点建立资讯管理系统;
(4)供应商管理存货计划,目标是评估供应链管理如何减低存货及运作成本;
(5)履行订购单及产品补充计划,目标是评估中央货仓分销策略对减少存货的成效;
(6)类别管理计划研究,目标是在伙伴间制定一种执行类别管理的方法;
(7)货品流通计划研究,目标是界定产品类别及监察货仓内产品流通。

这项试验计划取得了成效。经测试有所改善的企业有:屈臣氏、7-11等在类别管理方面;百佳、强生在供应商管理存货方面;惠康在交接运输与货物流通方面;慎昌在货仓管理系统建设方面等。

总之,取得的效益包括:个别产品的销售额由4%上升至36%;货架缺货率下降2%;零售商所需存货量下降达55%;订购程序成本下降达26%;员工每班生产量增加,超时工作减少;还减少了存货的损坏率。

4. 供应商管理存货计划

在供应链管理试验研究中,供应商管理存货计划为百佳及强生带来了效益。中国香港货品编码协会与百佳和强生一起分析营业中遇到的困难,提出改进的目标:即减低存量、减低营运成本、对需求的变化能及时掌握、发展互利的伙伴关系等。采用的方法是对存货及预测量达成协议、改善货品搬运程序等。最后得出的结论是要实行供应商管理存货策略。

这一策略是指利用供应商管理存货策略有系统地把制造商的货品补充决策与零售商的销售及存货资料相连接。系统借助符合EANCOM/EDIFACT标准的EDI方式传递资料。

采用供应商管理存货策略,有两方面的好处。一是在改善经营程序上,可以减低存货量、减低送货频度、提高工作效率等;二是在业务上,可以更了解顾客需要,对市场变化能及时回应。采用的结果,百佳的存货时间由3星期减至1~2星期;强生的服务水平不但得到提高,而且运作成本下降了25.7%。

5. 供应链管理的标准化项目

在货盘标准化方面,为了更有效地促进货物流通,中国香港货品编码协会通过其物料处理工作小组,建议把1200×1600mm的4面进入式货盘定为中国香港的标准货盘。此外,在业界的要求下,协会制定了一本供应链管理评分表,以统一的标准评估企业发展供应链管理的进度。该评分表不久前被亚洲供应链管理委员会采纳为亚洲地区认可的评分表。

6. "通商易"服务

为建立供应链管理的电子商务通道,香港货品编码协会推出了"通商易"服务。

这是一项跨行业的,以 EANCOM 国际标准为基础的电子商务服务。它为各大小企业提供了一个有效的通用商务平台,充分利用 Internet 技术的优势实现供应链管理。食品及杂货、成衣、电子等各行业可通过通用的信息指引互相沟通,得到低价而高质的服务,从而降低成本。

## 第一节 供应链的定义及特征

供应链(Supply Chain,SC)的概念是在 20 世纪 80 年代末提出的。近年来随着全球制造(Global Manufacturing)的出现,供应链在制造业管理中得到普遍应用,成为一种新的管理模式。受目前国际市场竞争激烈、经济及用户需求等的不确定性的增加,技术的迅速革新等因素的影响,供应链管理提出的时间虽不长,但已引起人们的广泛关注。

面对当前全球化市场竞争日益激烈,企业的发展乃至生存在不同程度上受到威胁。在巨大的经济浪潮的冲击下,市场竞争已不再是单纯的企业与企业之间的竞争,而是供应链与供应链之间的竞争。国际上一些著名的企业如惠普公司、IBM 公司、DELL 计算机公司等在供应链实践中取得了巨大的成绩,使人更加坚信供应链是进入 21 世纪后企业适应全球竞争的一种有效途径,因而吸引了许多学者和企业界人士研究和实践供应链管理。

### 一、人们对供应链概念的认识过程

同一切新生事物一样,人们对供应链的认识也经历一个由浅入深的过程。

早期的观点认为供应链是制造企业中的一个内部过程,它是指把从企业外部采购的原材料和零部件,通过生产转换和销售等活动,再传递到零售商和用户的一个过程。这一过程所涉及的主要是物料采购、库存、生产和分销诸部门的职能协调问题,最终目的是为了优化企业内部的业务流程,降低物流成本,从而提高经营效率。基于这种认识,在早期有人将供应链仅仅看作是物流企业自身的一种运作模式。因此,传统的供应链概念局限于企业的内部操作层上,注重企业内部资源的有效利用。

此后,随着产业环境的变化和企业间相互协调重要性的上升,人们逐步将对供应环节重要性的认识从企业内部扩展到企业之间,供应商被纳入了供应链的范畴。在这一阶段,人们主要是从某种产品由原料到最终产品的整个生产过程来理解供应链的。有些学者把供应链的概念与采购、供应管理相关联,用来表示与供应商之间的关系,这种观点得到了研究合作关系、JIT 关系、精细供应、供应商绩效评估和用户满意度等问题的学者的重视。但这种关系也仅仅局限在企业与供应商之间,此时的供应链研究仍以制造业自身为主体,谋求更为稳定、高效的外部原材料供应,忽视了不同独立运作企业之间的联系,往往造成企业间的目标冲突。

进入 20 世纪 90 年代,人们对供应链的理解又发生了新的变化。供应链的概念范围扩大到了与其他企业的联系,扩大到供应链的外部环境,偏向于定义它为一个通过链中不同企业的制造、组装、分销、零售等过程将原材料转换成产品到最终用户的转换过程,它是更大范围、更为系统的概念。例如,美国的史迪文斯(Stevens)认为:"通过增值过程和分销渠道控制从供应商的供应商到用户的用户的流就是供应链,它开始于供应的源点,结束于消费的终点"。伊文斯(Evens)认为:"供应链管理是通过前馈的信息流和反馈的物料流及信息流,将供应商、制造商、分销商、零售商,直到最终用户连成一个整体的模。"这些定义都注意了供应链的完整性,考虑了供应链中所有成员操作的一致性(链中成员的关系)。

进入21世纪,供应链的概念更加注重围绕核心企业的网链关系,如核心企业与供应商、供应商的供应商乃至与一切前向的关系,与用户、用户的用户及一切后向的关系。此时对供应链的认识形成了一个网链的概念,像丰田、耐克、尼桑、麦当劳和苹果等公司的供应链管理都从网链的角度来实施。

关于人们对供应链概念的认识过程,参见图3-1。

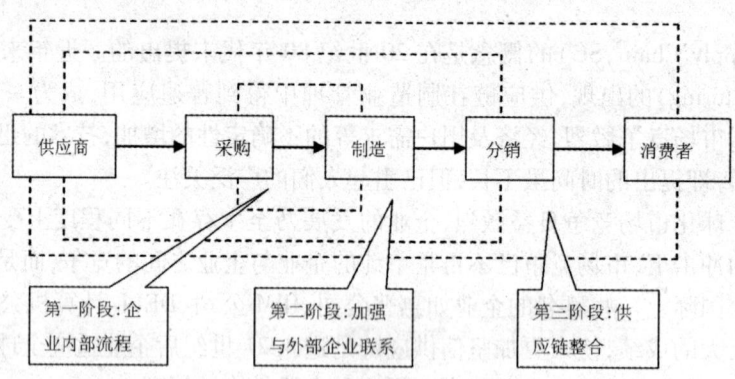

图3-1 供应链的认识过程

## 二、供应链的定义

关于供应链的定义,提法上多种多样,主要有以下几种:

我国国家标准《物流术语》将供应链定义为:在生产及流通过程中,涉及将产品或服务提供给最终用户活动的上游与下游企业所形成的网链结构。

美国供应链协会(Supply Chain Council, SCC)对供应链的定义为:供应链涵盖了从供应商的供应商到消费者的消费者,自生产至制成品交货的各种工作努力。这些工作努力可以用计划、寻找资源、制造、交货和退回等五种基本流程来表述。

美国资源管理教育学会(American Production and Inventory Control Society, APICS,原生产与库存控制协会)将供应链定义为:①供应链是自原材料供应直至最终产品消费,联系跨越供应商与用户的整个流程;②供应链涵盖企业内部和外部的各项功能,这些功能形成了向消费者提供产品或服务的价值链。

著名的经济学家波特把供应链定义为"附加价值链"(value chain)。他认为,供应链是指商品进入消费者手中之前行业与行业之间的联系,是一件产品从原材料经过加工、流通等行业最终到达消费者手里的过程中,供货商、厂家、批发商和零售商等相关企业通过某种附加的价值进行连锁。

美国学者哈理森(Harrison)将供应链定义为:"供应链是执行采购原材料,将它们转换为中间产品和成品,并且将成品销售到用户的功能网。"

英国著名物流专家马丁·克里斯多夫(Martin Christopher)教授对供应链进行了如下定义:供应链是指涉及将产品或服务提供给最终消费者的过程和活动的上游及下游企业组织所构成的网络。

虽然定义多种多样,但从以上分析可看出,各种观点的基本内核是一致的。我们可以给出一个供应链比较确切的定义:供应链是围绕核心企业,通过对信息流、物流、资金流的控制,从采购原材料开始,制成中间产品以及最终产品,最后由销售网络把产品送到消费者手中的将供应商、制造商、分销商、零售商、直到最终用户连成一个整体的网链结构和模式。它是一个范围更广的企业结构模式,包含所有加盟的节点企业,从原材料的供应开始,经过链中不同企业的制造加工、组装、分销等过程直到最终用户。

这个概念强调了供应链的战略伙伴关系,从形式上看,客户是在购买商品,但实质上客户是在购买能带来效益的价值。各种物料在供应链上移动,是一个不断采用高新技术增加其技术含量或附加值的增值过程。

供应链的基本结构用图表示如下:

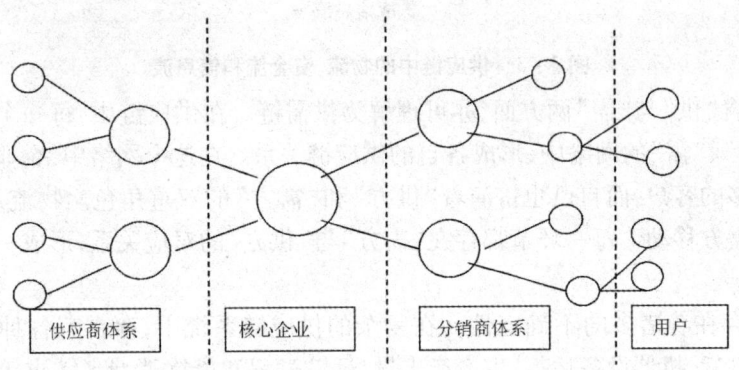

图3-2　供应链基本结构

## 三、供应链的特征

从供应链的结构模型可以看出,供应链是一个网链结构,由围绕核心企业的供应商、供应商的供应商和用户、用户的用户组成。一个企业是一个节点,节点企业和节点企业之间是一种需求与供应关系。供应链主要具有以下特征:

1. 供应链是一个网状结构。在供应链中主要包括了制造业和流通业的各种企业。在制造业中,原料供应商、零件制造商、成品制造商形成供应链的关系。产品再进入流通业的供应链,经批发商、零售商,最后达到消费者手中。在这个过程中,每个企业都是供应链上的一个环节,分别与上下游相关企业形成供应链网络关系。

2. 供应链是一个复杂的系统。首先,受不同外部经济环境、不同行业、不同生产技术和不同产品的影响,会产生不同形态结构、不同行为主体构成和采用不同控制方式的供应链。其次,供应链上的各种行为主体,可能具有不同甚至相互冲突的目标,因此,对于某一企业而言,要寻找最佳的供应链战略会面临着巨大的挑战。供应链节点企业组成的跨度(层次)不同,供应链往往由多个、多类型甚至多国企业构成,所以供应链结构模式比一般单个企业的结构模式更为复杂。

3. 供应链系统是动态变化的。一方面,市场需求在不断变化,供应链中的所有企业成员都应随着市场条件、竞争环境的变化而不断进行调整和变换,使企业战略适应市场需求变化;另一方面,原材料供应商、制造商、分销商、物流者等合作伙伴的组成结构和行为方式,也需要不断优化组合。这就使得供应链具有明显的动态性。

4. 供应链具有物流、资金流以及信息流三种表现形态。其中物流从上游向下游流动,资金流从下游向上游流动,而信息流的流动则是双向的。这三种流贯穿了企业的全部活动。见图3-3。

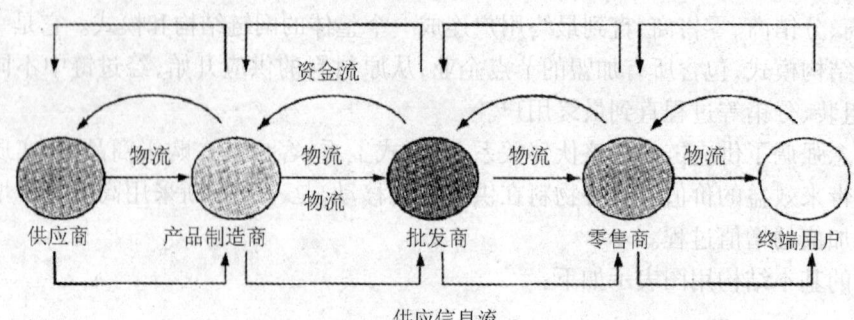

图 3-3　供应链中的物流、资金流和信息流

5. 供应链实质含"供"与"需"两方面,亦可理解为供需链。在供应链中,每一个企业实际上都生存在一个"供"、"需"的网络中,形成各自的供应链关系。在这个网络中,企业可以找到许多的供应商和许多的客户,而自己也扮演着"供方"和"需方"的双重角色。物流从供方开始,沿着各个环节向需方移动。每一环节都存在"需方"与"供方"的对应关系,形成一条首尾相连的供需长链。

6. 供应链存在着诸多的不确定性。在复杂的供应链系统中,存在着各种形式的不确定性。如原材料供货、机器设备运行、生产产出量、运输过程和最终消费者需求等都存在不确定性。假设,一旦由于某种原因原材料延迟到达,机器将不得不停止生产,对外部客户的供货就被迫取消。这些不确定因素会导致管理者增加库存。当供应链成网状形态时,不确定性就会像瘟疫一样在整个供应链中蔓延。供应链的不确定性主要有供应商供货的不确定性(如供应商不能及时提供原材料等)、制造商生产过程的不确定性(如机器可能会出现故障等)以及客户需求(如消费者喜好发生变化等)的不确定性。

## 第二节　供应链类型

供应链是一个复杂的系统,存在管理对象、生产组织形式、产品功能和稳定性等方面的差异,各种供应链的存在形式差异大,种类多,可以采用不同的划分标准。

### 一、以供应链管理的对象分类

这里所说的供应链管理对象是指供应链所涉及的企业及产品、企业活动、参与的成员和部门。根据这一标准,可将供应链划分为企业供应链、产品供应链及基于供应链合作伙伴关系(供应链契约)的供应链三种。

1. 企业供应链。企业供应链是指单个公司所提出的含有多个产品的供应链管理,该公司在整个供应链中处于主导者地位,不仅考虑与供应链上其他成员合作,也较多关注企业多种产品在原材料购买、生产、分销、运输等技术资源的优化问题,并拥有主导权。例如沃尔玛公司的供应链。这里供应链更加注重围绕核心企业的网络关系,如核心企业与供应商、供应商的供应商乃至一切前向的关系,与用户、用户的用户乃至一切向后的关系。这里的单个公司通常只供应链中的核心企业,它是对整个供应链起关键影响作用的企业。从核心企业看,供应链包括其上游的供应商及其下游的分销渠道。供应链包括对信息系统、采购、生产调度、订单处理、库存管理、仓储管理、客户服务包装物及废料的回收处理等一系列的管理活动。

2. 产品供应链。产品供应链是与某一特定产品或项目相关的供应链。如,一个生产汽车公司的供应商网络包括上千家企业,为其供应从钢材、塑料等原材料到变速器、刹车等复杂装配件等多样产品。又如,在衬衣产品供应链中,制造商是供应链一部分,它的上游是化纤厂和织布厂,下游是分销商和零售商,最后到消费者。基于产品供应链的供应链管理是对由特定产品的顾客需求所拉动的整个产品供应链运作的全过程的系统管理。产品供应链上,系统的广告效应和行业的发展会引导对该产品的需求。采用信息技术是提高产品供应链的运作绩效、新产品开发以及完善产品质量的有效手段之一。

3. 基于供应链合作伙伴关系(供应链契约)的供应链。供应链合作伙伴关系主要是针对各成员企业间的合作进行管理。供应链管理是对由供应商、制造商、分销商、顾客等组成的网络中的物流、信息流、资金流进行管理的过程。当供应链中节点企业之间发生交易时,才发生物流、信息流和资金流的流动与交换。表达这种流动和交换的方式之一就是契约关系,通过建立契约关系来协调买卖双方的利益。另一种形式就是供应链合作伙伴关系建立在与竞争对手结成的战略合作基础上的供应链。

## 二、以供应链产品分类

根据产品的生命周期、需求程度及预测程度等可将产品划分为两大类,即功能型产品和创新型产品。功能型产品是指满足消费者日常需求的大众化商品,如肥皂、牙膏、洗衣粉、日用百货等。这种产品一般生命周期比较长,市场需求相对稳定,并有可预测性,消费者购买频率高,商品价格较为稳定。创新型产品是指产品生命周期比较短,事先难以对市场需求作出准确预测,商品的利润率较高的产品,如时装、数码产品、通讯设备等。这种产品市场需求变化较快,一旦畅销商品的单位利润就会很高,随之会引来许多仿造者,基于创新优势的产品竞争优势就会迅速消失。因此,许多企业在商品款式或技术上不断革新以求消费者的支持,从而获得较高利润。由于两种产品的特点不同,需要两种不同类型的供应链来满足不同的需要。两类产品的不同特性见表3-1。

表3-1　　　　　　　　功能型产品和创新型产品的特征比较

| 主要特征 | 特征内容 | 功能型产品 | 创新型产品 |
| --- | --- | --- | --- |
| 产品特征 | 产品生命周期(年) | >2 | 1~2,或更短 |
| | 产品款式和多样性 | 较少 | 较多 |
| | 产品品牌效应 | 一般 | 显著 |
| | 产品边际贡献(%) | 5~20 | 20~60 |
| 需求特征 | 销售预测平均错误率 | 10 | 40~100 |
| | 平均缺货率 | 1~2 | 10~40 |
| | 季末降价率 | 0 | 10~25 |
| | 市场需求的可预测性 | 较高 | 较低 |
| 生产特征 | 按订单生产的提前期 | 6个月~1年 | 数天或数周 |

1. 功能型供应链。对于功能型产品,由于其市场需求可预测性较高,商品的缺货率较低,销售旺季和淡季差异小,因而组织生产的和流通的提前期较长。市场需求稳定,容易实现供求平衡。供应链各成员企业主要关注的是如何利用信息来协调彼此间的活动,以使整个供应链的费用降到最低,提高效率。重点在于降低生产、运输、库存等方面的费用,以最低成本将原材料转化为成品。如制造商可以搜求信息,开展市场调查和市场预测,采用均衡生产和批量生产的方式,获取规模效应,降低生产成本;销售商可通过批量采购和批量运输,降低商品交易成本和物流成本。

2. 创新型供应链。对于创新型产品,销售旺季和淡季差异大,市场不确定程度高。为避免与市场需求脱节,供应链成员企业应加强产品的开发能力和市场应变能力,不断推陈出新,改变商品的的款式、技术等级和功能等,通过款式新颖、品种多样化和品牌效应等寻求消费者的支持。因此,创新性供应链要关注市场信息,重点考虑的是供应链的响应速度和柔性。只有响应速度快、柔性程度高的供应链才能适应多变的市场需求,而实现速度和柔性的费用则退为其次。

## 三、以供应链结构形态分类

以制造商的生产流程看,可划分为V型、A型、T型三种制造模块,这些模块与相应的销售商模块相连接,便可构成完成的供应链。

1. V型制造模块供应链。又称发散型供应链,是供应链网状结构中最基础的结构。物料以大批量的方式存在,经过企业加工转换为中间产品,如石油、化工、造纸和纺织企业,提供给其他企业作为它们的原材料。生产中间产品的企业往往客户要多于中间商,呈发散状。如果从生产流程而言,就是输入原材料范围和数量有限,但成品变化范围较广,总体形状呈分叉形的状态。见图3-4。这类供应链在产品生产过程中每个阶段都有控制问题,在这些发散的网络上,企业生产大量的多品种产品使企业无非常复杂。为满足客户服务要求,需库存作为缓冲,这种缓冲是确保工厂满足不确定需求和确保工厂有能力生产而设定的,会占用大量资金。对这种类型的供应结构的成功计划和调度主要依赖于对关键性的内部能力瓶颈的合理安排,它需供应链成员制订统一详细的高层计划。

2. A型制造模块供应链。又称会聚型供应链。从生产流程看,它刚好与V型相反,即输入原材料范围与数量很多,但成品种类有限。常见于土木建筑、订单生产的装配性行业等。如图3-4。在这种类型的供应链结构中,当核心企业为最终用户服务时,它的业务本质是由订单和客户需求驱动的。供应链上的成员企业受服务的驱动,集中精力放在重要装配点上的物流同步。物料需求计划(ERP)成了这些企业进一步发展的阶梯。来自市场缩短交货期的压力迫使这些组织寻求更先进的计划系统来解决物料同步问题。这种结构的供应链在接受订单时考虑供应提前期并且保证按期完成的能力,因此,关键之处在于精确地计划和分配满足该订单生产所需的物料和能力。同时,在供应链网络中,需辨别关键性路径,所有的供应链节点都必须在供应链中有同样的详细考虑,这就需要关键路径的供应链成员紧密的联系与合作。

3. T型制造模块供应链。介于上述两种模式的许多企业通常结成T型的供应链。从生产流程看,最初是保持简单的原材料流动,到最后阶段分别产出不同的产品。这种情况常见于电子产品、医药保健品、汽车配件、食品和饮料等行业,在那些为总装配提供零部件的公司也同样存在。见图3-4。这种类型具有较大的管理优势,因为这种形式能够延迟对最终产品规格的确定,可提高对消费者的反应速度。供应链成员企业根据现有订单确定通用件,并通过对通用件的制造标准化来减少复杂程度。预测和需求管理是成员企业考虑的一个重点。从控制的角度来说,处理这种组织的最好方法是减少产品品种和运用先进方法,或是利用先进的计划工具来维护和加强供应链控制水平。

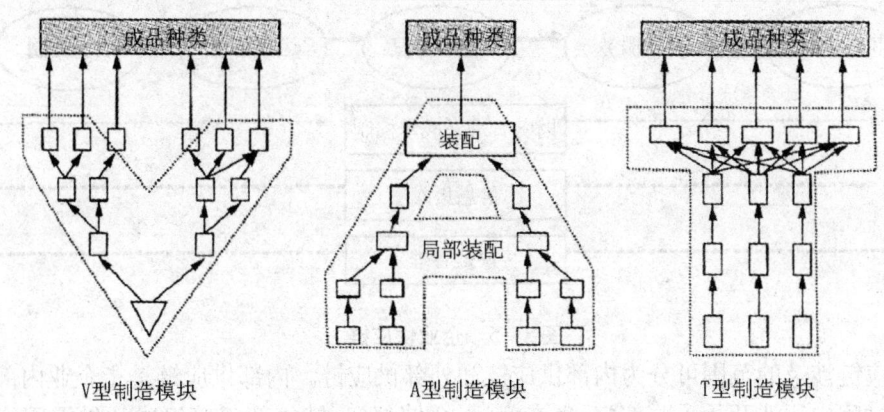

图3-4 V型、A型、T型的制造模块

## 四、其他分类

根据供应链存在的稳定性划分,可以将供应链分为稳定的和动态的供应链。基于相对稳定、单一的市场需求而组成的供应链,稳定性较强,而基于相对频繁变化、复杂的需求而组成的供应链则动态性较高。在实际管理运作中,需要根据不断变化的需求,相应地改变供应链的组成。

根据供应链容量与用户需求的关系可以划分为平衡的供应链和倾斜的供应链。一个供应链具有一定的、相对稳定的设备容量和生产能力(所有节点企业能力的综合,包括供应商、制造商、运输商、分销商、零售商等),但用户需求处于不断变化的过程中,当供应链的容量能满足用户需求时,供应链处于平衡状态;而当市场变化加剧,造成供应链成本增加、库存增加、浪费增加等现象时,企业不是在最优状态下运作,供应链则处于倾斜状态。平衡的供应链可以实现各主要职能(采购/低采购成本、生产/规模效益、分销/低运输成本、市场/产品多样化和财务/资金运转快)之间的均衡。

根据供应链的功能模式(物理功能和市场中介功能)可以把供应链划分为两种:有效性供应链(Efficient Supply Chain)和反应性供应链(Responsive Supply Chain)。有效性供应链主要体现供应链的物理功能,即以最低的成本将原材料转化成零部件、半成品、产品,以及在供应链中的运输等;反应性供应链主要体现供应链的市场中介的功能,即把产品分配到满足用户需求的市场,对未预知的需求做出快速反应等。

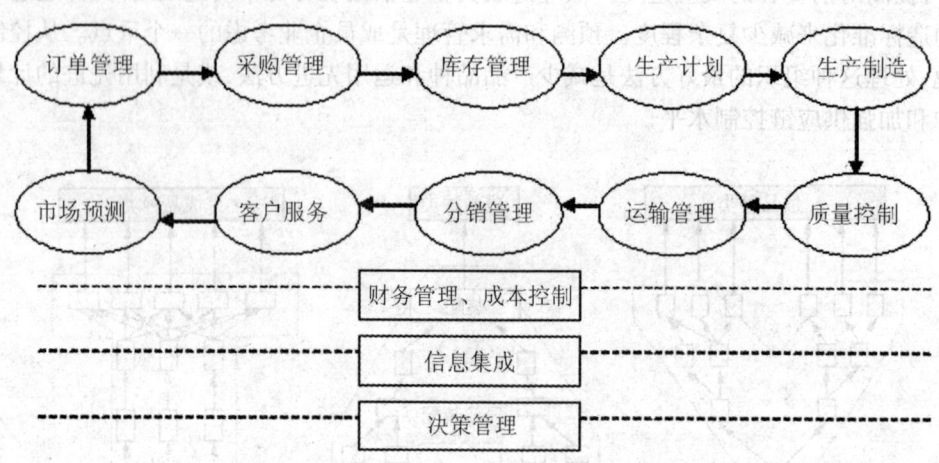

图 3-5 企业供应链

按供应链涉及的范围可分为内部供应链和外部供应链。内部供应链是指企业内部产品生产和流通过程中所涉及的采购部门、生产部门、仓储部门、销售部门等组成的供需网络。而外部供应链则是指企业外部的,与企业相关的产品生产和流通过程中涉及的原材料供应商、生产厂商、储运商、零售商以及最终消费者组成的供需网络。内部供应链和外部供应链共同组成了企业产品从原材料到成品到消费者的供应链。可以说,内部供应链是外部供应链的缩小化。如对于制造厂商,其采购部门就可看作外部供应链中的供应商。它们的区别只在于外部供应链范围大,涉及企业众多,企业间的协调更困难。企业内部供应链结构如图 3-5 所示。

### 案例 3-1
#### 美的——供应链双向挤压

中国制造企业有 90% 的时间花费在物流上,物流仓储成本占据了总销售成本的 30%~40%,供应链上物流的速度以及成本更是令中国企业苦恼的老大难问题。美的针对供应链的库存问题,利用信息化技术手段,一方面从原材料的库存管理做起,追求零库存标准;另一方面针对销售商,以建立合理库存为目标,从供应链的两段实施挤压,加速了资金、物资的周转,实现了供应链的整合成本优势。

美的虽多年名列空调产业的"三甲"之位,但是不无一朝城门失守之忧。自 2000 年来,在降低市场费用、裁员、压低采购价格等方面,美的频繁变招,其路数始终围绕着成本与效率。在广东地区已经悄悄为终端经销商安装进销存软件,即实现"供应商管理库存"(以下简称 VMI) 和"管理经销商库存"中的一个步骤。

对于美的来说,其较为稳定的供应商共有 300 多家,其零配件(出口、内销产品)加起来一共有 3 万多种。从 2002 年中期,利用信息系统,美的集团在全国范围内实现了产销信息的共享。有了信息平台做保障,美的原有的 100 多个仓库精简为 8 个区域仓,在 8 小时可以运到的地方,全靠配送。这样一来美的集团流通环节的成本降低了 15%~20%。运输距离长(运货时间 3~5 天的)的外地供应商,一般都会在美的的仓库里租赁一个片区(仓库所有权归美的),并把其零配件放到片区里面储备。

在美的需要用到这些零配件的时候,它就会通知供应商,然后再进行资金划拨、取货等工作。这时,零配件的产权,才由供应商转移到美的的手上——而在此之前,所有的库存成本都由供应商承担。此外,美的在 ERP(企业资源管理)基础上与供应商建立了直接的交货平台。供应商在自己的办公地点,通过互联网(WEB)的方式就可登录到美的公司的页面上,看到美的的订单内容;品种、型号、数量和交货时间等等,然后由供应商确认信息,这样一张采购订单就已经合法化了。

实施 VMI 后,供应商不需要像以前一样疲于应付美的的订单,而只需做一些适当的库存即可。供应商则不用备很多货,一般有能满足 3 天的需求即可。美的零部件库存周转率,在 2002 年上升到 70~80 次/年。其零部件库存也由原来平均的 5~7 天存货水平,大幅降低为 3 天左右,而且这 3 天的库存也是由供应商管理并承担相应成本。

库存周转率提高后,一系列相关的财务"风向标"也随之"由阴转晴",让美的"欣喜不已";资金占用降低、资金利用率提高、资金风险下降、库存成本直线下降。

在业务链后端的供应体系进行优化的同时,美的也正在加紧对前端销售体系的管理进行渗透。在经销商管理环节上,美的利用销售管理系统可以统计到经销商的销售信息(分公司、代理商、型号、数量、日期等),而近年来则公开了与经销商的部分电子化往来,以前半年一次的手工性的繁杂对账,现在则进行业务往来的实时对账和审核。

在前端销售环节,美的作为经销商的供应商,为经销商管理库存。这样的结果是,经销商不用备货了,"即使备也是五台十台这种概念"。经销商缺货,美的立刻就会自动送过去,而不需经销商提醒。经销商的库存"实际是美的自己的库存"。这种存货管理上的前移,美的可以有效地削减和精准的控制销售渠道上昂贵的存货,而不是任其堵塞在渠道中,让其占用经销商的大量资金。

2002 年,美的以空调为核心对整条供应链资源进行整合,更多的优秀供应商被纳入美的空调的供应体系,美的空调供应体系的整体素质有所提升。依照企业经营战略和重心的转变,为满足制造模式"柔性"和"速度"的要求,美的对供应资源布局进行了结构性调整,供应链布局得到优化。通过厂商的共同努力,整体供应链在"成本"、"品质"、"响应期"等方面的专业化能力得到了不同程度的发育,供应链能力得到提升。

目前,美的空调成品的年库存周转率大约是接近 10 次,而美的的短期目标是将成品空调的库存周转率提高 1.5~2 次。目前,美的空调成品的年库存周转率不仅远低于戴尔等电脑厂商,也低于年周转率大于 10 次的韩国厂商。库存周转率提高一次,可以直接为美的空调节省超过 2000 万元人民币的费用。由于采取了一系列措施,美的已经在库存上尝到了甜头,2002 年度,美的销售量同比 2001 年度增长 50%~60%,但成品库存却降低了 9 万台,因而保证了在激烈的市场竞争下维持相当的利润。

## 第三节 供应链管理的概念及特点

前面介绍的是供应链的概念,对供应链这一复杂系统,要想取得良好的绩效,使整个供应链有效运转,必须找到有效的协调管理方法,供应链管理思想就是在这种环境下提出的。

对于供应链管理,有许多不同的定义和称呼,如有效用户反应(Efficient Consumer Response,ECR)、快速反应(QuickResponse,QR)、虚拟物流(Virtual Logistics,VL)或连续补充(Continuous Replenishment),等等。这些称呼因考虑的层次、角度不同而不同,但都通过计划和控制实现企业内部和外部之间的合作,实质上它们一定程度上都集成了供应链和增值链两个方面的内容。

## 一、供应链管理的概念

供应链管理(Supply Chain Management,简称 SCM)是伴随着供应链竞争理念的出现而在管理领域形成的一个崭新的管理思想和方法。随着信息技术的发展,计算机网络的形成,进一步推动了制造业的全球化、网络化过程。虚拟制造、动态联盟等制造模式的出现,现代企业迫切需要新的管理模式与之相适应。传统的企业组织中的采购(物资供应)、加工制造(生产)、销售等看似整体,但却是缺乏系统性和综合性的企业运作模式,已经无法适应新的制造模式发展的需要,而那种大而全、小而全的企业自我封闭的管理体制,更无法适应网络化竞争的社会发展需要。因此,供应链的概念和传统的销售链是不同的,它已跨越了企业界限,从建立合作制造或战略伙伴关系的新思维出发,从产品生命线的"源头"开始,到产品消费市场,从全局和整体的角度考虑产品的竞争力,使供应链从一种运作性的竞争工具上升为一种管理性的方法体系,这就是供应链管理提出的实际背景。

供应链管理可以定义为:是用系统的观点通过对供应链中的物流、信息流和资金流进行设计、规划、控制与优化,即行使计划、组织、协调与控制等管理职能,以寻求建立供、产、销企业以及客户间的战略合作伙伴关系,最大程度的减少内耗与浪费,实现供应链整体效率的最优化并保证供应链中成员取得相应的绩效和利益,来满足顾客需求的整个管理过程。它覆盖了从供应商的供应商到客户的客户的全部过程,其主要内容涉及外购、制造分销、库存管理、运输、仓储、客户服务等。

供应链管理是一种集成的管理思想和方法,它贯穿于供应链中从供应商到最终用户的物流、信息流、资金流的计划和控制等管理职能。见图 3-6。

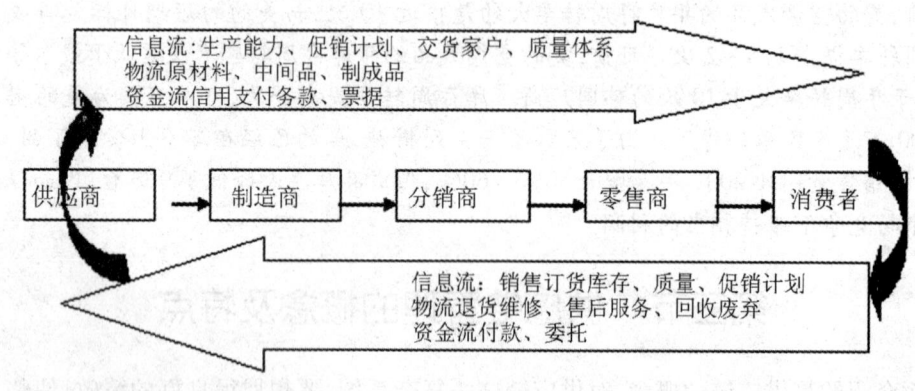

图 3-6 供应链管理流程

## 二、供应链管理的基本特点

供应链管理是一种新型的管理模式,它具有以下特点:

1. 供应链管理是一种基于流程的集成化管理模式。传统的管理以职能部门为基础,往往由于职能矛盾、利益目标冲突、信息分散等原因,各职能部门无法发挥出其完全的潜在效能,因而很难实现整体目标的最优。供应链管理是一种纵横的、一体化经营的集成管理模式。它以流程为基础,以价值链的优化为核心,强调供应链整体的集成与协调,通过信息共享、技术交流与合作、资源优化配置和有效的价值链激励机制等方法来实现经营一体化。

2. 供应链管理以顾客满意为核心。让最终顾客更满意是供应链全体成员的共同目标,顾客满意的实质是顾客获得超出他们承担的产品价格以上的那部分"价值",供应链可以使得这部分"价值"升值。比如,由于供应链中供应商与制造商、制造商与销售商彼此之间已经建立了战略合作伙伴关系,因此供应商可以将原料或配件直接送给制造商,制造商可直接将产品运送给销售商,企业间无须再进行原来意义上的采购和销售,这两项成本就大大削减了;同时,包装和管理等项成本也随物流环节的减少而降低,因此,供应链完全可以以更低的价格向客户提供优质产品。此外,供应链还可通过改善产品质量、提高服务水平、增加服务承诺等项措施来增大顾客所期待的那部分"价值",从而提高了顾客的满意度。

3. 供应链管理提出了新型合作竞争理念。与传统企业经营管理不同,供应链管理是对供应链全面协调性的合作式管理,它不仅要考虑核心企业内部的管理,还更注重供应链中各个环节、各个企业之间资源的利用和合作,让各企业之间进行合作博弈,最终达到"双赢"。早期的单纯竞争观念完全站在企业个体的立场上,以自己的产品销售观在现有的市场上争夺产品和销售渠道,其结果不是你死我活就是两败俱伤,不利于市场空间的扩大和经济的共同繁荣进步。供应链管理的合作竞争理念把供应链视为一个完整的系统,将每一个成员企业视为子系统,组成动态联盟,彼此信任,互相合作,共同开拓市场,追求系统效益的最大化,最终分享节约的成本和创造的收益。

4. 供应链管理以现代网络信息技术为支撑。新的计算机和通讯技术使得供应链管理能够做到"实时"和"在线",使供应链上的成员能彼此快速地进行通信联系。这就使得供应商、制造商、分销商和零售商、最终客户形成一种快速的供应链的链接。这种通过计算机和网络通讯技术形成的链接,打破了传统供应链基于纸介和人工的操作,避免了不必的操作,节约了业务运营成本,提高了效率。

供应链管理战略是现代网络信息技术与战略联盟思想的结晶,高度集成的网络信息系统是其运行的技术基础,ERP(企业资源计划)就是供应链管理广泛使用的信息技术。ERP 是由美国权威计算机技术咨询和评估集团 GarterGroup 在 90 年代提出的,它由 MRP Ⅱ(制造资源计划)发展而来,ERP 综合应用了多项网络信息产业的成果,集企业管理理念、业务流程、基础数据、企业资源、计算机软硬件于一体,通过信息流、物流、资金流的管理,把供应链上所有企业的制造场所、营销系统、财务系统紧密地结合在一起,以实现全球内多工厂、多地点的跨国经营运作,使企业超越了传统的供方驱动的生产模式,转向需方驱动生产模式运营,体现了完全按用户需求制造的思想,通过信息和资源共享,实现以顾客满意为核心的战略。

## 第四节 供应链管理的目的及内容

### 一、供应链管理的目的

供应链管理的最根本目的就是增强企业竞争力。其压倒一切的目标是提高顾客的满意程度,即做到将正确的产品或服务(Right Product or Service),按照合适的状态与包装(Rriht Condition and Packaging),以准确的数量(Right Quantity)和合理的成本费用(Right Cost),在恰当的时间(Right Time)送到正确的地方(Right Place)和确定的用户(Right Customer),简称"7R"。因此,最好的供应链不是将财务指标作为最重要的考核标准,而是密切注视产品进入市场的时间、库存水平和市场份额这一类情况。但是,以顾客满意度为目标的供应链管理必将带来链中各环节的改革和优化。

供应链管理的实现,是把供应商、制造商、分销商、零售商等在一条供应链上的所有节点企业都联系起来进行优化,使生产资料以最快的速度,通过生产、分销环节变成增值的产品,达到消费者手中。这不仅可以降低成本,减少社会库存,而且使社会资源得到优化配置,更重要的是通过信息网络、组织网络实现生产与销售的有效连接和物流、信息流和资金流的合理流动。

## 二、供应链管理的内容

在供应链管理内容方面,不同的学者根据自己的理解提出了自己的看法,如我国著名供应链管理专家马士华教授认为,供应链管理主要涉及到四个主要领域:供应(Supply)、生产计划(Schedule Plan)、物流(Logistics)和需求(Demand)。见图3-7。供应链管理是以同步化、集成化生产计划为指导,以各种技术为支持,尤其以 Internet/Intranet 为依托,围绕供应、生产作业、物流(主要指制造过程)、满足需求来实施的。供应链管理主要包括计划、合作、控制从供应商到用户的物料(零部件和成品等)和信息。供应链管理的目标在于提高用户服务水平和降低总的交易成本,并且寻求两个目标之间的平衡。在以上四个领域的基础上,我们可以将供应链管理细分为职能领域和辅助领域。职能领域主要包括产品工程、产品技术保证、采购、生产控制、库存控制、仓储管理、分销管理。而辅助领域主要包括客户服务、制造、设计工程、会计核算、人力资源、市场营销。

由此可见,供应链管理关心的并不仅仅是物料实体在供应链中的流动,除了企业内部与企业之间的运输问题和实物分销以外,供应链管理还包括以下主要内容:

1. 战略性供应商和用户合作伙伴关系管理;
2. 供应链产品需求预测和计划;
3. 供应链的设计(全球节点企业、资源、设备等的评价、选择和定位);
4. 企业内部与企业之间物料供应与需求管理;
5. 基于供应链管理的产品设计与制造管理、生产集成化计划、跟踪和控制;
6. 基于供应链的用户服务和物流(运输、库存、包装等)管理;
7. 企业间资金流管理(汇率、成本等问题);
8. 基于 Internet/Intranet 的供应链交互信息管理等。

供应链管理注重总的物流成本(从原材料到最终产成品的费用)与用户服务水平之间的关系,为此要把供应链各个职能部门有机地结合在一起,从而最大限度地发挥出供应链整体的力量,达到供应链企业群体获益的目的。

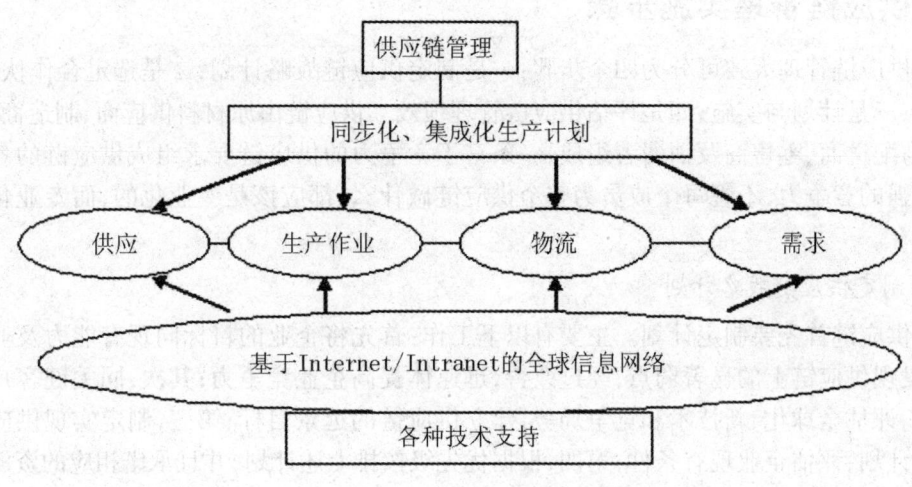

图 3-7 供应链管理领域

## 第五节 供应链管理的基本原则与实施步骤

### 一、供应链管理的基本原则

根据 Mercer 管理顾问公司的报告,有近一半接受调查的公司经理将供应链管理作为公司的 10 项大事之首。调查还发现,供应链管理能够提高投资回报率、缩短订单履行时间、降低成本。Andersen 咨询公司提出了供应链管理的 7 项原则:

1. 根据客户所需的服务特性来划分客户群。传统意义上的市场划分基于企业自己的状况如行业、产品、分销渠道等,然后对同一区域的客户提供相同水平的服务;供应链管理则强调根据客户的状况和需求,决定服务方式和水平。

2. 根据客户需求,如供货时间、数量、地点和企业可获利情况,设计企业的后勤网络。

3. 及时掌握市场的需求信息。销售和营运计划必须监测整个供应链,以及时发现需求变化的早期警报,并据此安排和调整计划。

4. 控制时间延迟。由于市场需求的剧烈波动,因此距离客户接受最终产品和服务的时间越早,需求预测就越不准确,而企业还不得不维持较大的中间库存。例如一家洗涤用品企业在实施大批量客户化生产的时候,先在企业内将产品加工结束,然后在零售店才完成最终的包装。

5. 与供应商建立双赢的合作策略。迫使供应商相互压价,固然使企业在价格上收益,但相互协作则可以降低整个供应链的成本。

6. 在整个供应链领域建立信息系统。信息系统首先应该处理日常事务和电子商务;然后支持多层次的决策信息,如需求计划和资源规划;最后应该根据大部分来自企业之外的信息进行前瞻性的策略分析。

7. 建立整个供应链的绩效考核准则,而不仅仅是局部的个别企业的孤立标准,供应链的最终验收标准是客户的满意程度。

## 二、供应链管理实施步骤

实施供应链管理大致可分为四个步骤:一是制定供应链战略计划;二是选定合作伙伴,构建供应链;三是计划与实施;四是评估供应链管理绩效。供应链由原材料供应商、制造商、分销商、物流与配送商、零售商及消费者组成,一条富于竞争力的供应链要求组成供应链的各成员都具有较强的竞争力,不管每个成员为整个供应链做什么,都应该是专业化的,而专业化就是优势之所在。

### (一)制定供应链战略计划

实施供应链首先要制定计划。主要有以下工作:首先将企业的目标同现有能力及业绩进行比较,发现供应链上的显著弱点,经过改善,迅速体提高企业竞争力;其次,同关键客户和供应商探讨、评估全球化、新技术和竞争局势,建立供应链的远景目标;第三,制定实现供应链目标的行动计划,评估企业现有条件;第四,根据优先级按排上述计划,并且承诺相应的资源。根据实施计划,首先定义长期的供应链结构,使企业在与正确的客户和供应商建立正确的供应链中,处于正确的位置;然后重组和优化企业内部和外部的产品、信息和资金流;最后在供应链的重要领域如库存、运输等环节提高质量和生产率。

### (二)选定合作伙伴,构建供应链

构建供应链,首先要选定合作伙伴。在选择时可参考如下事项:
1. 供应链的经营战略一致的企业;
2. 有强烈业务改革欲望的企业;
3. 能成为解决供应链难题对象的企业;
4. 最高经营者彼此之间志同道合,能构建信赖关系的企业;
5. 经营管理中活用信息技术的企业;
6. 经营透明度高,值得信赖的企业;
7. 有前瞻性的企业;
8. 目前有交易的实际业绩的企业;
9. 今后的合作伙伴关系前景良好的企业。

企业可采取以下措施建立供应链:

第一,明确自己在供应链中的定位。一条富有竞争力的供应链要求各成员企业都具有较强的竞争力,各成员企业应该是专业化的。具有专业化的优势。供应链中总会有处于主要或从属的地位,任何企业都不能包揽供应链中所有的环节,它必须根据自己的优势来确定自己的位置,制定相关的发展战略。

第二,建立物流、配送网络。物流、配送网络是供应链存在的基础。

第三,广泛采用信息技术。广泛采用各种信息技术,尽可能的全面收集消费者需求信息,建立整个供应链管理信息网络系统,将供应链个企业连在一起。

### (三)计划与实施

共同改革供应链的合作伙伴选定后,首先实施小规模的试验项目,合作伙伴之间通过相互交换信息,了解现状,以此来制定改善的计划,推进业务、人员、组织的变革。在这一阶段,共同分享利润和风险,转变观念和改变业务模式是计划与实施的三个要点。

应该说,企业间相互公开信息是相当难的事情,因为公布出准确信息的数字,如实地反映企业的强势和弱势,稍不留意就会流漏到竞争对手企业,或者被合作伙伴企业恶意利用,将招来致命的打击。但供应链管理的活动始于合作伙伴企业间的信息共享,根据相互间的信赖关系,挖掘共同实现最佳化供应链的信息,并向对方提供正确、迅速的高质量信息,将有助于实现降低供应链的成本和提高对消费者的附加价值。这就要求合作伙伴企业本着共享利润和风险的同时,相互公开各自经营现状和信息,公开其责任和成果的测定方法,求得认同,共同构建准确把握活动的责任和成果的体制,努力构建双赢关系。

其次,在供应链业务中,要时刻考虑整体的最佳,来决定库存计划、订货计划、需求预测、生产计划和销售计划等,这就使准备进入供应链的企业的业务目标发生变化。例如,以前销售人员以扩大销售增加销售额为目标,而现在需要考虑销售客户的库存量,分批适量地销售成为新的目标。另外,为了提高下游企业的供应链效率,要求供应链上游企业要从事贴商标、分检、信息沟通等不能给本企业带来直接效益的工作,这就要求实行业务的"人"的观念跟上这种变化,使业务的目标适应变化后的业务评价标准。

最后,业务目标的变化和人的观念的转变,势必带来供应链企业的业务模式的改变,使采购管理、生产计划、库存管理、物流、销售管理等业务系列化,其中最重要的是通过彻底地实施"业务流程再造",则能取得更大的效果。

(四)评估供应链管理绩效

供应链管理绩效的评价指标应该基于业务流程绩效评价指标,能恰当反应供应链整体运营状况以及上下节点企业之间的运营关系,而不是孤立的评价某一个供应商或制造商或分销商的运营情况。通过绩效评估,进一步改善供应链管理。

## 第六节　供应链管理的实现方法

供应链管理的实现方法有两种,即快速反应和有效客户反应。

为了改善整个供应链的运作效率,建立链上供应商、制造商、分销商以及客户之间的战略合作伙伴关系,必须实现快速反应和有效客户反应。

### 一、快速反应(Quick response,QR)

快速反应是指面对多品种、小批量的客户需求,物流企业不是进行多样化的物品储备,而是利用"网上储备",通过计算机互联网,充分掌握各类商品的生产、存储及销售信息,以最快的速度实现商品的组合配送,为客户提供所需产品及服务。

QR 最初运用于纺织品行业,目的是提高纺织品的设计、制造与流通效率。1986 年,Wal-Mart 公司与 Seminole 公司、Milliken 公司在服装商品方面开展合作,建立的垂直型快速反应系统,即是快速反应的典型例证。通过对美国纺织服装业 QR 实践的总结,成功实施 QR 的 5 个条件是:

1. 必须改变传统的经营方式,创新企业的经营意识和组织。具体表现在以下 5 个方面:

(1)企业不能局限于依靠本企业独自的力量来提高经营效率的传统经营意识,要树立通过与供应链各方建立合作伙伴关系,努力利用各方资源来提高经营效率的现代经营意识。

(2)零售商在垂直型 QR 系统中起主导作用,零售店铺是垂直型 QR 系统的起始点。

(3)在垂直型 QR 系统内部,通过 POS 数据等销售信息和成本信息的相互公开和交换,来提高各个企业的经营效率。

(4)明确垂直型 QR 系统内各个企业之间的分工协作范围和形式,消除重复作业,建立有效的分工协作框架。

(5)必须改变传统的事务作业的方式,通过利用信息技术实现事务作业的无纸化和自动化。

2. 必须开发和应用现代信息处理技术,这是成功进行 QR 活动的前提条件。包括商品条形码技术(Barcode)、物流条形码技术(SCM)、电子订货系统(EOS)、销售时点系统(POS)、EDI 系统等。

3. 必须与供应链成员各方建立(战略)伙伴关系。具体内容包括两个方面:一是积极寻找和发现战略合作伙伴;二是在合作伙伴之间建立分工和协作关系。合作的目标是:削减库存,避免缺货现象的发生,降低商品风险,避免大幅度降价现象发生,减少作业人员和简化事务性作业等。

4. 实现供应链成员间信息的全面共享。必须改变传统的对企业商业信息保密的做法,将销售信息、库存信息、生产信息、成本信息等与合作伙伴交流分享,并在此基础上,要求各方在一起发现问题、分析问题和解决问题。

5. 供应方必须缩短生产周期,降低商品库存。应努力做到:缩短商品的生产周期(Cycle Time);进行多品种少批量生产和多频率小数量配送,降低零售商的库存水平,提高顾客服务水平;采用 JIT 生产方式组织生产,减少供应商自身的库存水平。

随着竞争的全球化和企业经营的全球化,QR 系统管理迅速在各国企业界扩展。现在,QR 方法成为供应链实现竞争优势的工具。

## 二、有效客户反应(Efficient customer response, ECR)

有效客户反应指的是物流企业以满足客户要求和最大限度降低物流费用为原则,对供应链上客户的需求及时做出准确反应,实现所提供的物品供应或服务流程最优化的一种供应链管理模式。

ECR 起源于食品与超市行业,其基本特征表现在三个方面:

1. 管理意识的创新。传统的产销双方的交易关系是一种此消彼长的对立型关系,即交易各方都以对自己有利的买卖条件进行交易。简单地说,是一种输赢(Lose-Win)关系。而 ECR 要求产销双方的交易关系是一种合作伙伴关系。即交易各方通过相互协调合作,实现以低成本向客户提供更高价值服务的目标,在此基础上追求各方利益的共同增长。简单地说,是一种共赢型(Win-Win)关系。

2. 供应链整体协调。传统物流活动缺乏效率的主要原因在于制造商、批发商和零售商之间存在企业间联系的非效率性和企业内采购、生产、分销和物流等部门或职能之间存在部门间联系的非效率性。传统的组织是以部门或职能为中心进行经营活动,以各个部门或职能的效益最大化为目标。这样虽然能够提高各个部门或职能的效率,但容易引起部门或职能间的摩擦。同样,传统的业务流程中各个企业以各自效益最大化为目标,这样虽然能够提高各个企业的经营效率,但容易引起企业间的利益摩擦。ECR 要求消除各部门、各职能以及各企业之间的隔阂,进行跨部门、跨职能和跨企业的管理和协调,使物流和信息流在企业内和供应链内顺畅无阻。

3. 涉及范围广。既然 ECR 要求对供应链整体进行管理和协调，ECR 所涉及的范围必然包括零售业、批发业和制造业等相关的多个行业。为了最大限度地发挥 ECR 所具有的优势，必须对关联的行业进行分析研究，对组成供应链的各类企业进行管理和协调。

**案例 3-2：**

戴尔的供应链管理：按需生产动态平衡

从戴尔在厦门的中国客户中心可以管窥供应链管理的效率。据中国客户中心总经理李元均介绍，戴尔把重点放在为客户把市场上性价比最优的资源进行组合，并与一流合作伙伴无缝整合，因此这里不叫工厂，而是"客户中心"。

一般情况下，戴尔产品 7 天就送到用户手上，而传统一层层的产品从厂商抵达用户需要 30 天，现在 IT 成本降价平均每周在 0.5% 左右波动，低库存周期可以尽量保证客户买到由最低价零部件组成的整机。

在 valuechain.dell.com 网站上，戴尔公司和供应商共享包括产品质量和库存清单在内的一整套信息。用户也可以在线订购，并且随时监测产品制造及送货过程。李元均表示，"戴尔在统一平台上可以看到供应商的工厂备料及仓库情况，每个信息环节都同时平行，通过一定的流程来和供应商之间进行不断的数据调整，这样就维持了供应链的动态供需平衡。戴尔会定期预测市场需求及评估产量，让供应链中各成员的风险减低。"

从狭义的内部供应链管理来看，戴尔最与众不同的就是订制化按单生产，因为每一台在生产线生产的东西都是"名花有主"，通常出来之后就由第三方物流送到客户手上。而一般的链条式生产线，每个操作员只负责加入某个零件的单一环节，弹性比较差。

在中国客户服务中心可以看到，戴尔每一个操作员面前摆了装满各种各样零件及不同规格要求的盒子，一个人要完成整个机子的装配，然后再送到检验环节，经专有软件进行 2～10 小时的自动测试、然后包装，最后再送到特定区域分区配送，货柜满载后就从专门的闸门出货。通常，生产材料在戴尔车间停留的时间非常短，只有几个小时就从零件变成产品。

从广义的供应链管理上，戴尔的工作不再是产品的设计和制造，而是根据市场定义新产品，后面的阶段几乎都由上游的合作厂商来做。戴尔非常了解在内地设厂的大致环境，所以在设厂地点方面也配合客户的要求，因此戴尔几乎主导着台商到内地来设厂的脚步快慢以及地点选择。

## 第七节　实施供应链管理的意义

供应链管理作为一种新型的管理理念、模式和一套实际的管理软件系统工具，已被越来越多的企业所认识、接受和采用，学术研究界也投入了更多的精力致力于对它的研究，企业也正在努力地开展这方面的实践。世界权威的杂志《财富》(Fortune)，已将供应链管理能力列为企业一种重要的战略竞争资源。在全球经济一体化的今天，从供应链管理的角度来考虑企业、乃至整个供应链的经营活动，形成这方面的核心能力，对广大企业提高竞争力将是十分重要的。通过实施供应链管理后，整个供应链上的企业可以在开发新产品，使产品或服务进入新市场、开发新分销渠道、提高售后服务水平和用户满意程度、降低库存、物流成本、单位制造成本、提高效益和效率等方面都将获得满意效果。

1997年，PRTM(Pittiglio Rabin Todd & Mcgrath)公司对6个行业的165个企业进行了一项关于集成化供应链管理的调查报告，其中化工行业占25%、计算机电子设备行业占25%、通信行业占16%、服务行业占15%、工业制造行业占13%、半导体行业占6%。该报告表明，通过实施供应链管理，企业可以获得以下多方面的效益：

1. 总供应链管理成本(占收入的百分比)降低10%以上；
2. 中型企业的准时交货率提高15%；
3. 订单满足提前期缩短25%~35%；
4. 中型企业的增值生产率提高10%以上；
5. 绩优企业资产运营绩效提高15%~20%；
6. 中型企业的库存降低3%，绩优企业的库存降低15%；
7. 绩优企业在现金流周转周期上具有比一般企业少40~65天的优势。

因此，实施供应链管理具有重要的意义。具体如下：

(1) 供应链管理能优化链上的成员组合，实行快速客户反应，创造竞争的时间和空间优势

当今，企业最重要的就是对客户需求快速反应，并在最短的时间内向客户传送所需要的货物和服务。动荡多变的全球市场激烈竞争，形成了一个全球的竞争环境，这种竞争的环境又加速了市场变化、产品变化、技术变化等。在这种环境下企业要生存就必须在有限的时间内做出正确的决策，要对客户的需求做出快速的回应。供应链通过在全球范围内优化选择链上成员企业，即可实现相互间的优势互补，更重要的是能够最大限度的减少实现产品销售、服务提供的空间距离和时间距离，实现对客户需求的快速有效反应，大幅度的缩短从订货到完成交货的周期。另外，供应链管理通过互联网技术，使成员企业能时时获取并处理各种信息，从而提高整个供应链对客户需求快速有效反应的能力，实现供应链各环节即时出售、即时生产(JIT)、即时供应，也就是在需求信息获取和随后所作出的反应尽量接近实时及最终用户，将消费者需求的消费前置时间降低到最低限度。从而获取市场竞争的时间和空间优势。

(2) 供应链管理可减少社会库存，降低成本

供应链通过整体合作和协调，在加快物流速度的同时，也减少了各个环节上的库存量，避免了许多不必要的库存成本的消耗。如果没有供应链上的集成化管理，链上的企业就会只管理它自己的库存，以这种方式来防备由于链中其他组织的独立行动而给本组织带来的不确定性。例如，一个零售商会需要安全库存来防止分销商货物脱销情况的出现，而分销商也会需要安全库存以防止生产商出现供货不足的情况。由于在一条链上的各个界面都存在不确定因素，又缺乏必要的沟通和合作，所以需要重复的库存。而在供应链的集成化管理中，链中的全部库存管理可通过供应链所有成员之间的信息沟通、责任分配和相互合作来协调，以减少链上每个成员的不确定性和安全库存量。较少的库存又会带来减少资金占用量、削减库存管理费用的结果，从而降低成本。另外，供应链的形成消除了非供应链合作关系中上下游之间的成本转嫁，从整体意义上降低了各自的成本，使得企业将更多的周转资金用于产品的研制和市场开发等，以保证企业获得长期发展。

(3) 供应链管理能改变现代社会竞争的方式

在传统的生产和流通中，竞争方式主要是企业之间的竞争，既有同业之间的竞争，也有供应链中上下游企业之间的竞争。这种竞争的结果往往破坏了生产和流通的规律和次序，使企业的效益下降，更有甚者，导致了产品的加速灭亡。这是一种低档次的竞争，往往以降价

为主要手段。

现代的供应链管理使上下游企业形成战略联盟,社会竞争从企业的竞争转为供应链之间的竞争。竞争的核心是组织和管理手段的现代化程度,是现代信息技术更高水平的竞争。这将导致这个社会现代化程度的提高。

(4)促使企业机构和供应链的重构

供应链的管理不仅是技术和管理方法,还涉及到企业组织和产业组织的重构这样深层次的问题。要真正实施供应链的管理,需要在企业内部要进行业务流程的重构、企业组织机构的重构。在重构中,要冲破"大而全""小而全"的传统生产和流通方式,以核心竞争力的思想为指导。在企业外部要进行供应链的重构,选择好自己的战略联盟伙伴,规范联系的程序和技术,并对风险和利益进行合理的承担。

(5)供应链管理可使企业组织简化,提高管理效率

供应链管理的实施需要Intranet/Extranet的技术作为支撑,才能保证供应链中的企业实时获取和处理外界信息及链上信息,使企业最高领导人可以通过供应链中的企业内部网络随时了解下情,而基层人员也可以通过网络知道企业有关指令和公司情况。因此,企业的许多中间协调、传送指令管理机构就可削减,企业管理组织机构可由金字塔型向扁平型方向发展。组织结构简化,层次减少,使企业对信息反应更快,管理更为有效,有效地避免传统企业机构臃肿、人浮于事的现象,适应现代企业管理的发展趋势。

**案例3-3:**

压缩时间:宝洁供应链优化

在宝洁的发展历程中,通过缩短距离,更加深入地研究消费者,是宝洁的第三核心竞争力。下面以宝洁公司的香波产品供应链优化为例,详细剖析宝洁供应链的优化方法。

宝洁供应链优化总体思路就是通过压缩供应链时间,提高供应链反应速度,来降低运作成本,最终提高企业竞争能力。从宝洁供应链上下游之间的紧密配合方式进行分析,寻找可以压缩时间的改进点,从细节入手,以时间的压缩换取市场更大的空间。

一、供应商管理时间压缩

供应链合作伙伴关系不应该仅仅考虑企业之间的交易价格本身,有很多方面值得关注。比如完善的服务、技术创新、产品的优化设计等。宝洁和供应商一起探讨供应链中非价值增值点以及改进的机会,压缩材料采购提前期,开发供应商伙伴关系,建立相互信任关系。压缩供应商时间管理分为以下四点:

1. 材料不同制订的时间不同。香波生产原材料供应最长时间105天,最短7天,平均68天。根据原材料的特点,宝洁公司将其分为ABC三类分别进行管理:A类品种占总数5~20%,资金占60~70%;C类品种占总数60~70%,资金占<15%;B类介于二者之间。对不同的材料管理策略分为全面合作、压缩时间和库存管理三类。

对材料供应部分的供应链进行优化,将时间减少和库存管理结合起来。比如,原材料A供应提前期105天,但是订货价值只占总价值0.07%,不值得花费很多精力讨论缩短提前期。而原材料B虽然提前期只有50天,但是年用量却高达总价值的24%,因此对这样的材料应该重点考虑。

2. 原材料的库存由供应商管理。宝洁的材料库存管理策略是供应商管理库存(VMI)。对于价值低、用量大、占用存储空间不大的材料,在供应链中时间减少的机会很少,这类材料占

香波材料的80%，他们适合采用供应商管理库存的方式来下达采购订单和管理库存。库存状态的透明性是实施VMI的关键。首先双方一起确定供应商订单业务处理过程所需要的信息和库存控制参数；其次改变订单处理方式，建立基于标准的托付订单处理模式；最后把订货交货和票据处理各个业务处理功能集成在供应商一边。

以广州黄埔工厂为例，黄埔工厂将后面6个月的销售预测和生产计划周期性地和供应商分享。供应商根据宝洁的计划制订自己的材料采购计划，并根据宝洁生产计划要求提前12天送到宝洁工厂。宝洁使用材料之后付款。对供应商来说，不必为宝洁生产多余的安全库存，自己内部计划安排更有灵活性；对宝洁来说，节省了材料的下单和采购成本。实际的材料采购提前期只是检测周期，至于原材料A，采购提前期由81天缩短到11天，库存由30天减少到0。

3. 压缩材料库存的时间。对于价值不高、用量大且占用存储空间很大的材料，以及价值不高但存储空间很大的材料，适合采用压缩供应链时间的方法来管理。这类材料大概占所有材料的15%。对这类材料，不能只采取传统的库存方法，因为对于高频率、小批量、多变的生产方式，对材料供应的要求更高。如果供应时间长，则要求工厂备有很大的安全库存。只有通过压缩时间的方法，才能保持材料的及时供应和库存不变或者降低。

对香波材料进行分析，原材料B属于A类材料，用量大，但是存储空间不是很大，适宜采取压缩供应时间的管理方式。对无价值时间消除，对有价值时间改进。材料AE03由国外制订供应商提供CFA，在北京生产为AE03，再运到广州，采购提前期为72天。供应链活动可以分为5种，分别为：T-运输；S-存储；P-生产；I-检测；D-延迟。AE03这五类活动的总时间分别为：34.9天、12.5天、2.0天、7.8天、14.6天。真正有价值的时间只有生产和运输两种，检测存储以及延迟都是无价值时间。

通过考察供应商的质量方面的日常表现，对材料实施免检放行。结合对存储时间和运输时间的有些改变，结合延迟时间和检测时间的减少，总体时间最后减少了18天。材料库存从30天减少到20天，库存价值每个月减少了2万美元。

4. 与供应商进行全面合作。在香波供应链中，总会有一两个供应商供应用量大、材料占据空间大、价值高的A类材料。比如在黄埔工厂主要是香波瓶供应商。这类供应商供应提前期已经很短，已经找不到时间压缩空间，所以宝洁和供应商一起同步进行供应链优化，寻找在操作和管理系统中存在的机会。

首先是供应商内部改进。瓶形之间转产时间1小时，为不同品种的香波瓶制订不同的生产周期。对于个别品种，以建立少量库存的方式保证供货，在生产能力有闲暇的时候生产这些品种补充库存。

其次是供应商和宝洁合作改进。将100多种印刷版面合并成80多种，减少了转产频率。在材料送货方面，为适应多品种小批量的要求，宝洁雇佣专门的运输商每天将同一区域的材料收集运送到宝洁。与供应商各自做运输相比，运输成本明显降低，更好地满足了客户要求。

二、内部供应链时间压缩

除了加强与供应商之间的紧密合作和共享信息之外，宝洁还对企业内部供应链时间压缩进行了改进。

1. 用产品标准化设计压缩时间。摒弃原来不同品牌香波使用不同形状的包装设计，改为所有香波品牌对于同一种规格采用性质完全一样的瓶盖，不同的产品由不同的瓶盖颜色和印刷图案区分。这样一来，减少了包装车间转产次数。例如旧的设计方案，海飞丝200ML转产到飘柔200ML,转线操作需要25分钟。统一包装设计之后,包装车间无需机器转线,只需要进行5分钟的包装材料清理转换即可。这项改进减少了包装车间20%的转线操作,从原来的112小时每月减少到90小时每月。

2. 用日计划来缩短计划时间。宝洁的香波生产最短的循环周期是7天,平均14天,最长30天。由于香波生产循环周期太长,需要在几天之内增加/减少产量时,工厂没有时间快速调整。

现在宝洁公司推行每日生产计划,从每周制订下周的生产计划变化为每日制订第二日的生产计划。这样大大缩短供应链反应时间,加快了产品对市场变化的反应。

3. 用工艺对生产过程改进压缩时间。宝洁香波产品制造车间有8个储缸,生产16种不同配方的香波。宝洁公司要求公司内部生产部门保证85%以上的工艺可靠性。其中,香波配方和品种的区别如下:一个香波配方对应多个品种,品种之间的不同是一些添加剂如香精、色素,以及一些特殊的营养成分等。

通过对现状分析,制造部门进行了如下的改进:香波生产部门和技术部门合作,制订了储缸分配计划来减少转产并减少生产批量,分别生产5种A类配方产品,制造车间每次生产12吨,即一个储缸的量。包装车间可以根据每笔订单需求量的大小,选择不同的批量大小包装产品。即使6~16号配方每天都在车间生产一遍,则转产的损失也只有5%,远远低于15%的上限。

4. 缩减不增值过程以缩短包装时间。包装部门的改进策略主要考虑以下三点:减少转产时间、减少非计划停机时间、人员技能的提高。

包装部门提出"减少转产时间"的两点策略:配方之间的转换——洗线,不同包装形式之间的转换——洗线。生产部和工程部成立了转产改进小组,合作进行香波的管道改进项目,来减少洗线时间以及洗线过程香液的浪费。在香波输送管道中,增加一种类似活动活塞的器件,洗线时活塞可以快速地把香液从储缸送到包装线,这个过程非常迅速,相对于正常的输送时间可以忽略不计。这种洗线方式可以减少香液在洗线过程中的浪费(原来损耗5%)。通过这些改进,洗线时间由40分钟下降到25分钟。

减少包装尺寸的转换时间。对于一些不同尺寸转换时必须更换的零件,设计了一个零部件可以同时包容两个到三个包装尺寸,只是在转线时更换一下相位就可以了,其效果使转线时间从原来的25分钟降低到15分钟。

减少非计划停机时间。原来包装部门在15%的生产可靠性损失中,有9%是非计划停机时间,如机器故障、临时的机器维修等。非计划停机的时间损失由原来的9%降低到4%。

人员技能的提高。由于采用每日计划,生产部对人员安排的可预见性大大降低,这对生产部人员管理是一个巨大的挑战。针对这一现状,宝洁公司实施"人员技能提高"策略,改变相应的人员管理和培训制度,使员工在任务紧的时候,可以在不同生产线随意调配;在生产任务不紧的时候,员工可以自主做一些自我培训或者改进项目。

包装部门改进后的总体效果是:在每日计划模式下,转产频率比以前提高三倍,转线损失由原来的5%上升到8%,非计划停机时间由原来的9%降低到4%。人员技能更全面,对生产计划的改变更灵活,生产可靠性仍然保持了超过85%的水平。平均每天生产的品种从原来的10种增加到30种,反应能力大大提高,库存大大降低。

5. 优化仓储管理缩减货物存取时间。以黄埔工厂管理为例,黄埔工厂的仓储在开始实施每日计划时也同步进行了改进。原来的情况是有两种货架:一是叉车可以从提货通道提取任何一个地台板的选择式货架,适合产量不大的品种;另一种叉车开入式的3层货架集中设计,每次出货入货的最小单位都是12个地台板,大约相当于6吨香波产品,即一个最小的生产批量。

宝洁公司做了如下改进:增加一个货架设计,仍然是3层开入式提取和存放货物。但是通过改进,每一层是一个单独的产品品种,即每次出货入货的最小单位是4个地台板,相当于最小批量是2吨的香波成品,使得产品能够根据规模在合适的货架进行存放和提取。

三、供应链下游优化

运输环节的优化与管理:采用第三方物流运送从工厂到全国仓库,与物流供应商签订详细的运输协议,衡量运输商的可靠性和灵活性。每天跟踪运输业绩,考察由供应商造成的货物损坏率,以及由于运输不及时造成的客户订单损失。利用统计模型分析不同类型产品的运输调货频率,进行最优化设计,找到保留库存、卡车利用率和满载率的平衡点。

与客户之间的订单处理与信息共享:与大客户建立电子订单处理系统,比传统的电话传真更快捷。与个别客户统一产品订货收货平台,及时了解客户的销售活动信息,如开店促销等,并反馈回工厂,保证客户有新的市场活动时,宝洁有充足的产品供应。

宝洁公司通过对供应链上下游伙伴的合作,不断挖掘自身生产过程中的时间压缩机会,以实现对客户需求的快速响应,不断夯实作为公司竞争力的供应链反应速度。

# 第八节 供应链管理与物流管理的关系

## 一、供应链与物流的关系

物流是物质以物理形态在供应链中的流动,因此物流施供应链的载体、具体形态或表现形式。供应链的载体布置物流,还有信息流和资金流,只不过物流的游行流动更外在一些。由于现代科技进步和信息化的作用,使物流的流速、流量、流向、流通规模、范围和效益等方面发生了质的变化,物流更具体、更明显,而实质上供应链管理的巨大效应正是物流这种外的表现而体现出来,从而使供应链的构成具有现代意义。

没有供应链的生产环节就没有物流,生产是物流的前提条件,反过来,没有物流,供应链中生产的产品的使用价值就不能得到实现。从本质上看,物流只能增加供应链成本,不能创造价值,因而存在"最小物流费用问题";物流强调的是过程,物流运动及其管理控制是由供应链中的信息流来完成的,信息互动使高效率供应链和物流活动成为可能。

物流供应商是供应链上的一个节点,在一个供应链网络中往往需要多个物流供应商提供物流服务。物流解决方案一般由供应链决定,由第三方物流或综合企业来实施;供应链管理提拱现代供应链问题解决方案并由自身实施。

## 二、供应链管理与物流管理的联系与区别

(一)供应链管理与物流管理的联系

20世纪80年代,随着物流一体化由企业内部的物流活动的整合转向跨越企业边界的不同企业间的协作,供应链管理的概念应运而生。供应链管理战略的成功实施必然以成功的企

业内部物流管理为基础。能够真正认识并率先提出供应链管理概念的也是一些具有丰富物流管理经验和先进物流管理水平的世界级顶尖企业,这些企业在研究企业发展战略的过程中发现,面临日益激化的市场竞争,仅靠一个企业和一种产品的力量,已不足以占据优势,企业必须与它的原料供应商、产品分销商、第三方物流服务者等结成持久、紧密的联盟,共同建设高效率、低成本的供应链,才可以从容面对市场竞争,并取得最终胜利。

（二）供应链管理与物流管理的区别

具体来看,供应链管理与物流管理之间的区别表现在以下几个方面:

首先,从管理对象的范围看,物流管理的对象是物流活动和与物流活动直接相关的其他活动。而供应链管理涉及的内容要庞大得多,如美国伊文斯(Evens)认为:"供应链管理是通过前馈的信息流和反馈的物料流及信息流,将供应商、制造商、分销商、零售商,直到最终用户连成一个整体的管理模式"。供应链管理既包括商流、信息流、资金流、增值流的管理,也包括物流管理,物流管理就成了供应链管理的一部分。

其次,从学科发展看,供应链管理也不能简单地理解为一体化的物流管理。一体化的物流管理分为内部一体化和外部一体化两个阶段。目前,即使是在物流管理发展较早的国家,许多企业也仅仅处于内部一体化的阶段,或者刚刚认识到结合企业外部力量的重要性。

第三,供应链管理思想的形成和发展,是建立在多个学科体系(系统论、企业管理等)基础上的,其理论根基远远超越了传统物流管理的范围。正因为如此,供应链管理还涉及许多制造管理的理论和内容。它的内涵比传统的物流管理更丰富,覆盖面更加宽泛,而对企业内部单个物流环节的注意就不如传统物流管理那么集中、考虑那么细致。

第四,供应链管理把对成本有影响和在产品满足顾客需求的过程中起作用的每一方都考虑在内:从供应商的供应商和制造工厂经过仓库和配送中心到零售商和商店及顾客的顾客;而物流管理考虑自己路径范围的业务。物流管理主要涉及到组织内部商品流动的最优化,而供应链管理强调光有组织内部的合作和最优化是不够的。

第五,管理角度不同。一是物流管理主要从一个企业的角度考虑供应、存储和分销,把其他企业当作一种接口关系处理,没有深层次理解其他企业内操作,企业之间只是简单的业务合作关系。而供应链管理的节点企业之间是一种战略合作伙伴关系,要求对供应链所有节点企业的活动进行紧密的协作控制。它们形成了一个动态联盟,具有"双赢"关系。二是物流管理强调一个企业的局部性能优先,并且采用运筹学的方法分别独立研究相关的问题。通常,这些问题被独立地从它们的环境中分离出来,不考虑与其他企业功能的关系。而供应链管理将每个企业当作供应网络中的节点,在信息技术支持下,采用综合的方法研究相关的问题,通过紧密的功能协调追求多个企业的全局性能优化。三是物流管理经常是面向操作层次的,而供应链管理更关心战略性的问题,侧重于全局模型、信息集成、组织结构和战略联盟等方面的问题。

总之,供应链管理与物流管理之间既有联系,又有区别。一方面,供应链管理是在物流管理由内部一体化向外部一体化发展过程中产生的一种管理思想,与物流管理之间存在不可割裂的联系,物流管理是供应链管理的重要内容。这是因为,供应链管理本身就是价值增值链的过程,有效管理好物流过程,对于提高供应链的价值增值水平,有着举足轻重的作用。另一方面,供应链管理虽源于物流管理,却高于物流管理,与传统的企业内部的一体化的物流管理是有着根本区别的。

## ※思考题：

1. 阐述供应链的定义与特征。
2. 供应链的类型有哪些？
3. 什么是供应链管理？它的特点、目的及内容是什么？
4. 分析供应链的基本原则及实施步骤。
5. 联系实际说明实施供应链管理的意义。
6. 分析供应链管理与物流管理的联系与区别。

## 参考文献：

1. 《供应链管理》，刘伟编著，四川人民出版社，2002.9
2. 《供应链管理原理》，孙元欣主编，上海财经大学出版社，2003.12
3. 《供应链与物流管理理论与实务》，赵林度著，机械工业出版社，2003.4
4. 《物流与供应链管理》，查先进著，武汉大学出版社，2003.5
5. 《供应链管理导论》，罗伯特·B·罕菲尔德、小埃尔尼斯特·L·尼科斯著，社会科学文献出版社，2003.12
6. 《供应链管理》，周艳军编著，上海财经大学出版社，2004.9
7. http://www.resource.dufe-sba.edu.cn/
8. http://www.56zg.com/
9. http://edu.tmn.cn/
10. http://www.670068.com/

## 案例讨论：

家电行业供应链分析

**背景资料**

（1）家用电器行业供应链的结构和特点

随着科学技术的进步，家用电器行业的发展，日益呈现出以下特点：

首先，制造生产企业的生产加工能力日益增强，企业组织集中度逐步提高。组织集中度的提高，意味着整个市场上只要存在若干个大型的制造厂商，就有足够的生产能力满足一个较大范围的市场需求。在大型的家用电器制造厂商周围，聚集着一批中小企业，提供配套产品和零部件，以及提供各种原材料。

其次，家用电器的产品生命周期不断缩短，在过去，一个标准型号的家电产品，畅销期长达5~8年，现在，一个新的家电产品从问世到滞销推出，只有1~3年。家用电器产品生命周期缩短，要求压缩各级流通过程中的库存，以避免不必要的商品滞销积压，以及由此带来的损失。废旧家用电器的利用问题也放上了议事日程，如何实现二手家用电器的有效流通，如何有效处理报废的家用电器，并不致产生对环境的污染。消费者对节能型家用电器的需求日益增长，要求厂商更多地采用节能技术，能够生产出节能达到30%以上的新型家用电器。家用电器商品的市场需求日趋国际化，在很短的时间内，一个新型家用电器可以销售到国际上各个主要市场，面对不同地区不同电压的差异，可以满足各类消费者的需求。

还有,家用电器的销售日趋专业化,大型的家用电器连锁商店的出现,既能提供专业化的服务,也能提供消费者多种商品的选择。销售家用电器的另一个特点是季节性能强,压缩流通库存和及时满足消费者的需求,成为商品流通的关键。

家用电器行业的供应链结构示意图,参见图3-8。

(2) 家用电器行业所面对的挑战

家用电器行业供应链管理的最大课题是适时推出各种新产品、不断适应市场变化和降低流通库存。家用电器行业的发展,应该从全球化观点出发,推动降低成本和使整个供应链的库存合理化。例如,采用全球化标准的产品,确立零部件生产体系,建立流通网络体系,以及建立能够实现最佳生产和流通调配的信息中心和控制中心。此外,以提高顾客满意度和扩大销售额为目的售后服务体系。

(3) 家用电器行业开展供应链管理的主要任务

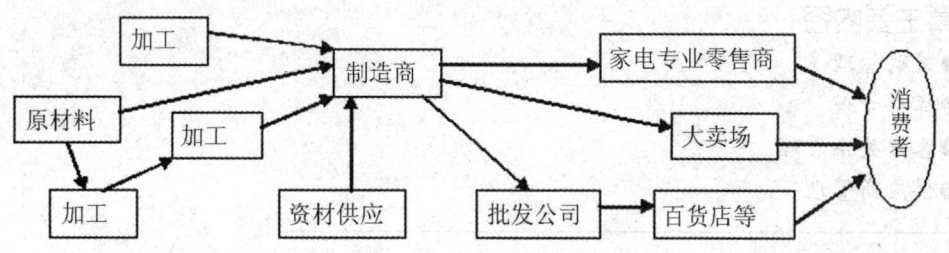

图3-8 家电行业供应链结构图

其一,加强生产和销售之间的联系,改善生产和流通运营计划,由生产推进型经营机制转向需求拉动型经营机制。其二,采用先进通讯和数据处理技术,运用EDI(电子数据交换),开展订货和接收货物,实现交易信息的标准化和高效率。其三,开展供应链流程的再设计和改进,缩短原材料和零部件供应周期,开展业务流程的变更,推进即时供应制。

**讨论问题**

1. 找一个你所熟悉的家用电器产品,或者一家家用电器企业,仔细观察和分析该产品或该企业的供应链构成、流程和库存点。
2. 能否在相关的地图上,勾画出该供应链的布局和流向。
3. 若开展供应链管理,请指出应涉及的内容、措施和步骤。

# 第四章
## 供应链管理的基本业务流程

\* 本章主要内容
- 采购管理
- 库存管理
- 客户关系管理
- 供应商管理

\*

IBM 的供应链间客户管理

供应链间客户管理,其实就是把供应商、生产家、分销商、零售商等在一条供应链上的所有节点企业都看成是自己的客户,都联系起来进行优化。如果是生产商的供应链间客户管理,则是使生产资料以最快的速度,通过生产、分销环节变成增值的产品,到达有消费需求的消费者手中。这不仅可以降低成本、减少社会库存,而且,使社会资源得到优化配置,更重要的是通过信息网络、组织网络实现了生产及销售的的有效连接和物流、信息流、资金流的合理流动。

计算机产业的戴尔公司,在其供应链管理上采取了极具创新的方法,体现出有效的供应链管理比品牌经营更好的优越性。戴尔公司的成功为其他电脑厂商树立了榜样,使他们目睹了戴尔公司的飞速成长过程。作为戴尔公司的竞争者之一,IBM 过去倾向于根据库存来生产计算机,由于其制造的产品型号繁多,常常发现在有的地区存储的产品不合适,丧失了销售时机。计算机面临的另一问题是技术上的日新月异,这意味着库存会很快过时,造成浪费。为解决这些问题,IBM 和产业界的其他众多厂商正在改变其供应链,使之能够适应急剧变化的市场环境。

通过实施供应链管理,IBM 公司生产的盲目性得到避免,供应链管理系统所带来的益处是:帮助 IBM 随时掌握各网点的销售情况,充分了解、捕捉与满足顾客的真正需求,并且按照订单制造、交货、没有生产效率的损失,在满足市场需求的基础上,增进了与用户的关系;能全面掌握所有的详细情况;合理规划异地库存的最佳水平;合理安排生产数量、时间以及运输等问题;合理调整公司的广告策略和价格政策;为网上订货和电子贸易提供了条件;可随时把电脑的动态信息告诉每一位想了解的顾客;减少了工业垃圾和制造过程对环境的破坏。

## 第一节 采购管理

### 一、供应链管理下采购的特点

供应链管理下的采购是指供应链企业之间的采购。供应链中的需求企业向供应企业采购订货,供应商企业将货物供应给需求企业。由于供应链各个企业之间是一种战略伙伴关系,采购是在一种非常友好的环境中进行。

供应链管理下的采购有如下特点:

(一)从采购性质看

1. 供应链采购是一种基于需求的采购。需要多少就采购多少,什么时候需要就什么时候采购。采购回来的货物直接送到需求点进入消费。

2. 采购是一种供应商主动型采购。由于供应链需求者的需求信息随时都传给供应商,所以供应商能够随时掌握用户需求信息,能够根据需求状况、变化趋势,及时调整生产计划、补充货物,主动跟踪用户需求,适时适量地满足用户需要。由于双方是一种友好合作的利益共同体,如果供给方的产量质量不好、销售不出去的话,供应商自己也会遭受损失,所以,供应商会主动关心产品质量,自觉把好质量关,保证需求方的产品。

3. 供应链采购是一种合作型采购。双方为了产品能在市场上占有一席之地,获得更大的经济效益,分别从不同的角度相配合,各尽其力,所以在采购上也是互相协调配合,来提高采购工作的效率,最大限度地降低采购成本,最好地保证供应。

(二)从信息情况看

供应链采购一个重要的特点就是供应链企业之间实现了信息连通、信息共享。供应商能随时掌握用户的需求信息,掌握用户需求变化的情况,能够根据用户需求情况和需求变化情况,主动调整自己的生产计划和送货计划。供应链各个企业可以通过计算机网络进行信息沟通和业务活动。这样足不出户,就可以很方便地利用计算机网络协调活动,进行相互之间的业务处理,例如发订货单、支付货款等。当然,信息传输、信息共享,首先要求每个企业内部的业务数据要信息化、电子化,也就是要用计算机处理各种业务数据、存储业务数据,没有企业内部的信息网络,也就不可能实现企业之间的数据传递和数据共享。因此,供应链采购的基础就是要实现企业的信息化、企业间的信息共享,也就是要建立企业内部网络(Intranet)、企业外部网络(Extranet),并且和因特网(Internet)连通。此外,还要建立起企业管理信息系统。

(三)从库存情况看

供应链采购是由供应商管理用户的库存。用户没有库存,即零库存。这意味着用户无需设库存、无需关心库存。这样做有很多好处。

1. 用户零库存,可以大大节省费用、降低成本、专心致志地搞好自己的工作,发挥核心竞争力,提高效率,因而可以提高企业的经济效益,也可以提高供应链的整体效益。

2. 供应商掌握库存自主权,可以根据需求变动情况,适时地调整生产计划和送货计划,既避免盲目生产造成的浪费,又避免库存积压、库存过高所造成的浪费及风险。同时由于这种机制把供应商的责任与利益相联系,因此,加强了供应商的责任感,自觉提高了用户满足水平和服务水平。因此,供需双方都获得了效益。

(四)从送货情况看

供应链采购是由供应商负责送货,而且是连续小批量多频次地送货。这种送货机制可以大大降低库存,可以实现零库存。因为它送货的目的是直接满足需要,需要多少就送多少,什么时候需要就什么时候送。不多送,也不早送。这样就没有多的库存,可以降低库存费用,又保证满足需要,不缺货;同时可以根据需求的变化,随时调整生产计划,可以不多生产、不早生产,因而节省原材料费用和加工费用;由于它是根据市场需求情况进行送货,所以能够灵活适应市场的变化,从而避免了库存风险。

(五)从双方关系看

供应链采购活动中,买方企业和卖方企业是一种友好合作的战略伙伴关系,互相配合、互相支持,所以有利于各个方面工作的顺利开展,提高工作效率,实现双赢。

## 二、供应链管理下的准时采购策略

(一)准时采购的基本思想及原理

准时采购,又叫 JIT 采购,它是由准时化生产的管理思想演变而来的。准时化生产方式起源于日本丰田公司的一种生产管理方法。它的基本思想是,"彻底杜绝浪费","只在需要的时候按需要的量,生产所需要的产品"。这也就是 JIT 的基本含义。这种生产方式的核心,是追求一种无库存生产系统,或是库存量达到最小的生产系统。

当年,丰田公司的大野耐一实施 JIT 生产方式,是在美国参观超级市场供货方式的启发而萌生的想法。美国超级市场除了商店货架上的货物之外,是不另外设仓库的。商场每天晚上根据当天的销售量来预计明天的销售量而向供应商订货。第二天早上供应商按指定的数量和时间送货到商场,有的供应商一天还分两次送货,基本上按照用户需要的品种、数量,在需要的时候、送到需要的地点。所以基本上每天的送货刚好满足了用户需要,没有多余,也没有库存,也就没有浪费。大野耐一就想到要把这种方式用到生产中去,因而就产生了准时化生产。

实际上,超级市场模式,本来就是一种采购供应的模式。有一个供应商,有一个用户,双方形成了一个"供需节"。如图4-1所示。

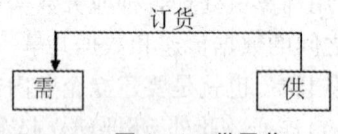

图4-1 供需节

在这个供需节中,需方是采购方,供应方是供应商。采购方向供应商发出订货,供应商应当根据需方的订货,送到需方。具体在超级市场模式下,超级市场是需方,供应商给超级市场进行准时化代购模式,能够起到以下几点作用:

1. 准时采购送货是直接送到需求点上。
2. 客户需要什么就送什么,品种规格符合客户需求。
3. 客户需要什么质量,就送什么质量,品种质量符合客户需要,杜绝次品和废品。
4. 客户需要多少就送多少,不少送也不多送。
5. 客户什么时候需要就什么时候送货,不晚送也不早送。

6. 客户在什么地点需要,就送到什么地点非常准时。

这几条,既做到了很好地满足用户的需求,又使得用户的库存量最小,用户不需要设库存,只在货架上(或在生产线旁边)有一点临时的存放,一天销售完毕(一天工作完,生产线停止时),这些临时存放就消失,库存完全为零,真正实现了零库存。

这样的采购模式就是 JIT 采购模式。以上几条,就是 JIT 采购的原理。

(二) JIT 采购的特点

1. 用较少的供应商,甚至单源供应

单源供应是指对某一种原材料或外购件只从一个供应商那里采购;或者说,对某一种原材料或外购件的需求,仅由一个供应商供货。JIT 采购认为,最理想的供应商数目是:对每一种原材料或外购件,只有一个供应商。因此,单源供应是 JIT 采购的基本特征之一。

但是,采用单源供应也有风险,比如供应商有可能因意外原因中断交货。另外,采取单源供应,使企业不能得到竞争性的采购价格,会对供应商的依赖性过大等。因此,必须与供应商建立长期互利合作的新型伙伴关系。在日本,98% 的 JIT 企业采取单源供应。但实际上,一些企业常采用同一原材料或外购件由两个供应商供货的方法,其中一个供应商为主,另一个供应商为辅。

从实际工作中看,许多企业也不是很愿意成为单一供应商。原因很简单,一方面供应商是独立性较强的商业竞争者,不愿意把自己的成本数据披露给用户;另一方面是供应商不愿意成为用户的一个产品库存点。实施 JIT 采购,需要减少库存,但库存成本原先是在用户一边,现在转移到供应商一边,因此用户必须意识到供应商的这种忧虑。

2. 小批量采购的策略

小批量采购是 JIT 采购的一个基本特征。准时生产需要减少生产批量,直至实现"一流生产",因此采购的物资也应采用小批量办法。从另外一个角度看,由于企业生产对材料和外购件的需求是不确定的,而 JIT 采购又旨在消除原材料和外购件库存,为了保证准时、按质按量供应所需的原材料和外购件库存,采购必然是小批量的。但是,小批量采购必然增加运输次数和运输成本,对供应商来说,这是很为难的事情,特别是供应商在国外等远距离的情形,在这种情况下实施 JIT 采购的难度就很大。解决这一问题的方法有四种:

(1) 使供应商在地理位置上靠近制造商,如日本汽车制造商扩展到哪里,其供应商就跟到哪里;

(2) 供应商在制造商附近建立临时仓库,实质上,这只是将负担转嫁给了供应商,而未从根本上解决问题;

(3) 由一个专门的承包运输商或第三方物流企业负责送货,按照事先达成的协议,搜集分布在不同地方的供应商的小批量物料,准时按量送到制造商的生产线上;

(4) 让一个供应商负责供应多种原材料和外购件。

3. 对供应商选择的标准发生变化

由于 JIT 采购采取单源供应,因而对供应商的合理选择就显得尤其重要,可以说,能否选择到合格的供应商是 JIT 采购能否成功实施的关键。合格的供应商具有较好的技术、设备条件和较高的管理水平,可以保障采购的原材料和外购件的质量,保证准时按量供货。

在 JIT 采购模式中,由于供应商和用户是长期合作关系,供应商的合作能力将影响企业的长期经济利益,因此,对供应商的要求比较高。在选择供应商时,需要对供应商进行综合评价,而对供应商的评价必须依据一定的标准。这些标准应包括产品质量、交货期、价格、技术能力、批量柔性、交货期与价格的均衡、价格与批发的均衡、地理位置等,在大多数情况下,其他标准较好的供应商,其价格可能也是较低的,即使不是这样,双方建立起互利合作关系后,企业可以帮助供应商找出减少成本的方法,从而使价格降低。当然,当双方建立了良好的合作关系后,很多工作可以简化以至消除,如订货、修改订货、点数统计、品质检验等,从而减少浪费。

4. 对交货准时性的要求更加严格

JIT 采购的一个重要特点是要求交货准时,这是实施准时生产的前提条件。交货准时取决于供应商的生产与运输条件。作为供应商来说,要使交货准时,可以从以下几个方面着手。

(1)不断改进企业的生产条件,提高生产的可靠性和稳定性,减少由于生产过程的不稳定导致延迟交货或误点的现象。作为准时化供应链管理的一部分,供应商同样应该采用准时化的生产管理模式,以提高生产过程的准时性。

(2)为了提高交货准时性,运输问题不可忽视。在物流管理中,运输问题是一个很重要的问题,它决定准时交货的可能性。特别是全球供应链系统,运输过程长,而且可能要先后经过不同的运输工具,需要中转运输等,因此,就有必要进行有效的运输计划与管理,使运输过程准确无误。

5. 从根源上保障采购质量

实施 JIT 采购后,企业的原材料和外购件的库存很少甚至为零。因此,为了保障企业生产经营的顺利进行,采购物资的质量必须从根源抓起。也就是说,购买原材料和外购件的质量保证是要把质量责任返回给供应商,从根源上保障采购质量。为此,供应商必须参与制造商的产品设计过程,制造商也应帮助供应商提高技术能力和管理水平。

在现阶段,我国主要是由制造商来负责监督购买物资的质量;验收部门负责购买物资的接收、确认、点数统计,并将不合格的物资退回给供应商,因而增加了采购成本。实施 JIT 采购后,从根源上保证了采购质量,购买的原材料和外购件就能够实行免检,直接由供应商送货到生产线,从而大大减少了购货环节,降低了采购成本。

6. 对信息交流的需求加强

JIT 采购要求供应与需求双方信息高度共享,保证供应与需求信息的准确性和实时性。由于双方的战略合作关系,企业在生产计划、库存、质量等各方面的信息都可以及时进行交流,以便出现问题能够及时处理。只有供需双方进行可靠而快速的双向信息交流,才能保证所需的原材料和外购件准时按量供应。同时,充分的信息交换可以增强供应商的应变能力。所以,实施 JIT 采购,就要求供应商和制造商之间进行有效的信息交换。信息交换的内容包括生产作业计划、产品设计、工程数据、质量、成本、交货期等。信息交换的手段包括电报、电传、电话、信函、卫星通讯等。现代信息技术的发展,如 EDI、E-Mail 等,为有效信息交换提供了强有力的支持。

7. 可靠的送货和特定的包装要求

由于 JIT 采购消除了原材料和外购件的缓冲库存,供应商交货的失误和延迟必将导致企业生产线的停工待料。因此,可靠送货是实施 JIT 采购的前提条件。而送货的可靠性,常取决于供应商的生产能力和运输条件,一些不可预料的因素,如恶劣的气候条件、交通堵塞、运输工具故障等,也可能引起送货延迟。当然,最理想的送货是直接将货送到生产线上。

JIT 采购对原材料和外购件的包装也提出了特定要求。良好的包装不仅可以减少装货卸货对人力的需求,而且使原材料和外购件的运输和接收更为便利。最理想的情况是,对每一种原材料和外购件,采用标准规格且可重复使用的容器包装,既可提高运输效率又能保证交货的准确性。

(三)JIT采购的实施

1. 实施条件

即时制采购的成功实施需要具备一定的前提条件,实施即时制采购的最基本的条件如下:

(1)供应商与企业的距离越近越好,实施即时制采购

供应商和用户企业的空间距离越小越好。距离太远,操作不方便发挥不了即时制采购的优越性,很难实现零库存。

(2)制造商和供应商建立互利合作的战略伙伴关系

即时制采购策略的推行,有赖于制造商和供应商之间建立起长期的、互利合作的新型关系,相互信任、相互支持、共同获利。

(3)注重基础设施的建设

良好的交通运输和通信条件是实施即时制采购策略的重要保证,企业基础设施建设的标准化,对即时制采购的推行至关重要。所以,要想成功实施即时制采购策略,制造商和供应商都应注重基础设施的建设。当然,这些条件的改善,不仅仅取决于制造商和供应商的努力,各级政府也须加大投入。

(4)强调供应商的参与

即时制采购不只是企业采购部门的事,它也离不开供应商的积极参与。供应商的参与,不仅体现在准时、按质、按量供应制造商所需的原材料和外购件上,而且体现在积极参与制造商的产品开发设计过程中。与此同时,制造商有义务帮助供应商改善产品质量,提高劳动生产率,降低供货成本。

(5)建立实施即时制采购策略的组织

企业领导必须从战略高度来认识即时制采购的意义,并建立相应的企业组织来保证该采购策略的成功实施。这一组织的构成,不仅应包括企业的采购部门,还应包括产品设计部门、生产部门、质量部门、财务部门等。其任务是:提出实施方案、具体组织实施、对实施效果进行评价并进行连续不断的改进。

(6)制造商向供应商提供综合的、稳定的生产计划和作业数据

综合的、稳定的生产计划和作业数据可以使供应商及早准备,精心安排生产,确保准时、按质、按量交货;否则,供应商就不得求助于缓冲库存,从而增加其供货成本。有些供应商在制造商工厂附近建立仓库以满足制造商的即时制采购要求,实质上这不是真正的即时制采购,而只是库存负担转移。

(7)加强培训

通过教育和培训,使制造商和供应商充分认识到实施即时制采购的意义,并使其掌握即时制采购的技术和标准,以便对即时制采购进行不断的改进。

(8)加强信息技术的应用

即时制采购建立在有效信息交换的基础上,信息技术的应用可以保证制造商和供应商之间的信息交换。因此,制造商和供应商都必须加强对信息技术,特别是电子数据交换技术的应用,以便更加有效地推进即时制采购策略。

## 2. 实施步骤

**(1) 创建即时制采购团队**

世界一流企业的专业采购人员有三个责任：寻找货源、商定价格、发展与供应商的协作关系并不断改进。因此,专业化的高素质采购队伍对实施即时制采购至关重要。为此,首先要成立两个团队：一个是专门处理供应商事务的团队,该团队的责任是认定资格、评估供应商的信誉和能力、与供应商谈判签订即时制采购合同、向供应商发放免检签证等,同时要负责供应商的培训与教育；另外一个团队专门负责消除采购中的浪费。这些团队中的人员应该对即时制采购的方法有充分的了解和认识,必要时要进行培训。如果这些人员本身对即时制采购的方法有充分的了解和认识,必要时要进行培训,如果这些人员本身对即时制采购的认识和了解都不彻底,就不可能指望供应商的合作了。

**(2) 分析现状、确定供应商**

首先根据采购物品的分类选择价值量大、体积大的主要原材料及零部件,结合供应商的关系,优先选择伙伴型或优先型供应商进行即时制采购可行性分析,确定可实施即时制采购模式的供应商。分析采购物品及供应商情况时要考虑的因素有原材料或零部件的采购量、年采购额、物品的重要性(对本公司产品生产、质量等的影响)、供应商的合作态度、供应商的地理位置、物品的包装及运输方式、物品的储存条件及存放周期、供应商现有供应管理水平、供应商参与改进的主动性、该物品的供应周期、供应商生产物品的生产周期及重要原材料采购周期、供应商现有的送货频率、该物品的库存量等。然后根据现状,进一步分析问题所在以及导致问题产生的原因。

**(3) 设定目标**

针对供应商目前的供应状态,提出改进目标。改进目标包括供货周期、供货频次、库存等。改进目标应有时间要求。

**(4) 制定实施计划**

实施计划要明确主要的行动点、行动负责人、方法及时间、进度考核指标等。完成时间、进度检查。

**(5) 改进实施**

改进实施的前提是供应原材料的质量改进和保障,同时要考虑采用标准、循环使用的包装、周转材料与器具,以缩短送货的装卸、出入时间。改进实施的主要环节是将原来独立开具的固定订单改成流动订单,并将订单与预测结合起来。首先,可定期向供应商提供半年或全年采购预测数,便于供应商提前安排物料采购及生产安排；其次,定期定时向供应商提供每周、每半月或每月、每季的流动订单。流动订单包括固定和可变的两部分,供应商按流动订单的要求定期、定量送货。为更好地体现供应商在整体供应链的作用,供应商最好定期向制造商提供库存报告,以便制造商在接受客户订单及订单调整时能准确、迅速、清晰了解供应商的反应能力。实施即时制采购还应注意提高办事效率,充分利用电话、传真及电子邮件等手段,使信息传递更及时,信息更准确、可靠。在开展即时制采购的过程中,最重要的是要有纪律性,要严格按确定的时间做该做的事情,同时要有合作精神与团队意识。只有各部门、各环节密切配合,才能保证即时制采购顺利实施。

**(6) 绩效衡量**

衡量即时制采购实施绩效要定期检查进度,以绩效指标(目标的具体化指标)来控制实施过程。采购部门或即时制采购实施改进小组要定期对照计划检查各项行动的进展情况、各项工作指标、主要目标的完成情况,并用书面形式采用图表等方式体现出来。对于未如期完成的部分应重新提出进一步的跟进行动,调整工作方法,必要时调整工作目标。

### (四) JIT采购的作用及意义

JIT采购是关于物资采购的一种全新思路,企业实施JIT采购具有重要意义。根据资料统计,JIT采购在以下几个方面已经取得了令人满意的成果。

#### 1. 大幅度减少原材料和外购件的库存

根据国外一些实施JIT采购策略企业的测算,JIT采购可以使原材料和外购件的库存降低40%~85%。原材料和外购件库存的降低,有利于减少流动资金的占用,加速流动资金周转,同时有利于节省原材料和外购件库存占用空间,从而降低库存成本。

#### 2. 提高采购物资的质量

一般来说,实施JIT采购,可以使购买的原材料和外购件的质量提高2~3倍。而且,原材料和外购件质量的提高,又会引起质量成本的降低。据估计,推行JIT采购可使质量成本减少26%~63%。

#### 3. 降低原材料和外购件的采购价格

由于供应商和制造商的密切合作以及内部规模效益与长期订货,再加上消除了采购过程中的一些浪费(如订货手续、装卸环节、检验手续等),就使得购买的原材料和外购件的价格得以降低。例如,生产复印机的美国施乐公司,通过实施JIT采购策略,使其采购物资的价格下降了40%~50%。

此外,推行JIT采购策略,不仅缩短了交货时间,节约了采购过程所需资源(包括人力、资金、设备等),而且提高了企业的劳动生产率,增强了企业的适应能力。

## 第二节 库存管理

### 一、库存管理的含义

库存管理又称为库存控制,是对制造业或服务业生产、经营全过程的各种物品,产成品以及其他资源进行管理和控制,使其储备保持在经济合理的水平上。

库存管理通常被认为是对库存物料的数量管理。甚至认为其主要内容就是保持一定的库存数量。但是,就库存所包括的内容来说,数量管理仅仅是其中的重要一项,并不是库存管理的全部内容。

当今社会信息网十分发达,只有及时、准确地掌握信息,才能使企业不被激烈竞争的潮流所吞没,始终立于不败之地。库存物料应是合格的商品,假如是过时的、陈旧的物品,这一情报便会迅速传到有关单位,势必会降低企业的信誉。因此,必须实行有效的库存管理。另外,即使库存物料是合格品,但如果存放的数量过多,势必造成资金积压,影响资金周转,还要花费更多的人力、财力去保管。反之,若库存物料数量过少,外界又会怀疑企业实力不雄厚,也会影响企业的发展。

因此,在准备实行库存管理时,首先要明确库存管理方针。例如:库存物品在何时入库为宜;库存数量应为多少适宜;存放的迄止日期在何时为宜;应先对上述具体问题确定管理方针,然后,再开始进行库存管理工作。

开始接触库存管理工作,往往觉得难以入手,但是如果能遵循一定程序进行管理,做起来并不困难。库存管理工作应该力争做供需双方相互协调满意,企业之间或管理人员之间应该彼此融洽、相互信任。这是因为库存管理工作的使命就是,保证库存物料的质量,尽力满足用户的需求,采取适当措施,节约管理费用,以便降低成本。

## 二、库存管理的意义

进行库存管理的意义就在于:它能确保物畅其流,促使企业经营活动繁荣兴旺。不论什么企业,都要储备一些物料。以生产为主的企业,不储备一定的物料,不能维持其连续生产;服务性行业,也要备置某些需用的设备和服务用具;就连一般的事业单位,也要备有某些办公用品。因此,各行各业都存在不同程度的库存管理业务。

实行库存管理有以下优点:

### (一)有利于资金周转

因为在某些特殊情况下,可以做到将库存需要的投资额规定为零。这样可使经营活动更为灵活,把用于建立原材料、制成品、商品等常备库存所需要占用的资金转为经营其他项目,这就有可能使经营活动向更新、更高的阶段发展。

### (二)促使生产管理更为合理

库存管理的目标之一就是在需要时,按需要量供应必需的物料。目前生产管理较为混乱的主要原因在于一些急需物料不能及时供应,要从根本上杜绝此类现象,就要认真搞好库存管理。

### (三)有利于顺利地进行运输管理,也有助于有效地开展库存管理工作

通过库存管理,可将原来零零散散放置的物料整理成井然有序,可使企业的生产环境整洁一新,实现文明生产。废旧物料堆放整齐、报废的设备及时运走,工厂的空地整洁干净,这样的环境,自然令人感到心情舒畅。此外,还可以把经常移动的物料以及危险性物料分片保管,以保证工厂的安全生产。库存管理工作的好坏,对改善企业生产环境也起着举足轻重的作用。

## 三、库存管理的目标

### (一)库存成本最低

这是企业通过降低库存成本达到降低生产总成本,从而增加赢利和提高竞争能力所选择的目标。

### (二)库存保证程度最高

如果企业有很多的销售机会,相比之下压低库存意义不大,这就特别强调库存对其他经营、生产活动的保证,而不强调库存本身的效益。企业通过增加生产来扩大经营时,库存要有相应的保证。

### (三)不允许缺货

企业由于技术、工艺条件决定不允许停产,则必须以不缺货为控制目标,才能起到不停产的保证作用。当企业某些重大合同必须以供货为保证,否则会受到巨额赔偿的惩罚时,要求不

允许缺货来保证合同的顺利完成。

(四) 限定资金

如果企业必须在限定资金预算前提下实现供应,这就需要以此为前提进行库存的一系列控制。

(五) 快捷

如果库存控制不根据本身经济来确定目标,而根据大的竞争环境要求来确定目标,这常常出以最快速实现进出货为目标来控制库存。

### 四、库存管理与控制方法

(一) 库存的 ABC 管理法

1. 概述

ABC 管理法的基本原理对企业库存(物料、在制品、产成品)按其重要程度、价值高低、资金占用或消耗数量等进行分类、排序,以分清主次、抓住重点,并分别采用不同的控制方法。其要点是从中找出关键的少数(A 类)和次要的多数(B 类和 C 类),并对关键的少数进行重点管理,以收到事半功倍的效果。

应用 ABC 管理法进行库存控制,采用的是"补充库存"的控制模式。通过内部库存规模的适当控制,来保证外界的随机需求。所以 ABC 管理法所针对的是独立需求型库存项目。

2. 基本原理

ABC 库存管理方式的基本原理是从错综复杂、品种繁多的物料中,抓住重点,照顾一般。其具体做法是,先把物料分类,再针对重要程度不同的各类物料分别控制。

库存物料按企业的物料品种以及占用资金多少进行分类,可分为 A、B、C 三大类。

A 类物料,品种约占 15% 左右,占用资金 75% 左右;B 类物料,品种约占 30% 左右,占用资金 20% 左右;C 类物料,品种约占 55% 左右,占用资金 5% 左右。

由以上数据可以看出,这三类物料重要程度不同:A 类物料最重要,是主要矛盾;B 类物料次之;C 类物料再次之。对 A 类物料的采购订货,必须尽量缩短供应间隔时间,选择最优的订购批量,在库存控制中,采取重点措施加强控制。对 B 类物料也应引起重视,适当控制。在采购中,其订货数量可适当照顾到供应企业确定合理的生产批量以及选择合理的运输方式。对 C 类物料放宽控制或一般控制。由于品种繁多复杂,资金占用又小,如果订货次数过于频繁,不仅工作量大,而且从经济效果上也没有必要。一般来说,根据供应条件,规定该物料的最大储备量和最小储备量,当储备降到最小时,一次订货到最大储备量,以后订购量照此办理,不必重新计算。这样就有了利于采购部门和仓储部门集中精力抓好 A 类和 B 类物料的采购和控制。但这不是绝对的,若对 C 类物料绝对不管,有时也会赞成严重损失。

3. ABC 分类法及库存控制方式

(1) A 类物料的库存控制方式。A 类物料是库存控制的重点,具有品种较少,价格较高,并且多为关键的常用物料。对 A 类的物料一般采用连续控制的方式,随时检查库存情况,一旦库存量下降到一定水平,就要及时订货。A 类物料一般采用定期订货,每次订货量以补充目标库存水平为限。

(2) C 类物料的控制的方式。C 类物料由于库存品种多,价值低或年需用量较少,可按其库存总金额控制库存水平。对于 C 类物料一般采用比较粗放的定量控制方式。可以采用较大的订货批量或经济订货批量进行订货。

（3）B 类物料的控制方式。B 类的库存控制方式，介于 A 类和 C 类物料之间，可采用一般（或定期）控制方式，并按经济订货批量进行订货。

4. 总结

实行 ABC 库存管理方法，对物料控制做到重点与一般相结合，有利于建立正常的物料秩序，有利于降低库存，节约仓库管理费用，节约资金，加速资金周转，提高经济效益。方法简便易行、易于推广，有利于简化控制工作。

（二）零库存技术概述

1. 零库存技术的概念

零库存技术是指在生产与流通领域按照 JIT 组织物料供应，使整个过程库存最小化的技术的总称。

库存数量为零，可以不积压资金，由此，可以不必支付库存占用资金应付利息，而且不需要库存保管人员，与库存有关的业务手续都可以取消，容易采用新材料、更换新产品，不需要保管场地与设备。同时，库存中可能发生的事故隐患也被清除了。目前，在研究库存应具有的理想状态及计算库存数量时，对于是否允许物料有短缺这一问题，已经进行了许多具体探索，并已经在实践中试行。

2. 零库存的各种形式

（1）使需要单位与供给单位处于同一厂房或相邻，这就如同用管道将两者连接起来一样，物品收入后马上发放，这就是零库存。

（2）采用前述的方式，允许库存品短缺，这是切实可行的零库存形式。

（3）某处的库存品，其所有权属于供货方，不把所有权转移给需方，这样，需方库存账面上该物品数量为零。这时采用的购买方式，是仅根据使用量来支付货款。这一使用量支付法，账面上为零，却有实物存在，因此，不必担心该物品会有短缺的危险，这是一种行之有效的好办法。

（4）把需方厂房内或仓库内部场地，以一定租金给供货方、作为供货方的仓库，这时需方的库存为零。该仓库由供货方进行管理。

（5）在第（4）种方式中，库存数量由供应方负责管理，需方可随意到仓库领取，领取后将单据交给供货方的库存数量管理人。

（6）在第（4）种方式中，供货方在需方设置仓库，由需方人员接受供货委托，在需方进行物料出库管理，这种称为委托仓库方式，也属于零库存方式。

（7）自动售货货机方式。供货方把需方所用物品送入自动售货机内，如售货机设置在需方需用场地，虽然有实物，却构成零库存方式。

（8）不使用售货机，只把货架式容器等放置在现场，也可看作如同自动售货机一样，投入规定数量的硬币，就付出所需物品，这种形式也属于零库存。当物品形状大而复杂，不容易放入自动售货机时，多采用这种形式。

（9）在供货方设置容器，然后用管道联结起来，采用管道式供应的方式，也属于零库存方式。又把这种方式称为数量开关方式，也就是根据使用量调节开关流通量。

（10）在供货方仓库内设置库存，需要时，按所提出的需要量由供货方供应，这种方式在汽车制造业中又称为同步方式。

(三)先入先出的库存管理方式

先入先出法是在库存管理中经常使用的方法,即当使用时,先入库的物料先出库,又称为新陈代谢法。先入库的物料先使用、剩下的物料都是新的;反之,先入库的物料不先用,剩下的物料必定都旧的。例如,铁板或粉末类物料,剩下部分堆积日久,受潮生锈,或被虫蛀,可能导致质量下降或成废品。因此,应采用先入先出法。

由于物料种类不同,有的必须保护,有的则不需要采取保护措施。假如由于某种原因,库存逐渐增大,当责怪库存为什么增加时,就会有人强调:虽然库存增加,但持量没下降。因为采用先入先出法,剩下的物料都是新的。但是,库存管理的根本任务在于调整库存,使其始终保持最适宜库存量,因此应采用与之相适应的库存方式。

(四)后入先出的库存管理方式

1. 什么是后入先出法

后入先出法是一种新型管理方法,后入库的物料先发放,剩下的物料都是旧的。这就地促使有关人员设法改进工作,从而实现采用这种库存方式的目的。

例如,当库存中旧物料增多时,管理人员就会反复考虑,倾听各方面意见,研究怎样改进工作,从而制定出调整库存量的好办法。这时,现场物料保管人员,根据剩余量的具体情况,为了做到不生锈、不结块,他们会积极提出入库的适宜时间,或者提出调整库存量的意见。这样,改进库存管理工作和调整库存量,就不仅仅限于纸面上的计划要求,而且还能通过保管人员和领用人员的呼声,促进管理工作改进。采用后入先出法,可以促使计划人员、库存管理负责人员、现场实物保管人员团结一致,共同行动,这一点非常必要。所以,这种方式受到库存经营管理人员的普遍重视。

2. 后入先出法的实际操作

新物料入库手立刻发放,而先入库的物料仍旧在原处存放。上述立刻入库的具体做法是,物料入库并不是不运往保管场地,而是直接运到为直达物料预先准备的存放场地,或者在接收物料现场的某处,在这里暂存几天,以便投入使用。如有剩余物料,就送入保管库区内。同样,每次都把剩余物料送入保管库区保管起来。如果当时没有入库品却需要发放时,就可以把每次存于库内的剩余物料发放出去。假如剩余物料越来越多,越来越陈旧,有的就会质量下降,有的就会陈腐变质。这就需要物料保管人员积极考虑自己库内存在的问题,并向有关部门提供库存信息,或者调整入库量,或者增加使用量,或者减少库存量。

采用后入先出方式,先发放新入库的物料,对于那些长期存放不作处理的物料,反而能促使管理人员想尽办法,尽快处理。这种方式在物料的领取方式方面也较合理,可以避免物料积压。

**案例 4 – 1**

### 解析戴尔的"零库存"

戴尔的库存时间比联想少 18 天,效率比联想高 90%,当客户把订单传至戴尔信息中心后,由控制中心将订单分解为子任务,并通过 Internet 和企业间信息网分派给上游配件制造商。各制造商按电子配件生产组装,并按控制中心的时间表供货。

解读零库存

"零库存"并不意味着没有库存。像戴尔这样的组装企业,没有库存意味着无法生存。只不过戴尔的库存很低,周转很快,并且善于利用供应商库存,所以其低库存被归纳为"零库存",这只是管理学上导向性的概念,不是企业实际操作中的概念。经过充分的传播,戴尔的名声已经与"零库存"相联系,所以很多人一提起戴尔,马上就想起了零库存。

精髓是低库存

戴尔不懈追求的目标是降低库存量。21世纪初期,戴尔公司的库存量相当于5天的出货量,康柏的库存天数为26天,一般PC机厂商的库存时间为2个月,而中国IT巨头联想集团是30天。戴尔公司分管物流配送业务的副总裁迪克·亨特说,高库存一方面意味着占有更多的资金,另一方面意味着使用了高价物料。戴尔公司的库存量只相当于一个星期出货量,而别的公司库存量相当于四个星期出货量,这意味着戴尔拥有3%的物料成本优势,反映到产品低价就是2%或3%的优势。

戴尔的管理人员都借助于信息和资源管理软件来规范物料流程。在一般的情况下,包括手头正在进行的作业在内,任何一家工厂内的库存量都只相当于规定的出货量。

戴尔模式的竞争力在哪里?专家研究后发现,主要体现在低库存方面。戴尔的库存时间比联想少18天,效率比联想高90%,当客户把订单传至戴尔信息中心,由控制中心将订单分解为子任务,并通过Internet和企业间信息网分派给上游配件制造商。各制造商按电子订单进行配件生产组装,并按控制中心的时间表供货。戴尔只需在成品车间完成组装和系统测试,剩下的就是客户服务中心的事情。一旦获得由世界各地发来源源不断的订单,生产就会循环不停、往复周转,形成规模化。这样纷繁复杂的工作如果没有一个完善的供应链系统在后台进行支撑,而通过普通的人工管理来做好,是"不可能的任务"。在得州圆石镇,戴尔公司的托普弗制造中心巨大的厂房可以容纳五个足球场,而其零部件仓库却不超过一个普通卧室那么大。工人们根据订单每三五分钟就组装出一台新的台式PC。

没有零部件仓库

戴尔的零库存是建立在对供应商库存的使用或者借用的基础上。在厦门设厂的戴尔,自身并没有零部件仓库和成品仓库。零部件实行供应商管理库存(VMI),并且要以戴尔订单情况的变化而变化。比如3月5日戴尔的订单是9000台电脑;3月6日是8532台电脑等。每天的订单量不一样,要求供应商的送货量也不一样。戴尔订单的数量不确定,则对供应商配件送货的要求也是可变的,对15英寸显示屏和18英寸显示屏的需求组合是不同的,如3月5日的显示屏需求组合是(5000+4000),3月6日的需求组合是(4000+5000)等等。超薄显示屏和一般显示屏的需求组合变化也是一样的。所以,戴尔的供应商需要经常采取小批量送货,有时送3000个,有时送4000个,有时天天送货,订单密集时需要一天送几次货,一切根据需求走。为了方便给戴尔送货,供应商在戴尔工厂附近租赁仓库,来存储配件,以保障及时完成送货。这样,戴尔的零库存是建立在供应商的库存或者精确配送能力的基础上。戴尔通过对供应商库存的充分利用来降低自己的库存,并把主要精力放在凝聚订单上。而戴尔公司的成品管理则完全是采取订单式,用户下单,戴尔组装送货。由于戴尔采取了以VMI、CRM等信息技术为基础的订单制度,在库存管理方面基本上实现了完全的零库存。

以信息代替存货

因特网受到戴尔公司的充分重视,主要表现在:戴尔与客户、供应商及其他合作伙伴之间通过网络进行沟通的时间界限已经模糊了,戴尔与客户之间在24小时进行即时沟通,突破了上班时间的限制;同时,戴尔与合作伙伴之间的空间界限已经被模糊了,戴尔在美国的供应商可以超越地域的局限,通过网络与设在厦门的工厂进行即时沟通,了解客户订单的情况。通过强化信息优势,戴尔整合了供应商库存协作关系,并在实践中,成功地磨合出了供应商的送货能力。戴尔需要8000个显示器,在当天供应商就能送8000个显示器;当戴尔需要5000个大规格的显示器,供应商在2个小时内就能够配送5000个大规格显示器。戴尔与供应商培植紧密地协作关系,保证为客户提供精确的库存。在流通活动中,客户的"信息"价值替代"存货"价值。在供应链管理中,戴尔做为链主,其主要的分工是凝聚订单,比如收集10000台电脑订单,供应商则及时供货,提供10000种与电脑相关的配件,如显示器、鼠标、网络界面卡、芯片及相关软件等。供应商在戴尔的生产基地附近租赁仓库,并把零配件放到仓库中储备,戴尔需要这些零配件时,则通知供应商送货。零配件的产权由供应商转移到戴尔。

如何形成零库存

戴尔的零库存优势是如何形成的呢?主要的方式是:一是整合供应商工作做得好。戴尔通过各种方式,赢得了供应商的信任,以至于不少供应商在戴尔工厂附近建造自己的仓库,形成了"戴尔频繁要求订货,供应商勤慎送货"的运作模式;二是形成了良好的沟通机制,戴尔与供应商形成了多层次的沟通机制,使戴尔的采购部门、生产部门、评估部门与供应商建立密切的业务协同;三是打造强势供应链运作机制,使供应商必须按照戴尔的意图来安排自己的经营计划。

按单生产

"在戴尔,它的每一个产品都是有订单的,它通过成熟网络,每20秒就整合一次订单,"海尔集团CEO张瑞敏评价说。所有客户要通过订单提前确定,随后由戴尔的生产线装配。国内的联想等对手不是这样,它的许多产品是先要生产出来,并通过经销渠道销售出去。这可能面临经销商卖不出去的风险。按单生产不仅意味着经营中减少资金占用的风险,还意味着减少戴尔对PC行业巨大降价风险的回避。按单生产的精髓在于速度,优势体现在库存成本低,甚至是无库存。特别是在计算机行业,由于产品更新迅速、价格波动频繁,这使戴尔的按单生产优势体现得淋漓尽致。很多企业的问题是订单缺乏或难以获取订单,则生产线大量闲置。相反,有些企业没有强有力的配送和订单整合能力,即使获取订单,也难以尽快满足客户需求。很多公司提出按单生产的方案,它的问题是在实际上是很难落实,主要是需求和供给难以平衡起来,特别是凝聚需求、获取订单的能力跟不上。

高效的库存作业

大约在2000年,迈克尔决定在奥斯丁附近新建一个装配工厂,他要求新工厂的目标是人均产量翻一番。至于如何做到这一点,迈克尔没有任何提示,他只是告诉手下:"我不想再看到这么多的零部件和电脑成品堆在工厂里,占用场地和人力。"2003年,戴尔的愿望完全实现:新工厂的占地面积比原来小了一半,但产量却猛增了3倍多,平均每天可组装2.5万台。戴尔的作业效率是如何提高的呢?

(1)只做最直接的工序,没有多余的动作。

(2)新装配件的自动化程度更高。虽然工人装配电脑的程序和过去大致一样,但他们经手接触电脑的次数只有13次,几乎比对手少了一倍以上。

(3)客户发出指令后不到1分钟,装配厂的电脑控制中心就会收到订货信息,然后向配件供应商预定有关零部件,并在收到零部件后直接指示工厂投入生产。

(4)省去了批发、零售等环节的开销,每台电脑的成本因此下降50美元左右。

(5)过去,戴尔公司的电脑成品以往是先运到一个转运中心,然后再分给不同工种来进行作业。而现在,其成品直接从装配线装上货车,仅这一项就砍掉了25万平方英尺的大仓库,而且还大大节约了交货时间。

**通畅的信息降低了存货**

戴尔打造信息沟通的基本工具是免费800电话、全球性强大的网络交易、订货、接单体系。利用互联网,戴尔可以面对个性化的客户,并提供符合其需要的个性化服务,如提供针对财务部门的应用服务,针对销售部门的应用服务等,这样使戴尔能够成功地凝聚有特殊需求的客户群体。戴尔设在厦门的工厂,对于明天生产什么产品,他们在白天是一无所知的,因为订单在晚上才会收到。正因为戴尔与客户之间没有环节,他们可以很好地了解客户的需要,生产的产品第二天就可以发货,几天之内就到客户的手中。客户有什么问题,马上能够反馈到戴尔,以便迅速加以改进。

**订单驱动的库存管理**

戴尔每天与1万多名客户进行对话,这就相当于给了戴尔公司1万次机会争取订单。在每年,戴尔拥有数百万次机会来争取订单。并通过订单整合供应商资源,使供应和需求之间取得平衡。如果某一部件将出现短缺现象,采购部门会提前了解这一问题,经过与销售部门联系,把需求调整到其手头所拥有的物料上。戴尔可以利用订单变化,来调整供应商库存的变化,进而调整自己的库存管理。

## 第三节 客户关系管理

### 一、客户关系管理的内涵

客户关系管理(Customer Relationship Management,CRM)是指企业通过富有意义交流沟通,理解并影响客户行为,最终实现提高客户获得、客户保留、客户忠诚和客户创利的目的,是一种以"客户一对一理论"为基础,旨在改善企业与客户之间关系的新型管理机制,同时也是包括一个组织机构判断、选择、争取、发展和保持客户所需要实施的全部商业过程。

对于客户关系管理,我们可以从以下三个角度对其进行理解:

一是从商业哲学的角度,认为客户关系管理是把客户置于决策出发点的一种商业哲学,它使企业与客户的关系更加紧密;

二是从企业战略的角度来理解,认为客户关系管理是通过企业对客户关系的引导,达到企业最大盈利的企业战略;

三是从系统开发的角度,认为客户关系管理帮助企业以一定的组织方式来管理客户的互联网软件系统。

### 二、客户关系管理产生的背景

客户关系管理于1997年由著名信息技术咨询顾问公司Cartner Croup首先提出,该公司于上世纪60年代首先提出了著名的物资需求计划(Material requirements planning,缩写为MRP)概念。可以说,在信息管理领域,CRM是继MRP之后的又一重大创举。按照Cartner Croup的观点,CRM是经济与新技术发展的产物:新经济的发展带来的是产品竞争的激烈、产品生命周期的缩短、产品要求的多样化和客户需求的个性化,从而使企业产生了建立良好客户关系的需求,现代信息技术,特别是网络技术和数据库技术的发展,为企业实施客户关系管理创造了条件。按照Cartner Croup的定义,CRM是一种以客户为中心的经营策略,它选择和管理最有价值客户维持并发展与其一种长期的相互受益的关系,它以信息技术为手段,对业务功能进行重新设计,并对工作流程进行重组,它的战略目标是提升客户的满意程度,增进企业长期的赢利能力。

如果说是MRP及ERP(Enterprise Resource Planning)帮助企业理顺了内部的管理流程,为企业的发展打好了基础,那么CRM的出现才真正使企业可全面观察其外部的客户,从而成为推动企业腾飞的真正动力。现在CISCO、DELL、HP、EMC、ORACLE和亚马逊等国际知名的公司已全面启动CRM项目,并取得了重大的成功。据著名管理咨询顾问公司Aberdeen Group公布的一份调查报告称,在发达国家中,93%的公司首席执行官都认为,客户关系管理是企业成功和更具有竞争力的最重要因素。2003年全世界CRM服务所创造的利润增长为15%左右。

### 三、客户关系管理的基本目标和内容

CRM的基本目标有四个:一是研究用户和市场,使企业的目标市场更明确;二是解决如何提供更快速和优质服务,以吸引和开发客户;三是通过客户研究,确定企业的管理机制和管理内容;四是通过对业务流程的全面管理,降低企业的成本。

CRM不仅是一个企业经营思想,同时也是管理技术。作为管理技术,CRM的基本内容包括以下三个方面:

(一)以客户为中心的管理技术

整个CRM管理系统强调以客户为企业行为方向,企业管理需要以客户需要为基础,而不是以企业自身的某些要求为基础。CRM是一种把企业与客户一体化的管理思想付诸实施的管理技术。

(二)智能化的客户数据库

要实行以客户为中心的企业管理技术,必须有现代化的技术,而智能化的数据库是所有其他技术的基础。

(三)信息和知识的分析技术

只有经过分析和处理的信息,才是企业需要的知识。为此,企业必须对智能化的客户数据库进行有效的开发和利用,这种开发的基本与核心技术就是信息和知识的分析处理技术。

### 四、客户关系管理流程及其功能

客户关系管理主体流程的功能分为四大部分:

(一)客户信息管理

整合记录企业各部门、每个人所接触的客户资料,进行统一管理,这包括对客户类型的划分、客户基本信息、客户联系人信息、企业销售人员的跟踪记录、客户状态、合同信息等。

(二)市场营销管理

制定市场推广计划,并对各种渠道(包括传统营销、电话营销、网络营销)接触的客户进行

记录、分类和辨识,提供对潜在客户的管理,并对各种市场活动的成效进行评价。CRM 营销管理最重要的确是实现"一对一营销",从"宏营销"到"微营销"。

(三) 销售管理

此项管理的功能包括对销售人员电话销售、现场销售、销售佣金等管理,该功能系统支持现场销售人员的移动通信设备或掌上电脑设备接入。进一步扩展的功能系统还包括帮助企业建立网上商店、支持网上结算管理及物流软件系统的接口。

(四) 服务管理与客户关怀

此项管理的功能包括产品档案、服务请求、服务内容、服务网点、服务收费等管理,详细记录服务全程进行情况。该功能系统支持现场服务与自助服务,还能辅助支持实现客户关怀。

CRM 可以集成呼叫中心(Call center)技术,以快速响应客户需求。CRM 系统中还要应用数据仓库和数据挖掘技术进行数据收集、分类和数据分析,以实现营销职能。

### 案例 4-2

#### 马士基的 CRM 管理

全球著名的家居产品供应商瑞典宜家(IKEA)是马士基极其看重的一个全球协议伙伴,客户关系管理系统为其处理企业管理和产品供应增加了新的技术手段。

马士基承揽着宜家在全球 29 个国家、2000 多家供应商、164 家专卖店、10000 多种家具材料的物流任务。宜家和马士基有牢不可断的"纽带关系",因为宜家的"供应商家族"多年前就一直在和马士基合作。两家公司长期的合作以及彼此在生意模式、价值观、商业目的等方面多有相似之处。

1995 年,宜家在中国设立办事机构,那时只是从中国采购少量的原料,并不在中国生产销售。不过,即便当时那么小的物流业务也曾让宜家大皱眉头。宜家对物流服务商要求苛刻:对方必须在透明度、成本、物流能力、效率、质量控制等方面满足其条件;甚至还必须有"环保意识"——选择不污染环境的设备、机器、物流工具和燃料等,而且在运输过程中,还要科学地处理污水和气体排放问题。然而中国的物流公司有几家能这样规范呢?

此时,宜家更加"怀念"马士基。当时,马士基在中国并不能设立物流公司,仅仅在上海注册有一个"马士基有利集运"中国办事处。不过马士基仍然快速部署了宜家中国市场的原料出口物流计划。马士基通过"有利集运",经香港、新加坡等地为宜家提供物流代理服务。同时,马士基在中国内地的办事处扩充到了 9 个。

1998 年,宜家感觉中国市场大有可为,其亚太战略重心开始向中国转移。同年,宜家在上海开了第一家家居商场,1999 年又在北京开了第二家。随后,宜家风行中国,两年内在中国的销售额涨了 43.6%,全球采购量的 10% 也转移到了中国。这时候,供应商的数量增加,地域分布拓宽,部署了在中国的生产网络和销售网络,使得物流业务量快速膨胀。包括原料采购、原料进口、产品和原料出口、国内运输、仓储、配送等等,这显然需要物流服务者能够对 SCM(供应链)做整体计划。这时候,马士基的办事处显然已经不能满足宜家在中国的需要了。

就在宜家火爆中国的时候,马士基也没有闲着。经过层层努力,终于将"有利集运"注册成了独资公司。权限扩大后,该独资公司接着又在中国沿海城市设立分公司和办事处,迅速扩张网络。2000 年 4 月,有利集运正式改为"马士基物流中国有限公司(独资)",在 13 个城市设立了 8 家分公司和 5 家办事处,网络由沿海向内陆扩张。有人笑言:"马士基的物流服务几乎是随着宜家的扩张而扩张的。只要宜家在新的地区找到供应商,马士基就尽量扩张到那里。"马士基和宜家在物流领域的合作是经典的"点对点"链条关系。这种链条关系并不仅仅是业务需求,更关键的是,它们长期的合作使彼此相互促进。当然,马士基的"跨国链条"上,不可能只连着宜家一个,这个链条上源源不断地连接着马士基的全球协议伙伴,如耐克、米其林轮胎、阿迪达斯等公司。马士基是追随它们而来的。

这种点对点的链条现象在各个行业的跨国公司是普遍存在的,它们显然更愿意携着自己的伙伴来中国开垦,而不是选择中国的小企业。像宜家这样的跨国公司更像是一艘旗舰,在它的"联合舰队"中,当然不希望有破旧的"机帆船"。

## 第四节　供应商管理

供应商管理的重要性早在20世纪40年代就受到发达国家的重视,60多年来,随着经济环境的变化,不断地出现新的内容,现在供应商管理已经有了很多先进的理论和实践成果。从传统的供应商管理发展到供应链供应商的管理,企业在供应商管理方面有了很大创意。供应商管理是供应链管理中一个极其重要的问题,这在实施准时化采购中有很重要的作用。供应商管理最主要的两个领域就是供应商的选择和供应商的关系管理。

### 一、供应商管理的目标及战略

供应商管理的目标具体有5个:
(1)获得符合企业质量和数量要求的产品或服务。
(2)以最低的成本获得产品或服务。
(3)确保供应商提供最优的服务和及时的送货。
(4)发展和维持良好的供应商关系。
(5)开发潜在的供应商。
供应商管理的战略有3个:
(1)设计一种能最大限度地降低风险的合理的供应结构。
(2)采用一种能使采购总成本最小的采购方法。
(3)与供应商建立一种能促使供应商不断降低成本、提高质量的长期合作关系。

### 二、供应商的评估和选择

供应商的选择是供应链管理中的一个重要决策,一个好的供应商是指拥有制造高质量产品的加工技术,拥有足够的生产能力,以及能够在获得利润的同时提供有竞争力的产品。同一产品在市场上的供应商数目越多。供应商的多样性使得对供应商的选择变得复杂,需要一个规范的程序来操作。

(一)供应链管理下供应商的选择的步骤

1. 成立供应商评估和选择小组。供应商选择绝不是个人的事,而是一个集体的决策,需要企业各部门有关的人员共同参与共同决定,获得各个部门的认可,包括采购部门的决策者和其他部门的决策影响者。

供应商的选择涉及到企业的生产、技术、计划、财务、物流、市场等部门。对于技术要求高、重要的采购项目特别需要设立跨职能部门供应商选择工作小组。供应商选择小组应由各部门有关人员组成，包括研究与开发部、技术支持部、采购部、物流管理部、市场部、计划部等。

2. 确定全部的供应商名单。通过供应商信息数据库，以及采购人员、销售人员或行业杂志渠道了解市场上能提供所需物品的供应商。

3. 列出评估指标并确定权重。确定代表供应商服务水平的有关因素，据此提出评估指标。评估指标和权重对于不同行业和产品的供应商是不尽相同的。

4. 逐项评估每个供应商的履行能力。为了保证评估的可靠，应该对供应商进行调查。在调查时一方面听取供应商提供的情况，另一方面尽量对供应商地行实地考察。考察小组由各部门有关人员组成。技术部门进行技术考察，对企业的设备、技术人员进行分析，考虑将来是否能够保证质量，以及是否能够跟上企业所需技术的发展，满足企业变动的要求；生产部门考查生产制造系统，了解人员素质、设备配置水平、生产能力、生产稳定性等；财务部门进行财务考核，了解供应商的历史背景和发展前景，审计供应商并购、被收购的可能，了解供应商经营状况，信用状况，分析价格是否合理，以及能否获得优先权。

5. 综合评分并确定供应商。在综合考虑多方面的重要因素之后就可以给每个供应商打出综合评分，选择合格的供应商。

(二)对供应商评估与选择的方法

对供应商的评估与选择是一个多对象、多因素(指标)的综合评价问题，有关此类问题的决策已经建立了几种数学模型。它们的基本思路是相似的，先对各个评估指标确定权重，权重可用数字1~10之间某小数值表示，可以是小数(也可取0~1的某个数值，并且规定全部的权重之和为1)；然后对每个评估指标评分，可用1~10之间的某个数(或0~1)的数值)；再用所得分数乘以该指标的权重，进行综合处理后得到一个数值；最后根据每个供应商的总得分进行排序、比较和选择。

(三)供应商选择的评估要素

对供应商评估的最基本指标应该包括以下几项：

1. 技术水平。技术水平是指供应商提供商品的技术参数是否达到要求。供应商拥有的技术队伍是否有能力制造或供应所需的产品，是否有产品开发和改进项目的能力，是否能够帮助改进产品，这些问题都很重要。选择具有高技术水准的供应商，对企业的长远发展是有好处的。

2. 产品质量。供应商提供的产品质量是否可靠，是一个很重要的评估指标。供应商的产品必须能够持续稳定地达到产品说明书的要求，供应商必须有一个良好的质量控制体系。对供应商提供的产品除了在工厂内作质量检验外，还要考虑实际使用效果，即检查在实际环境中使用的质量情况。

3. 供应能力。即供应商的生产能力，企业需要核准供应商是否具有相当的生产规模与发展潜力，这意味着供应商的制造设备必须能够在数量上达到一定的规模，能够保证供应所需数量的产品。

4. 价格。供应商应该能够提供有竞争力的价格，这并不是意味着必须有是最低的价格。这个价格是考虑了要求供应商按照所需的时间、所需的数量、质量和服务后确定的。供应商还应该有能力向购买方提供改进产品成本的方案。

5. 地理位置。供应商的地理位置对库存量有相当大的影响,如果物品单价较高,需求量又大,距离近的供应商有利于管理。购买方总是期望供应商离自己近一些,或至少要求供应商在当地建立库存,地理位置近,送货时间就短,意味着紧急缺货时,可以快速送到。

6. 可靠性。可靠性是指供应商的信誉,在选择供应商时,应该选择一家有较高声誉的、经营稳定的以及财务状况良好的供应商。同时,双方应该相互信任,讲究信誉,并能把这种关系保持下去。

7. 售后服务。良好的售后服务是建立和维护供需双方的战略合作伙伴关系的关键,同时,也能为供需双方对产品质量等其他方面的信息交流提供条件。

8. 提前期。为了应付一些紧急缺货情况的发生,不论在传统条件下还是在供应链管理条件下,供应商的供货都就当有一个合理的提前期,而在供应链管理的环境下,这种供货的提前期大大缩短了。

9. 交货准确率。因为供应双方间的信息沟通的及时、战略伙伴关系的建立,所以供应商供应的商品的返退率比以往大幅度降低,交货的准确率大幅度提高。

10. 快速响应能力。随着信息技术在供应链管理中的应用,供应商对客户的需求信息的响应力比传统管理下的供应商的响应力要高许多倍,从而大大提高了供应商对客户需求变化的适应能力,所以供应商对客户信息的响应能力如何是评价供应商的一项重要因素。

### 三、供应商关系管理

目前,全球经济一体化,企业经营全球化,以及高度竞争造成的高度个性化与迅速改变的客户需求,令企业在提高产品质量、降低产品成本,快速响应全球市场需求变化方面,面临来自市场层面持续为断的压力。而大多数企业由于相当依赖于对外采购产品与服务,所以其对供应商的依赖性非常之大。这样一来,如何全面地管理与供应商之间的关系,以此减少成本、增加利润,便成为企业相当重要的一环节。

正如当今流行的客户关系管理(CRM)是用来改善与客户的关系一样,供应商关系管理(Supplier Relationship Management,SRM)是一种用来改善企业与供应链上游供应商关系的管理思想和软件系统。它是一种致力于实现与供应商建立和维持长久、紧密伙伴的管理思想和软件技术解决方案,旨在改善企业与供应商之间关系的新型管理机制。实施于企业采购业务相关的领域,目标是通过与供应商建立长期、紧密的业务关系,并通过对双方的领域和竞争优势的整合来共同开拓市场,扩大市场需求和份额,降低产品前期的高额成本,实现双赢的企业管理模式;同时它又是以多种信息技术为支持手段的一套先进的管理软件和技术,它将先进的电子商务、数据挖掘、协同技术等信息技术紧密集成在一起,为企业产品的策略性设计、资源的策略性获取、合同的有效洽谈、产品内容的统一管理等过程提供了一个优化的解决方案。实际上,它是一种以"扩展协作互助的伙伴关系、共同开拓市场份额、实现双赢"为导向的企业资源获取管理的系统工程。

(一)供应商关系的分类

供应链管理下的供需关系有以下几种主要类型:即短期目标型、长期目标型、渗透型、联盟型、纵向集成型。

1. 短期目标型。这种类型的最主要的特征是双方之间的关系是交易关系,即买卖关系。双方希望保持长期的买卖关系,获得稳定的供应,但是其所做的努力只是在短期的交易合同上。各自关注的是如何谈判,如何提高自己的谈判技巧,不使自己吃亏,而不是如何改善自己的工作,使双方都获利。供应一方最多提供标准化的产品或服务,以保证每笔交易的信誉,当买卖完成时,关系也终止了。双方间只有供销人员有联系,其他部门人员一般不参与双方之间的业务活动,也很少有什么业务活动。

2. 长期目标型。与供应商保持长期的关系是有好处的,双方有可能为了共同的利益改进各自的工作,并在此基础上建立起超越买卖关系的合作。长期目标型的特征是建立一种合作伙伴关系,双方的重点是从长远利益出发,相互配合,不断改进产品质量与服务质量,共同降低成本,提高供应链的竞争力。合作的范围遍及各公司内的多个部门。例如,由于是长期合作,对供应商提出新的技术要求,而供应商目前还没有能力,在这种情况下,可以对供应提供技术资金等方面的支持。供应商的技术创新和发展也会促进企业产品改进,所以对供应商进行技术支持与鼓励是有利于企业长期利益的。

3. 渗透型。这种关系形式是在长期目标型基础上发展起来的。其管理思想是把对对方的关心程度又大大提高了。为了能够参与对方的活动,有时会在产权关系上采取适当的措施,如互相投资、参股等,保证双方派人员加入对方的有关业务活动。这样做的优点是可以更好地了解对方的情况,供方可以了解自己的产品在对方是怎样起作用的,容易发现改进的方向,同时购方可以知道供应方是如何制造的,也可以提出改进的要求。

4. 联盟型。联盟型是从供应链的角度提出的。它特点是从更长的纵向链条上管理成员之间的关系,难度提高了,要求也更高。由于成员增加,往往需要一个处于供应链上核心地位的企业出面协调成员之间的关系,这个企业被称为盟主。

5. 纵向集成型。这种形式被认为是最复杂的关系型,即把供应链上的成员整合起来像一个企业一样,但各成员是完全独立的企业,决策权属于自己。在这种关系中,要求每个企业在充分了解供应链的目标、要求,以及充分掌握信息的条件下,能做出有利于供应链整体利益的决策。有关方面的知识,更多是停留在学术上的讨论,实践中的案例很少。

(二)双赢供应关系的管理

1. 两种供应关系模式。传统的供需双方间的竞争关系与供应链管理下的双赢关系模式的采购特征有很大的不同,主要表现在以下几个方面:

竞争关系是价格驱动的,这种关系的采购策略表现为:

(1)买方同时向多个供应商购货,通过供应商之间的价格竞争获得价格好处,同时也保证供应链的连续性。

(2)买方通过在供应商之间分配采购数量对供应商加以控制。

(3)买方与供应商保持的是一种短期的合同关系。

双赢关系模式是一种供应商和生产商之间共同分享信息,通过合作和协商的相互行为。

(1)制造商对供应商给与协助,帮助供应商降低成本、改进质量、加快产品开发进度。

(2)通过建立相互信任的关系提高效率。

(3)长期的信任合作取代短期的合作。

(4)比较多的信息交流。

2. 双赢关系对准时化采购的意义。供应商与制造商的合作关系对于准时化采购的实施是非常重要的,只有建立良好的供需合作关系,准时化采购才能得以彻底贯彻落实,并取得预期的效果。从供应商的角度来说,如果不实施准时化采购,由于缺乏和制造商的合作、存、交货批量都比较大,而且在质量、需求方面都无法获得有效控制。通过建立准时化采购策略,把制造商的 JIT 思想扩展到供应商,加强了供需之间的联系与合作。在开放性的动态信息交互下,面对市场需求变化,供应商能够做出快速反应,提高了供应商的就应变能力。对制造商来说,通过和供应商建立合作关系,实施准进化采购,管理水平得到提高,制造过程与产品质量得到有效的控制,成本降低了,制造的敏捷性与柔性增加了。

概括起来,双赢关系对于采购中供需双方的作用表现在:

(1) 增加对整个供应链业务活动的共同责任感和利益的分享。

(2) 增加对未来需求的可预见性和可控能力,长期的合同关系使供应计划更加稳定。

(3) 成功的客户有助于供应商的成功。

(4) 高质量的产品增强了供应商的竞争力。

(5) 增加对采购业务的控制能力。

(6) 通过长期的、有信任保证的订货合同来满足采购的要求。

(7) 减少和消除了不必要的对购进产品的检查活动。

建立互惠互利的合同是巩固和发展供需合作关系的根本保证。互惠互利包括双方的承诺、信任、持久性。信守诺言,是商业活动成功的一个重要原则,没有信任的供应商,或没有信任的采购客户都不可能产生长期的合作关系,即使建立起合作关系也是暂时的。持久性是保持合作关系的保证,没有长期的合作,双方就没有诚意做出更多改进和付出。机会主义和短期行为对供需合作关系将产生极大的破坏作用。

3. 双赢供应关系的管理。双赢关系已经成为供应链企业间合作的典范,因此,要在采购管理中体现供应链的思想,对供应商的管理就应集中在如何和供应商建立双赢关系以及维护和保持双赢关系上。

(1) 信息交流与共享机制。信息交流有助于减少投机行为,有助于促进重要工业生产信息的自由流动。为加强供应商与制造商的信息交流,可以从以下几个方面着手:

① 在制造商与供应商之间经常进行有关成本、作业计划、质量控制信息的交流与沟通,保持信息的一致性和准确性。

② 实施并行工程。制造商在产品设计阶段让供应商参与进来,这样供应商可以在原材料和零部件的性能和功能方面提供有关信息,为实施 QFD(质量功能配置)的产品开发方法创造条件,把用户的价值需求及时地转化为供应商的原材料和零部件的质量与功能要求。

③ 建立联合的任务小组解决共同关心的问题。在供应商与制造商之间应建立一种基于团队的工作小组,双方的有关人员共同解决供应过程中以及制造过程中遇到的问题。

④ 供应商与制造商经常互访。供应商与制造商采购部门应经常性地互访,及时发现和解决各自在合作活动过程中出现的问题和困难,建立良好的合作气氛。

⑤ 使用电子数据交换(EDI)和因特网技术进行快速的数据传输。

(2) 激励机制。要保持长期的双赢关系,对供应商的激励是非常重要的,没有有效的激励机制,就不可能维持良好的供应关系。在激励机制的设计上,要体现公平、一致的原则。给予供应商价格折扣和柔性合同,以及采用赠送股权等,使供应商和制造商分享成功,同时也使供应商从合作中体会到双赢机制的好处。

(3) 合理的评价方法和手段。要实施供应商的激励机制,就必须对供应商的业绩进行评价,使供应商不断改进。没有合理的评价方法,就不可能对供应商的合作效果进评价,将大大挫伤供应商的合作积极性和合作稳定性。对供应商的评价要抓住主要的指标和问题,比如交货质量是否改变了,提前期是否缩短了,交货的准时率是否提高了等。通过评价,把结果反馈给供应商,和供应商起共同探讨问题产生的根源,并采取相应的措施予以解决。

## ※思考题

1. 什么是 JIT 采购?JIT 采购具有什么作用及意义?
2. 列出供应商管理的重点以及供应商选择的评估要素。
3. 什么是零库存技术?请举例说明。
4. 简述客户关系管理的基本目标及内容。
5. 试述库存 ABC 管理方法。
6. 如何进行供应商关系管理?

## 参与文献

1. 《采购与供应链管理》,孙强、胡占友编著,机械工业出版社,2006.4
2. 《供应链管理理论与实务》,胡军 主编,中国物资出版社 2006.1
3. 《供应链管理》,钱芝网 主编,中国时代经济出版社 2006.1
4. 《供应链管理》,华蕊、马常红主编,中国物资出版社 2006.1
5. 《现代物流概论》,李建成主编,中国财政经济出版社 2002.5

## 案例讨论

宝钢的供应链管理

在三年的时间里,宝钢快速完成了与上下游链条的衔接,箭头直指世界 500 强。如果不出意外,2005 年的世界 500 强最新排名,将出现宝钢的名字。2004 年初,宝钢集团董事长兼总经理谢企华公开宣布,2003 年宝钢集团全年销售收入突破 1100 亿元,折合为 132.5 亿美元,大大超过 2002 年《财富》世界 500 强排名末位企业 101.73 亿美元的销售额。

如果宝钢 2005 年进入世界 500 强,将比原定的目标提前两年。而这个骄人的业绩,是在 2003 年原材料大幅上涨、成本不断增加的基础上取得的。除了近两年中国钢材市场需求持续旺盛之外,加强供应链管理是宝钢取得成功的一个重要原因。

掌控上游资源

与武钢、鞍钢等老牌国企相比,宝钢全资拥有的"梅山矿业"每年只能提供 400 万吨原矿。而宝钢年产钢铁产品 2000 万吨,需要铁矿石 3000 万吨左右,占中国整个进口量的 1/5。这意味着,宝钢生产钢铁所需的原材料,绝大部分必须依靠进口。这一点使宝钢较早地考虑了原材料的供应问题,在采购上采取战略供应链方式以及长期稳定的合作关系。

最近几年,宝钢相继与巴西淡水河谷公司(CVRD)、澳大利亚哈默斯利公司、河南永城煤矿、河南平顶山煤矿等合资办矿,确立了资源的长期稳定供给,并与多家矿山公司签订了长期供矿协议,与多家世界知名船主签订长期运输协议,确保了原料资源的稳定供应和运输能力保障。该项目的成功,使得宝钢在澳大利亚、巴西等多个国家拥有铁矿石基地。2003 年,尽管矿石、焦煤、废钢等原材料价格大幅上升,但宝钢还是保持了低成本,原材料涨价对其经营并未形成重大威胁。

宝钢计划到2010年将粗钢年产能扩大到3000万吨，成为世界三大粗钢生产商之一。为了实现粗钢产能的增长，宝钢希望能签订长期的铁矿石供货合同。2003年12月14日，淡水河谷公司和宝钢签订了新的1400万吨铁矿石供货合同，并将从前的合同期限由2006年延长10年到2016年。在每年向宝钢供应600万吨铁矿砂的基础上，从2006年至2016年间淡水河谷对宝钢的发货量将逐年增加，到2010年达到每年供应1400万吨。2010年以后，淡水河谷将每年向宝钢提供2000万吨铁矿石。宝钢将得到巴西铁矿石，而淡水河谷将得到中国平顶山煤矿提供的焦炭。通过这项长期合同，中国和巴西将实现原材料的双向供应。

通过与上游的合作，宝钢获得了宝贵的资源，并把原材料成本波动限制在了一个可控制的范围内。

大游戏：锁定下游市场

从2004年3月开始，宝钢将为福特汽车在欧洲的生产厂提供钢板。这是该公司拓展海外市场后获得的一笔重要合同。福特汽车称，宝钢的试用品符合质量标准，其欧洲工厂将开始购买宝钢的产品。据福特在德国科隆的发言人称，宝钢将提供福特今年在欧洲所需碳钢板不到5%。在此之前，宝钢已经在中国市场向通用、大众和意大利的菲亚特提供汽车钢板。

宝钢主营产品大部分是钢材品种中的高端产品，附加值较高，其中汽车用钢是宝钢的重头戏。尽管在国内没有敌手，但国际上的竞争对手如韩国浦项、日本新日铁等实力都很雄厚。为了达到进入500强的目标，宝钢必须在汽车上做足文章，因此就有了宝钢与中国汽车三大巨头的战略结盟。

2003年6月，宝钢与一汽集团签订总体合作协议，双方约定在钢材供应、钢材使用技术开发、钢材加工、物流管理等方面实现进一步的全方位合作。宝钢在长春直接管理"一汽"钢板仓库，并再建一个钢材加工中心，在沈阳建立一个配送中心，对钢材进一步加工、切割后，为一汽的客户提供配送服务。7月，宝钢又与上汽集团签订总体合作协议，双方宣布共同打造有竞争力的供应链应对经济全球化所带来的激烈竞争。在此之前，双方的合作已经有15年的历史。11月，宝钢又一次在中国汽车版图上落子，与东风汽车在武汉签署总体合作协议。从1989年宝钢供应东风汽车集团第一批汽车钢板起，宝钢已累计供应东风汽车集团的汽车钢板约在80万吨以上。在150天中，宝钢闪电般地与三大汽车生产商结为战略同盟，令同行、竞争对手与合作伙伴都有些应接不暇。宝钢集团董事长兼总经理谢企华对此的评价是：这只是从原来产业链上下游的销售关系，扩展成相互支持的战略合作伙伴关系。结盟使得宝钢供应链的末端得到大大延伸。

讨论题：
1. 宝钢建立供应链合作伙伴关系，对企业的核心竞争力有何影响？
2. 企业是通过何种方式控制上游资源的？
3. 与客户建立相互支持的战略合作伙伴关系有何意义？

# 第五章
# 供应链管理的信息技术

5

\* 本章主要内容
- 供应链管理中的信息技术概述
- 条码技术
- 射频识别技术
- 地理信息系统技术
- 电子数据交换技术

\*
EDI 的应用

受英国和北美的 EDI 成功的鼓舞，香港零售和分销部门在 1992 年开始进行 EDI 试点。由于 EDI 的实施需要进行协调，所以这些部门成立了 HKANA 委员会，为行业提供 EDI 服务。1995 年，EZ\*TRAND 由 HKANA 建成。

EZ\*TRAND 提供了网络、软件、培训和技术支持，使得香港的零售商和制造商能有效地运用 EANCOM 标准实施 EDI。EZ\*TRAND 用户有 SWIRE 可口可乐公司（该地区软饮料行业的领导企业，它每年生产大约 5000 万箱产品）以及两个主要的零售商——Wwllcome 商店和 Pall'N 商店（它们分别有 200 和 171 家超市）。

SWIRE 可口可乐公司的客户如 Wwllcome 商店和 Pall'N 商店每周大约要订货 200 次。每次订货大约要有 10 桶（300 到 400 箱）。如此大的订货量，更加需要使用 EDI 报文并对装运和接收地点进行位置编码。

由于买方必须有足够大的仓库来接收 10 辆货车的运货而不能使货物在接收码头空等，所以，客户如 Wwllcome 商店每天就必须有一个恰当的计划来接收供应商的货物。

据 Wwllcome 商店的主要负责人说，他们实施 EDI，是由于他们已经充分意识 EDI 给供应链各方面所带来的利益。他们相信，实施 EDI 也会给他们的供应商带来利益。将 EDI 和全球位置编码结合起来被证明是一种有效的实施办法，它使 SWIRE 公司在 24 小时内可根据订单正确交货。

使用全球位置码是实施 EDI 的前提。香港的贸易伙伴实施 EDI 前，必须在 EDI 的订单和发票等 EDI 报文中运用位置标志的通用标准。在 HKANA 的支持下,他们现在用全球位置码来加速货物在港口的接收,通过扫描条形码来对具体的订单和交货位置提供参考。

开始,SWIRE 可口可乐公司在软件中用了一个简单的翻译表,但是现在他们改用全球位置码。目前,运用一个全球位置码就可表示 SWIRE 可口可乐公司。SWIREE 可口可乐公司的信息技术部经理相信,他们的商业操作更复杂且人们更加适应 EDI 报文的时候,将会有更多的全球位置码被使用。

而且,Wwllcome 商店和 ParlN 商店已经分配了 200 个和 175 个位置编码。ParlN 商店的信息服务部经理说:"我们已经有 170~175 个位置编码,我们的每一个部门都有一个位置编码,位置编码意味着你不用写出某个位置的地址而只写一个代码。在供应商的计算机中,供应商拥有位置的各种附加的交货信息,如方向、交货花费的时间等。运用位置编码,供应商可以每天将货物直接送到零售商店。每个部门用电子的方式将各自的订单送至中心,在那里,单个的订单被集中起来后再送给供应商,供应商可直接将货物送至商店。"

# 第一节 供应链管理中的信息技术概述

## 一、概述

在信息社会中,信息已成为企业生存和发展的最重要资源。信息是能反映事物内在本质的外在表现,是事物内容、形式和发展变化的反映。在管理信息系统中,信息是一种已经被加工为特定形式的数据,这些数据为将来的决策提供依据。供应链管理中的信息就是对供应链管理活动的内容、形式、过程及发展变化的反映。

信息技术的发展以及全球化信息网络的兴起,把全球的经济、文化联结在一起。信息化和全球化趋势日趋显著,使得信息网络、信息产业发展更加迅速,使各行业、产业结构发生深刻变化。有关信息技术在供应链管理中的应用,许多学者都进行了探讨。究竟供应链管理中用到了多少种信息技术,目前无法定论,原因在于人们对信息技术的理解度不同,并且各种技术也在发展。

我国学者普遍认为,供应链管理过程中的物流信息技术包括条码技术、射频技术、电子数据交换、互联网、全球卫星定位技术和地理信息系统。从以上内容可以看出,供应链管理几乎涉及到了目前所有的信息技术。

现代信息技术的核心是使信息传递和共享,能够跨出企业组织,使得各个供应链环节之间信息畅通。这不仅有利于各个供应链环节效率改善,更为重要的是使不同环节之间活动得到协调,从而改善整个供应链系统中的流程运行效率。因此,企业竞争的焦点转向整个供应链信息系统。

## 二、信息技术在供应链管理中的作用

供应链管理概念的产生和发展与信息技术的应用密不可分。供应链管理必须建立在高速发展的信息技术之上。

第一,供应链管理运作的所有方面,分散的流程节点的网络化,渠道和运作的集成,供应链中的库存管理、运输计划、自动补货等,都是依靠信息技术的支撑,没有信息技术显然是不可能实现的。供应链管理为企业获得竞争优势提供了非常重要的管理思想和方法,而这一思想和方法是与计算机技术及通信系统紧密地联系在一起的。

第二,供应链管理组织的建立也离不开信息技术的支持。随着供应链管理的发展,传统的组织已不再适应供应链管理的要求,必须建立在以流程为基础的供应链组织上,才能实现有效的供应链管理;而以流程为基础的组织的建立,不论是虚拟企业还是动态协作,都需要信息技术的支持。

第三,供应链管理强调的信息共享必须以信息技术为基础。在过去,业务环境中的信息受到信息处理速度的限制,数据的采集、处理、存贮和传递速度十分缓慢,不可能建立一个共享数据库。供应链成员之间失真的信息经常产生不经济性,如过分的库存投资、客户服务跟不上、经济效益低下、物流计划不合理、运输供给无计划、运输资源的浪费等。随着信息技术的进步,大量的信息数据可以传递并能通过计算机处理,通过分布式开放系统为基础的共享数据系统的应用,不仅使得企业内部,并且使得整个供应链中的各节点企业可实现资源共享,业务数据不仅对客户和供应商共享,也对客户的客户、供应商的供应商透明。只要供应链上的贸易伙伴进行密切合作,借助信息技术,完全可以解决由信息失真引起的牛鞭效应。这些进步无疑依赖于当前飞速发展的信息技术。

供应链管理是一个全面管理的概念,以寻求内部的业务智能与联盟业务伙伴的职能结合一起,形成统一的供应链系统。供应链管理成功程度的衡量主要是看构成供应链的企业资源和能力的结合程度以及关注客户的满意度。将供应链成员联系在一起的是信息技术,而他们应用的工具是他们开发的信息技术。在供应链中的信息节点可以连接在一起,形成一个网络。联网的信息节点越多,信息共享程度越高,供应链中的决策就越有效。例如,沃尔玛的专用通信系统可以将公司每天所有的 POS 数据送到 4000 家供应商,使他们立即知道零售商的销售情况,及时作出反应。美国大型连锁超市 J.C. Penny 的快速响应系统可实现从供应商到商店再到客户的快速、低成本的采购和购进产品的分销。

### 三、信息技术对供应链管理的影响

信息技术的发展改变了企业应用供应链管理获得竞争优势的方式。成功的企业应用信息技术来支持它的经营战略并选择它的经营业务。这些企业利用信息技术(如 EDI、EOS、POS 等)提高供应链运动的效率性,增强整个供应链的经营决策能力。典型的例子是 WAL—MART 公司。WAL—MART 公司通过应用信息技术构筑 QR 系统,不仅使本企业获得了商业利益和相对于竞争对手的竞争优势,而且也改变了整个行业的经营方式。Tom Nickles、James Mueller 和 Timofhy Takacs 的研究表明有效地把信息技术特别是互联网技术融合在供应链管理过程中能带来以下 9 个方面的效果。

(一)建立新型的顾客关系

信息技术使供应链管理者通过与它的顾客和供应商之间构筑信息流和知识流来建立新型的顾客关系。例如,GE 公司建立一个开放式在线互联网 TPN(Trading Process Net-work)用来招标采购企业所需的原材料和零部件。GE 公司把企业内部各个部门的采购需要集中起来通过电子市场进行招标,不仅可以发现优良的供应商,节约采购成本,使采购业务合理化,而且为公司内部的采购人员提供了进入全球市场的机会。对于广大的供应商来说,通过 GE 开放式的在线互联网,可以在任何时间进入 GE 招标电子市场,了解 GE 的需要,参加投标活动。

## （二）了解消费者和市场需要的新途经

用互联网等信息技术来交换有关消费者的信息成为企业获得消费者和市场需要信息的有效途径。例如，供应链的参与各方通过信息网络交换订货、销售、预测等信息。对于全球经营跨国企业来说，信息技术的发展可以使它们的业务延伸到世界的各个角落。

## （三）开发高效率的营销渠道

企业利用互联网与它的经销商协作建立零售商的订货和库存系统，通过这样的信息系统（如 VMI 系统）可以获得有关零售商商品销售的信息，在这些信息的基础上，进行连续库存补充和销售指导，从而与零售商一起改进营销渠道的效率，提高顾客的满意度。

## （四）改变产品和服务的存在形式和流通方式

产品和服务的实用化趋势正在改变它们的流通和使用方式。例如，音像等软件产品多年来一直是以 CD 或磁盘等方式投入市场进行流通销售，这需要进行大量分拣和包装作业。现在，许多软件产品通过互联网直接向顾客进行销售，无需分拣、包装、运送等物流作业。

## （五）构筑企业间或跨行业的价值链

通过利用每个企业的核心能力和行业共有的做法，信息技术开始用来构筑企业间的价值链。当生产厂家和零售商开始利用第三方服务，把物流和信息管理等业务向外委托的时候，管理和控制并不属于它们所有的供应链。生产厂家、零售商以及由物流信息服务业者组成的第三方服务供应商形成了一条价值链。另外，在航空运输行业，航空公司采用全行业范围的订票系统而不是各个企业独自的订票系统。

## （六）具有及时决策和模拟结果的能力

信息技术的发展使得供应链管理者在进行经营革新或模拟决策结果的时候可以利用大量有效的信息，供应链管理者基于这些信息可以对供应链进行有效的管理。例如，企业在转移仓库设施或变换生产场所时，通过模拟可计算出会出现什么结果。许多企业基于详细的销售服务信息和成本信息，可对应市场的变化做最佳决策。

当前，高技术产品市场环境变化迅速，由于这产品的生命周期短，因此企业需要这类产品不停地进行经营决策。由于进行决策时涉及的变量越来越多，范围越来越广，信息的多样性和复杂性使得传统的决策模型不能适应供应链管理的需要。在这种情况下，许多适应于供应链管理的决策模型软件被被开发出来。如 WMS、ERP、SCP 等。

## （七）具有全球化管理能力和基于消费者要求的大量生产的能力

经营的全球化，一方面要求企业在全球市场进行经营活动，另一方面要求企业对相应的需要、习惯、文化等从事经营活动。许多企业应用信息技术发展企业的信息系统来协调和管理世界各地的经营活动。

在美国计算机市场，DELL 公司在应用信息技术的基础上发展了根据消费者要求的大量生产系统。最终消费者可通过 DELL 公司的互联网在订货时说明自己对购买产品功能要求。DELL 公司根据消费者的具体要求生产产品，迅速地配送给顾客。DELL 的电子商务和 MC 战略的效果表现在能直接与最终消费者建立信赖关系，高效率地向消费者销售产品并提供服务，减少与流通库存和营销运行有关的供应链成本。

### (八)改变传统的供应链构成

信息技术正在改变传统的供应链的构成并模糊产品和服务之间的区别。例如,美国的3C公司传统上直接向大宗消费者或者通过销售商的营销网络向消费者销售MODEMS产品。由于MODEMS不断被改进和变化,新产品不停地被投入市场,使得对具体品种的需要进行预测和计划很困难。对于这种类型的产品,协调制造商和分销商的物流成本和管理成本是很高的。信息技术的发展完全改变了3C公司MODEMS商品的销售方式。一旦消费者购买了MODEMS产品,在产品每次升级的时候,通过互联网电子购买升级版本,完全排除了传统上的MODEMS供应链。MODEMS的升级实际上成为3C公司提供服务,而不是以材料表现的产品,这样即使有百万的顾客同时购买升级版本,3C公司也能满足这些顾客的要求,而不受制于它的生产计划、生产能力和营销渠道能力等的约束。

### (九)不断学习和革新

供应链管理者需要不断地改善它们供应链的运行过程,在供应链内部和企业内部分享信息。重要的是企业有能力获得有关导致供应链革新和增强供应链能力的信息。为此,企业应该建立知识管理系统(Knowledge Management System)使有效的信息和知识电子化,并且使之能与整个供应链共同分享。

由此可见,信息技术已经被视为提高企业生产效率和获得竞争优势主要来源,企业利用先进的信息技术以快速获得整条供应链上各个节点信息,实现信息共享,借此做出精确的预测和决策。当今,信息技术在日新月异、突飞猛进地向前发展,如何利用它重组和优化供应链,降低运作成本,提高客户的服务水平和整条供应链的竞争能力将是一个刻不容缓的问题。

**案例5-1:**

沃尔玛的信息技术

20年代50年代末,当第一颗人造卫星上天的时候,全世界商业对现代通讯技术还无人问津。而70年代沃尔玛就率先使用了卫星通讯系统,新世纪开始,沃尔玛又投资90亿美元开始实施"互联网统一标准平台"的建设。凭借先发优势、科技实力,沃尔玛的店铺冲出阿肯色州,遍及美国,走向世界。由此可见,与其说它是零售企业,不如他说是科技企业。

沃尔玛领先于竞争对手,先行对零售信息系统进行了非常积极的投资:最早使用计算机跟踪存货(1969年),全面实现S.K.U.单品级库存控制(1974年),最早使用条形码(1980年),最早使用CM品类管理软件(1984年),最早采用EDI(1985年),最早使用无线扫描枪(1988年),最早与宝洁公司(Procter&Gamble)等大供应商实现VMIECR产销合作(1989年)。在信息技术的支持下,沃尔玛能够以最低的成本、最优质的服务、最快速的管理反应进行全球运作。尽管信息技术并不是沃尔玛取得成功的充分条件,但它却是沃尔玛成功的必要条件。这些投资都使得沃尔玛可以显著降低成本,大幅提高资本生产率和劳动生产率。

沃尔玛的全球采购战略、配送系统、商品管理、人力资源管理、天天平价战略在业界都是可圈可点的经典案例。可以说,所有的成功都是建立在沃尔玛利用信息技术整合优势资源,信息技术战略与传统物流整合的基础之上。可以说,强大的信息技术和后勤保障体系使它不仅在经营商品,更在生产商店,经营物流。

90年代沃尔玛提出了新的零售业配送理论,开创了零售业的工业化运作新阶段:集中管理的配送中心向各商店提供货源,而不是直接将货品运送到商店。其独特的配送体系,大大降

第五章 供应链管理的信息技术

低了成本。加速了存货周转，形成了沃尔玛的核心竞争力。90年代初，沃尔玛就在公司总部建立了庞大的数据中心，全集团的所有店铺、配送中心和经营的所有商品，每天发生的一切与经营有关的购销调存等详细信息，都通过主干网和通信卫星传送到数据中心。任何一家沃尔玛商店都具有自己的终端，并通过卫星与总部相连，在商场设有专门负责排货的部门。沃尔玛每销售一件商品，都会即时通过与收款机相连的电脑记录下来，每天都能清楚地知道实际销售情况，管理人员根据数据中心的信息对日常运营与企业战略作出分析和决策。

沃尔玛的数据中心已与6000多家供应商建立了联系，从而实现了快速反应的供应链管理库存VMI。厂商通过这套系统可以进入沃尔玛的电脑配销系统和数据中心，直接从POS得到其供应的商品流通动态状况，如不同店铺及不同商品的销售统计数据、沃尔玛各仓库的存货和调配状况、销售预测、电子邮件与付款通知等等，以此作为安排生产、供货和送货的依据。生产厂商和供应商都可通过这个系统查阅沃尔玛产销计划。这套信息系统为生产商和沃尔玛两方面都带来了巨大的利益。

沃尔玛总部的通讯网络系统使各分店、供应商、配送中心之间的每一进销调存节点都能形成在线作业，使沃尔玛的配送系统高效运转。这套系统的应用，在短短数小时内便可完成"填妥订单各分店订单汇总送出订单"的整个流程，大大提高了营业的高效性和准确性。

## 第二节　条码技术

### 一、条码的概念和作用

条形码技术是在计算机的应用实践中产生和发展起来的一种自动识别技术。它是为实现对信息的自动扫描而设计的，具有独特的技术性能。条码技术的应用解决了数据采集和数据录入的"瓶颈"问题，为供应链管理提供了有力的技术支持，是供应链物流信息高速准确交换的基础。由于它具有实时生成或预先制作，操作简单、成本低廉、技术成熟等优点，现已广泛应用于交通运输、商业贸易、生产制造、仓储业等生产及流通领域。它不仅在国际范围内为商品提供了一套完整的代码标识体系，而且为供应链管理的各个环节提供了一种通用的语言符号。

条码是由一组规则排列的条、空及字符组成的的标记、用以表示一定信息的代码。作为全世界通用的商品代码的表示方式，条码主要用来表示物资资料的名称、产地、单价、规格等，是有关生产厂家、批发商、零售商、运输业者等经济主体进行订货和接受订货、销售、运输、保管，出入库检验等活动的信息源。在技术上，条码是由若干个黑色的"条"和白色的"空"所组成，其中，黑色条对光的反射率低而白色的空对光的反射率高，再加上条与空的宽度不同，就能使扫描光线产生不同的反射接收效果，在光电转换设备上转换成不同的电脉冲，形成了可以传输的电子信息。

由于光的运动速度极快，所以能快速准确无误地对运动中的条码予以识别。条码为我们提供了一种对物流中的物品进行标识和描述的方法，借助POS系统、EDI等现代技术手段，企业可以随时了解有关产品在供应链上的位置，并及时作出反应，所以说条码是实现POS系统、EDI、电子商务和供应链管理的技术基础，是物流管理现代化、提高企业管理水平和竞争能力的重要手段。

## 二、条码的分类

### (一)按码制分类

条码的码制是指条码符号的类型,每种类型的条码符号是由符号特定编码规则的条和空组合而成,都有固定的编码容量和条码字符集。如 UPC 码是一种定长、连续型、没有自校验的数字式码制,其字符集为 0~9。它采用四种单元宽度,每个条或空是 1、2、3 或 4 倍单位单元宽度。

条码按码制一般分为九类:UPC 条码、EAN 条码、二五条码、三九条码、九三条码、库德巴条码、128 条码、11 码和其他码制。

### (二)按维数分类

1. 一维条码

一维条码即通常意义的条码,又叫线形条码,这种条码是一个接一个的"条"和"空"排列组成的。条码信息靠条和空的不同宽度和位置来传递,信息量的大小是由条码的宽度和印刷的精度来决定的,条码越宽,包容的条和空越多,信息量越大;条码印刷的精度越高,单位长度内可以容纳的条和空越多,传递的信息量也就越大。由于这种条码技术只能在一个方向上通过"条"和"空"的排列组合来存储信息,所以叫它"一维条码"。

(1)商品条码。它是商品条码以个体商品为对象,直接为销售和商品管理服务。由于它分别由国际物品编码协会(EAN)和统一代码委员会(UCC)所规定,所以又包括 EAN 商品条码(EAN-13 码和 EAN-8 码)和 UPC-A 码和 UPC-E 码。商品条码由 13 位数字组成,最前面的三个数字表示国家或地区的代码,接着的四个数字表示生产厂商的代码,其后的 5 个数字表示商品品名的代码,最后 1 个数字用来防止机器发生误读错误的识别码。例如条码 6902952880041 中,690 代表中国,2952 代表贵州茅台酒厂,88004 代表 53%(V/V)500ml 的白酒。

(2)物流条码。指物流过程中的以商品为对象、以包装商品为单位使用的条形码。标准物流条形码由 14 位数字组成,除了第 1 位以外,其他 13 位数字代表的意义与商品条形码的相同。物流条形码第 1 位数字表示物流识别代码,在物流识别中 1 代表集合包装容器装 6 瓶酒;2 代表 24 瓶。例如,物流条形码 269029528800441 代表该包装容器装有中国贵州茅台酒厂的白酒 24 瓶。

2. 二维条码

(1)二维条码概况。一维条码的符号是沿垂直方向印刷标示,只能在水平方向上通过"条"与"空"的排列组合来存储信息。而二维条码的符号是在水平和垂直两个方向印刷标示,以"面"来储存信息,而且阅读也是以识别"面"为特征,所以叫它"二维条码"。相比之下,二维条码具有如下特征:

①二维条码储存的信息量远远超过一维条码。一个一维条码一般只能容纳 20 个文字的信息,而一个二维条码可以表示数百行或数千行的信息,可以容纳 2000 个文字的信息,相当于一个数据库。

②信息的表达方式多样化。一维条码只能是用英文字母、数字和记号表示信息,而二维条码除此之外还可以用汉字以及图片标示信息。

③全方位读取。一维条码只可以在横向读取,而二维条码可以在360度的范围内全方位读取。

④订正功能。二维条码在部分受损或粘污迹的情况下,可以自动复原,正常读取数据。

(2)二维条码产生的背景。二维条码在20世纪80年代被开发并得到不断发展,其背景是对移动体信息获得的效率性和便利性的需要。随着经济全球化和跨国物流公司的快速发展,一维条码技术在实际应用中日益显露出信息容量小,不足以应付顾客对信息的需求和物流企业自身管理的需要,且需庞大数据库支持的缺陷,严重制约了物流企业的运行效率和效益。如果移动体本身可以携带很多信息,那么,要取得物品的相关信息就不必再与计算机的数据库相联系,在现场就可以直接迅速获取信息。一维条码所能表示的信息量有限,要表示多种信息,需要贴上多张条码,粘贴面积大,数据输入费事,于是二维条码应运而生。它不仅保留了一维条码生成费用低、识读快、制作简单、实用性强等优点,而且大大提高了单个条码的信息容量,从而实现了对物品性状与流动状态的所有信息均可在一个条码符号中表达的目标,以至不需数据库支持、在缺乏EDI环境的情况下也可以使用。此外,它还具有不能仿制(防伪性)、纠错能力强等特点。一个二维码标签,即使有50%的符号被污损,也可在极短的时间内被恢复成原来的数据。二维条码还可以应用在利用无线电波远距离自动识别扫描等方面。这些特性,使得二维条码更具有实用价值,具有十分广阔的应用前景。

### 三、条码的识别设备

条码自动识别系统一般由条码自动识读设备、系统软件、应用软件等组成。条码自动识读设备是包括扫描器、译码器、计算机和打印设备、以及显示器。下面介绍几种主要的条码识别设备。

1. 光笔扫描器。顾名思义,笔式扫描器是笔形的扫描器,笔头装有发光元件。

扫描方式为:在条码符号上从左到右,或从右到左移笔式扫描器进行读取。扫描器需在操作人员手持,以一定的速度移动。数据的读取是一次扫描决定的,当光笔通过斑点或缺损位置时无法读取。这种扫描器对于有弯曲面的商品条码的读取有困难。对于没有经验的的操作者来说,也容易造成首次读取失败。

这种方式的扫描,光笔必须与被扫描阅读的条码接触,才能达到读取数据的目的。优点是成本低、耗电低、耐用,可读较长的条码符号;其缺点是光笔对条码有一定的破坏性,随着条码应用的推广,目前已逐渐被CCD取代。

2. 手持式CCD扫描器。CCD(Charge Coupled Device:电荷耦合装置)扫描器是将发光二级管所发出的光照射到阅读的条码上,通过光的反射,达到读取数据的目的。CCD扫描器操作方便,易于使用,只要在有效景深范围内,光源照射到条码符合即自动完成扫描,对于表面不平的物品、软质的物品也能方便地进行识读。由于无任何运动部件,因此性能可靠,使用寿命长。与其他条码扫描设备比较,具有耗电少、体积小、价格低等优点。但其阅读条码符号的长度受扫描器的元件尺寸限制,扫描景深长度也不如激光扫描器。

3. 手持式枪形激光扫描器。激光扫描器最大优点是扫描光照强,可以远距离扫描、扫描景深长且扫描速度快(有的速度达1200次/秒,即可在百分之一秒的时间内对某一条码标签扫描阅读多次)。扫描器内部光学系统可以单束光转变成十字光或米字光,从而保证被测条码从各个不有角度进入扫描范围时都可被识读。激光手持式枪形扫描器,又称激光枪。

手持式 CCD 与激光扫描器具有小型、方便使用的特点。阅读时只须将读取头（光源）接近或轻触条码即可进行自动读取。此种扫描器具有以下优点：

(1) 不须移动即可进行自动扫描，读取条码信息；

(2) 条码符号缺损对扫描器识读影响很小；

(3) 弯曲面（30 度以内）商品的条码也能读取；

(4) 扫描速度 30～100 次/秒，读取速度快。

4. 手持式二维影像条码扫描器。手持式二维影像扫描器是采用最新影像撷取技术来设计，它不仅可以自动识别读取一维及二维条形码，同时具备了强大的影像处理软件，令其解码能力极强，一般扫描器无法识读的条码，它可轻松训读；能够在各种应用环境中，轻易的抓取，或下载影像到计算机中。其扫描景深达 30cm，扫描速度高达 300 次/秒。通过智能接口，只需更换电缆就可实现键盘、RS232 串口、USB 等接口的转换，并可直接连接笔记本电脑。

5. 固定式平台激光扫描器。固定式平台激光扫描器的用途很广，大都固定安装在某一位置上，用来识读在某一范围内出现或通过的条码符号。是用于超级市场 POS 系统的台式扫描器，这种扫描器对条码的方向没有要求，又称全方位的扫描器，读取距离为几厘米至几十厘米。由于台式激光扫描器具有稳定、扫描速度快等优点，目前超级市场 POS 系统应用最为普遍。

6. 便携式数据采集器也称便携式条码阅读器。可配接光笔式或手持式枪型条码扫描器或激光扫描器。是为了适应一些现场数据采集，如扫描笨重物体的条码符号而设计，适合于脱机使用的场合。它是将扫描器带到物体的条码符号前扫描，因此又称为手持终端机、盘点机。它由电池供电，有自己的内部存储器，可以储存一定量的数据，并可在适当的时候将这些数据通过线路传输给计算机。几乎所有的便携式数据采集器都有一定的编程能力，可以满足不同场合的应用需求。目前已经推出了能储存上万个条码信息的便携式数据采集器，并广泛应用仓库在管理、商品盘存等作业中。

### 四、条形码技术在供应链中的应用

为了满足市场需求多元化的要求，生产制造从过去的大批量、单品种的模式向小批量、多品种的模式转移，给传统的手工方式带来更大的压力。由于手工方式效率低，各个环节统计数据的时间滞后，造成统计数据在时序上的混乱，无法进行整体的数据分析，进而无法给管理决策提供真实、可靠的依据。

利用条码技术，对物流信息进行采集跟踪，通过对生产制造业的物流跟踪，可以满足针对物料准备、生产制造、仓储运输、市场销售、售后服务、质量控制等方面的管理需求。

(一) 物料管理

1. 通过进行物料编码和打印条码标签，不仅便于物料跟踪管理，而且也有助于做到合理的物料库存准备，提高生产效率，便于企业资金的合理运用。对采购的生产物料，按照行业及企业规则建立统一的物料编码，从而杜绝因物料无序而导致的损失和混乱。对需要进行标识的物料打印其条码标签，以便于在生产管理中对物料的单件进行跟踪，从而建立完整的产品档案。

2. 利用条码技术对仓库进行基本的进、销、存管理，有效降低库存成本。

3. 通过产品编码，建立物料质量检验档案，产生质量检验报告，与采购订单挂钩，建立对供应商的评价档案。

## (二)生产管理条码

生产管理是产品条码应用的基础,它建立了产品识别码。在生产中应用产品识别码,可以监控生产,采集生产测试数据和生产质量检查数据,进行产品完工检查,建立产品识别码和产品档案,从而有序安排生产计划,监控生产及流向,提高产品下线合格率。

1. 制定产品识别码格式。根据企业规则和行业规则确定产品识别码的编码规则,保证产品规则化,做到标识惟一。

2. 建立产品档案。通过产品标识条码在生产线上对产品生产进行跟踪,并采集产品的部件数据、检验数据等作为产品信息,当生产批次计划通过审核后建立产品档案。

3. 通过生产线上的信息采集点来控制生产的信息。

4. 通过产品标识码条码在生产线采集质量检测数据,以产品质量标准为准绳判定产品是否合格,从而控制产品在生产线上的流向、是否建立产品档案及是否打印产品合格证。

## (三)仓库管理

1. 货物库存管理。仓库管理系统根据货物的品名、型号、规格、产地、牌名、包装等划分货物品种,并且分配惟一的编码。

2. 仓库库位管理,即对存货空间的管理。仓库分为若干个库房,每一库房分若干个库位。库房是仓库中独立和封闭的存货空间,库房内空间细划为库位,使存货空间的定义更加明确。仓库管理系统是按仓库的库位记录仓库货物库存,在产品入库时将库位条码号与产品条码号一一对应,在出库时按照库位货物的库存时间实现先进先出或批次管理。

3. 单件货物管理。通过应用条码,不仅可管理货物品种的库存,而且还可具体到每一单件,并能实现对单件货物的全程跟踪。

4. 精确实现出入库操作。通过应用条码,仓库管理可采集货物单件信息,处理采集数据,建立仓库的入库、出库、移库、盘库数据,使仓库操作更加准确。

5. 运输差错处理。应用条码的仓库管理,根据采集信息,建立仓库运输信息,直接处理实际运输差错,同时能够根据采集单件信息及时发现出入库的货物单件差错(入库重号,出库无货),并且提供差错处理。

## (四)市场销售链管理

根据各地的消费水准不同,企业制定了各地不同的产品批发价格,并规定只能在此地销售。但是,有些违规的批发商以较低的地域价格名义取得产品后,将产品在地域价格高的地方低价倾销,扰乱了市场,使企业的整体利益受到了极大的损害。由于缺乏真实、全面、可靠、快速的事实数据,企业虽然知道这种现象存在,但对违规的批发商也无能为力。为保证政策有效实施,必须能够跟踪向批发商销售的产品品种或产品单件信息。通过在销售、配送过程中采集产品的单品条码信息,根据产品单件标识条码记录产品销售过程,完成产品的销售链跟踪,有效地管理市场销售链。

## (五)产品售后跟踪服务

1. 根据产品标识码建立产品销售档案,记录产品信息、重要零部件信息。

2. 通过产品上的条码进行售后维修产品检查,检查产品是否符合维修条件和维修范围,同时分析其零部件的情况。

3. 通过产品标识号反馈产品售后维修记录,监督产品维修点信息,记录统计维修原因及建立产品售后维修档案。

4. 对产品维修部件实行基本的进、销、存管理,与维修的产品一一对应,建立维修零部件档案。

通过产品售后服务信息的采集与跟踪,为企业产品售后保修服务提供了依据,同时能够有效地控制售后服务带来的困难,例如,销售产品重要部件被更换而造成的保修损失,销售商虚假的修理报表等。

通过上述各个环节的产品物料信息、产品信息的采集,为企业进行产品质量管理控制以及分析提供了强有力的依据。

(六)条形码技术在配送中的应用

配送是产品流通的重要环节。在仓储配送系统中,可把线性扫描器和全方位扫描器用于不同的场合。

1. 产品分拣:提供条码数据,使产品实现准确的自动分拣。
2. 验证:通过产品条码的比较和验证对产品进行控制。
3. 客户货单:使货单上的产品与运输的产品相符。
4. 产品计数:提供数据用于精确计数。

以美国最大的百货公司 Wal - Mart 为例,该公司在全美有 25 个规模很大的配送中心,一个配送中心要为 100 多家零售店服务,日处理量约为 20 多万个纸箱。每个配送中心分三个区域:收货区、拣货区、发货区。在收货区,一般用叉车卸货。先把货堆放到暂存区,工人用手持式扫描器分别识别运单上和货物上的条形码,确认匹配无误才能进一步处理,有的要入库,有的则要直接送到发货区,称作直通作业,可以节省时间和空间。在拣货区,计算机在夜班打印出隔天需要向零售店发运的纸箱的条形码标签。白天,拣货员打开一只只空箱,在空箱上贴上条形码标签,然后用手持式扫描器识读。根据标签上的信息,计算机随即发出拣货指令。在货架的每个货位上都有指示灯表示哪里需要拣货以及拣货的数量。当拣货员完成该货位的拣货作业后,按一下"完成"按钮,计算机就可以更新其数据库。装满货品的纸箱经封箱后运到自动分拣机,在全方位扫描器识别纸箱上的条形码后,计算机指令拨叉机构把纸箱拨入相应的装车线,然后用集装车运往指定的零售店。

在国内,条形码在加工制造和配送中的应用也已有良好的开端。红河烟厂就是一例。成箱的纸烟从生产线下来,汇总到一条运输线。在送往仓库之前,先要用扫描器识别其条形码,登记完成生产的情况,纸箱随即进入仓库,运到自动分拣机。另一台扫描器识读纸箱上的条形码,如果这种品牌的烟正要发运,则该纸箱被拨入相应的装车线;如果需要入库,则由第三台扫描器识别其品牌,然后拨入相应的自动码托盘机,码成整托盘后通过运输机系统入库储存。条形码的功能在于极大地提高了物品流通的效率,而且提高了库存管理的及时性和准确性。

## 五、物流行业条码应用发展的需求与前景

物流过程中,条码装载着物流信息,并附着于物流单元上,保证标识信息与实物同步,条码扫描仪则成为物流单元与信息系统的纽带,因此条码技术在物流中的作用显而易见。例如:货物进入配送中心的入口端时,工作人员需要一面卸货,一面根据订货单要求对货物进行调配,并确定货物的出货模式及目的地,最终从配送中心的出货端将货物运出。如果不使用条码技术,"物"与信息完全分离,货物卸货后,工作人员只能坐等货物信息和货物处理指示信息,因

为没有这些信息，人们无法得知哪个箱子与哪个订货单对应，各箱货物是要通过常规渠道运输，还是要进行其他处理，运输的目的地是哪里。如果使用条码技术，工作人员收到货物的同时，利用条码扫描仪可获取随货物同时到达的物流信息，并传入信息系统，从而获得货物处理指示，按照要求卸货，货物顺利"流"向下一环节。使用条码技术，减少了仓库存储空间占用，也减少了出货调配用的单据数量，消除了人工处理产生的费用和人为错误问题，还能动态了解物品运行全过程情况。

以条码识读为基础的 POS 自动销售系统，带来了销售、库存管理、订货、结算方式的变革，同时也促进了条码体系的发展及其在更大范围、更多领域的应用，逐步从物流供应链的零售末端推到配送、仓储、运输等物流各个环节。近年来，EAN 与 UCC 合作建立了全球统一的开放系统的物品编码体系及条码标识，为全球供应链物流环节的条码应用提供了解决方案。不夸张地说，没有条码的物流过程已成为不可想像。

由于条码技术对于物流行业的重要性，以及条码技术在各种物流作业环节应用的普遍性，可以预见，随着现代物流技术与理念的发展，中国物流行业的条码应用必将获得快速发展。

## 第三节　射频识别技术

### 一、射频技术的的含义

射频技术（Radio Frequency Identification，缩写为 RFID）是一种基于电磁理论的通信技术，适用于物料跟踪货架识别等要求非接触数据采集和交换的场合。

### 二、射频技术简介

射频技术的优点是不局限于视线，识别距离比光学系统远，射频识别卡具有读写能力，可携带大量数据，难以伪造，且有智能功能。由于射频技术标签具有可读写能力，对于需要频繁改变数据内容的场合尤为适用。

近年来，便携式数据终端（PDT）的应用越来越多。PDT 可把那些采集到的有用数据存储起来或传送至一个管理信息系统。便携式数据终端一般包括一个扫描器、一个体积小但功能很强并带有存储器的计算机、一个显示器和供人工输入的键盘。在只读存储器中装有常驻内存的操作系统，用于控制数据的采集和传送。

PDT 存储器中的数据可随时通过射频通信技术传送到主计算机。操作时先扫描位置标签、货架号码、产品数量就都输入到 PDT，再通过 RF 技术把这些数据传送到计算机管理系统，可以得到客户产品清单、发票、发运标签、该地所存产品代码和数量等。

### 三、射频技术在供应链管理中的应用

在供应链的运行与管理中，RFID 技术能够充分发挥其功效，将成为供应链管理的好帮手，来促进供应链管理的进一步发展。目前，供应链上虽然已实现了许多自动化与计算机化的自动作业，并大大提高了作业运行的效率，但仍然有很多工作要依靠人工来完成。例如，在利用条码技术来识别供应链上的物料、零部件、在制品、产成品以及其他目标时，还必须由人工方式来完成，这就需要先进的射频技术信息来加强这些环节的自动化程度。信息是强化供应链运

行与管理能力的一个重要因素,要想提高供应链管理的效益,必须使供应链上的成员及时获得其他成员、各业务环节的运行信息,而信息的共享不足也会造成供应链的断裂和效率低下。

因此,信息的准确性和及时性是供应链管理与运作的关键,RFID 技术能够较好地满足这种对信息获取和处理的需求。目前已开发出一种智能电子标签,只有 0.3mm 大,其尺寸小到可以将其置入一张钞票中,且成本低。同时,无源标签中的永久编程的代码具有惟一性,所以可防止伪造,外人无法修改或删除。因此,可以方便地将 RFID 标签置入供应链上的目标物中,在无需打开产品的外包装的情况下,系统就能对货物进行成包成箱地识别,从而准确地随时获得产品的相关信息,如生产商、生产地点、生产时间、种类、颜色、尺寸、数量、到达地、接受者等。RFID 系统可以实现从商品的设计、原材料的采购、半成品与产成品的生产、运输、仓储、配送、一直到销售,甚至退货处理和售后服务等所有供应链上的环节进行实时监控,提高业务运行的自动化程度,大幅降低差错率,显著提高供应链的透明度和管理效率。

RFID 在供应链的诸多环节上发挥了重大的作用。

1. 在商品流通环节。据悉,美国零售业平均每分钟被 800 个小偷所光顾,平均每个小偷每次偷窃约 25 美元的商品,则每分钟失窃值为两万美金;又据美国《消费研究》杂志报道,60% 的消费者曾有过顺手牵羊的行为,再加上内部员工的行盗,美国零售业每年在这方面的损失约有 30 多亿美元。针对这巨额损失,零售商们开始采用射频技术,利用商品电子标签化这一全新的防窃技术,来解决上述问题。这种防窃技术就是将 RFID 标签置入商品内,由计算机系统来实时监控商店中各种商品的标签来实现的。商品实现标签化之后,零售商就能放心地开架销售。在射频技术的帮助下,促使商品的销售额增长了 25%,丢失率下降了 50%。因销售量的提高使得制造商的销售额也增长了近 70%~100%。

除此之外,RFID 还可以改进零售商的库存管理,实现适时补货,有效跟踪运输与库存,提高效率,减少出错。同时,智能标签能够对某些具有时效性商品的有效期限进行监控,例如对某种食物或药品进行跟踪,一旦它们超过了有效期,标签就会发出警告;商店还能利用 RFID 系统在付款台实现自动扫描和计费,取代人工收款方式。如全球最大的零售商沃尔玛公司已在其约 50 个现场对 RFID 技术的应用进行了试验,并在近几年将该计划推广至全球。英国主要的零售商之一 J. Sainsbury 试用了 RFID 系统,用于零售市场的商品跟踪及记录,物流部门将跟踪整个区域分销链的每一件贴有 RFID 标签的商品,初期的试用主要集中在冷冻食品系列,这些食品必须快速从供应商处流转到消费者手中,因此要求流通过程、特别是在货架上展售的时间尽可能地短。

在未来的数年中,智能标签将大量用于供应链终端的销售环节,特别是在超市中,RFID 标签免除了跟踪过程中的人工干预,并能够生成 100% 准确的业务数据,因而具有巨大的吸引力。

2. 在存储环节。射频技术最广泛的使用是存取货物与库存盘点,它能用来实现自动化的存货和取货等操作。例如,可以使叉车驾驶员和订单选择员进行实时通信,使叉车驾驶员获得实时的指示、进行无纸化取货作业。选货员通过终端设备将指令传递给操作员,并接受操作员传回的信息,其反应时间仅为 1/36 秒。在整个仓库管理中,通过将供应链计划系统制定的收货计划、取货计划、装运计划等与射频识别技术相结合,能够高效地完成各种业务操作,如指定堆放区域、上架/取货与补货等,系统提供批处理或直接连接的方式和外部主机系统交换数据。由于有完整的数据接口,避免了不必要的数据重复输入和因此所造成的错误。这样,增强了作业的准确性和快捷性(可达到99%以上),提高了服务质量,降低了成本,节省了劳动力(8%~35%)和库存空间,同时减少了整个物流中由于商品误置、送错、偷窃、损害和库存、出货错误等造成的损耗。

RF技术的另一项好处就是在库存盘点时减少人力。RFID的设计就是要让商品的登记自动化,盘点时不需要人工的检查或扫瞄条码,更加快速准确,并且减少了损耗。RFID解决方案可提供有关库存情况的准确信息,管理人员可由此快速识别并纠正低效率运作情况,从而实现快速供货并最大限度地减少储存成本。

3. 在运输环节。射频识别技术在运输环节的主要应用有:高速公路的自动收费及交通管理、火车和货运集装箱的识别、防伪等。近来,便携式数据终端PDT和射频通信被频繁地用于运输作业中,通过PDT扫描位置标签、产品数量等信息,然后通过RF技术把这些数据传送到计算机管理系统,这样能够及时掌握在途物资和实时跟踪运输工具。RF技术允许企业跟踪供应链中特定的库存单元,甚至在链中传递的某一特定托盘上的某一集装箱商品。目前,UPS公司已经使用射频技术来阅读运送包裹上的信息,提高了运作效率。RFID目前还主要用于对托盘和集装箱的识别与跟踪,下一阶段的主要目标是应用于单件产品。

随着我国车辆的快速增长和城市交通趋于拥挤,停车自动收费已成为人们日益关注的目标。我国现行的收费方式有:①人工识别车型和收费。这种收费方式没有监督,漏洞大,平均收费时间在10~15分钟左右,车辆通行受到限制;②仪器识别车型,人工收费。这种收费方式关键取决于仪器判别车型的准确性,它无法识别免费车辆(如军车、警车等),效率低下;③磁卡自动收费。这种收费方式只要读卡器质量稳定可靠,则是较好的一种收费方式。其缺点是无法核对车、卡的一致性,卡的物理损伤现象严重;④非接触IC卡收费。该收费方式实现了数据非接触传递,提高了卡的使用寿命,是一种较理想的收费方式。但还不是真正的不停车自动收费,传输距离一般在10~50cm,范围小。

传统收费方法效率低下,收费没有监督,漏洞大,车、卡不一致,某些车辆非法逃费等。为了解决这些问题,必须实行车辆自动收费,目前的不停车电子收费系统就是充分利用射频技术,实现移动车辆与收费站间的数据传输,来完成整个收费过程。

车辆自动收费是指车辆驶过收费站时,通过自动车辆识别,能自动地实现移动车辆与收费站之间信息的传递,完成车辆的收费、登记及建档过程。当车辆通过收费站时,不需驾驶员和收费者接触,车载上的标签就被触发,发射出能惟一表明通过车辆身份的代码信息(如车牌号码、车型、车辆颜色、银行账号、单位名称和用户姓名等),收费站的阅读器接收信号后,经处理传输到计算机系统,进行数据管理及存档,并将该信息传送到相应的银行,进行划账处理。我国一些高速公路的收费站口,已使用RF实现不停车收费。

4. 在配送-分销环节。采用射频技术能大大加快配送的速度和提高拣选与分发过程的效率与准确率,并能减少人工数量、降低配送成本。以食品业的食品配送中心为例,由于下游的超市与餐馆/快餐行业高度紧张的工作环境以及需要严密控制成本,因而对配送管理要求很高,RFID技术强大的功能可以满足这种要求。

到达中央配送中心(CDC)的所有食品都贴有RFID标签,在进入中央配送中心时,托盘通过一个门阅读器,读取托盘上所有货箱上的标签内容。系统将这些信息与发货记录进行核对,以检测出可能的错误,然后将 RFID 标签更新为最新的食品存放地点和状态。这样就确保了精确的库存控制,甚至可确切了解目前有多少货箱处于转运途中、转运的始发地和目的地,以及预期的到达时间等信息。

为了满足下游超市与餐馆等的订购要求,需要在分销中心内拣配食品,根据定单信息与食品标签信息进行匹配,迅速拣选出所需食品,并放置在托盘上以便发货。在发送之前,食品被堆积在托盘上临时存放。以往,需要人工对同一托盘上众多不同种类的食品进行处理,这是非常繁琐的工作。有了 RFID 系统,可以方便地识别托盘上的任何一种食品,实现快速准确地发货。

在整个供应链中,跟踪食品和更新标签的信息被用于监控分销网络并自动记录发出及存储的食品数量。这就确保了及时供货,并降低了成本。

5. 在生产环节。在生产制造环节应用射频技术可以完成自动化生产线运作,实现在整个生产线上对原材料、零部件、半成品和产成品的识别与跟踪,减少人工识别成本和出错率,提高效率和效益。特别是在采用 Just-in-Time 准时制生产方式的流水线上,原材料与零部件必须准时送达到工位上。采用了 RFID 技术之后,就能通过识别电子标签来快速从品类繁多的库存中准确地找出工位所需的原材料和零部件。PFID 技术还能帮助管理人员及时根据生产进度发出补货信息,实现流水线均衡、稳步生产,同时也加强了对质量的控制与追踪。

以汽车制造业为例,目前在汽车生产厂的焊接、喷漆和装配等生产线上,都采用了 RFID 技术来监控生产过程。例如,通过对电子标签读取信息,再与生产计划、排程排序相结合,对生产线上的车体等给出一个独立的识别编号,实现对车辆跟踪;在焊接生产线上,采用耐高温、防粉尘、金属、防磁场、可重复使用的有源封装 RFID 标签,通过自动识别作业件来监控焊接生产作业;在喷漆车间采用防水、防漆 RFID 标签,对汽车零部件和整车进行监控,根据进程安排完成喷漆作业,同时减少污染;在装配生产线上,根据供应链计划编排出的生产计划、生产进度与排序,通过识别 RFID 标签中的信息,完成混流生产。

通用汽车公司正在将射频技术用于它的生产与物料环节,并将在 3 到 5 年之内采用该技术来监控与跟踪其整个供应链的运行;丰田汽车公司也已采用了这一先进技术,除了将其用于生产过程中之外,还将其用于车辆的销售与售后服务领域,对车辆的运抵时间进行监控以及记录客户和车辆保修的有关信息。

**案例 5-2:**

### RFID-沃尔玛强化核心竞争力的新武器

2003 年 6 月 19 日,在美国芝加哥召开的"零售业系统展览会"上,沃尔玛宣布将采用一项名为 RFID 的技术,以最终取代目前广泛使用的条形码,成为第一个公布正式采用该技术时间表的企业。按计划,该公司最大的 100 个供应商应从 2005 年 1 月 1 日开始在供应的货物包装箱托盘上粘贴 RFID 标签,并逐渐扩大到单件商品。如果供应商们在 2008 年还达不到这一要求,就可能失去为沃尔玛供货的资格。

实施 RFID 技术,巩固和提升了沃尔玛的核心竞争能力。

(1) 减少统计差错、即时获得准确的信息流,进一步降低在供应链各个环节上的安全存货量和运营资本,巩固和扩大在该领域的竞争优势。

(2) 提高物流(配送)的自动化程度与处理效率,减少雇佣员工,降低劳动力成本,巩固和扩大在物流成本上的优势。

(3) 加大财产与商品监控与管理力度,有效防止盗窃现象和因遗忘等原因造成的商品损耗;强化设备管理,优化配置设备与提高设备的使用率。

(4) 更加透明和快速地了解各种商品在门店的销售情况,并进一步减少因为货架上缺货而造成的营业额损失,从而对顾客的需求变化做出更加敏捷的反应。

(5) 加速购物的统计与结算过程,减少排队付款的时间,改善顾客的购物体验,进而获得更高的顾客满意度和忠诚度。

(6) 获取更大的渠道权力,从而成为整个供应链上无可争议的领导者。

(7) 树立和巩固技术先锋、行业领头羊的角色,继续打造"光环效应"等。

同时,RFID将为沃尔玛提供一个向产业链上游——物流——进行整合的强大工具。目前,沃尔玛供应链上商品从供应商到配送中心的环节大多是借助第三方物流公司来完成,如马士基等。但凭借目前的能力和经验,沃尔玛完全可以在物流领域大显身手。借助RFID技术,沃尔玛甚至可以实现供应商到门店的直接补货方式——门店发出补货订单,供应商(尤其是像宝洁、卡夫等大供应商)按照商品在门店中陈列,将位置相邻的各种商品打入同一个包装,然后直接发送到门店上架出售。

## 第四节　地理信息系统技术

### 一、地理信息系统(GIS)的定义

GIS是Geographical Information System即"地理信息系统"的简称,是面向空间地理分布的关信息进行采集、存储、检查、操作、分析和显示地理数据的信息系统。它以空间地理数据为基础,通过计算机网络技术处理,适时地提供多种空间的和动态的地理信息。GIS系统的应用现在已遍及金融、电信、交通、国土资源、电力、水利、农林、环境保护、地矿等国民经济各领域,并在现代物流领域得到了越来越广泛的应用。

目前,人们对GIS的认识可归纳为三个方面:

1. 地图观点:强调GIS作为信息载体与传播媒介的地图功能,认为GIS是一种地图数据处理与显示系统,在测绘及各专题地图时可以非常快速地生产高质量的地图。

2. 数据库观点:强调数据库系统在地理信息系统中的重要地位,认为一个完整的DBMS是任何一个的GIS不可缺少的部分。

3. 分析工具观点:强调GIS的空间分析与模型功能,认为GIS是一门空间信息科学。

### 二、地理信息系统(GIS)的功能

GIS的功能遍及采集、分析、决策应用的全部过程,具体如下几个方面:

1. 数据条集、检验与编辑功能。用于获取数据,保证GIS数据库中的数据在内容与空间上的完整性,要求数据逻辑一致、无错等。一般情况下,GIS数据库的建设占整个系统建设投资

的70%左右。GIS系统采集的是空间的地理信息,如描述地理实体的空间位置,空间分布及空间相对位置关系的地理空间特征信息,描述地理实体的物理属性和地理意义的地理属性信息,描述地理实体间所有的地理关系包括空间关系、分类关系、隶属关系等基本关系的地理关系信息,描述地理实体的动态变化特征的地理动态信息等。如道路实体的GIS地理信息包括:道路类型:1表示高速公路;2表示主干道;3表示居民街道;4表示其他。路面物质构成:1表示水泥;2表示柏油;3表示碎石等。

2. 数据操作功能。即数据的格式化、转换和概化。通常数据的格式化是指不同数据结构的数据间变换,是一项费时、易错、需要大量计算的工作。数据转换包括数据格式化、数据比例尺的变换。数据概化包括数据平滑、特征集结等。

3. 数据的存储与管理功能。主要提供空间与非空间数据的存储、查询检索,修改与更新的能力。

4. 查询、检索、统计与计算功能。这是GIS系统的基本功能。

5. 空间分析功能。是GIS系统的核心功能,是GIS系统与其他计算机信息系统的根本区别。GIS的空间分析功能表现为:

(1)空间检索:包括从空间位置检索空间物体及其属性,从属性条件检索空间物体。

(2)空间拓扑叠加分析:实现空间特征(点、线、面及图像)的相交、相减或全并等,以及特征属性在空间上的连接。

(3)空间模型分析:是指GIS系统支持下分析和解决问题的方法体现,如数字地形高度分析、网络分析、图像分析等。

(4)显示功能。GIS系统为用户提供了许多用于显示地理数据的工具,可以是计算机屏幕显示,也可以是如报告、表格或地图等。一个典型的GIS系统功能框图如图5-1所示。

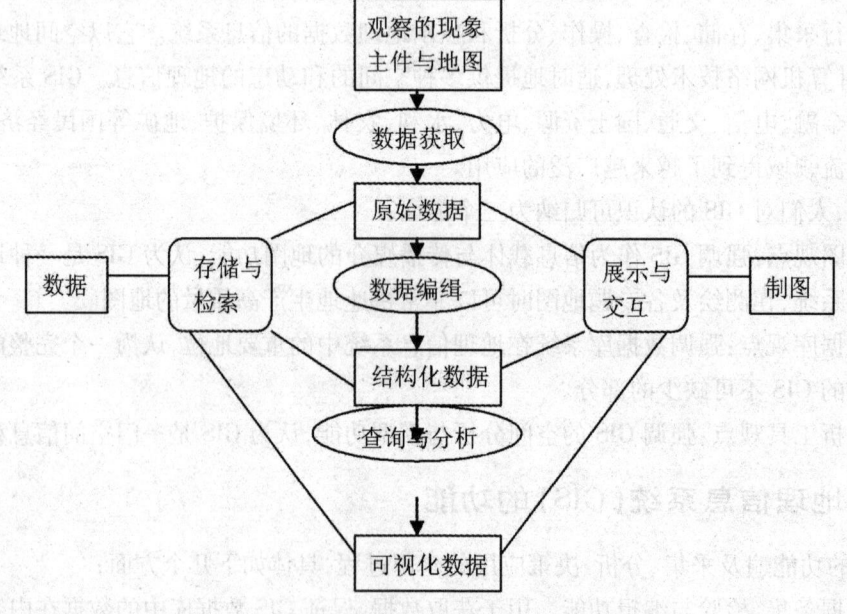

图5-1 一个典型的GIS系统功能框图

## 三、地理信息系统(GIS)的技术组成部分

GIS 系统主要由四部分组成:计算机硬件系统、软件系统、空间地理数据库、GIS 系统维护及使用人员。如图 5-2。

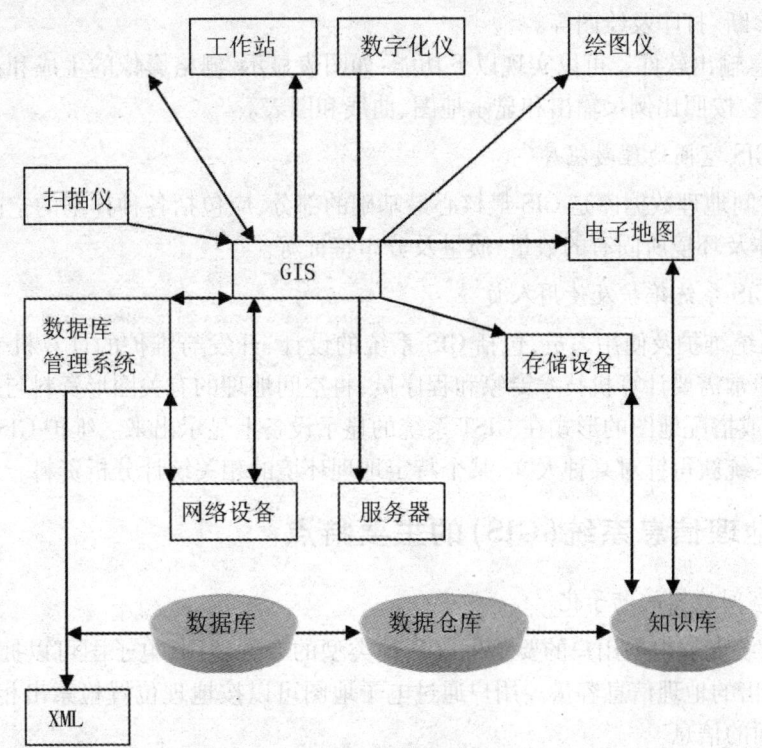

图 5-2　GIS 的基本组成

### (一)GIS 计算机硬件系统

GIS 计算机硬件系统是指操作 GIS 所必须的一切计算资源。如:

1. 计算机:工作站、PC 机、便携式计算机。
2. 数据输入设备:数字化仪、扫描仪等。
3. 数据输出设备:图表终端、绘图仪、打印机、硬件拷贝设备等。
4. 存储设备:磁带机、光盘机等。

### (二)GIS 计算机软件系统

GIS 计算机软件系统是指运行 GIS 系统所必须的各种计算机应用软件程序,包括操作系统软件、数据输入软件、数据查询和分析软件,图像处理软件,网络管理软件和信息输出软件。

1. 数据输入软件。包括基于矢量的地图数字化和编辑软件,基于栅格的地图与影像扫描软件。其常见的功能为:交互式图表编辑、属性编辑、质量控制、误差检测、数据边界匹配。
2. 数据查询和分析软件。数据查询软件包括图形数据查询和非空间数据查询。数据分析软件包括数据预处理软件和信息分析软件。数据预处理软件有地理坐标交换、数据格式转换、数据配准与纠正、地理内插等功能。信息分析软件包括缓冲区分析、多边型叠加分析、线性

网络分析、空间统计分析等空间信息基本分析软件及基于地理学领域专业问题解决方案的预测模型、规划模型、决策模型等空间信息高级分析软件。

3. 图像处理软件。包括影像增强、分类、识别和分析软件。

4. 网络管理软件。可以实现以下功能：多用户数据库的数据管理、网络活动的监视及网络问题的诊断、打印及绘图等。

5. 信息输出软件。可以实现以下功能：如图表显示、栅格影像的生成和显示、生成拷贝的地图和报表、按照比例尺输出和显示地图、曲线和图表。

（三）GIS空间地理数据库

GIS空间地理数据库是GIS最核心最基础的部分，应包括各种详细的空间地理资料，如地球表层物体及环境所固有的数量、质量及分布特征等。

（四）GIS系统维护及使用人员

GIS系统维护及使用人员，包括GIS系统的设计、开发与维护的计算机专家、程序员及操作人员。通常需要计算机技术专家和程序员，将空间地理的有关图形资料与属性资料以文字、数字、图表或搭配地图的形式在GIST系统的显示设备上显示出来。维护GIS系统让使用者能通过GIS系统获得针对某种人文、某个特定地理环境的相关统计分析资料。

## 四、地理信息系统（GIS）的主要特点

（一）空间地图的电子化

GIS系统能够根据用户的要求生成各种类型的专题地图，电子图可以拥有比一般地图大几百、几千倍的地理信息容量。用户通过电子地图可以按地理位置检索出相关的社会、经济、文化等方面的信息。

（二）方便灵活地查询与交流空间地理信息

GIS系统能够对空间地理信息进行快速搜索和复杂查询，通常有如下几方面的查询：

1. 可视化查询：直接通过地图进入数据库进行查询相关内容。
2. 基于空间地理信息的条件查询：可以在地图上任意划定区域进行查询。
3. 以某一点为中心的查询：可以在指定任意半径区域范围内查询。
4. 基于互联网的查询：可以实现远程空间地理数据与图型、图像的查询。

（三）快速采集与分析空间地理信息

GIS系统能够对各种空间地理数据进行查询、采集、编辑、统计与分析。如准确计算出指定区域的面积，地图中任意两点的距离，地图中任意两点间的路线选择方案，估算出现代物流移动终端在地图上两点间移动所需要的时间等。

## 五、地理信息系统（GIS）的应用

（一）地理信息系统在仓库规划中的应用

地理信息系统本身是把计算机技术、地理信息和数据库技术紧密结合起来的新型技术，其特征非常适合仓库建设规划，从而使仓库建设规划走向规范化和科学化，使仓库建设的经费得到最合理的运用。仓库地理信息系统作为仓库管理信息系统的一个子系统，依据地理坐标、图

标的方式更直观地反映仓库的基本情况,如仓库建筑情况、仓库附近公路和铁路情况、仓库物资储备情况等。它是仓库管理信息系统的一个重要分支和补充。

(二)地理信息系统在铁路运输中的应用

铁路运输地理信息系统便于销售、市场、服务和管理人员查看客运站、货运站、货运代办点、客运代办点之间的相对地理位置,以及运输专用线和铁路干线之间的相对地理位置。不同颜色和填充模式区分的各种表达信息,使用户便于识别销售区域、影响范围、最大客户、主要竞争对象、人口状况及分布、工农业统计值等。由此可看到增加运输收入的潜在地区,从而扩大延伸服务。通过这种可视方式,可以更好地制定市场营销和服务策略,有效地分配市场资源。

(三)车辆监控系统

车辆监控系统是集全球定位系统、地理信息系统和现代通信技术于一体的高科技系统。其中主要功能是对移动车辆进行实时动态的跟踪,利用无线将目标的位置和其他信息传送至主控中心,在控制中心进行地图匹配显示在监控和查询,从而科学地进行调度和管理,提高运营效率。移动车辆如果遇到麻烦或者其安全受到侵害,可以向控制中心发送报警信息,及时得到附近保安部门的支援,因此车辆监控系统还能够提供车辆安全服务,其应用是相当广泛的。

(四)物流分析方面的应用

地理信息系统在物流分析方面的应用,主在是指利用地理信息系统强大的地理数据功能来完善物流分析技术。国外公司已经开发出利用地理信息系统为物流提供专门分析的工具软件。完整的地理信息系统物流分析软件集成了车辆路线模型、最短路径模型、网络物流模型、分配集合模型和设施定位模型等。

## 第五节 电子数据交换技术

### 一、电子数据交换技术(EDI)概述

(一)EDI 的基本概念

电子数据交换系统(EDI)是指将企业间交易往来的资料由从前的文书、传票等传统的交换方式改变成依据标准的表格及规约,利用电脑网络传送的表达方式。EDI 是一种对处理数据格式要求很严的报文处理系统。它通过通信网络、按照协议在商业贸易伙伴的计算机系统之间快速传送,自动处理订单、发票、海关申报单、进出口许可证等规范化的商业文件。

EDI 按照同一规定的一套通用标准格式,将标准的经济信息,通过通信网络传输,在贸易伙伴的电子计算机系统之间进行数据交换和自动处理,俗称"无纸贸易",被誉为一场"结构性的商业革命"。

在供应链管理的应用中,EDI 是实现供应链上下游信息交互的有效技术手段。EDI 的使用,能够提高企业内部的生产效率,降低运作成本,改善渠道关系,提高对客户的响应,缩短事务处理周期,减少订货周期以及不确定性,提高企业的国际竞争力。利用 EDI 相关数据,并借助于某些 ERP 软件,能够对未来一段时期内的销售进行预测,从而控制库存水平,缩短订单周期,提高顾客满意度。

据 Texas Instruments 公司的报告,EDI 已经将其装运差错减少 95%,实地询问减少 60%,

数据登录的资源需求减少 70%，以及全球采购的循环时间减少 57%。DEC 公司通过将 EDI 和 MRP 结合起来，使 MRP 实现电子化，公司库存因而减少 80%，交货时间减少 50%。

目前我国大多数连锁零售企业都建立了 POS 系统，有的甚至已经采用无线 POS 系统，因此零售商能够获得动态的销售信息，如果能将信息再通过 EDI 及时地传送给制造商，实现信息数据化共享，那么制造商就能根据市场需求的变化相应地调整生产，避免过高的库存水平，零售商也能及时地得到批发商（或制造商）的补货，以免产生缺货的现象，这样整条供应链上的成员都能从中获益。

EDI 可以使其他公司的电脑处理结果直接透过网络传送至自己的电脑中。产生的效益有以下几点：①缩短信息传达的时间；②免纸张式的传票处理作业，削减转记作业等流程；③减少转记所造成的失误；④使资料输入更合理、更省略、更迅速，并提高资料的精确度。

### （二）应用 EDI 的效果及意义

EDI 将计算机应用技术、现代通信技术和现代化科学管理融为一体，它将引起影响深远的结构性商业革命。

EDI 技术首先在世界上的经济贸易行业，得到迅速的应用和发展，它绝不仅仅是业务操作方式的变化。发达国家的实践表明，它的广泛运用直接干预和影响着诸如企业行为、经济效益、商业观念、经营运行模式、市场甚至整个国民经济的运行等，使这些方面产生根本性的变化。

EDI 与企业内部的管理信息系统相结合，将成为一种威力强大，集信息处理、管理和通信于一体的手段。例如一个生产企业的 EDI 系统，通过网络收到一份订单，系统便可以自动地处理该订单，检查订单是否符合要求，若符合要求，就向供货方发送确认报文，通知企业内部管理系统安排生产，向零配件供应商订购零配件，向交通运输部门预定货运集装箱，向海关、商检等有关部门申请出口许可证，通知银行结算并开具 EDI 发票，从而将整个订货、生产、销售过程连为一体。EDI 和 MIS 结合在一起，能自动地完成整个商业贸易和生产过程的信息处理和管理。

EDI 的使用能降低企业经营成本，增强市场竞争力。据有关方面研究分析，应用 EDI 后，可使商业文件传递速度提高 81%，文件材料使用费用节约 40%。由于错误造成的商业损失减少 40%，文件处理造成的损失下降 38%，竞争力增加 34%。由此可见，EDI 所带来的效益是明显的。美国通用汽车公司采用 EDI 之后，每生产一辆汽车的成本可减少 250 美元。东芝公司在使用 EDI 之前，每一笔交易的文件处理费用是 1500 日元，实施 EDI 后则降低到 375 日元，每张订单的处理费用由 125 美元降到 32 美元。新加坡全国贸易网 Tradenet 使用 EDI，一份进出口许可证可在 15 分钟之内完成审批工作，大大缩短了贸易周期，提高了效率。间接效益的体现是，通过利用 EDI，使伙伴间的业务环节更加密切协调和一致，从而促进了资金流动，使库存、成本和客户服务等方面情况改善而获得的。这些间接效益主要来自于将原来分散的业务综合统一而取得的规模经济效益。

美国商务部和海关已明确规定，对使用 EDI 技术的进口许可证和报关文件优先审批和处理，对纸面文件推后处理。这对那些尚不具备使用 EDI 技术的国家，无疑意味着货物压仓时间增大、仓储费用增加、资金周转迟滞、贸易机会减少等。许多方面的损失，实际形成了一种新的贸易壁垒，将进一步削弱这些国家在国际贸易竞争中的能力和地位。

EDI 不仅能用于外贸交易，也可用于内贸交易。它实质上是利用电子技术进行商务活动的重要手段，它的标准数据交换格式将成为处理订货、发货以及支付等业务的通用媒介，在物资经销业、仓储与批发业、物流中心、配送中心等方面都有广阔的应用前景。它具有反应快速、简化手续、提高资金周转速度等优势,已被越来越多的国家所重视,并逐渐成为市场竞争中必不可少的有力武器。流通企业应大力提倡使用 EDI 并结合电子订货系统(EOS)建立适合我国流通业商务活动特点的 EDI 标准与规范。

## 二、EDI 的组成及其功能

### (一)EDI 的组成

1. EDP。EDI 的第一个组成部分是用户(企业)本身用于商业事务处理的计算机应用程序即企业自身的电子数据处理系统(EDP)。如单证制作系统、事务管理系统、财务系统等。EDI 的主要作用是让每个企业的应用程序可以直接与贸易伙伴的应用程度互通信息,因此必须有良好的 EDP 应用,才可以享受到 EDI 系统的优点。

2. EDI 标准。企业的应用系统通常有一个特色,就是需要大量投资用于开发工作,而且各种程序只是按照企业内部本身的要求编写,然而将来陆续有更多的贸易伙伴转用 EDI 系统的时候,要每个贸易伙伴都改编自己的应用程序以便与其他的贸易伙伴互相通信,这是不大可能的事。因此,贸易伙伴之间必须协议订立一套共用的标准用于表示所交换的数据。目前,世界各国都把 UN/EDIFACT 作为本国用于表示所交换数据的标准。

3. 翻译器。企业如果为了遵从一个共用的标准而强迫自己改编自己的应用程序是根本不切合实际的。为了解决这一个问题在 EDI 系统中引入了翻译器。翻译器的功能是将公司内部格式的应用程序数据翻译成共同标准格式的数据,也可以将共同标准格式数据翻译成公司内部格式数据。实际上,翻译器可以使企业的应用程序不受编程变化的影响,并可以采用多个标准或不同版本的标准。

4. 通信设施。在传送 EDI 信息时,必须由一个贸易伙伴的计算机系统到另一个伙伴的计算机系统,企业不可能分别为每个贸易伙伴设置一条独立的通信线路。因此,在实际应用中,每个机构都会安装一套通信软件,使自己的计算机把数据传到一个中央网络,由这个中央网络负责把 EDI 信息传到目的地,同时,也从这个网络接收信息。

5. 中央网络(EDI 中心)。EDI 系统采用存储转发的通信方式。EDI 中心为每个加入到该中心的用户开设一个邮箱。贸易伙伴交换信息时,发送方只要把信息发入对方的电子邮箱,接收方从自己的邮箱中接收信息即可。EDI 中心可以根据个别贸易团体的特定要求而建立,也可以利用增值网络(VAN)而建立。使用某一个网络的企业,也可以和使用另一个网络的贸易伙伴进行通信。

### (二)EDI 系统工作原理

1. 用户运用自己的 EDP 系统,按照贸易伙伴的要求生成自己企业内部格式的商业数据文件(Flat Data File)。

2. 调用翻译器将上述数据文件翻译成标准格式的数据文件(EDI Data File)。

3. 调用通信软件将已转换成标准格式的 EDI 报文经过通信线路传送到 EDI 中心。

4. 贸易对方通过通信线路到 EDI 中心取出数据。

5. 贸易对方将取出的具有 EDI 标准格式的数据经 EDI 翻译器转换成自己企业内部的商

业数据文件(EDP)。

6. 对该数据文件进行自动处理以便获得所需信息。

(三)EDI 系统的构成

EDI 技术是指不同的企业之间为了提高经营活动的效率在标准化的基础上通过计算机联网进行数据传输和交换的方法。EDI 的目的是通过建立企业间的数据交换网来实现票据处理、数据加工等事务作业的自动化、省力化、及时化和正确化,同时通过有关销售信息和库存信息的共享来实现经营活动的效率化。因此 EDI 的当事者之间必须预先确定 EDI 系统的结构和标准。

一般来说,EDI 系统由 4 个方面构成,如图 5-3 所示。

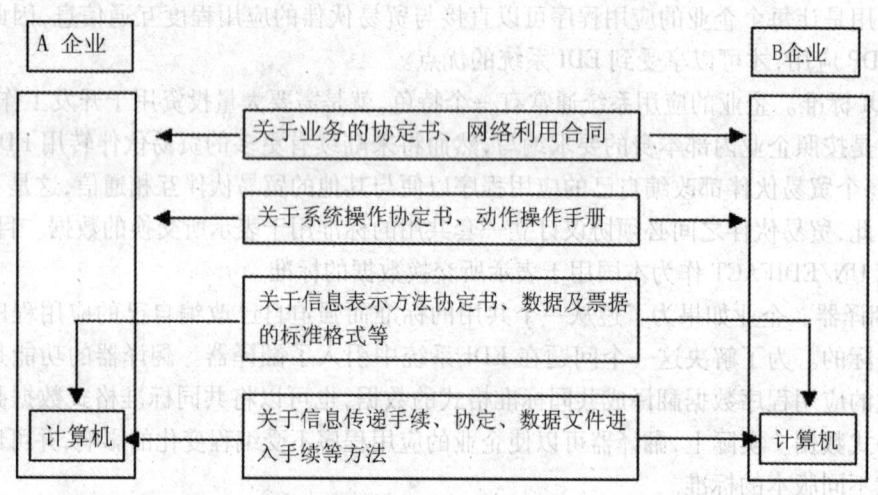

图 5-3 EDI 结构

## 三、EDI 在供应链管理中的应用

EDI 是一种信息管理或处理的有效手段,它是对供应链上的信息流进行运作的有效方法。EDI 主要应用于以下企业:

1. 制造业。JIT 即时响应以减少库存量及生产线待料时间,降低生产成本。

2. 贸易运输业。快速通关报检、经济使用运输资源,降低贸易运输空间、成本,减少时间的浪费。

3. 流通业。QR 快速响应,减少商场库存量与空架率,以加速商品资金周转,降低成本。建立物资配送体系,以完成产、存、运、销一体化的供应链管理。

4. 金融业。EFT 电子转账支付,减少金融单位与其客户间交通往返的时间与现金流动风险,并缩短资金流动所需的处理时间,提高客户资金调度的弹性。在跨行服务方面,可使客户享受到不同金融单位所提供的服务,提高金融业的服务品质与项目。

EDI 应用获益最大的是零售业、制造业和物流业。在这些行业中的供应链上应用 EDI 技术,加快传输发票、订单过程,提高效率。

物流 EDI 是指货主、承运业主以及其他的相关单位之间,通过 EDI 系统进行物流数据交换,并以此为基础实施物流作业活动的方法。

EDI 最初由美国企业应用于企业间的订货业务活动中,其后应用范围由订货业务向其他业务扩展,现在在物流中广泛应用。物流 EDI 的框架结构如图 5-4 所示。

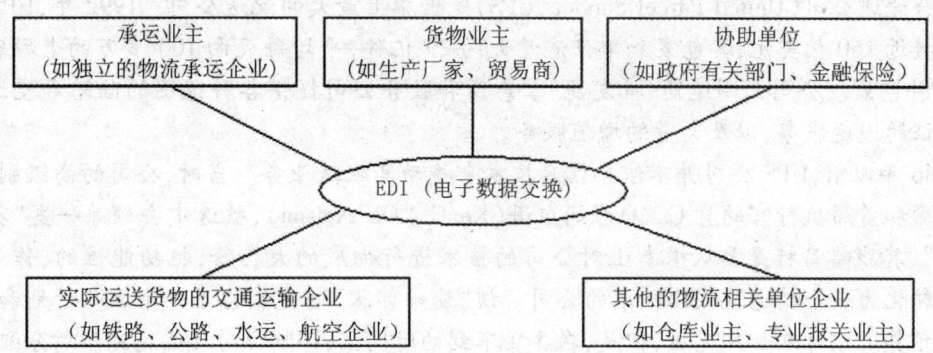

图 5-4 物流 EDI 的框架结构

物流 EDI 的参与单位由货主(生产厂商、贸易商、批发商、零售商等)、承运业主(如独立的物流承运企业等)、实际运送货物的交通运输企业(铁路企业、水运企业、航空企业、公路运输企业等)、协助单位(政府有关部门、金融企业等)和其他的物流相关单位(如仓库业主)、专业报关业主等)组成。

物流 EDI 的优点在于供应链组成各方基于标准化的信息格式和处理方法,通过 EDI 共同分享信息,提高物流效率,降低物流成本。例如,对零售商来说,应用 EDI 系统可以大大降低进货作业的出错率,节省进货商品检验的时间和成本,能迅速核对进货和到货的数据,易于发现差错。

## ※思考题:

1. 信息技术在供应链管理中有哪些主要作用?
2. 物流条形码与商品条形码有何区别?
3. 条形码技术在配送环节中起到什么作用?
4. 什么是地理信息系统(GIS)?它可以应用哪些领域?
5. 如何通过射频技术提高仓库管理的效率?
6. 电子数据交换技术在供应链管理中的应用主要体现在哪些方面?

## 参考文献

1.《现代物流信息化》,郝渊晓主编,中山大学出版社,2001
2.《供应链管理理论与实务》,胡军主编,中国物资出版社,2006.1
3.《供应链管理》,周艳军编著,上海财经大学出版社,2004.9
4.《供应链管理》,刘伟编著,四川人民出版社,2002.9
5.《物流信息管理实务》,吴明主编,中国物资出版社,2003.9
6.《供应链管理》,华蕊、马常红主编,中国物资出版社,2006.1
7.《现代物流学》,王之泰 主编,中国物资出版社,1995

## 案例讨论

### 联合速递公司的技术

联合速递公司（United Parcel Service，UPS）是世界上最大的配送公司。1992年，UPS公司的收入接近160亿美元，其包裹和单证流量大约29亿件，平均每天向100多万的老顾客递送1100万件包裹。公司向制造商、批发商、零售商和服务公司提供各种范围的陆路和空运的包裹和单证的递送服务，以及大量的增值服务。

1986年以前，UPS公司并不依赖信息技术来推动其配送业务。当时，公司的高级副总裁，现任主席和首席执行官的肯C."Oz"纳尔逊（KenC."Oz"Nelson），被选中去领导一支"技术使命部队"，其战略目标是要从根本上对公司的技术进行彻底的大检修，把功能性的、作业导向的公司转化为一个精通现代化技术的公司。该"使命部队"首先制订了一个5年计划和15亿美元的预算。该计划如期完成，但是，在5年不到的时间里，UPS公司就已花完了所分配的钱，据了解，该项努力耗资"几十亿"。到1991年，UPS公司的通信网络已连接了6台大型计算机、250台小型计算机、4万台个人电脑，以及全世界1300个配送点之间的7.5万个手提计算机。

公司对应用必要的战略信息技术的要求是，对未来市场需求和顾客需求做出高度精确的描述。20世纪整个80年代，UPS公司以其大型的棕色卡车车队和及时的递送服务，控制了路面和陆路的包裹速递市场。然而，到了20世纪80年代后期，随着竞争对手利用不同的定价策略以及跟踪和开单的创新技术对UPS的市场进行蚕食，公司的收入开始下滑。为了提供可靠的、明确规定时间的递送服务，路面承运人与航空承运人之间的竞争日益激烈。在航空速递市场中，这种注重于既缩短时间又降低成本的时间的管理战略，已增加了延迟货物装运的时间。

UPS公司致力于信息技术的升级和利用，提供除通宵装运之外的各种服务。这种趋势有望继续到可预测的未来。有许多大型的托运人希望通过单一服务来源提供全程的配送服务。随着竞争的白热化，服务需求已变得愈来愈迫切。顾客们正在通过更多的信息，指望控制成本和提高效率。UPS公司负责营销的副总裁迪克·格林（Dick Green）认为，如今，提供信息服务已是包裹递送业务中的一个至关重要的竞争要素。格林说："我们正在努力营造，提供顾客们正在期待的全面信息服务。"UPS公司已通过广泛应用三项以信息为基础的技术来提高其服务能力。

第一，条形码和扫描仪使UPS公司能够有选择地每周7天、每天24小时地跟踪和报告装运状况，顾客只需拨个免费的电话号码，即可获得"地面跟踪"（Ground Trac）和航空递送这样的增值服务（Maxi Trac）。

第二，UPS公司的递送驾驶员现在携带着以数控笔技术为基础的笔记本电脑到排好顺序的线路上收集递送信息。这种笔记本使驾驶员能够用数字记录装运接受者的签字，以提供收货核实。计算机化的笔记本协调驾驶员信息，减少了差错，又加快了运送速度。

第三，UPS公司最先进的信息技术应用，是1993年创建的一个全国无线通信网络，使用了55个蜂窝状载波电话。蜂窝状载波电话技术使驾驶员能够把实时跟踪的信息从卡车上传送到UPS公司的中央电脑。无线移动技术和系统得到来自新泽西州莫澳（Mahwah）数据中心的1亿美元的支持，使公司能够提供电子数据储存，并能恢复跟踪公司在全球范围内每天上百万笔递送业务。为了支持公司在欧洲增长的作业，UPS公司还在莫澳基地安装了卫星地面站，提供美国与德国间的直接链接。该公司致力于信息技术的升级与利用。公司准备再投资30亿美元用于扩大系统,使其成为世界上在速递方面最具竞争力的企业。

讨论题:
1. UPS 为什么要建立如此庞大的通讯网络系统?
2. 为了应对航空速递业的竞争,UPS 做了哪些工作?
3. UPS 广泛应用的以信息为基础的技术有哪三项?

# 第六章 供应链管理的信息系统

\* **本章主要内容**
- 快速反应(QR)方法
- 有效客户反应(ECR)
- 电子订货系统(EOS)
- 销售时点信息系统(POS)
- 配送需求计划(DRP)

\*
### 信息化改造引导服装生产上水平

一直以来，山东省标志服装股份有限公司积极应用电子信息技术，改造服装生产，有效地提高了服装生产水平，促进了企业健康稳步发展，成为集开发、生产于一体，销售服务一条龙的大型服装企业，并先后被国家公安部、最高人民法院、司法部、卫生部、农业部、铁道部、工商总局、邮政局、技术监督局等部门确定为标志服装定点生产厂。现有职工近2000人，固定资产1.63亿元，30条大型服装生产线，年产服装能力430万套(件)。

企业主要产品有标志服装、森姆牌西服、出口服装和皮尔·卡丹女装等四大系列近千个花色品种。其中，标志服装在全国服装行业质量评比中一直名列前茅，多次荣获第一名。森姆西装多次荣获国内、国际服装博览会质量金奖，1998年被评为山东名牌。出口服装受到广大客商的高度评价。皮尔·卡丹女装具备高雅、优美的显著特点，居国内领先水平。产品销往美国、日本、韩国、意大利等十几个国家和地区，企业已跻身全国服装行业"销售收入、利税总额双百强"，并一直靠近前十名，荣获省先进企业、重合同守信用企业、全国先进企业和全国纺织品出口先进企业等称号。

多年来，山东省标志服装股份有限公司认真领会并实践"科学技术是第一生产力"的论断，积极实施科技兴企战略，不断消化吸收，推广应用电子信息新技术、新设备，并取得明显成效。

——引进美国格柏公司服装辅助设计、自动裁剪系统(CAD/CAM)，通过应用研究试验，广泛应用于标志服、森姆西服、出口服装、皮尔·卡丹女装等各类服装的设计与生产。设计人员利用CAD丰富的颜色、图案、信息储量和敏捷快速的工作速度，快速设计出合体、合神、合市场,款式不同,异彩纷呈的新颖服装,满足了人们日益凸现的思想化、个性化、标准化、休闲化等方面的需求,适应了多品种、小批量、高品质、快速反应的市场需求。CAD 还能优化排版、自动快速推档,适应生产同一款式但大小肥瘦不同尺寸的产品。服装 CAM 与 CAD 连机,接收 CAD 的排版信息,按照确定的排版、型号尺寸和产量进行自动裁剪,所裁衣片从几十层到上百层,上下左右分毫不差,尺寸非常精确,如有错误则自动停机报警,使产品合格率一直保持 100%,有效地避免了因手工操作发生的过刀、偏刀等现象,减少了材料浪费,提高了材料的利用率。应用 CAD/CAM 进行设计、制版、排版、裁剪,比手工裁剪提高速度 10 倍以上,降低了职工劳动强度,每年降低成本和增加效益两项合计达 180 多万元。

——引进德国杜克普公司光机电一体化开袋机、绱袖机、勾袋盖机、合背缝机、绱腰光机、合裤缝机等缝纫设备,实现了缝纫设备专用化。光机电一体化缝纫机,根据服装不同部位编制缝纫程序,自动缝纫,缝制服装具有定位准确、针码均匀、线迹美观等显著优点。比如电脑控制绱袖机,输入确定的吃丝程序,使绱袖按照人的意志实现均匀吃丝,解决了普通手缝机所产服装袖口的绉折问题,并且,缝片长短随着缝纫的厚薄变化自动调节,消除了普通平缝机缝纫垫肩被拿瘪的弊病,使生产的服装袖口丰满圆顺。光机电专用化缝纫机,彻底克服了普通手缝机生产服装定位难以把握、尺码大小不一、线迹忽左忽右等缺点,提高了服装做工水平。

——引进意大利迈埠公司电脑控制成衣立体蒸汽定型生产线,经过应用研究试验,用于实际生产,切实提高了产品质量档次。服装业内有一句行话,叫做"三分做工七分烫工",说明了服装熨烫定型的重要性。最早企业成衣定型使用平台电熨斗,其熨烫温度,压力和时间无法控制,定型的服装为平面形状,重复熨烫,校角地方容易烫出"极光",甚至由于人工失误,发生"烫焦事故"。后来,成衣定型又采用平台蒸汤熨斗,比电熨斗前进了一步,解决了"烫焦"问题,但定型的成衣仍为平面形状,而且其熨烫温度、压力和时间仍无法确定和控制,反复熨烫造成了蒸汽浪费。机电一体化成衣立体蒸汽定型机,其定型模具按照人体各部位设计制作,蒸汽压力、空气压力、模具压力、定型温度、定型时间全部由电脑控制,根据布料性质任意调节,自动熨烫。设备引进后,技术人员对不同性质的布料服装熨烫进行了研究试验,分别确定了毛料类、化纤类、绵纤类服装定型的蒸汽压力、空气压力、模具压力、定型温度、定型时间等最佳技术指标,由电脑自动控制。成衣立体蒸汽流水线用于服装定型生产,实现了服装定型立体化、自动化、流水化,比平台电熨斗、汽熨斗生产省时、省力、省能源,最突出的优点是定型的服装为立体形状。

——引进美国格柏公司服装单量单裁系统。针对特体进行设计裁剪,使服装更加合体。引进的单量单裁系统,与电脑辅助设计、排版系统联机,实现了单件服装裁剪自动化,并提高了裁剪的精确度、裁剪的速度及裁剪的质量,使特体服装在设计、生产及放缩上更加方便准确,让每一个特体着装人员穿着更加合体。

山东省标志服装股份有限公司通过应用电子信息技术和设备,在国内同行业中率先实现了服装生产"设计电脑化、裁剪自动化、缝纫设备专业化、运输吊挂化、定型立体化",生产水平跨入国际同行业先进行列,提高了产品质量档次,增强了企业的市场竞争能力。2000 年以来,公、检、法、司等部门服装实行招标采购,把应用上述电子信息技术和设备列为投标企业的必备条件。山东省标志服装股份有限公司在此基础上参加招标竞争、连续中标,迄今已实现销售收入 8.9 亿元,利税 9000 万元。

当今社会已进入信息化时代,服装业是所有产业中信息量最大的产业之一,因此服装业要想在经济全球化的竞争中立于不败之地,就必须不断引进和应用电子信息技术、新设备。

国家已把推广应用电子信息技术和设备列入十分重要的地位,山东省标志服装有限公司按照各级领导的指示和要求,积极采用三维量体、三维试衣、生产集散控制系统(DCS)、客户关系管理系统(CRM)、市场快速反应系统(QR)等等电子信息、新技术、新设备,努力提高服装生产水平。创造国家名牌,国际知名品牌,建设国际一流的服装企业集团,拓展两个市场,提高社会、经济效益,为服装业的发展做出积极的贡献。

## 第一节 快速反应(QR)方法

### 一、快速反应(QR)的含义

(一)快速反应(QR)的定义

快速反应(quick response,缩写为QR,)是美国纺织与服装行业发展起来的一种供应链管理策略。是零售商及供应商密切合作的策略,应用这种策略,零售商和供应商通过共享POS系统信息、联合预测未来需求、发现新产品营销机会等,对消费者的需求作出快速的反应。QR实施10多年来,在美国的纺织和服装行业取得了巨大的成功,每年可为客户节约近13亿美元的费用。

下面我们给出QR的简短定义:指在供应链中,为了实现共同的目标,至少在两个环节之间进行的紧密合作。目的是减少原材料到销售点的时间和整个供应链上的库存,最大限度地提高供应链的运作效率。这里所描述的供应链共同目标包括以下两个方面:

1. 提高顾客服务水平,即在正确的时间、正确的地点用正确的商品来响应消费者的需求。
2. 降低供应链的总成本,增加零售商和厂商的销售额,从而提高零售商和厂商的获利能力。

显然,这种新的贸易方式意味着双方都要告别过去的敌对关系,建立起贸易伙伴关系来提高向最终消费者的供货能力,同时降低整个供应链的库存量和总成本。

(二)快速反应(QR)的内涵

在QR的实施中,零售商和制造商紧密协调零售商库存的分布与管理,QR系统一般包括以下几个重要部分:

1. 零售商通过对商品条码的扫描,从POS系统得到及时准确的销售数据。
2. 经由EDI传送,制造商每周或每日共享库存单元一级的销售及库存数据。
3. 针对预定的库存目标水准,制造商受委托进行自动或近于自动的补充供应活动。实验证明:在补货中实施QR,可以将补货周期减少75%。

许多公司采用QR技术都带来了可观的利益提升,显然针对用来支持双方的业务关系,许多公司也采用了相对应的QR技术,但只有当贸易双方用技术来有效地管理彼此间的商品流和信息流的时候,只有在管理中接受这种新的"开放式合作"关系的时候,快速反应才能真正发挥作用。

### 二、QR带来的利益

QR的应用实践表明QR从出现到现在,给使用者带来了诸多的利益。我们可以从厂商及零售商两方面来理解 QR 的优点。

（一）QR 给厂商带来的利益

1. 更好的顾客服务

快速反应零售商可为店铺提供更好的服务，最终为顾客提供更好的店内服务。由于厂商送来的货物与承诺的货物是相符的，厂商能够很好地协调与零售商间的关系。长期的良好顾客服务会增加市场份额。

2. 降低了流通费用

由于集成了对顾客消费水平的预测和生产规划，就可以提高库存周转速度，需要处理和盘点的库存量减少了，从而降低了流通费用。

3. 降低了管理费用

因为不需要手工输入订单，所以采购订单的准确率提高了。额外发货的减少也降低了管理费用，货物发出之前，仓库对运输标签进行扫描并向零售商发出提前运输通知，这些措施都降低了管理费用。

4. 更好地安排生产计划

由于可以对销售进行预测并能够得到准确的销售信息，厂商可以准确地安排生产计划。

（二）QR 给零售商带来的利益

1. 提高了销售额

条形码和 POS 扫描使零售商能够跟踪各种商品的销售和库存情况，这样零售商就能够准确地跟踪存货情况，在库存真正降低时才订货；降低订货周期；实施自动补货系统（也称厂商补货系统），使用库存模型来确定什么情况下需要采购，以保证在顾客需要商品时可以得到现货。

2. 减少了削价的损失

由于具有了更准确的顾客需求信息，店铺可以更多地储存顾客需要的商品，减少顾客不需要商品的存货，这样就减少了削价的损失。

3. 降低了采购成本

商品采购成本是企业完成采购职能时发生的费用，这些职能包括订单准备、订单创建、订单发送及订单跟踪等。实施快速反应后，上述业务流程变得简化，由此采购成本也降低了。

4. 降低了流通费用

厂商使用物流条形码（SCM）标签后，零售商可以扫描这个标签，这样就减少了手工检查到货所发生的成本。SCM 支持商品的直接出货，即配送中心收到货物后不需要检查，可立即将货物送到零售商的店铺。另外厂商发来的预先发货清单（ASN）可使配送中心在货物到达前有效地调度人员和库存空间，而且不需进行异常情况处理，因为零售商准确掌握厂商发货信息。

5. 加快了库存周转

零售商能够根据顾客的需要频繁地小批量订货，也降低了库存投资和相应的运输成本。

6. 降低了管理成本

管理成本包括接收发票、发票输入和发票例外处理时所发生的费用，由于采用了电子发票及发货清单（ASN），管理费用大幅度降低了。

总之，采用快速反应方法后，虽然单位商品的采购成本会增加，但通过频繁地采用小批量采购商品，顾客服务水平会有所提高，零售商就更能快速地适应市场的变化，同时其他成本会相应地降低，如库存成本和清仓削价成本等，结果是零售商最终提高了自身的利润。

### 三、QR 成功的条件

尽管 QR 的施行，可以为企业带来诸多的好处，但是并不是任何企业在任何条件下都可以施行 QR，QR 的施行要取得成功，必须有一些先决的前提条件，否则施行 QR 就是一件只有投入没有回报的行动。一般认为，QR 成功须具备以下五个条件。

#### （一）观念的改变

就是指要改变传统的经营方式，革新企业的经营意识和组织。这主要表现在以下五个方面：

1. 企业必须改变只依靠独自的力量来提高经营效率的传统经营意识，要树立通过与供应链各方建立合作伙伴关系，努力利用各方资源来提高经营效率的现代经营意识。
2. 零售商在垂直型 QR 系统中要起主导作用，零售店铺是垂直型 QR 系统的起始点。
3. 通过 POS 数据等销售信息和成本信息的相互公开和交换来提高各个企业的经营效率。
4. 明确垂直型 QR 系统内各个企业之间的分工协作范围和形式，消除重复作业，建立有效的分工协作框架。
5. 通过利用信息技术实现事务作业的无纸化和自动化，改变传统的事务作业的方式。

#### （二）现代信息处理技术的开发和应用

这里所说的现代信息处理技术包括有商品条形码技术、物流条形码（SCM）技术、电子订货系统（EOS）、POS 数据读取系统、EDI 系统、预先发货清单（ASN）技术、电子资金支付（EFT）系统供应商管理用户库存方式（VMI）、连续库存补充方式（CRP）等。

#### （三）建立战略伙伴关系

要与供应链上的相关节点企业之间建立战略伙伴关系。其具体内容包括以下两个方面：①积极寻找和发现战略合作伙伴。②在合作伙伴之间建立分工和协作关系。合作的目标既要削减库存，又要避免缺货现象的发生，降低商品风险，避免大幅度降价现象发生，减少作业人员和简化事务性作业等。

#### （四）开放和共享信息

传统的情况下，有关自身企业的商业信息都是处于保密状态的，但在 QR 实施时，要求将销售信息、库存信息、生产信息、成本信息等与合作伙伴交流分享，并在此基础上，进一步要求各方在一起发现问题、分析问题和解决问题。

#### （五）缩短生产周期并减少商品库存

这主要是指供应方必须要能够缩短商品的生产周期，进行多品种少批量生产和多频度小数量配送，降低零售商的库存水平，提高顾客服务水平，在商品实际需要将要发生时采用 JIT 生产方式组织生产，减少供应商的库存水平。

## 四、QR 的实施阶段及步骤

QR 的实施是分阶段进行的,一般可以分为三个阶段:

### (一)商品单元条码化

商品单元条码化是指对所有的商品单元条码化,即对所有商品消费单元用 EAN/UPC 条码标识,对商品储运单元用 ITF-14 条码标识,而对贸易单元则用 UCC/EAN-128 条码标识。利用 EDI 传输订购单报文和发票报文。

### (二)业务处理新策略

在第一阶段的基础上增加与内部业务处理有关的策略,如自动库存补给与商品即时出售等,并采用 EDI 传输更多的报文,如发货通知报文、收货通知报文等。

### (三)建立合作伙伴关系

建立合作伙伴关系是指与贸易伙伴密切合作,采用更高级的 QR 策略,以对顾客的需求作出快速反应。一般来说,企业内部业务的优化相对来说较为容易,但在贸易伙伴间进行合作时,往往会遇到诸多障碍,在 QR 实施的第三阶段,每个企业必须把自己当成集成供应链系统的一个组成部分,以保证整个供应链的整体效益。

实施 QR 需要经过 6 个步骤(如图 6-1 所示)。每一个步骤都需要以前一个步骤作为基础,并比前一个步骤有更高的回报,但是需要额外的投资。

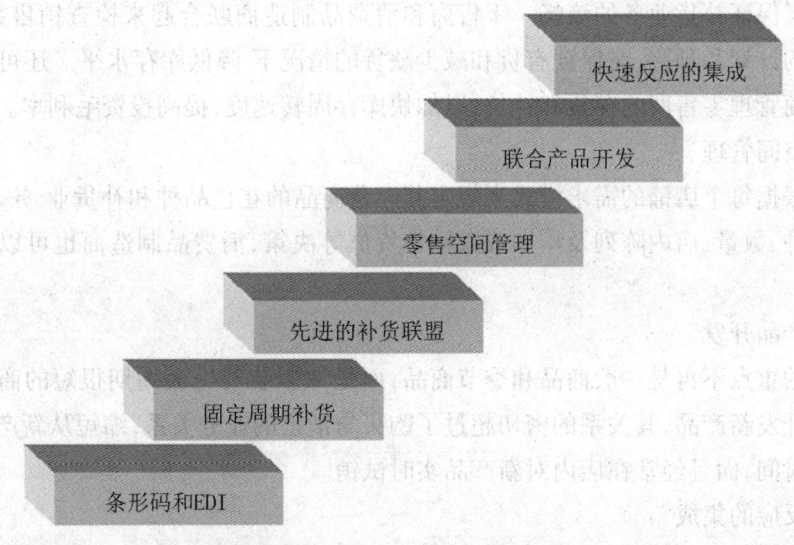

图 6-1  QR 实施的 6 个步骤

**1. 条形码和 EDI**

零售商首先必须安装通用产品代码(UPC 码)、POS 扫描和 EDI 等技术设备,以加快 POS 机收款速度、获得更准确的销售数据并使信息沟通更加通畅。POS 扫描用于数据输入和数据采集,即在收款检查时用光学方式阅读条形码,然后将条形码转换成相应的商品代码。

通用产品代码(UPC 码)是行业标准的 12 位条形码,用作产品识别。正确的 UPC 产品标志对 POS 端的顾客服务和有效的操作是至关重要的。扫描条形码可以快速准确地检查价格并记录交易。

EDI 是在计算机间交换商业单证,需遵从一定的标准,如 ANSIX.12。零售业的专用标准是"志愿跨行业通讯标准"委员会制定的,食品类的专用标准是 UCC 制定的。EDI 要求公司将其业务单证转换成行业标准格式,并传输到某个增值网(VAN),贸易伙伴在 VAN 上接收到这些单证,然后将其从标准格式转到自己系统可识别的格式。EDI 可传输的单证包括订单、发票、订单确认、销售和存货数据及事先运输通知等。

2. 自动补货

自动补货是指基本商品销售预测的自动化。自动补货使用基于过去和目前销售数据及其可能变化的软件进行定期预测,同时考虑目前的存货情况和其他一些因素,以确定订货量。自动补货是由零售商、批发商在仓库或店内进行的。

3. 固定周期补货

QR 的自动补货要求供应商更快、更频繁地运输重新订购的商品,以保证店铺不缺货,从而提高销售额。通过对商品实施快速反应并保证这些商品能敞开供应,零售商的商品周转速度更快,消费者可以选择更多的花色品种。

某些基本商品每年的销售模式实际上都是一样的,一般不会受流行趋势的影响。这些商品的销售量是可以预测的,所以不需要对商品进行考察来确定重新订货的数量。

4. 先进的补货联盟

这是为了保证补货业务的流畅。零售商和消费品制造商联合起来检查销售数据,制订关于未来需求的计划和预测,在保证有货和减少缺货的情况下降低库存水平。还可以进一步由消费品制造商管理零售商的存货和补货,以加快库存周转速度,提高投资毛利率。

5. 零售空间管理

这是指根据每个店铺的需求模式来规定其经营商品的花色品种和补货业务。一般来说,对于花色品种、数量、店内陈列及培训或激励售货员等决策,消费品制造商也可以参与甚至作出决策。

6. 联合产品开发

这一步的重点不再是一般商品和季节商品,而是像服装等生命周期很短的商品。厂商和零售商联合开发新产品,其关系的密切超过了购买与销售的业务关系,缩短从新产品概念到新产品上市的时间,而且经常在店内对新产品实时试销。

7. 快速反应的集成

通过重新设计业务流程,将前五步的工作和公司的整体业务集成起来,以支持公司的整体战略。快速反应前四步的实施,可以使零售商和消费品制造商重新设计产品补货、采购和销售业务流程。前五步使配送中心得以改进,可以适应频繁的小批量运输,使配送业务更加流畅。同样,由于库存量的增加,大部分消费品制造商也开始强调存货的管理,改进采购和制造业务,使他们能够作出正确的反应。

最后一步要求零售商及消费品制造商重新设计其整个组织、绩效评估系统、业务流程和信息系统。设计的重点应围绕着消费者而不是传统的公司职能,它们要求集成的信息技术。

## 案例6-1:
## 澳大利亚TCF行业实施QR策略

### 1. 背景

20世纪90年代后,澳大利亚的TCF工业(T – Textiles,C – Clothing,F – Footwear),即纺织、成衣、制袜工业,面临着来自海外的强有力竞争。TCF行业发生较大的亏损,失去了约1/3的生产制造基地,大量工人失业。为使纺织、成衣、制袜产品在全世界更具竞争力,近10年来,澳大利亚着力于重建工厂内部组织,建立能快速适应市场需求变化的系统。

### 2. QR快速反应引导计划和QR研习班

澳大利亚政府倡导和出资实行了一项计划,即快速反应引导计划(The Quick Response Pilot Program)。该计划的核心目标是提高企业的市场快速反应能力。具体目标有:其一,发展零售商、制造商和供应商之间的紧密合作关系;其二,帮助企业应用EDI电子数据交换技术,以改善市场信息的传播。在1992~1995年期间,有50家企业参与了该项目,形成TCF行业5大供应链企业集团。

为了推进QR的实施,政府发起召开QR研习会议。QR研习会一般在墨尔本政府办公室举行,每1-2个月举行一次。事实表明,QR研习会制度使参与各方都获益匪浅。QR研习会有四项议程:交流各企业成员的目标集;讨论各成员的目标集和行动计划;配备咨询顾问,其主要职责是推进QR策略在企业内部的实施,跟踪调查企业的战略和战术计划。

零售商的目标在于向顾客提供合适商品和扩大销售。制造商认为,未能全面及时交货的原因在零售商和供应商方面。他们指出,零售商将货物囤积在零售分销中心,造成对顾客的交货延迟。另外,零售商随意变更订货数量、发货日期、产品规范和合同条款。制造商希望能从零售商那里获取销量、销量预测和每周更新的信息,以便有效开展对销售、交货、市场预测、促销、新产品开发、季节性生产线开发、质量和成本的管理。供应商要求信息共享,获得持续定单,参与制造商新产品研发过程。他们还希望制造商能减少原料样品、色彩的范围和数量。

经过充分沟通后,供应链集团三方共同的目标,主要集中在:联合计划、增进沟通、加速信息共享。目标集的提出是完全公开和透明的,并非如以往那样显得隐晦。

### 3. QR快速反应12步工作清单

随后,供应链集团列出了一份QR伙伴关系发展清单。政府项目官员、项目执行顾问和企业经理们共同确定了QR快速反应12步工作清单,即:第1步,QR理念的培训;第2步,企业QR状态审核;第3步,高层管理的参与;第4步,形成供应链伙伴;第5步,任命企业QR代表;第6步,选择中立QR促进员;第7步,沟通目标集;第8步,任命咨询专家;第9步,开发SC伙伴文化;第10步,定期SC工作会议;第11步,战略规划和实施;第12步,监督和持续完善。

第1步至第3步为企业内部的前期工作。政府项目资金只有当企业完成前3步,并经政府项目机构认可后才能启用。第4步是合作伙伴的建立活动。第5步是指选择代表参加研习会。第6至11步是系统建立过程中最为关键的6步。而第12步则指出了监督和反馈的重要性。

在实施行动方案中,最受推荐的行动,是制定联合季节性销售计划,以及协调供应链集团中各成员的行动,实现了对初始订单的适时交货、及时补给存货、减少浪费和延迟。

咨询专家和顾问人选,需得到了TCF行业政府部门认可,由QR引导计划项目基金中支付专家酬金。该基金另一部分用于购买EDI软硬件和QR策略所需的重要设备。专家顾问扮演着"观察员"的角色,他们的主要职责就是帮助供应链集团建立起内部沟通机制、信息共享系统及成员间的互信机制。

4. 加强企业之间的沟通

多向的开放沟通方式,对供应链集团的所有成员都有着极高的战略价值。一位QR项目执行官员在一次研讨会中指出:"重要的并非是信息本身,而是对于信息我们做了些什么。"

沟通揭示出一种命运共享的状态,合作各方必须相互信任,要合作而不是冲突。有效沟通的基础是信任机制。信任的建立依靠实际行为,信任需要花很长时间才能建立,而一次愚蠢的行为就会将它破坏。沟通应该是多方面和多渠道的。

5. QR项目带来的良好效果

推行QR项目,使得澳大利亚纺织、成衣和制袜行业企业竞争力在一些关键领域上有了显著的提高。货物的按时交货率由原来53%的低水平上升到92.6%的高水平。采用QR策略后,企业的销售收入几乎翻了一番。存货周转次数也由每年8次上升到16次,而产品拒收率则从2.5%降到了2.1%。对绝大多数QR项目参与企业而言,企业的顾客满意度有了显著提高。

零售商、成衣制造商、纺织品制造商(即成衣原料提供商)都作出了承诺。例如,对制造商而言,零售商要提供产品销售和预测信息,还应通知制造商有关产品说明和产品包装方面的事宜,并保证制造商交货后其货品可立即上柜销售。这种承诺所带来的是订货量及商品销量的稳步提升。对成衣制造商和零售商而言,在商品条形码化和产品市场定位上,他们之间的合作水平也有了提高。纺织品供应商则要向成衣制造商提供染坊产品生产的时间估计,他们还保证向制造商提供新型织物的重量、纱布数量、色彩方面的相关信息。

QR引导项目的成功从很大程度上讲建立在这种供应链伙伴关系的基础上,项目具备了解决各种问题的团队合作机制,同时,项目促进者对项目实施的有效领导也起了很大作用。

6. 成功要素和障碍克服

澳大利亚QR项目的成功,包含了三个互相影响的因素。第一个因素是积极寻找机遇创造有利环境和寻求一种有效的问题解决机制。第二个因素是项目促进者的参与,而该促进者必须与供应链集团任何成员均无特殊关系,在所有参与者眼中,此人应为公正无私的典范。第三个因素是那些对公司战略的制定具有决定权的公司上层管理者的参与。

项目促进者的工作态度是具有积极性、鼓励性的,同时也是友善的、有组织的。在项目计划介绍会议中,计划促进者被认为具有"兜售者"的特点,而在整个工作流程中,计划促进者就转变为类似"监督者"与"参与者"的角色,他们指导供应链集团作出各种决定。这种角色的转化体现出计划促进者其实具有"意外情况处理者"的色彩。

澳大利亚QR项目的成功同时意味着克服许多障碍。实施QR项目的障碍主要有:高层领导未全力参与项目的实施。消极观念、过分相信传统大批量生产、强制性的或敌对的成员关系、对供应链集团中其他成员的生产经营情况缺乏了解、低效的沟通机制和人际关系处理方面等。同时,部分制造商确实对转换原有的大规模制造系统存有不安的情绪。在零售商方面,所作出的一些采购方面的决定,主要考虑的是其带来的第一手利润会是多少,而不是这一行动会花费多少总成本。另外,他们为制造商提供的销售信息及时性较差,而POS系统扫描数据出错。

同样重要的是,项目参与者能有一种共赢的意识,彼此抱有一种信任的态度,并善于了解对方的经营状况,同时,他们还要能克服来自外界的不利影响。促使QR项目得以成功的外在因素包括,企业是否拥有持久的活力以及是否能不断的致力于创造一种良好的环境氛围。

澳大利亚TCF工业QR项目的工作会议,无论是单纯从其运作程序还是从成员企业间的相互影响来看,都可以说对QR项目的最终成功做出了重大贡献。由于QR项目在TCF工业领域获得了成功,澳大利亚政府致力于在本国的家具制造业推行该计划,工作重点放在面向顾客的产品设计和生产上,并努力为项目的顺利实施创造良好的内外部环境。

## 第二节 有效客户反应(ECR)

### 一、ECR的概念

有效客户反应(Efficient customer response,简称ECR)是以满足顾客要求和最大限度降低物流过程费用为原则,能及时做出准确反应,使提供的物品供应或服务流程最佳化的一种供应链管理战略。

ECR即"有效客户反应",它是在食品杂货分销系统中,分销商和供应商为消除系统中不必要的成本和费用,给客户带来更大效益而进行密切合作的一种供应链管理方法。

ECR的最终目标是建立一个具有高效反应能力和以客户需求为基础的系统,使零售商及供应商以业务伙伴方式合作,提高整个食品杂货供应链的效率,而不是单个环节的效率,从而大大降低整个系统的成本、库存和物资储备,同时为客户提供更好的服务。

要实施有效客户反应,首先,应联合整个供应链所涉及的供应商、分销商以及零售商,改善供应链中的业务流程,使其最合理有效;然后,再以较低的成本,使这些业务流程自动化,以进一步降低供应链的成本和时间。具体地说,实施ECR需要将条码、扫描技术、POS系统和EDI集成起来,在供应链(由生产线直至付款柜台)之间建立一个无纸系统(如图6-2所示),以确保产品能不间断地由供应商流向最终客户,同时,信息流能够在开放的供应链中循环流动。这样,才能满足客户对产品和信息的需求,即给客户提供最优质的产品和适时准确的信息。

有效客户反应是一种运用于工商业的策略,供应商和零售商通过共同合作(如:建立供应商/分销商/零售商联盟),改善其在货物补充过程中的效率,而不是以单方面的行动来提高生产力,这样能节省由生产到最后销售的贸易周期的成本。

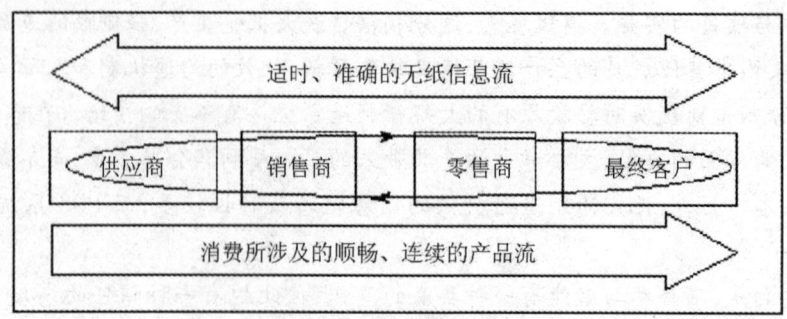

图6-2 ECR系统示意图

通过ECR,如计算机辅助订货技术,零售商无需签发订购单,即可实现订货;供应商则可利用ECR的连续补货技术,随时满足客户的补货需求,使零售商的存货保持在最优水平,从而提供高水平的客户服务,并进一步加强与客户的关系。同时,供应商也可从商店的销售点数据中获得新的市场信息,改变销售策略;对于分销商来说,ECR可使其快速分拣运输包装,加快订购货物的流动速度,进而使消费者享用更新鲜的物品,增加购物的便利和选择,并加强消费者对特定物品的偏好。

## 二、ECR产生的背景

20世纪60年代和70年代,美国日杂百货业的竞争主要是在生产厂商之间展开。竞争的重心是品牌、商品、经销渠道和大量的广告和促销,在零售商和生产厂家的交易关系中生产厂家占据支配地位。进入80年代特别是到90年代以后,在零售商和生产厂家的交易关系中,零售商开始占据主导地位,竞争的重心转向流通中心、商家自有品牌(PB)、供应链效率和POS系统。同时在供应链内部,零售商和生产厂家之间为取得供应链主导权的控制,同时为商家品牌(PB)和厂家品牌(NB)占据零售店铺货架空间的份额展开着激烈的竞争,这种竞争使得在供应链的各个环节间的成本不断转移,导致供应链整体的成本上升,而且容易牺牲力量较弱一方的利益。

在这期间,从零售商角度来看,随着新的零售业态如仓储商店、折扣店的大量涌现,使得它们能以相当低的价格销售商品,从而使日杂百货业的竞争更趋激烈。在这种状况下,许多传统超市业者开始寻找对应这种竞争方式的新管理方法。从生产厂家角度来看,由于日杂百货商品的技术含量不高,大量无实质性差别的新商品被投入市场,使生产厂家之间的竞争趋同化。生产厂家为了获得销售渠道,通常采用直接或间接的降价方式作为向零售商促销的主要手段,这种方式往往会大量牺牲厂家自身的利益。所以,如果生产商能与供应链中的零售商结成更为紧密的联盟,将不仅有利于零售业的发展,同时也符合生产厂家自身的利益。

另外,从消费者的角度来看,过度竞争往往会使企业在竞争时忽视消费者的需求。通常消费者要求的是商品的高质量、新鲜、服务好和在合理价格基础上的多种选择。然而,许多企业往往不是通过提高商品质量、服务好和在合理价格基础上的多种选择来满足消费者,而是通过大量的诱导型广告和广泛的促销活动来吸引消费者转换品牌,同时通过提供大量非实质性变化的商品供消费者选择。这样,消费者不能得到他们需要的商品和服务,他们得到的往往是高价、不甚满意的商品。对应于这种状况,客观上要求企业从消费者的需求出发,提供能满足消费者需求的商品和服务。

在上述背景下,美国食品市场营销协会(UC Food Marketing Institute,简称为 FMI)联合包括 COCA - COLA,P&G,Safeway Store 等 6 家企业与流通咨询企业 Kurt Salmon Associates 公司一起组成研究小组,对食品业的供应链进行调查、总结、分析,于 1993 年 1 月提出了改进该行业供应链管理的详细报告。在该报告中系统地提出高效消费者反应(ECR)的概念体系。经过美国食品市场营销协会的大力宣传,ECR 概念被零售商和制造商所接纳并被广泛地应用于实践。

### 三、实施 ECR 的原则与要素

实施 ECR 的原则:

1. 以较少的成本,不断致力于向食品杂货供应链客户提供更优的产品、更高的质量、更好的库存服务以及更多的便利服务。

2. ECR 必须由相关的商业带头人启动。该商业带头人应决心通过代表共同利益的商业联盟取代旧式的贸易关系,而达到获利之目的。

3. 必须利用准确、适时的信息以支持有效的市场、生产及后勤决策。这些信息将以 EDI 的方式在贸易伙伴间自由流动,它将影响以计算机信息为基础的系统信息的有效利用。

4. 产品必须随其不断增值的过程,从生产至包装,直至流动至最终客户的购物篮中,以确保客户能随时获得所需产品。

5. 必须采用通用一致的工作措施和回报系统。该系统注重整个系统的有效性(即通过降低成本与库存以及更好的资产利用,实现更优价值),清晰地标识出潜在的回报(即增加的总值和利润),促进对回报的公平分享。

实施 ECR 的四大要素是:高效产品引进(Efficient Product Introductions)、高效商店品种(Efficient Store Assortment)、高效促销(Efficient Promotion)以及高效补货(Efficient Replenishment)(见表 6 - 1 和图 6 - 3)。

表 6 - 1　　　　　　　　　　　ECR 四大要素的内容

| 高效产品引进 | 通过采集和分享供应链伙伴间时效性强的更加准确的购买数据,提高新产品的成功率。 |
| --- | --- |
| 高效商店品种 | 通过有效地利用店铺的空间和店内布局,来最大限度地提高商品的获利能力。如建立有效的商品品种等。 |
| 高效促销 | 通过简化分销商和供应商的贸易关系,使贸易和促销的系统效率最高,如消费者广告(优惠券、货架上标明促销)、贸易促销(远期购买、转移购买)。 |
| 高效补货 | 从生产线到收款台,通过 EDI,以需求为导向的自动连续补货和计算机辅助订货等技术手段,使补货系统的时间和成本最优化,从而降低商品的售价。 |

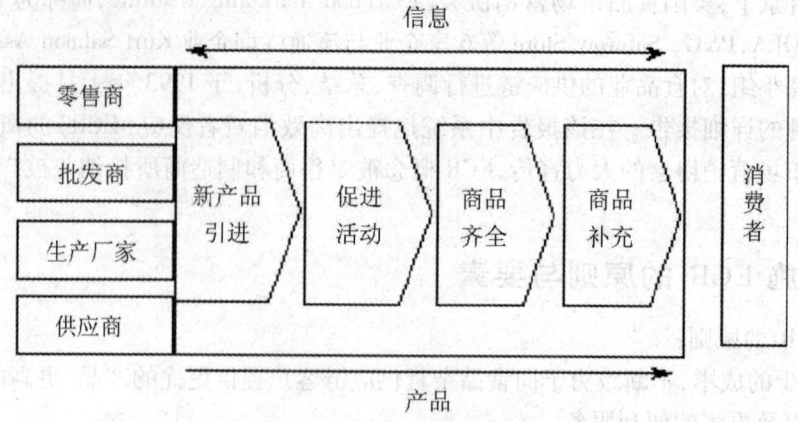

图6-3 ECR的运作过程

## 四、实施ECR的效益

根据欧洲供应链管理委员会的调查报告,接受调查的392家公司,其中制造商实施ECR后,预期销售额增加5.3%,制造费用减少2.3%,销售费用减少1.1%,货仓费用减少1.3%及总盈利增加5.5%。而批发商及零售商也有相似的获益:销售额增加5.4%,毛利增加3.4%,货仓费用减少5.9%,货仓存货量减少13.1%及每平方米的销售额增加5.3%。由于在流通环节中缩减了不必要的成本,零售商和批发商之间的价格差异也随之降低,这些节约了的成本最终将使消费者受益,各贸易商也将在激烈的市场竞争中赢得一定的市场份额。

对客户、分销商和供应商来说,除这些有形的利益以外,ECR还有着重要的不可量化的无形利益(见表6-2)。

表6-2 ECR的无形利益

| 客 户 | 增加选择和购物便利,减少库存货,使货品更新鲜 |
|---|---|
| 分销商 | 提高信誉,更加了解客户情况,改善与供应商的关系 |
| 供应商 | 减少缺货现象,加强品牌的完整性,改善与分销商的关系 |

## 五、ECR的实施方法

### (一)为变革创造氛围

对大多数组织来说,改变对供应商或客户的内部认知过程,即从敌对态度转变为将其视为同盟的过程,将比ECR的其他相关步骤更困难,时间花费更长。创造ECR的最佳氛围首先需要进行内部教育以及通信技术和设施的改善,同时也需要采取新的工作措施和回报系统。但公司或组织必须首先具备一贯言行一致的强有力的高层组织领导。

### (二)选择初期ECR同盟伙伴

对于大多数刚刚实施ECR的公司来说,建议成立2~4个初期同盟。每个同盟都应首先召开一次会议,来自各个职能区域的高级同盟代表将对ECR及怎样启动ECR进行讨论。成立2~3个联合任务组,专门致力于已证明可取得巨大效益的项目,如提高货车的装卸效率、减少损毁、由卖方控制的连续补库等。

以上计划的成功将增强公司的信誉和信心。经验证明:往往要花上9~12个月的努力,才能赢得足够的信任和信心,才能在开放的非敌对的环境中探讨许多重要问题。

(三)开发信息技术投资项目,支持ECR

虽然在对信息技术的投资不大的情况下也可获得ECR的许多利益,但是具有很强的信息技术能力的公司要比其他公司更具竞争优势。

那些作为ECR先导的公司预测:在五年内,连接他们及其业务伙伴之间的将是一个无纸的、完全整合的商业信息系统。该系统将具有许多补充功能,既可降低成本,又可使人们专注于其他管理以及产品、服务和系统的创造性开发。

## 六、ECR与QR的比较

ECR主要以食品行业为对象,其主要目标是降低供应链各环节的成本,提高效率。而QR主要集中在一般商品和纺织行业,其主要目标是对客户的需求做出快速反应,并快速补货。这是因为食品杂货业与纺织服装行业经营的产品的特点不同:杂货业经营的产品多数是一些功能型产品,每一种产品的寿命相对较长(生鲜食品除外),因此,订购数量的过多(或过少)的损失相对较小。纺织服装业经营的产品多属创新型产品,每一种产品的寿命相对较短,因此,订购数量过多(或过少)造成的损失相对较大。

二者共同特征表现为超越企业之间的界限,通过合作追求物流效率化。具体表现在如下三个方面:

(一)贸易伙伴间商业信息的共享

即零售商将原来不公开的POS系统单品管理数据提供给制造商或分销商,制造商或分销商通过对这些数据的分析来实现高精度的商品进货、调整计划,降低产品库存,防止出现次品,进一步使制造商能制定出及实施所需对应型的生产计划。

(二)商品供应方进一步涉足零售业,提供高质量的物流服务

作为商品供应方的分销商或制造商比以前更接近位于流通最后环节的零售商,特别是零售业的店铺,从而保障物流的高效运作。当然,这一点与零售商销售、库存等信息的公开是紧密相联的,即分销或制造商所从事的零售补货机能是在对零售店铺销售、在库情况迅速了解的基础上开展的。

(三)企业间订货、发货业务全部通过EDI来进行,实现订货数据或出货数据的传送无纸化

企业间通过积极、灵活运用这种信息通讯系统,来促进相互间订货、发货业务的高效化。计算机辅助订货(CAO)、卖方管理库存(VMI)、连续补货(CRP)以及建立产品与促销数据库等策略,打破了传统的各自为政的信息管理、库存管理模式,体现了供应链的集成化管理思想,适应市场变化的要求。

从具体实施情况来看,建立世界通用的惟一的标识系统以及用计算机连接的能够反映物流、信息流的综合系统,是供应链管理必不可少的条件,即在POS信息系统基础上确立各种计划和进货流程。也正因为如此,EDI的导入,从而达到最终顾客全过程的货物追踪系统和贸易

伙伴间的沟通系统的建立,成为供应链管理的重要因素。

**案例 6-2:**

### 宝洁供应链的秘密:ECR 标准掀起争夺战火

作为中国 ECR 委员会的领军者,他们的做法如下:

**力推 ECR**

在 1998 年宝洁公司刚刚开始向中国的零售商灌输 ECR 这个"新鲜"的理念时,两者之间的对话更多集中在"讨价还价"上,两者之间为取得供应链的主导权展开激烈竞争,但结果却是导致供应链上的整体成本上升。

宝洁在中国力推 ECR 缘于 1997 年其全球销售部门的重组,宝洁一改此前经由分销商向零售商供货的方式,逐渐开始向重点零售商直接供货。此次重组成立了中国宝洁客户业务发展部,从而诞生全球第一个、也是目前为止惟一一家不设销售部的公司。

从此以后,宝洁与分销、零售企业的衔接,由传统的凹透镜型组织结构转型为如今的凸透镜型——宝洁将与大客户合作的客户业务发展团队中的财务、IT、物流、市场、品类管理与销售等环节的人员综合组成"联合团队",将"后台部门"推到"前台"直接服务客户、解决问题,以项目管理的方式密切宝洁供应链中各个合作伙伴的关系,实现共赢。

在内部理顺了供应链管理架构后,宝洁开始积极奔走,大力游说中国本土的零售商采用其管理模式,以实现共赢。他们一方面通过 ECR 协会普及现代工商关系管理理念,推动行业标准建设;另一方面积极配合本地零售商,改进供应链管理观念、优化流程。2001 年 8 月 28 日,中国 ECR 委员会在中国成立,设制造商召集人 1 人,由宝洁中国公司担任;设零售商召集人 1 人,由上海联华超市有限公司担任。

为了共同的目标,市场上的宿敌比如宝洁和联合利华、沃尔玛和家乐福走到了一起。50 多家外资以及本土的制造、零售企业通过 ECR 协会,探讨供应链管理中制造商和零售商关系的方方面面,最近集中在品类管理、商品条行码标准、用六个西格玛改进流程等方面。

宝洁试图通过 ECR 平台将其供应链管理理念进一步传递给它在中国的客户。

**遭遇卡壳**

然而,宝洁的这一计划却受到信息渠道不畅通的牵连,它们在全球推行的与客户之间互相渗透的关系同样在中国卡壳。

在美国,宝洁成功的秘诀在于,信息技术投资强化了企业的核心价值,比如获取零售商销售数据,并为其店铺提供实时存货和现金流信息的零售连锁系统,其目标就是帮助零售商提高销售额,进行自动补货,减少零售商的缺货损失,同时还可为他们进一步控制库存,从而达到双赢。这些技术投资符合宝洁一贯的思维。

但是在中国,这种技术投资所形成的竞争优势却无法得到充分的表现。宝洁遇到了太多的连 EDI(电子数据交换)也没有的零售商和分销商,能与宝洁用电子订单交易的也就是沃尔玛、家乐福、上海华联等一些大型零售企业。

面对中国的信息化还不是十分普遍的现状,宝洁的大部分订单只能采取电话或传真等方式进行,出错率居高不下。这两年,虽然宝洁的许多上下游企业也开始逐步普及信息管理系统的建设,宝洁有 60% 的订单都是通过电子商务形式与零售商沟通。但各个客户收集起来的数据因为分类、格式、类型、长度缺乏统一标准而无法共享,充其量只是一个个信息孤岛,严重影响了宝洁的物流管理和电子商务运作,出错的事仍然时有发生。这些现象造成中国宝洁的经营成本比国外高很多。

由于信息不畅，常常会出现这样的尴尬场面，产品在各节点的仓库里大量积压，消费者却在货架上找不到自己需要的商品；制造商有着旺盛的生产能力，零售商却大呼市场缺货。

这种情况下，力推行业标准成了宝洁的头等大事，2003年7月底，宝洁公司正式启动中国200家分销商数据交换系统，按照计划，全国各大分销商的综合信息管理系统将与宝洁的系统进行链接。

叫做ebXML的国际标准正是在这种背景之下诞生的。ebXML的优势在于它的跨行业架构和通用性，比起传统的EDI，它不再局限于单个企业之间的数据交换，它可以一对多，也可以多对多。对于越来越复杂的供应链，它为不同行业的企业在同一个平台进行交易扫清了障碍。比起EDI，它还有一个优势就是价位要低得多。深谙此项工作意义的沈锋认为，中国目前的市场环境更需要有一个独立的公用平台，最好是任何一个零售企业都可以利用这一平台实现供应链的最优化设置，降低成本。

目前宝洁已同北京富基旋风科技有限公司对e-bXML国际标准进行了技术上的改进，并正在与国内的几家零售企业商定试行的协议。

物流企业的阻力

宝洁这样的巨头们力推行业标准无疑给国内许多物流企业带来了压力。

在中国，跨国巨头们通常利用其供应链的主导和强势地位，以市场行为去控制其配套服务商。宝供信息总监唐友三介绍说，"就拿物流标准的问题来说，因行业不同，跨国企业往往各家有各家的标准，为了分别满足几家跨国企业的要求，从2001年开始，宝供物流企业集团先后与宝洁进行了EDI连接，与飞利浦又用XDI对接，如今在宝供内部，至少有7种不同的电子数据无线链接方式。"

宝洁尚可如此，可中国的现实情况却是物流企业大多规模小，服务意识和服务质量以及技术软件也不尽如人意。大多数物流企业仅能提供单一功能的运输、仓储和配送服务，很少能提供物流策划、组织以及深入到企业生产领域进行供应链的全过程管理，尤其在行业标准的建设方面，更是遥不可及的事情。

比如，要采用一套硬件方面的标准，企业可能要更换所有的托盘、货架，最起码5年以后才可能见到效益，对于大多数企业来说，并不一定能投资得起。所以，在中国物流市场上，常常会生出一些诸如劳燕分飞的闹剧来。

面对中国如此不成熟的物流市场，跨国企业大多要么自己进入中国市场，同时也带来为自己服务的国外第三方物流公司，如沃尔玛、麦当劳等；要么就走本土化战略，在中国寻找合作伙伴；或对中国物流企业进行改造，为自己服务，如宝洁、IBM、诺基亚等。

宝供信息总监唐友三分析认为，归根结底还在于我国物流企业的弱小而至，对于强大的跨国企业来说，他们并没有把中国物流企业当作其供应链上一个集成的物流服务供应商，而只是一个运输或仓储的工具。这种情况下对于跨国企业的指令，作为独立于其供应链之外的第三方服务提供商只能是言听计从。"不实行标准化的企业最终都要被拒绝在市场的门槛之外。"唐友三说。

## 第三节 电子订货系统(EOS)

电子订货系统(Electronic Ordering System,缩写为 EOS)是指企业间利用通信网络(VAN 或互联网)和终端设备以在线联结(ON – LINE)方式进行订货作业和订货信息交换的系统。EOS 按应用范围可分为各企业内的 EOS 系统(如连锁店经营中各个连锁分店与总部之间建立的 EOS 系统),零售商与批发商之间的 EOS 系统以及零售商、批发商和生产商之间的 EOS 系统。EOS 基本框架如图 6-4 所示。

### 一、EOS 流程

EOS 系统的基本流程图,如图 6-5 所示。

1. 在零售店的终端利用条码阅读器获取准备采购的商品条码,并在终端机上输入订货资料,利用电话线通过调制解调器传到批发商的计算机中。

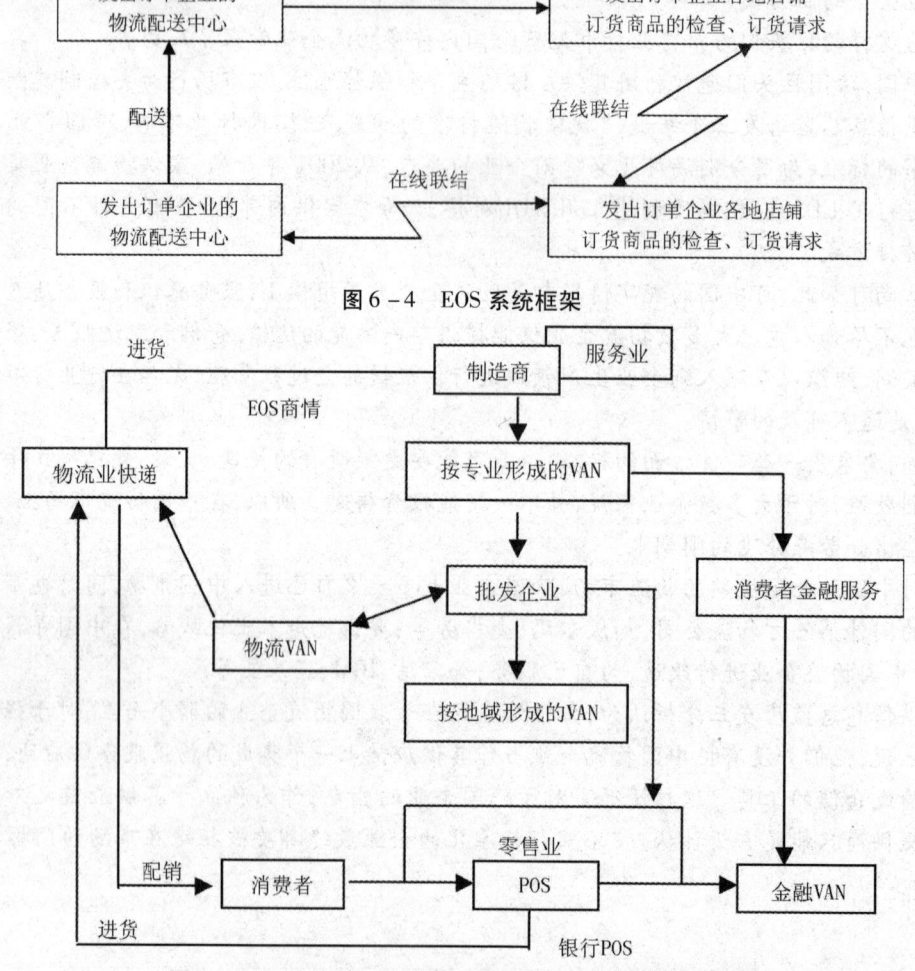

图 6-4 EOS 系统框架

图 6-5 EOS 系统工作形势(利用地区网、专业网)示意图

2.批发商开出提货传票,并根据传票,同时开出拣货单,实施拣货,然后依据送货传票进行商品发货。

3.送货传票上的资料便成为零售商的应付账款资料及批发商的应收账款资料,并接到应收账款的系统中去。

4.零售商对送到的货物进行检验后,便可以陈列与销售了。

## 二、EOS 作业过程

(一)物流作业过程

1.供货商根据采购合同,要求将发货单通过商业增值网络中心发给仓储中心。

2.仓储中心对接收到商业增值网络中心传来的发货单进行综合处理,或要求供货商送货至仓储中心或发送至各批发、零售商场。

3.仓储中心将送货要求发送给供货商。

4.供货商根据接收到的送货要求进行综合处理,然后根据送货要求将货物送至指定地点。

上述四个步骤完成了一个基本的物流作业流程。通过这个流程,将物流与信息流牢牢地结合在一起。

综上所述,配送中心管理系统可根据实际情况参照对商流、物流、信息流的流程分析,并掌握资金流,结合 EOS 系统,从而组合成一个完整并强有力的配送管理系统。常言说商场如战场。只有牢牢控制住"四大流"之间的关系,才能牢牢地把握住商机,从而在商战中赢得胜利。但是若急于一步到位,就可能会因为没有积累正确的经验而终究导致失败。因此,必须明确确定这些信息技术应用目的,分阶段进行。此外,完全由自己公司投资建设并非良策,不如多加利用社会的专门机构,通过商业增值网络进行资料传送、分析、加工,处理成有用的数据资料再回馈到公司,待基础管理扎实之后再全面展开。

(二)仓储作业过程

公司(采购部)向供应商发出订购单,供应商接单后按订购单上的商品和数量组织货品,并按订购单指定地点送货,可以向多个仓库送货,也可直接送到指定的商店。下面分析供应商把商品送到某一仓库后发生的商品流动全过程。

商品送到某仓库[送(收)货单]后,一般卸在指定的进货区,在进货区对新进入的商品进行商品验收,验收合格的商品办入库手续。填写收/验/入库单(商品名、数量、存放位置等信息),然后送入指定的正品存放区的库位中,正品存放区的商品是可供配送的,这时总库存量增加。对验收不合格的商品,填写退货单,并登录在册,另行暂时存放,适时退给供货商调换合格商品。调换回的商品同样有收/验/入库的过程。

当仓库收到配送中心配货清单后,按清单要求(商品名、数量、货位等)备货,验证正确后,出库待送。若是本地批发,按销货单配货发送,配送信息要及时反馈给配送中心,这时配送中心的总库存量减少,商品送交客户后,客户对商品验收时,当客户发现商品包装破损、商品保质期已到、送交的商品与要求的商品不符等情况时,客户会退货(退货单),客户退货后配送中心要补货给客户,对退回的商品暂存待处理区,经检验后做处理,如完好的商品(错配退回)送回正品存放区(移转单),对质量和包装有问题的商品退回给供应商(退货单),过期和损坏的商品作报废处理(报废单)等,这些商品处理的流动过程也影响到总库存量的变化,掌握和控制这些商品的流转过程也就有效地控制和掌握了总库存量。

在库存的管理中,也会发现某些商品因储运、移位而发生损伤,有些商品因周转慢,使保质期即将到期等情况,这就应及时对这些商品作转移处理,移至待处理区(移转单),然后作相应的退货、报废、削价等处理,商品在此流动过程中也会使仓库的总库存量发生变化,因此这些流动过程也必须在配送中心的掌握和控制之中。

配送中心掌握了逻辑上的商品总库存量和物理上的分库商品库存量,在配货过程中如果发现因配货的不平衡引起某仓库某商品库存告急,而另一仓库此商品仍有较大库存量时,配送中心可用库存商品调拨的方式(调拨单)来调节各分库的商品库存量,满足各分库对商品的需求,增加各库配送能力。但并不增加总库存量,从而提高仓库空间和资金的利用率。

配送中心通过增值网还可以掌握本系统中各主体商场、连锁超市的进销调存的商业动态信息。由于商场架构不同、所处区域不同,面对消费对象也不同,因此各商场进销的商品结构也不同。配送中心的计算机系统会对各商场的商品结构作动态的调整(内部调拨),从而达到降低销售库存,加速商品流通,加快资金流转的目的,以较低的投入获得最高的收益。

### 三、EOS 运作要求

EOS 的目标是改善订货系统。在网络达到一定规模时,必须借助中介机构来协助制定和推广相关规范,推动标准作业的执行,并通过规模经济降低引入成本和参加费用。EOS 运作要求主要有以下几点。

**(一)建立商品数据库**

EOS 的顺利运作取决于商品数据库的建立和维护。对商家而言,建立商品数据库及更新(如增加新商品、删除废弃商品、价格、包装、单位数量的变动等)制度,以便发送订单传票、制作标签、货架卡、商品目录等,这将关系到 EOS 乃至商店自动化的成败。

**(二)企业公共代码及商品代码**

EOS 作业要求为各交易体系的商品建立一套公共代码体系。连锁总部可自行建立各供应商的企业代码或商品代码对照表,但随着 EOS 往来日渐频繁,维护和协调工作将有很大困难。

增值网中心成立的目的就是居中担负各企业硬件环境、代码体系间的转换功能。因此,通过国家、协会或增值网中心统筹建立公共性的企业代码和商品代码,可省却商家的转换成本,而且实现化繁为简,统一作业的目标。

企业公共代码和商业代码进一步条形码化,这样除了便于系统化管理外,还可大幅降低错误率,提高数据输入效率。

**(三)公共数据库**

将上述商品代码、企业代码和分类体系建成公共数据库,包括商品名称、规格、参与价格、企业单位地址、电话、负责人、经营商品内容、标准分类级别等信息,供外界查询、更新、增值分析,对行业有很大帮助。

**(四)EOS 增值网支持服务**

如果没有增值网中心居中协调,提供必要的转换及数据处理服务,EOS 的成效会大打折扣。商家不仅在初期引入及后续开发上要耗费很大的人力和物力,短期很难见到投资回报,而且涉及到公共规范(如企业代码、商品码、订单格式、作业规范等)等敏感问题也很难推动。因此,EOS 的成功依赖于增值网中心的正常运作。

# 第四节　销售时点信息系统(POS)

## 一、销售时点信息系统概述

(一)概念与构成

销售时点信息系统(Point Of Sale System),缩称 POS 系统。它是采用条码技术和自动读取设备(如收银机)在销售商品时直接读取商品销售信息(如商品名、单价、销售数量、销售时间、销售店铺、购买顾客等),并通过通信网络和计算机系统传送至有关部门进行销售动态的详细、准确、迅速的分析,为商品的补货和经营管理提供信息依据的管理系统。它包括前台 POS 系统和后台 MIS 系统两大基本部分。

前台 POS 系统是指通过自动读取设备(如收银机),在销售商品时直接读取商品销售信息(如商品名、单价、销售数量、销售时间、销售店铺、购买顾客等),实现前台销售业务的自动化,对商品交易进行实时服务管理,并通过通信网络和计算机系统传送至后台;通过后台计算机系统(MIS)的计算、分析与汇总等掌握商品销售的各项信息,为企业管理者分析经营成果、制定经营方针提供依据,以提高经营效率的系统。

后台 MIS 系统又称管理信息系统(Management Information system),它负责整个商场进、销、调、存系统的管理以及财务管理、库存管理、考勤管理等。它可根据商品进货信息对厂商进行管理,又可根据前台 POS 系统提供的销售数据,控制进货数量,合理周转资金,还可以分析统计各种销售报表,快速准确地计算成本与毛利,也可对售货员、收款员业绩进行考核,是职工分配工资、奖金的客观依据。因此,商场现代化管理系统中前台 POS 和后台 MIS 是密切相关的,二者缺一不可。

(二)特征

1. 单品管理、职工管理和顾客管理

(1)零售业的单品管理,是指对店铺陈列展示销售的商品,以单个商品为单位进行销售跟踪和管理的方法。由于 POS 信息即时、准确地反映了单个商品的销售信息,因此 POS 系统的应用使高效率的单品管理成为可能。

(2)职工管理,是指通过 POS 终端机上的记时器的记录,依据每个职工的规定时段的出勤状况、销售状况进行考核管理。

(3)顾客管理,是指在顾客购买商品结账时,通过收银机自动读取零售商发行的顾客 ID 卡或顾客信用卡等来把握每个顾客的购买品种和购买额,从而对顾客进行分类管理。

2. 自动读取销售时点的信息。在顾客购买商品结账时,POS 系统通过扫描器自动读取商品条码标签或 OCR 标签上的信息。在销售商品的同时获得实时的销售信息是 POS 系统的最大特征。

3. 信息的集中管理。在各个 POS 终端机获得的销售时点信息,以在线联结方式汇总到企业总部,与其他部门的有关信息一起由总部的信息系统加以集中并进行分析加工。如把握畅销商品和滞销商品以及新商品的销售倾向,对商品的销售量和销售价格、销售量和销售时间之间的相关关系进行分析,对商品店铺陈列方式、促销方法、促销时间、竞争商品的影响进行相关分析。

4. 连接供应链的有力工具。供应链参与各方合作的主要领域之一是信息共享,而销售时点信息是企业经营中最重要的信息之一。通过它能及时把握顾客的需要信息,供应链的参与各方可以利用销售时点信息并结合其他的信息,来制定企业的经营计划和市场营销计划。

## 二、销售时点信息系统的应用

POS 系统最早应用于零售业,以后逐渐扩展至其他如金融、旅馆等服务性行业,利用 POS 信息的范围也从企业内部扩展到整个供应链。目前,领先的零售商正在与制造商共同开发一个整合的物流系统 CFAR(整合预测和库存补充系统,Collaboration Forecasting and Replenishment),各方利用该系统不仅可分享 POS 信息,而且可一起联合进行市场预测,分享预测信息。

这里以零售业的连锁经营为例说明 POS 系统的运行步骤:

第一步,给店头销售商品都贴上表示该商品信息的条形码(Barcode)或 OCR 标签(Optical Character Recognition)。

第二步,在顾客购买商品结账时,收银员使用扫描器自动读取商品条码或 OCR 标签上的信息。通过店铺内的微型计算机确认商品的单价,计算顾客购买总金额等,同时返回给收银机,打印出顾客购买清单和付款总金额。

第三步,客户取得发票离去,销售资料经由前台的收银机传回至后台的进销存系统,更改档案中的库存资料与销售资料,并且各个店铺的销售时点信息通过 VAN 以在线联结方式即时传送给总部或物流中心。

第四步,在总部、物流中心和店铺之间利用销售时点信息来进行库存调整、配送管理、商品订货等作业。通过对销售时点信息进行加工分析来掌握消费者购买动向,找出畅销商品和滞销商品,以此为基础,进行商品品种配置、商品陈列、价格设置等方面的作业。

第五步,在零售商与供应链的上游企业(批发商、生产厂家、物流公司等)结成协作伙伴关系(也称为战略联盟)的条件下,零售商利用 VAN 以在线联结的方式把销售时点信息即时传送给上游企业。这样上游企业可以利用销售现场的最及时准确的销售信息制定经营计划、进行决策和采取行动。例如,当商品库存量减少至某个水平时,零售商处会根据商品需求而由采购系统产生订单,并利用 VAN 以在线联结的方式把订单传送给供应商。供应商接收订单后则按事先约定的价格将货送至零售商处;而生产厂家也可利用销售时点信息进行销售预测,掌握消费者购买动向,找出畅销商品和滞销商品。把销售时点信息(POS 信息)和订货信息(EOS 信息)进行比较分析来把握零售商的库存水平,以此为基础制定生产计划和零售商库存连续补充计划 CRP(Continuous Replenishment Program)。

## 三、销售时点信息系统的应用意义

### (一)有利于提高工作效率,减少作业差错

POS 系统的应用使高峰时间的收银作业变得容易和快速,使核算购买金额的时间大大缩短,使企业的经营报告、财务报表以及相关的销售信息都可以及时提供给经营决策者以保持企业的快速反应,从而大大提高了工作效率;同时,用扫描器识读商品,可以使输入商品数据的出

错率大大减低。有人曾对上海市的便利公司开展调查,发现在建立了POS系统以后,门店向总部订货的准确率大幅度提高,已达90%以上,订货时间则缩短了3/4。

(二)有利于提高服务质量,降低销售物流成本费用

一方面,POS系统的应用提高了结算的速度和精度,减少了顾客付款的等候时间,使顾客满意度提高;另一方面,POS系统使贴商品标签和价格标签的作业以及改变价格标签的作业变得迅速化和省力化,使仓库管理变成了每卖出一件商品,数据库中就相应减少该件商品库存记录的动态管理,因而节约了大量相关工作的人力和物力;同时通过商品库存、采购管理、财务管理的改善,使销售物流成本费用大幅度降低。

在提高企业的经营管理水平方面,首先,应用POS系统对仓库采用动态管理后,仓库库存商品的销售情况每时每刻都将一目了然,这样可以提前避免缺货现象的产生,始终保持库存水平的合理化,从而提高商品周转率,最终提高企业的资本周转率;其次,应用POS系统,可以保存和提供任何年代、任何时点的销售资料,并据此进行基于时间段的销售促进方法的效果分析和按商品品种的利益管理等,能准确把握顾客购买动向,基于销售水平制定采购计划,从而使商品计划效率化。

## 第五节 配送需求计划(DRP)

### 一、DRP概述

在MRP形成的过程中,曾在20世纪60年代进行过关于相关需求与独立需求的讨论。讨论的结论是MRP适用于相关需求的系统,订货点技术适用于独立需求。而在现实经济社会中,真正独立的需求是不存在的。需求的独立性是相对的,需求的相关性是绝对的,特别是随着供应链管理思想的提出和完善,人们对需求相关性的认识就更全面、更科学了。实际上,MRP一出现,敏锐的管理学家就注意到它对流通过程的巨大影响力和深远意义。

在MRP的基础上,20世纪60年代晚期,英国的Don Firth在斯密斯食品集团开发了最早的DRP I。随后Don Firth将DRP I应用到Generals Mills公司用来管理和控制该公司的9家工厂与30家仓库的成品库存管理,企业成品库存量降低了40%。加拿大的Andre Martin在亚特实验室从事关于DRP的研究工作使DRP在20世纪70年代晚期在北美地区为部分企业所接受。

DRP I的定义可以表述为:DRP I是MRP原理和技术在流通领域中的应用。该技术主要解决分销物资的供应计划和调度问题,基本目标是合理进行分销物资和资源配置,达到既保证有效地满足市场需要,又使配置费用最省的目的。

配送需求计划方法(DRP)的思想实际上是一种"准时"供应的思想,而准时供应的实现以大范围内的物流系统实时控制为基础,是计算机集成物流系统中决策支持系统的主要方法和原则之一。准时制物流要求将用户所需产品准时保质保量送至用户手上。制定物流计划的关键也就集中在订货需求与库存控制计划上。分销物资资源配送调度计划方法是物流系统管理计划导向的结果。

DRP的发展经过了几个阶段。第一个阶段是Distribution Requirements Planning (DRP I)

即物流需求计划方法,第二个阶段是 Distribution Resources Planning(DRP Ⅱ)即物流资源计划方法,第三个阶段是 Distribution Resources Profitability(DRP Ⅲ)即物流资源获得能力分析方法。

## 二、DRP 的特点

(一)科学的分类和快速查询,减少重复劳动

对于庞大的业务数据流量,手工查询整理、统计汇总工作量大、速度慢,而且繁琐。本系统中对几乎所有的数据类型根据业务特点进行编码管理,而且多以"树"结构的形式显示,同时可按多种条件任意查询,可大大减少重复工作量,以提高工作效率。

(二)完整的工作记录及档案,提高管理水平

业务管理不仅需要业务流程管理等功能,而且更需要完整的工作记录与档案记录,以使管理人员随时查询和了解各种最新情况;同时还可以规范维护、服务标准化,帮助管理人员合理安排工作时间等。

(三)各项费用自动计算,减少人工差错与负担

业务数据管理中一项重要的工作是各项费用的计算、统计、汇总,然而由于费用项目较多、计算方法繁琐,手工操作不仅差错率较高,而且工作负担繁重。利用本系统管理,计算处理方便、速度快、准确率高、便于核对,使得各项费用的计算、统计、汇总工作既简单、又能轻松自如。

(四)收银系统灵活、准确,提高财务工作效率

客户数越多,财务收费工作越繁重,越容易产生差错。使用本系统,灵活性、准确性大大提高。

(五)加强库存管理,使商品入库、出库有凭据

可对库存材料品名、规格、型号等进行分类和编码管理。库存数量由入库和出库功能自动维护,在材料入库和出库时,可分别打印入库单和出库单。在材料入库时,可根据材料的采购价格统一制定成本价和销售价等。

(六)全面的统计分析,提供决策依据

在日益激烈的市场竞争中,计算机快速、自动、强大的统计汇总功能和丰富的报表打印功能,使各项数据的统计汇总、分析表格一应俱全,可以随时查阅最新的详细记录和统计数据,并依次快速、准确地做出决策,提高管理水平与竞争力。

## 三、DRP 应用

在此主要讨论 DRP 在流通企业和生产企业供销部门的应用。

就物流中心经理而言,要决定某种商品的需求量。首先需要查询该产品的预测需求量,然后去检查该商品的库存量并计算库存能够维持多长的时间。如果需要维持一个安全库存,就必须将它从计算维持时间的库存中扣除。假设没有在途商品,这里计算的日期是仓库缺货的日期(如果考虑安全库存则是低于安全库存的日期)。如果考虑在途商品,必须将在途商品加入库存以决定库存能够维持的时间。这样库存商品与购进在途商品数量之和用完的日期就是下次订货进货到达的最佳日期。商品到达物流中心的日期又可能与商品订货供应点的装运配送日期不一致。这里必须考虑从商品供应点的订货进货提前期。这段时间包括:由本物流中

心将订货信息传输到商品供应点的时间,加上由商品供应点到本物流中心的装运、运输的时间以及本物流中心的验货收货时间等。进货批量应当是已经确定的订货批量。

同样,对本中心送货方的处理也应该考虑送货提前期来确定送货日期。即由用户的需求日期倒退一个送货提前期,以确定本物流中心向用户的送货日期。

这样,既确定了本物流中心向供货方的订货进货日期和数量,又确定了本物流中心向需求方送货的日期和数量,如此物流中心的工作计划就可以确定了。这个过程正是 DRP 在物流中心的运作过程,试举简单例子说明。

例如,假设某物流中心 A 有某种商品的库存 500 单位,安全库存 200 单位,每周的需求量在 80~120 单位之间,见表 6-3,如何确定送货计划和订货进货计划?

表 6-3　　　　　　　　　　DRP 需求与库存处理逻辑表

物流中心 A　　　　　　　　供货单位:商品供应点

| 品种 A01 订货批量 300 送货提前期 1 进货提前期 2 安全库存 200 | 期前 | 周 | | | | | | | |
|---|---|---|---|---|---|---|---|---|---|
| | | 1 | 2 | 3 | 4 | 5 | 6 | 7 | 8 |
| 需求主计划 | | 100 | 120 | 90 | 110 | 120 | 100 | 80 | 120 |
| 送货在途到货 | | | | | | | | | |
| 计划库存 | 500 | 400 | 280 | 190 | 80 | -40 | -140 | -220 | -340 |
| 进货在途到货 | | | | | | | | | |
| 到货计划 | | | | | | | | | |
| 订进计划 | | | | | | | | | |
| 送货计划 | | | | | | | | | |

从表 6-3 中可以看到,计算逻辑是现有库存减去每周的预测需求量。第 1 周,期初库存 500 单位,本周预测需求量是 100 单位,那么下周期初的计划库存为 400 单位。继续这样计算,直到第 3 周计划库存低于安全库存量 200 单位(第 3 周的计划库存是 190 单位),而物流中心可能在第 5 周以后出现缺货。本例没有考虑在途商品。

分析表 6-3 可知,如果不从中央供应点运送商品到物流中心 A,物流中心经理在第 3 周必须补货才能避免库存降低到安全库存以下,到第 5 周必须得到更多的补货,否则将出现缺货。在本例中,进货提前期是 2 周,而正常的进货批量是 300 单位。2 周时间是从中央供应点到物流中心的进货时间。300 单位正好是两个满负荷运输台班。因此,物流中心经理应把批量 300 单位的商品于第 3 周抵达物流中心,这批商品则必须在第 1 周从中央订货点装运发出。

如表 6-4 所示,第 3 周的货物到达后,需重新计算计划库存,发现第 6 周的计划库存 160 单位,又低于安全库存。所以物流中心的经理要求第 6 周必须有一批商品到货,同样这批商品必须在第 4 周从中央供应点装运发出。

表 6-4　　　　　　　　DRP 订货进货与库存处理逻辑表

物流中心 A　　　　　　　供货单位：商品供应点

| 品种 A01 订货批量 300 送货提前期 1 进货提前期 2 安全库存 200 | 期前 | 周 | | | | | | | |
|---|---|---|---|---|---|---|---|---|---|
| | | 1 | 2 | 3 | 4 | 5 | 6 | 7 | 8 |
| 需求主计划 | | 100 | 120 | 90 | 110 | 120 | 100 | 80 | 120 |
| 送货在途到货 | | | | | | | | | |
| 计划库存 | 500 | 400 | 280 | 190 | 80 | -40 | -140 | -220 | -340 |
| 进货在途到货 | | | | | | | | | |
| 到货计划 | | | | | 300 | | 300 | | |
| 订货计划 | | | | 300 | | 300 | | | |
| 送货计划 | | 120 | 90 | 110 | 120 | 100 | 80 | 120 | |

另外，还可以用同样的方法，求出送货计划，即由用户的需求日期提前一个送货提前期就可以确定送货日期。送货量就等于用户的需求量（这里假设用户需求量要求全部配送。如果不是全部配送，则送货量就不等于需求量，可以进行人工临时调整）。本中心该产品的送货提前期为一周，所以把每周的需求量提前一周就得到送货日期和送货量。

注意上述计算：由于用户需求的随机性，物流中心没有把送货计划强行纳入计算机的统一规范化处理。如果考虑统一规范化的管理，不应用计划需求扣减需求量，而是应用送货量扣减库存量。这样库存量的变化动态就稍有不同，情形不变，但整个向前平移一个提前期。考虑到送货提前期一般很短，大多数是当天送、当天到，提前期为 0。又考虑到，用户并不一定都要送货，有些自提，有很大的随意性，所以应给送货计划以很大的独立性。它只依赖于需求计划，并且它不影响库存，而还是由计划需求量来影响库存。

就送货方而言，将用户需求日期和需求量提前一个送货提前期，就得到了送货期和送货量，从而确定送货计划。就供货方而言，当库存量下降到等于或小于安全库存量时，应该有一个订货批量的订货量，参与本期的需求使用，并得到一个新的本期库存量。而根据供货方的订货提前期由这一期开始，倒退一个提前期才能确定从供货方的订货日期和订货数量，从而确定订货进货计划。

## ※ 思考题

1. 实施快速反应（QR）对零售商会带来哪些益处？
2. ECR 的应用要遵循哪些原则？
3. 简述 EOS 物流作业过程。
4. 以零售业的连锁经营为例说明 POS 系统的运行步骤。
5. 试举例说明 DRP 在流通企业的应用。

## 参考文献

1.《物流流信息管理实务》，吴 明主编，中国物资出版社，2003 年 1 月
2.《供应链与第三方物流策划》，刘北林主编，中国物资出版社，2006 年 1 月

3.《物流信息系统》,林自棻主编,清华大学出版社,2004年5月
4.《物流管理案例与实训》,王明智主编,机械工业出版社,2003年8月
5.《供应链管理理论与实务》,胡军主编,中国物资出版社,2006年1月
6.《中国物流》,丁俊发主编,中国物资出版社,2002年5月

## 案例讨论

### 沃尔玛(Wal-Mart)供应链管理中信息技术和信息系统的运用

沃尔玛(Wal-Mart)是全球最大的零售企业,因此它的成功经验不仅成为哈佛商学院的经典案例,同时也往往成为其他零售企业效仿的对象。沃尔玛1999年销售量达到1650亿美元,比上年增长20%。2000年销售量近2000亿美元。仅2001年11月23日一天,这家有40年历史的零售公司卖出了超过12.5亿美元的商品。它拥有4457个仓库,3万个供应商,现在年销售额超过2170亿美元。

沃尔玛创始之初的战略是以折扣店的形式服务中小城镇居民的购物需求,因为大城市的零售商业已经比较成熟。但由于商品生产者和批发商大多服务于大城市的居民,而沃尔玛的折扣店往往集中在小城镇中,这导致沃尔玛决定通过建立配送中心自己完成商品的配送功能。每一个配送中心为半径150到300英里内的175家商店配货。

从70年代开始,沃尔玛着手建立配送中心,当时它应用了两项最新的物流技术:交叉入库作业(cross-docking)和电子数据交换(EDI,electronic data exchange)。供货商将货物运到配送中心,配送中心根据每个店面的需求量对货物进行重新打包。沃尔玛的价格标签和UPC(统一产品码,Universal Product Code)条形码早已在供货商那里贴好,服装类商品都已经挂在衣架上。货物在配送中心的一侧作业完毕后,中心配备激光制导的传送带,有几英里长。货物成箱地被送上传送带,运送过程中激光扫描货物箱上的条形码,这样,这些货物箱就能够在庞大的配送中心找到将要装运自己的卡车。由于不用在配送中心存货,这样沃尔玛每年都能节省数百万美元的费用。

到了80年代早期,沃尔玛通过计算机用EDI不仅将自己的各个店面与配送中心连接起来,而且把自己与供应商连接在一起。上个世纪80年代中期,沃尔玛公司购买了当时美国最大的私人卫星通信系统来传输公司海量数据。现在全美国沃尔玛连锁店的员工都可以通过店里的电视看到公司总裁在阿肯色州本顿威尔市的演说。

另外,沃尔玛还拥有自己庞大的运输车队,每辆卡车都配备一个小型电脑和卫星定位仪(GPS),通过卫星与总部联系,总部可以通过全球定位系统得知每一单货物和卡车所在的位置。

即使在销售以后,沃尔玛的员工和住处系统也会持续跟踪并做出消费调查,如果发现某供货商的货不好销售,就会帮助他们找出原因并提出建议,比如改变产品的包装、改变尺寸等等。沃尔玛根据其庞大的销售网络而定期制定的各种信息指南,这些已经成为许多生产商愿意高价购买的信息。很多情况下,生产商甚至可以根据这项买来的信息直接知道自己的生产和原料采购情况。

最近沃尔玛公司宣布与IBM公司合作,将其数千家全球供货商纳入以互联网为基础的标准化体系中,帮助沃尔玛进一步削减支出。新系统将改变沃尔玛与供货商之间包括采购订单、发票和出货通知等数据的交换方式,并将之纳入符合行业标准的互联网系统。沃尔玛的CIO

Kevin Turner 透露，沃尔玛正在和麻省理工学院合作开发基于无线频率识别技术的（Radio frequency identification）便宜的芯片，成本只有几美分，这些便宜的芯片会替代条码，它们会自动告诉系统自己的当前位置是在货架不是仓库，耗电量不需人工介入，这样我们就能实现智能驱动的供应链，而巨型的业务模拟软件也在定制之中，沃尔玛希望借助这样的工具对历史数据进行分析，预测未来的销售高峰，以便做好相应的准备。作为一家零售企业，沃尔玛的研发触角一直延伸到IT巨头的研发实验室，以便能够及早发现能为自己带来竞争优势的关键技术。

同时，沃尔玛鼓励其供货商大量运用互联网系统（有时候甚至是强迫的）。很明显，沃尔玛最终会建立一套属于自己专利的零售业信息系统标准，并向全球推广。

据说，沃尔玛在信息技术方面的投资要超过美国五角大楼，而你可能会看到两个在外地出差的沃尔玛员工同住一个房间。

由于使用了配送中心和EDI，沃尔玛在1992年的配送成本低于其销售额的3%，而其竞争对手则高达4.5%到5%，这意味着沃尔玛每年比竞争对手节省了7.5亿美元的配送支出。

更重要的是，由于使用了EDI和配送中心，货物和信息在供应链中始终处于快速流动的状态，提高了供应链的效率。例如，如果你在沃尔玛的一家商店里购买了一件某种品牌粗斜纹布衬衫，你不知道，由于这种衬衫的供应商的计算机系统已经与沃尔玛的计算机系统连接在一起，供应商每天都会到沃尔玛的计算机里获取数据，包括销售额、销售单位数量、哪一个店面、库存情况、销售预测、汇款建议等。沃尔玛的决策支持系统会向供应商提供这种衬衫在此之前100个星期内的销售历史纪录，并能跟踪这种产品在全球或者某个特定市场的销售状况。而且，这种衬衫的销售数据中提供给这家生产这种品牌衬衫的供应商。

此后，供货商根据订单通过配送中心向沃尔玛的商店补货。从下订单到货物到商店，这段时间（Lead Time）是3天，而在80年代中期，这个过程恐怕需要1个月的时间。于是，这被称为快速反应系统（QR, Quick Response System）。

**讨论题：**
1. 沃尔玛使用了哪些信息技术和系统？
2. 结合所学知识分析信息技术和系统是如何帮助沃尔玛取得成功的。

# 第七章 供应链构建

\* 本章主要内容
- 供应链的构建
- 供应链设计的原则
- 供应链的系统结构模型
- 供应链设计的重要问题
- 供应链的设计策略
- 供应链结构中的企业角色
- 供应链设计步骤

\*
在经过2004年激烈的价格战之后,华夏彩电目前的经销渠道面临着库存成本大,积压多、周转慢等问题。而且由于移库、转运的不及时,经常导致华夏与客户订单失之交臂。对此,公司高管一边回顾着公司物流动作的现状,一边陷入了沉思之中;如何优化湖北地区的物流动作?

为了提高供应链管理的绩效,除了必须的有一个高效的运行机制外,建立一个高效精简的供应链及其管理系统,也是极为重要的一环。虽说供应链的构成不是一成不变的,但是在实际经营中,也是可能像改变办公室的桌子那样随意改变供应链上的节点企业。因此,作为供应链管理的一项重要环节,是我们应该重视的问题。

## 第一节 供应链的构建

供应链的构建包括供应链管理组织机制的建立,管理流程的设计与优化,物流网络的建立,合作伙伴选择,信息支持体系的选择等方面的内容,是一个庞大而复杂的工程,也是十分重要的管理内容。

关于供应链的构建的理论体系与实践范畴,目前业界还没有统一的认识,但已引起很多人的关注。本章综合相关研究与实践人员的成果,提出了一个供应链构建体系总体模型。

下面对这一模型的主要部分一一说明。

## 一、供应链管理的组织模型

供应链的构建必须同时考虑本企业和合作伙伴之间的管理关系,形成合理的组织关系以支持整个供应链所有业务流程。因此,在进行供应链设计时,需要分析供应链上企业的主客体关系。其一,恰当设计出主客体的责任、义务及利益。其二,就是完成组织设计,支持主客体企业关系运作。

## 二、供应链环境下生产运作与管理

供应链能够取得单个企业所无法达到的效益,关键之一在于它动员和协调了整个产品设计、制造与销售过程的资源。从物流窗口模型分析可知,其核心问题主是能否将报有企业的生产过程实现同步运作,最大限度地减少由于不协调而产生的停顿、等待、过量生产或者缺货等方面的问题。因此,供应链的构建的问题之一是如何构造适应供应链环境的生产计划与控制系统。

完成这一过程需要考虑的主要内容包括:基本供应链环境生产计划与控制模式,主要涉及基于供应链响应周期的资源配置优化决策模型、基于成本和提前的供应链延迟点决策、面向同步制造的供应链流程重构模型等等。其次,与同步生产组织匹配有库存控制模式,如何应用诸如自动补货系统(AS/RS)、供应商管理库存(VMI)、接驳转运(Cross Docking)、虚拟仓储、提前期与安全库存管理等各技术,实现整个供应链的生产与库存控制目标。

## 三、供应链管理环境下的物流管理

与同步制造相呼应的是供应链管理下的物流组织模式。它的目标是如何寻找最佳有物流管理模式,使整个供应链上的物流运作能够准确响应各种需求(包括来自客户的需求和合作伙伴的需求等),真的体现出物流是"新的利润源泉"的本质。为此,我们在构建供应链时,至少应该考虑物流网络的优化、配送中心的选择、运输路线的优化、物流作业方法的选择与优化等方面的内容,充分应用各种支持物流管理决策的技术与方法。

## 四、基于供应链的信息支持系统

对供应链的管理离不开信息技术的支持。毋庸置疑,在设计供应链时一定要注意如何将信息融入到整个系统中来。

# 第二节 供应链设计的原则

## 一、战略性原则

供应链的建模应有战略性观点,通过战略的观点考虑减少不确定的影响,从供应链的战略管理的角度考虑,我们认为供应链建模的战略性原则还体现在供应链发展的长远规划和预见性上,供应链的系统结构发展应和企业的战略规划保持一致,并在企业战略指导下进行。

## 二、动态性原则

不确定性在供应链中随处可见,许多学者在研究供应链动作效率时都提到不确定性问题。由于不确定性的存在,导致需求信息的扭曲,因此要预见各种不确定因素对供应链动作的影响,减少信息传递过程中的信息延迟和失真。增加透明性,减少不必要的流通环节,提高预测的精度和时效性对降低不确定性的影响都是极为重要的。

## 三、简洁性原则

简洁性是供应链的一个重要原则,为能使供应链具有灵活快速响应市场的能力,供应链的每个节点都应是精简、具有活力的能实现业务程的快速组合。比如供应商的选择就应以少而精的原则,通过和少数的供应商建立战略伙伴关系,有利于减少采购的成本,有利于实施JIT采购法和准时生产。生产系统设计的更是应以精细思想(lean thinking)为指导,从精细的制造模式到精细的供应链是努力追求的目标。

## 四、创新性原则

创新性是系统设计的重要性原则,没有创新性思维,就不可能有创新的管理模式。因此在供应链的设计过程中,创新性是很重要的一个原则。要产生一个创新的系统,就要敢于打破各种各样陈旧的思维框框,用新的角度、新的视野审视原有的管理模式和体系进行大胆的创新设计。进行创新设计,要注意几点:一是创新必须在企业总体目标和战略的指导下进行,并与战略目标保持一致;二是要从市场需求的角度出发,综合运用企业的能力和优势;三是发挥企业各类人员的创造性,集思广益,并与其他企业共同协作,发挥供应链整体优势;四是建立科学的供应链和项目评价体系和组织管理系统,进行技术经济分析和可行性论证。

## 五、协调性原则

供应链业绩好坏取决于供应链合作伙伴关系是否和谐,因此建立战略伙伴关系的合作企业关系模型是实现供应链最佳效能的保证。有观点认为,和谐是描述系统是否形成了充分发挥系统成员和子系统的能动性、创造性及系统与环境的总体协调性,只有和谐而协调的系统才能发挥最佳的效能。

## 六、集优原则

供应链的各个节点的选择应遵循强强联合的原则,达到实现资源外用的目的,每个企业只集中精力致力于各自核心的业务过程,就像一个独立的制造单元(独立制造岛)。这些所谓单元化企业具有自我组织,自我优化,面向目标,动态运行和充满活力的特点,能够实现供应链业务的快速重组。

## 七、自顶向下与自底向上相结合的设计原则

在系统建模设计方法中,存在两种设计方法,即自顶向下和自底向上的方法。自顶向下的

方法是从全局走向局部的方法,自底向上的方法是一种从局部走向全局的方法;自上而下是系统分解的过程,而自下而上则是一种集成的过程。在设计一个供应链系统时,往往是先由主管高层做出战略规划与决策,规划与决策的依据来自市场需求和企业发展规划,然后由下层部门实施决策过程,因此供应链的设计是自顶向下和自底向上的综合。

## 第三节 供应链的系统结构模型

在产品生命周期不断缩短、企业之间的合作日益复杂的核心顾客的要求更加严格的今天,原料/零部件供应商、产品制造商和分销商被组织起来,形成了供应－生产－销售的供应链。

实际上,供应链中的供应商常常为多家,分销商也有多个。供应商、制造商和分销商在战略、任务、资源和能力方面相互依赖,构成了较复杂的供应－生产－销售网,这就是供应链网。我们说供应链实质上应该是一个网链结构。

供应链网是由一种自主程度不同的业务实体所构成的网络,这些实体之间互为上下游企业。

### 一、供应链网结构

虽然供应链网的结构具有层次性、双向性、多级性、动态性和跨地域性等特点,而且在管理上都涉及生产设计部门、计划控制部门,采购与市场营销部门等多个业务实体,但是供应链网的目标,运作过程和成员类型存在较大差异。

为方便供应链网的管理,采用(1)制造模式;(2)业务目标;(3)产品区分;(4)产品种类;(5)装配阶段;(6)产品生命周期;(7)库存类型等7项指标,将供应链网区分为3种类型(表7－1)。

表7－1 供应链网分类

| 特性指标 | 供应链网 | | |
| --- | --- | --- | --- |
| | 集中型 | 分散型 | 适应型 |
| 制造模式 | 集中装配 | 分散装配 | 分散区分 |
| 业务目标 | 小批量生产 | 订货生产 | 适应外部环境 |
| 产品区分 | 较早 | 较晚 | 较晚 |
| 产品种类 | 较少 | 多 | 多 |
| 装配阶段 | 集中在制造阶段 | 分散到分销阶段 | 集中在制造阶段 |
| 产品生命周期 | 数年 | 数月/数年 | 数周/数月 |
| 库存类型 | 产成品 | 半成品 | 原材料 |

1. 集中型供应链网。在集中型供应链网中,要求供应商与制造商距离较近。由于产品的制造密集型的设备和许多不同种类零件,所以最终产品实际上是在装配阶段制造出来的,这种过早的产品区分使供应商很难在采用库存生产策略的条件下满足顾客的特殊要求。因此,市场的需求不确定时,成品库存成为主要的库存。为此,集中型供应链网制定了小批量生产目标,要求供应商和制造商紧密合作,共同控制最终产品的库存水平。集中型供应链网的突出特点是,制造过程和装配过程集中于某地完成,也就是说,在一处作业地点将许多独立的零件组

装成少量的最终产品。汽车工业、航空工业和机械制造工业的供应链网就属于这种类型，其产品的生命周期长达数年。

2. 分散型供应链网。在分散型供应链网中，公司拥有最终产品的装配线和分销机构。装配分两步进行：A 在工厂完成通用的复杂装配过程；B 在分销完成订货产品的简单装配过程。这种延迟的产品区分策略适合于产品大量订货的情况。制造商在复杂的装配过程结束后，采用了分层装配方法，对通用的零件进行不同组装，形成不同种类最终产品。这时库存对象主要是第一步装配生产出来的组件。由于半成品和组件要运送到不同的地点，装配成顾客所需要的最终产品，所以半成品库存遍及分散型供应链网的每一处。为满足订货者的要求，公司往往采用按订单生产方式，但是，这种生产方式延长了从订货到交货的时间，可能降低顾客的满意度。因此，管理分散型供应链网的主要问题是，设计出一种缩短这段时间的方法。机械工业、电子工业和计算机的供应链网属于这种类型，其产品生命周期为几个月到几年。

3. 适应型供应链网。在适应型供应链网中，公司拥有最终产品的装配线和分销机构。但是，市场环境不断变化。因此，适应型供应链网必须对市场变化随时做出反应，这是适应动态环境的关键措施。为了有效地、迅速地对市场变化做出反应，应该在产品生命周期的投入期就搜集市场信息，并做出分析，保证连续的生产过程能动态地适应不断变化的市场。为此，公司采用了预测生产策略，即尽可能准确地估计出产品需求的变化趋势，然后根据预测安排生产。由于主要的制造过程使用了分散区分法，所以在制造阶段就对产品做出了品种的区分。产品品种的多样性和市场的多变性使产品生命周期有所缩短，最短的为几周到几个月。而且，产品生命周期的缩短使得在缺乏长期历史数据作分析的条件下建立预测模型更加困难。因此，管理适应型供应链网的主要问题是，如何能够抓住市场机遇，满足迅速变化的市场需求。服装业、制鞋业的供应链网就是属于这种类型。

### 案例 7-1

#### 供应链网的实例

1. 辽阳石油化纤公司的生产特点

辽阳石油化纤公司是国家特大型石油化工化纤企业，主要生产石油制品和各种化工化纤制品。其产品多达几十种，公司炼油厂以原油为原料生产加工成石脑油、重石脑油、加氢尾油、柴油、液化气产品。聚酯厂以炼油厂提供的重石脑油为原料进行不同程度的生产加工，制成苯、对二甲苯、邻二甲苯、C10、PTA、聚酯、涤纶产品。化工一厂以炼油厂提供的石脑油为原料生产乙烯和丙烯，为化工三厂提供原料生产聚乙烯、聚丙烯塑料制品。化工二厂加工由聚酯厂提供的对二甲苯，以 DMT 法生产聚酯，再由纤维厂加工成涤纶制品等。聚酯厂的苯送到化工四厂生产尼龙制品。

2. 辽阳石油化纤公司供应链网的建立与特点

根据辽阳石油化纤公司的生产流程，我们设计了下面的供应链网。从图中可以看出，辽阳石油化纤公司供应链网的主要特点是，产品品种多，而且分散生产。产品的制造过程分为两个阶段，即在炼油厂完成基础原料——石脑油的生产，然后由聚酯厂、化工厂和化纤厂分别进行不同的加工和处理，生产出许多不同种类的化工产品。同时，也生产出多种副产品。在辽化供应链网中，产品的区分较晚，库存对象主要是各种半成品和在制品。可以说，这是一种典型的分散型供应链网。因此，其管理的关键是减少半成品和在制品库存，缩短从顾客订货到公司交货的间隔时间，最大限度地使顾客满意。

**3. 辽阳石油化纤公司供应链网管理的措施**

为了减少半成品和在制品库存,公司可设计零库存生产系统,使用看板管理方式。同时,公司的各个工厂之间实现信息共享,增强对顾客需求的即时反应能力。

据初步分析,上述两方面的措施实施后,公司的库存成本将降低10%,其效果是显著的。

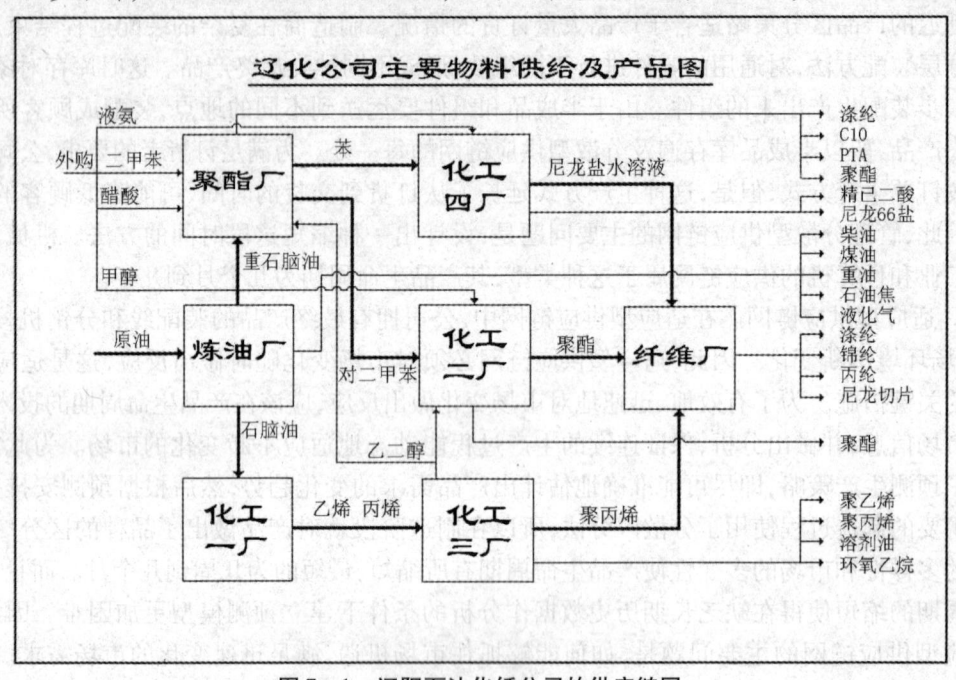

图7-1 辽阳石油化纤公司的供应链网

**4. 供应链网对企业的影响主要有:**

(1) 供应链网增加了企业生产经营活动的复杂性,使企业更多地受到外部原料供应商、间接的原料供应商和顾客的影响。尤其是企业在编制生产计划时,必须综合考虑下游顾客的需求状况和上游企业的供货能力及自身生产能力三方面的限制。而且,在实施生产计划的过程中,企业必须根据上游企业的供货变动和顾客的需求波动来动态地调整自身的作业计划,保证与外部环境的最佳适应状态。

(2) 供应链网的不确定性沿着供应链逐级传播,加剧了企业生产经营活动的不确定程度。在供应链网中,某一企业的生产经营活动不确定,将会影响下游的企业,甚至更下游企业,呈现出逐级向下传播的趋势。同时,这种不确定状态又影响上游企业甚至更上游企业,直至供应链的始端。因此,供应链网中的企业在生产经营领域受到整条供应链的影响,而且受到多条供应链的综合作用,所面临的不确定环境十分严峻。

(3) 供应链网的不确当因素来源于所有成员。例如,由供应商、制造商、销售商和顾客组成的四阶段供应链,其不确定因素有:①供应商,即供应商的供货能力、生产能力和运输能力;②制造商,即制造商的生产能力、故障频率和运输能力;③销售商,即销售商的销售能力和仓储能力;④顾客,即顾客的需求能力。其中,供应商、制造商和销售商的不确定因素存在一定的变化规律,可以通过跟踪分析来掌握这种规律并进行有效的控制。而顾客的需求随机变化,难以控制。为此,供应链企业必须建立不确定因素控制系统,增强对顾客需求的即时反应能力,提高顾客满意度。

通过对供应链网结构分析,首先可以明确供应链网的概念,从宏观和微观两方面正确认识供应链和供应链管理的本质。其次,有助于企业制定恰当的供应链战略。从供应链网的多级性特征来看,企业又可以对供应链进行等级排列,对供应商进行一步细分,进而制定出具体的营销组合策略。实践表明,对供应链网的分层和分级是十分重要的。同时,供应链网结构的动态性特点指导企业建立供应链适时修正战备,跨地区性特点提醒企业密切注意国际惯例和各国文化、法律的差异。第三,能够区分不同行业的供应链网,为企业建立合适的供应链网提供了参考。企业应该根据自身的行业特点、业务规模和业务流程来选择最佳的供应网。第四,有利于改进供应链管理。尤其是,供应链网结构研究强调供应链网成员的共同目标和改进重点,为企业提高管理水平指明了方向。

## 二、供应链网的结构特性

首先,供应链网的结构表现为双向性。从横向看,使用某一共同资源(如原材料、半成品或产品)的实体之间既相互竞争又相互合作。从纵向看,供应链网结构,反映从原材料供应商到制造商、分销商及顾客的物流、信息流和资金流的过程。其次,供应链网的结构是动态的。供应链网的成员通过物流和信息流而联结起来,它们之间的关系是不确定的,其中某一成员在业务方面的稍微调整都会引起供应链网结构变动。而且,供应链成员之间、供应链之间的关系也由于顾客需求变化而经常做出适应性的调整。第三,供应链网具有跨地区的特性。供应链网中的业务实体超越了空间的限制,在业务上紧密合作,共同加速物流和信息流,创造了更多的供应链效益。最终,世界各地的供应商、制造商和分销商联结成一体,形成全球供应链网(Global Supply Chain Network,GSCN)。第四,供应链网的结构呈多级性。随着供应、生产和销售关系的复杂化,供应链网的成员越来越多。如果把供应链网中相邻两个业务实体的关系看作供应-购买关系,那么这种关系是多级的,而且涉及的供应商和购买商也是多个。供应链网的多级结构中增加了供应链管理的难度,同时又有利于供应链的优化与组合。第五,供应链网的结构具有层次性特征。从组织边界的角度看,虽然每个业务实体都是供应链网的成员,但是它们可以通过不同的组织边界体现出来。

# 第四节 供应链设计的重要问题

## 一、用系统论的观点看待供应链

系统的概念来源于人类长期的社会实践。目前国内外学者对系统进行了相关的研究。系统是由相互作用、相互影响、相互依赖的若干组成部分按一定规律组成的具有特定功能的统一体。在美国的韦氏大辞典中,"系统"一词被解释为"有组织的或被组织化的整体,结合着的整体所形成的各种概念和原理的综合。"在日本的 JIS 标准中,"系统"定义为"许多组成本素保持有机的秩序,向同一目的行动的集合体"。一般系统论的创始人 L.V. 贝塔朗菲把"系统"定义为"相互作用的诸要素的综合体"。

根据系统工程理论中的"系统"的定义和特性,以及供应链管理的内涵和特性,可以发现:供应链管理是一种集成的管理思想和方法体系,它有自己的思想、组织、方法和技术体系。它用来保持供应链中从供应商到最终用户的物流的计划和控制等职能。

系统的一般特征有：整体性、相关性、结构性、动态性、目的性、环境适应性。供应链是一个复杂的系统。从供应链概念上说，供应链是由一系列相互关联的企业由于某种原因结成的网络。这些企业为了实现快速响应满足市场需求的目的，形成一个虚拟企业联盟体系。形成供应链的企业或部门，相互之间相互作用、相互影响、相互制约，其组成和结构具有一定的规律，其运行也有一定规律。在进行供应链的构建分析与设计时，必须认识供应链具有系统一般特征的概念，从系统的角度进行设计和优化。

(一) 供应链的相关性

各部分的特性和行为相互制约影响，相关性确定了系统的性质和形态。供应链内的企业或部门之间的相互影响、相互依赖、相互制约，形成了特定的关系。从单个企业看，企业内部各组成部分之间的关系对供应链的性质和功能起很大的作用，但是供应链的性质和功能更受组成供应链各企业之间关系的影响，这种战略联盟关系的强弱决定了供应链的特性，其相关的优劣或性能在很大程度上也受它影响。

(二) 供应链的结构性和有序性

系统的层次结构和协调活动是现实世界中一些大系统所特有的结构性反映。供应链的组成是按供需关系组成的结构，核心企业与供应商之间、供应商与供应商之间、销售商之间、销售商的销售商之间组成层层分布的网络结构。系统的有序性地揭示了系统与系统之间存在着包含、隶属、支配、权威、服从的关系，统自然数传递关系。换句话说，系统并不孤立出现，而是按有序性原则存在于某一层次结构中。供应链的结构不是杂乱无章的，它呈现出有序的特性。其实，供应链的有序性是显然的。只有供应商按时将核心企业需要的部件或原材料配给核心企业，核心企业才能组织生产或制造；只有供应商的供应商将部件或原材料送给供应商，供应商才可能及时将部件或原材料送给核心企业。供应链的组织若不按这样的顺序组建和安排，实践证明是行不通的。

(三) 供应链的目的性

人工系统和复合系统都具有一定的目的性。要达到既定的目的，系统发展具有一定的功能。所有系统都有功能，但不一定有目的。没有目的的系统不属于供应链的研究对象。供应链系统必然有目的，因为正如前面分析的那样，供应链的产生就是为了增强企业参与企业的竞争力、拥有更大的竞争优势，而建立的动态联盟。一旦参与企业认为此联盟没有什么意义的时候，该供应链存在的目的性将变得很小或为零。此时，该供应链也就没有存在的必要，或者消失，或者重组。

(四) 供应链的动态性

物质和运动是密不可分的，各种物质特性、形态、结构、功能及其规律性，都是通过运动表现出来的，要认识物质首先要研究物质的运动，系统的动态性使其具有生命周期。开放系统和外界环境有物质、能量和信息的交换，系统内部结构也可以随时间变化。一般来说，系统的发展是一个有方向性和动态过程。供应链内部矛盾有三种形式流在流动：物流、信息流、资金流。上游企业得到下游企业的信息需求，向下游企业传递供给信息和物料，同时，资金流由下游企业向上游企业流动。且不说组成供应链的各个企业都在演变，或壮大或缩小；组成供应链的企业或部门也在不断变化，有的自己主动离开，有的被动离开。

### (五)供应链的环境适应性

任何一个系统都存在于一定的物质环境(更大的系统)之中,它必然要与外界环境产生物质、能量和信息量的交换,外界环境的变化必然会引起系统内部各要素之间的变化。因此有保持和恢复系统要有特性,系统必须具有对环境的适应能力,这就像元素必须适应系统一样,因为:系统+环境=更大的系统。

### (六)供应链的整体性

系统的整体性可以表述为,系统整体不等于各组成元素之和,即非加和原则,$1+1\neq2$。当整体小于各组成元素之和(即$1+1<2$)每个企业或部门的功能是良好的。但企业或部门步调不一,协同不好,作为供应链整体就不可能有良好的功能。当整体大于各组成元素之和(即$1+1>2$)时,组成供应链的元素是企业或企业内的部门,供应链系统的整体功能取决于它的结构系统中各组成企业或部门间的协调关系,虽然每个企业或部门的功能并不很完善,但它们协同一致,结构良好,作为供应链整体具有良好的功能。

一个设计精良的供应链在实际运行中并不一定能按照预想的那样,甚至无法达到设想的要求。这是主观设想与实际效果的差距,原因并不一定是设计或构想的不完美,而是环境因素在起作用。因此构建和设计一个供应链,一方面要考虑供应链的运行环境(地区、政治、文化、经济等因素),同时还应考虑未来环境变化对实施供应链的影响。因此,我们要用发展的,变化的眼光来设计供应链。无论是信息系统的构建还是物流通道设计都应具有较高的柔性,以提高供应链对环境的适应能力。供应链系统处于全球市场范围内,它是为了充分利用全球范围内的优势资源(人才、知识、原材料、设备等)而建成的。它的适应性表现在能自我调整(如重组),以适应外部条件的变化。如果外部市场需要生产成本更低的产品才能适应竞争优选规则,那它就必须重新调整自己的组织;也许它的某个成员不是最优秀的。也许它的某个成员应该开发新品了。

## 二、供应链设计与物流系统设计

物流系统是供应链的物流通道,是供应链管理的重要内容。物流系统设计是指原材料和外购件所经历的采购——存储——加工制造——装配——包装——运输——分销——零售等一系列物流过程的设计。

物流系统设计也称供应链通道设计(supply chain channel designing),是供应链系统设计中最主要,最重要的工作。设计一个结构合理物流通道对于降低库存、减少成本、缩短提前期、实施JIT生产与供销、提高供应链的整体动作效率都是很重要的。但供应链设计却不等同于物流系统设计,特别是从集成化供应链设计的角度看,它是从更广泛的思维空间——企业整体角度去勾画企业蓝图,是扩展的企业模型。它既包括物流系统,还包括信息和组织以及价值流和相应的服务体系建设。在供应链的设计(建设)中创新性的管理思维和观念极为重要,要把供应链的整体思维观融入到供应链的构思和建设中,企业之间有并行的设计和能在企业之间实现并行的动作模式,这是供应链设计中最为重要的思想。

## 三、供应链设计与企业再造工程

供应链的构建工作同时也是一个企业流程的改造问题,要从管理思想革新的角度,以创新的观念武装企业(比如动态联盟与虚拟企业、精细生产等)。这种基于系统进化的企业再造思想是符合人类演进式的思维逻辑的,尽管"业务流程重构教父"哈默和钱贝一再强调其彻底的剧变式的企业重构思想,但实践证明,实施业务流程重构的企业最终还是走向改良的道路,所谓无源之水、无本之木的企业再造是不存在的,因此在实施供应链的设计与重建时,新的思维和新的手段。

### 四、供应链设计与先进制造模式的关系

供应链设计既是从管理新思维的角度去改造企业,也是先进制造模式的客观要求和推动的结果。如果没有全球制造、虚拟制造这些先进的制造模式的出现,集成化供应链的管理思想是很难得以实现的,正是先进制造模式的资源配置沿着"劳动密集-设备密集-信息密集-知识密集"的方向发展才使得企业的组织模式和管理模式发生相应的变化,从制造技术的技术集成演变为组织和信息等相关资源的集成。供应链管理适应了这种趋势。因此,供应链的设计应把握这种内存的联系,使供应链管理成为适应先进制造模式发展的先进管理思想。

## 第五节 供应链的设计策略

设计和运行一个有效的供应链对于每一个制造企业都是至关重要的。因为它可以获得提高用户服务水平、达到成本和服务之间有效平衡、提高企业竞争力、提高柔性、渗透新的市场、通过降低库存提高工作效率。但是供应链也可能因为设计不当而导致浪费和失败,正确的设计策略是必需的。

### 一、基于产品的供应链设计策略

这是投资企业的常规做法。供应链的设计要以产品为中心,首先要明白用户对企业产品的需求是什么?产品生命周期、需求预测、产品多样性、提前期和服务的市场标准等都是影响链设计策略(product-Based Supply Chain Design,PBSCD)的重要问题。

(一)产品类型

不同产品类型对设计供应链有不同的要求,高边际利润、不稳定需求的革新性产品(Innovative Products)的供应链设计就不同于低边际利润、有稳定需要功能性产品(Functional Products)。

功能性的产品一般用于满足用户基本需求,变化很少具有稳定的、可预测的需要的较长的生命周期,但他们的边际利润较低;为了避免这种状况,许多企业在式样或技术上革新以寻求消费者的购买,从而得到较高的边际利润,这样革新性产品的需求一般不可预测,生命周期也较短。正因为这两种产品的不同,才需要有不同类型的供应链去满足不同的管理需要。

(二)供应链设计策略

当知道产品和供应链的特性后,就可以设计出与产品需求一致的供应链。设计策略如图7-2所示。

|  | 功能性产品 | 革新性产品 |
|---|---|---|
| 效率性供应链 | 匹配 | 不匹配 |
| 响应性供应链 | 不匹配 | 匹配 |

图 7-2 供应链设计与产品类型策略矩阵

策略矩阵的四个元素代表四种可能的产品和供应链的组合,从中可以看出产品和供应链的特性,管理者可以根据它判断企业的供应链流程适于功能性产品,响应性供应链流程适于革新性产品,否则就会产生问题。

(三)产品供应链的设计步骤

产品的供应链设计可以归纳为如下 8 个步骤,如图 7-3。

第一步是分析市场竞争环境,以确认用户的需求和因卖主、用户、竞争者产生的压力。这一步骤的输出是每一产品的按重要性排列的市场特征。同时对于市场的不确定性要有分析和评价。

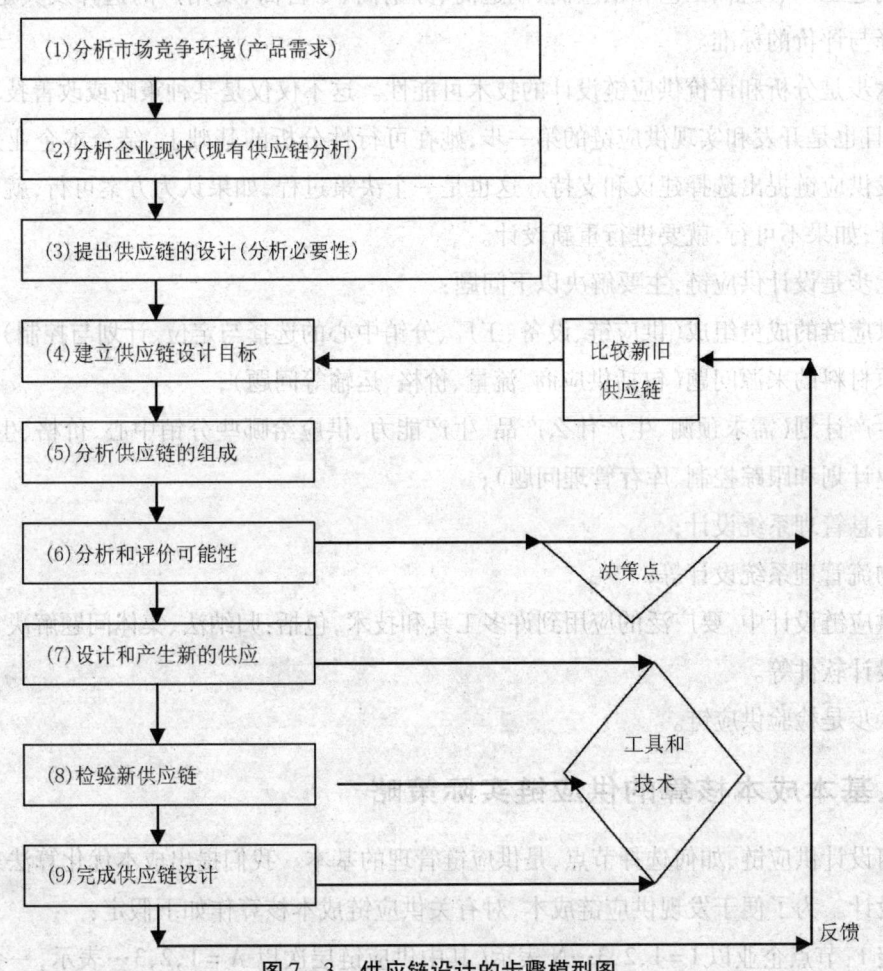

图 7-3 供应链设计的步骤模型图

第二步是总结、分析企业现状。主要分析企业供需管理的现状着重于研究供应链开发的方向,分析、找到、总结企业存在的问题及影响供应链设计的阻力等因素。

第三步针对存在的问题提出供应链设计项目,分析其必要性。

第四步是根据产品的供应链设计策略提出供应链设计的目标。

- 进入新市场;
- 开发新产品;
- 开发新分销渠道;
- 改善售后服务水平;
- 提高用户满意程度;
- 降低成本;
- 降低库存提高工效。

第五步是分析供应链的组成,提出供应链组成的基本框架。供应链中的成员组成分析主要包括制造工厂、设备、工艺和供应商、制造商、分销商、零售商、及用户的选择及其定位,以及确定选择与评价的标准。

第六步是分析和评价供应链设计的技术可能性。这不仅仅是某种策略或改善技术的推荐清单,而且也是开发和实现供应链的第一步,她在可行性分析的基础上,结合本企业是实际情况为开发供应链提出选择建议和支持。这也是一个决策过程,如果认为方案可行,就可进行下面的设计;如果不可行,就要进行重新设计。

第七步是设计供应链,主要解决以下问题:

- 供应链的成员组成(供应链、设备、工厂、分销中心的选择与定位、计划与控制);
- 原材料的来源问题(包括供应商、流量、价格、运输等问题);
- 生产计划(需求预测、生产什么产品、生产能力、供应给哪些分销中心、价格、生产计划、生产作业计划和跟踪控制、库存管理问题);
- 信息管理系统设计;
- 物流管理系统设计等;

在供应链设计中,要广泛的应用到许多工具和技术,包括:归纳法、集体问题解决、流程图、模拟和设计软件等。

第八步是检验供应链。

## 二、基本成本核算的供应链实际策略

如何设计供应链、如何选择节点,是供应链管理的基本。我们提出成本优化算法来进行供应链的设计。为了便于发现供应链成本,对有关供应链成本核算作如下假定:

假定1:节点企业以 $I = 1, 2, 3 \cdots N$ 表示(其中供应链层次以 $A = 1, 2, 3 \cdots$ 表示,一个层次上节点企业的序号以 $B = 1, 2, 3 \cdots$ 表示,所以一个节点 $I$ 可以表示为 $A * B$)。

假定2:物料单位成本随着累积单位产量的增加和经验曲线的作用而降低,成品、零件、产品设计、质量工程的改善都可以导致单位物料成本的降低。

假定3:假定从一个节点企业到另一个企业的生产转换时间在一个节点企业的年初。

假定4:当一个节点企业开始生产时,上一节点企业的工时和原材料成本根据一定的技术指数转化为此节点企业的年初值。

假定5:全球供应链管理中,围绕核心企业核算成本,汇率、通货膨胀率等转换为核心企业所在国家的标准。

(一)供应链成本结构及其函数

供应链主要包括:物料成本、劳动成本、运输成本、设备成本和其他变动成本等。其成本函数构造如下:

1. 物料成本函数(Materials Cost Function)

从假定2可知,物料成本随累积产量的增加而降低,供应链的总物料成本为:

$$M_{it} = m_i im_{it} \int_0^{nt} n^{fi} dn$$

其中:$M_{it} = i$ 节点企业在 $t$ 年生产 $n_t$ 产品的总物料成本(时间转化为当地时间);

$m_i = i$ 节点企业的第一个部件的物料成本(时间坐标轴的开始点);

$im_{it} = i$ 节点企业 $t$ 年的物料成本的通货膨胀率;

$n_t = $ 第 $T$ 年内的累计产量;

$f_i = :Lg(F_i)/lg(2)$;

$F_i = $ 物料成本经验曲线指数,$0 \leq F_i \leq 1$;

$n = $ 累计单位产量,$n = 1, 2, 3, \cdots, n_t$。

2. 劳动成本函数(Labor Cost Function)

供应链的节点企业可能分布在本国的不同地方,也可能分布在世界各地,各地的劳动力价值、成本无法统一衡量,这里直接以工时为基础计算供应链的劳动力成本。

$$L_{it} = l_i il_{it} y_{it} \int_0^{nt} n^{gi} dn$$

其中:$L_{it} = i$ 节带内企业在第 $t$ 年(时间转化为当地时间)生产 $n_t$ 产品成本的劳动成本;

$li = i$ 节点企业的单位时间劳动成本;

$il_{it} = i$ 节点企业 $T$ 年的单位工作时间的通货膨胀率;

$n_t = $ 第 $t$ 年内的累计产量;

$g_i = lg(G_i)lg(2)$;

$G_i = $ 劳动力学校经验曲线指数,$0 \leq G_i \leq 1$;

$n = $ 累计单位产品产量,$n = 1, 2, 3, \cdots, n_t$。

3. 运输成本函数(Transportation Cost Function)

运输成本是影响供应链总成本的重要因素之一,交货频率和经济运输批量都决定运输成本的大小。假定从节点 $i$ 到节点 $m$ 的单位成本为 $S_{im}$,$is_{it}$ 为 $i$ 节企业 $t$ 年运输的通货膨胀率,$m$

节点在第 $t$ 年的累计需求为 $d_{im}$，所以供应链的总运输成本为 $T_{it}$：

$$T_{it} = \sum_{n=1}^{M} s_{im} is_{it} d_{mt}$$

**4. 设备和其他变动成本函数**（Utilities and other Variable Cost Function）

假定 $U_i$，$V_i$ 分别代表 $i$ 节点企业的一个单位的设备和其他变动成本（如管理费用等），其通货膨胀率指数分别为 $iu_{it}$ 和 $iv_{it}$，在 $t$ 年节点企业生产 $n_t$ 单位产品的总的设备和变动成本位：

$$U_{it} = (u_i iu_{it} + v_i iv_{it}) n_t$$

**5. 供应链的总成本函数**（Total Cost Function）

以上成本都是针对一定时间轴上可能的 $i$ 节点企业的组合，在时间 $T$ 内相关的节点 $i$ 组成一个节点组合序列，用 $K$ 表示，所以可能的节点组合序列用 $K$ 表示，对于每个节点组合序列 $K$，供应链的总成本 $TC(K)$ 为表示为：

$$TC(K) = \sum_{t=1}^{T} \{ \Sigma_{i \in k} (M_{it} + L_{it} + T_{it} + U_{it}) e_{it} pv_{it} \}$$

式中：$M_{it}$、$L_{it}$、$T_{it}$、$U_{it}$、意义同上；

$e_{it}$ = 汇率（$i$ 节点企业对核企业的汇率）；

$Pv_{it}$ = $i$ 节点企业在 $t$ 年的现值折扣率；

$K$ 为一个节点组合序列。

而一个节点组合序列的平均单位成本用下式表示。

$$CAU(k) = TC(k)/N_T$$

**(二)供应链设计的优化成本算法**

从节点组合序列中可以选出多个节点企业组合，比如：分布在 4 个层次（A = 4）的各 2 个（B = 2）工厂，在 5 年（T = 5）的时间轴上，总共有 K = $(2 \times 4)^5$ 个节点组合序列。我们可以通过对供应链总成本的优化核算来找出最优的节点企业组合，设计低成本的供应链。供应链的设计要评估所有可能的组合序列，以达到最优化的设计。

具体的方法是将多时段问题转化为网络设计，网络设计层次定义为 T = 1,2,3…,T，在第 T 层次，可能的组合序列是 I(A×B)$^t$，在每一个层次 T，每个节点企业的总累积成本表示为 Cit

$$C_{it} = \{ m_i im_{it} [(n^{1+fit})/(1+f_i) + l_i il_{it} y_{it} [(n_t^{1+g_i})/(1+g_i)] + \sum_{m=1}^{M} s_{im} is_{it} dm_t + (u_i iu_{it} + v_i iv_{it}) n_t \} e_{it} pv_{it} + c_{i,t-1}$$

其中：i = 1,2,3…,(A×B)$^t$，t = 1,2,3…,T

此公式表示了从第 1 年到 T 年（包括第 T 年）的节点 I 的总累积成本。

供应链设计成本优化的算法流程图 7 - 4 所示。

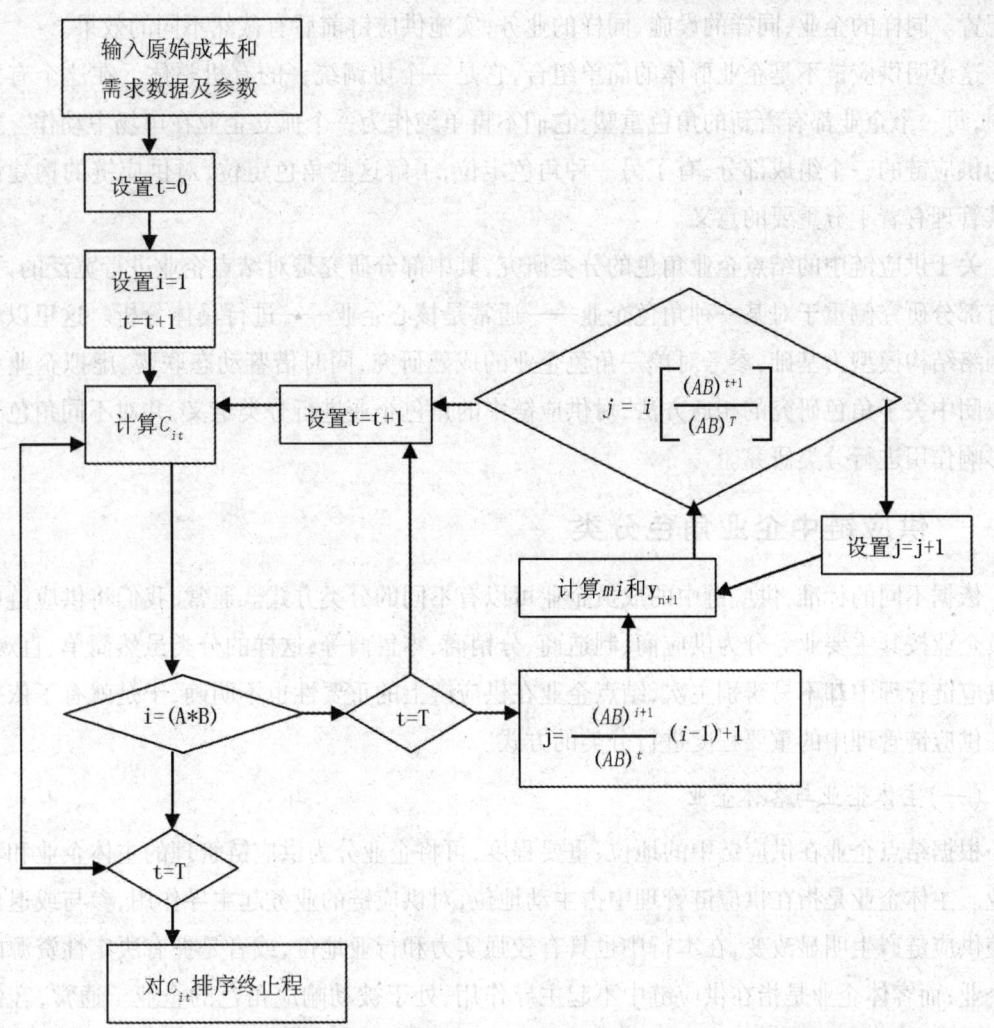

**图7-4 成本优化算法流程图**

在输入初始数据以后,计算第1年个节点的成本。当累加成本的节点数不超过,程序要判断是否达到时间段的末年,如果t<T,J节点第t+1年的第一个单位的物料成本和劳动时取决于从第I节点到第j节点的所有可能的生产转换;如果t=T,那只有最后一个节点的成本要计算。当所有的节点第t年的累积成本计算完以后,程序需新设置I和计算第t+1的累积成本。当t=T时,最后对节点组合的累积成本进行排序,优化的供应链节点组合序列就是排序后的选择。

## 第六节　供应链结构中的企业角色

供应链管理的实施可以使相关企业群在很大程度上获益,可以降低成本,改善客户服务,减少社会库存,缩短响应周期,加快资金的周转,增强企业综合竞争实力,并使社会资源得到优化配置。同样的企业、同样的设施、同样的业务,实施供应链前后有截然不同的效果。

这说明供应链不是企业群体的简单组合,它是一个协调统一的有机整体。在这个有机整体中,每一个企业都有着新的角色重塑,它们不再单纯作为一个孤立企业在市场中动作。它们作为供应链的一个组成部分,有了另一种角色定位,了解这些角色定位,对供应链的构建设计及其管理有着十分重要的意义。

关于供应链中的结点企业角色的分类研究,其中部分研究是对结点企业进行宽泛的讨论,还有部分研究侧重于对某一种角色企业——通常是核心企业——进行具体分析。这里以供应链网络结构模型为基础,参考对单一角色企业的成熟研究,同时借鉴动态联盟、虚拟企业和企业集团中关于角色研究的相通方法,对供应链中的角色企业进行分类定义,并对不同角色企业的影响作用进行分类研究。

## 一、供应链中企业角色分类

依据不同的标准,供应链中的成员企业可以有不同的分类方式。通常,我们将供应链中的成员企业按其主要业务分为供应商、制造商、分销商、零售商等,这样的分类虽然简单、直观,但在供应链管理中却不易辨别主次,结点企业在供应链上的重要性也不明确,于是就有了依据企业在供应链管理中的重要程度进行分类的方式。

(一) 主体企业与客体企业

根据结点企业在供应链中的地位、重要程度,可将企业分为供应链管理的主体企业和客体企业。主体企业是指在供应链管理中占主动地位,对供应链的业务起主导作用,参与或退出都会使供应链产生明显改变,在本行中也具有较强实力和行业地位,或者是拥有决定性资源的结点企业;而客体企业是指在供应链中不起主导作用,处于被动响应角色的企业。通常,客体企业又可分为两种:内围企业与外围企业。内围企业是指主体企业虽无法完全控制但可以对其施加直接影响的企业,这主要指的是与主体企业直接打交道的企业。这些企业通常是主体企业没有任何行政隶属关系,通常是以各种契约形式与主体企业相关联。

在供应链中,主体企业可以是一个,也可以有几个。当只有一个主体企业时,供应链的表现形式是以主体企业为核心的卫星式企业群体,如图7-5所示;而当供应链中有不止一个主体企业时,供应链的表现形式就是以主体企业为主线,以其他客体企业为旁枝的团队式合作群体,如图7-6所示。

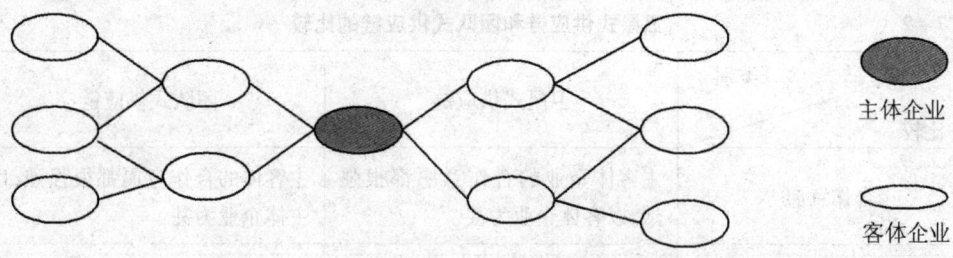

图7-5 卫星式企业群体

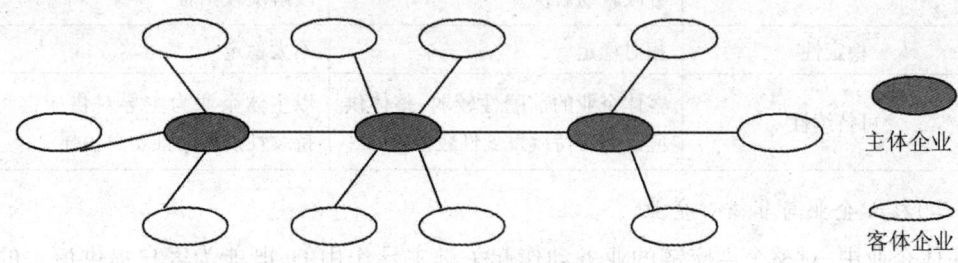

图7-6 团队式合作群体

卫星式企业群体组成的供应链形式比较稳定,因为各结点企业的合作意愿都很强烈。主体企业不仅对供应链在最终产品市场上竞争力的提高起到关键作用,还能够帮助客体企业参与到新的市场中去。因此,与相对强势的主体企业合作,对于客体企业来说吸引力是非常大的。正因为客体企业的合作意愿十分诚恳,所以在权利、利润的分配上,通常都会向主体企业偏重,这就更进一步激发了主体企业的合作意愿。而且,惟一的主体企业具有明显的决定权优势,在供应链决策中产生严重分歧的可能性较小,这也更利于供应链的管理。但在供应链可持续发展方面,通常只有具有市场前瞻性的主体才会在供应链的技术改造、流程重组、结构调整等方面投入大量精力,而客体企业对供应链改进的意愿并不强烈,还需要主体企业推动才能同步。

至于团队式企业群体组成的供应链,强强联合使供应链整体优势加强,双赢带来的巨大收益使得主体企业的合作意愿都很强烈;但由于主体企业都势均力敌,合作时难免有碰撞、磨擦,合作难度较大;在决策方面,由于每个主体企业的影响都不可忽视,在决策时的分歧也相对较难解决;由于合作难度大,加上矛盾调和的困难,使得整个供应链的稳定性不强,供应链上任何两个主体企业的合作破裂都会影响到整个企业群体的稳定,甚至导致整个供应链合作的失败;不过,在推动供应链持续发展方面,作为主干的主体企业的前瞻性意识都比较强烈,可以群策群力,对供应链整体的带动性也更强。

以卫星式企业群体为基础的供应链和以团队式企业群体组成的供应链的比较,如表7-2所示。

表7-2　　　　　　　　　卫星式供应链和团队式供应链的比较

| 比较\类别 | 卫星式供应链 | 团队式供应链 |
| --- | --- | --- |
| 合作意愿 | 主客体企业的合作意愿都很强烈,以客体企业为甚 | 主客体的合作意愿都很强烈,以主体企业为甚 |
| 合作难度 | 惟一的主体企业占有绝对主导的地位,合作相对容易 | 多个主体企业势均力敌,难以形成绝对的主导,合作相对困难 |
| 决策分歧的解决 | 主体企业有明显的决定权优势,分歧较易解决 | 多个主体企业意见难以统一,分歧解决较困难 |
| 稳定性 | 相对稳定 | 不太稳定 |
| 可持续性 | 客体企业的前瞻性较弱,整体供应链的可持续发展性较差 | 以主体企业为主导对供应链可持续性发展的推动力较强 |

### (二)核心企业与非核心企业

主体企业中,对整个供应链的业务动作起关键主导作用的,既能为客户提供最大的附加值,又能帮助链上其他合作企业参与到新市场中的主体企业就是供应链的核心企业,也称为供应链的领袖企业。其他的处于相对次要地位的企业称为供应链管理的非核心企业。

在卫星供应链中,惟一的主体企业就是供应链的核心企业。在团队式供应链中核心企业也是惟一的,但却不是固定的,核心企业会随着供应链主要业务的变化、稀缺资源的转移、市场环境的演变等因素而变化,是动态的。根据核心企业在供应链中所处的位置和所起的作用,可将核心企业分为4类:

#### 1. 连接组织作为核心企业

这类核心企业往往具有良好的商誉和较大规模,并且掌握着大量的相关信息资源。它主要通过在供应链的结点企业之间建立联系,建立起彼此合作的战略伙伴关系。供应链管理主要集中在供应商之间的协调,信息交换和供、产、销的平衡等方面。

#### 2. 分销商作为核心企业

分销商作为核心企业,它本身拥有强大的销售网络,销售、用户服务等功能由核心企业自己的销售网络的设计、生产计划、跟踪控制、库存管理、供应与采购管理等。

#### 3. 制造商作为核心企业

这类核心企业主要具有产品设计、制造等优势,但是,在原材料的供应、产品的销售及各市场用户的服务等方面,缺乏足够的力量,因此,必须通过寻求合适的供应商和分销商构建成整个供应链。供应链管理的重心主要是信息网络的设计、计划、控制、支持管理,物流管理,信息流管理等方面。

#### 4. 供应商作为核心企业

这类核心企业,它本身享有供应和生产的特权,或者享有在制造、供应方面不可替代的优势。但其在分销、用户服务等方面则不具备优势。因此在这种结构中,供应链管理主要集中在经销商、用户的选择、信息网络的设计、需求预测计划与管理、分销渠道管理、用户管理与服务等方面。

(三)潜在企业

在供应链管理的环境下,这样一类企业,它们虽不是供应链内部的结点企业,却具备供应链所要求的各种条件,自身也有参与供应链合作的意愿。一旦有机会,就会成为供应链上的新成员,或是替代供应链上其他结点企业,特别是替代没有特殊性的外围企业,这类企业就是供应链的后备力量,从微观的角度讲,潜在企业也是供应链结点企业的竞争对手。

供应链上,各种不同角色企业之间的关系可以用"橄榄球"模型图来表示:

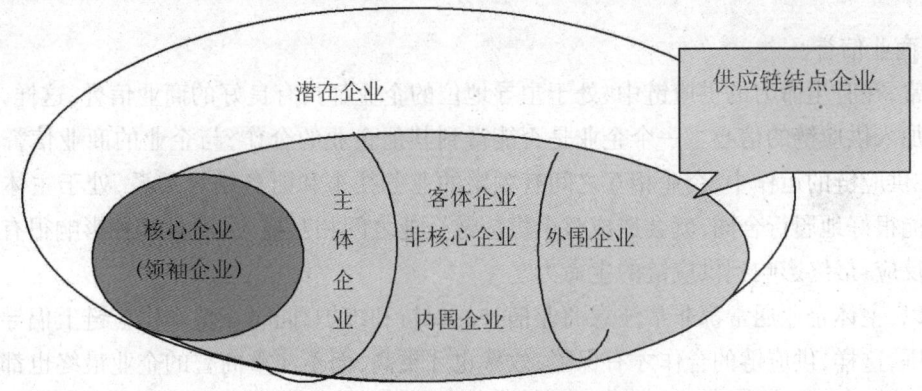

图7-7 供应链结点企业角色分类

## 二、不同角色企业在供应链运作中的影响

在供应链上,不同角色的结点企业具有不同的特征,起着不同的作用,对整个供应链的运作也不同程度的影响。

(一)主体企业对供应链运用的影响

主体企业在供应链中担任协调节器主体的角色,它对整个供应链的运作起着推动性的作用,在促进结点企业提升实力,保持良好商业信誉,加强知识积累等方面都有重要的影响,同时还担负着系统构建,客体企业选择等责任。

1. 知识积累

企业竞争优势的体现受外部条件的影响,但优势的积累取决于企业的内部能力,而企业的内部能力,是企业知识积累的结果。企业的知识不仅体现于技术进步,组织管理上,还体现在新知识的融入、价值观的传递以及管理经验的扩散上。企业资源和知识的积累是企业获得超额收益和保持企业竞争优势的关键。

在供应链运作中,主体企业具有强大的知识积累能力,不仅保持了自身竞争的优势,还将这种优势发挥到整个供应链的运作中,使得供应链获得超额的利润,同时通过价值观的传递和管理经验的扩散带动客体企业与之同步。

2. 系统构建

在供应链系统构建的运作中,主体企业起非常重要的影响作用。主体企业构建供应链的过程可以分为结构构建和理念构建两个层次。

供应链结构构建的运作主要包括确立目标、建立模型并选择合作伙伴、组织设计、方案实施这四个显性的逻辑阶段：在确立目标过程中，主体企业基于创新意识，寻求新的市场机遇，并对确定的机遇进行分析、评估以决定是否影响应该机遇；在建立模型并选择合作伙伴过程中，主体企业要在核心企业的组织下设计供应链运作过程模型和供应链结点企业模型，并开始结点企业的选择与评估；在组织设计过程中，主体企业依据已建立的模型、合作伙伴的参与方式和供应链的业务性质等因素，设计供应链的结点企业的具体组织形式，即各结点企业在供应链上的具体定位；方案实施过程是在主体企业的引导下，依照前述设计结果，实际组建供应链体系。

3. 商业信誉

通常，在有生命力的供应链中，处于主导地位的企业都具有良好的商业信誉，这样，其他企业才有加入供应链的信心。一个企业是否能得到其他企业的合作，与企业的商业信誉有很大关系：在供应链的运作中，企业相互之间有频繁的业务往来和财务结算关系，处于主体地位企业如不能很好地履行合同，就会造成整个供应链企业之间相互拖欠，而且这种影响很有可能成为连锁反应，最终影响到供应链的生命力。

所以，主体企业通常都非常注意商业信誉的保持和维护，同时在整个供应链上倡导诚信的合作氛围，这样，供应链的合作才有保障，效率也才更高，而不注重商誉的企业最终也都将被供应链所淘汰。

4. 提升实力

在主体企业与客体企业相比，在技术、管理、价值方面都具有较强的优势地位：在技术方面，主体企业技术的先进性代表了整个供应链的先进程度。不仅能不断提高自身技术优势，还可以客体企业提供技术上的帮助、指导，使供应链的企业群体在技术上都能保持较高水平；在管理方面，主体企业在供应链上担任管理者的角色，价值方面，主体企业的价值优越性是指企业在创造价值和降低成本方面的优势。

主体企业在供应链上具有的这种相对竞争优势，能够产生关联效应，带动客体企业共同成长，进而带动整个供应链的发展。因此，主体企业在供应链运作中的影响不仅在于使个别企业获得竞争优势的利益，更在于使整个供应链获得较大的扩张力。

供应链理念构建过程包括观念震荡、结点企业内部冲突，以及企业重新社会化这三个隐性的逻辑阶段。供应链理念的构建是观念上的解冻和重组：伴随着供应链结构构建的实施，在结点企业中必然会引起原有价值观念的震荡。在这一过程中，主体企业充分引导新观念的趋向，从思想上整合供应链；观念震荡孕育了结点企业内部冲突，即由创新思想导致的企业内观念的对立。在处理企业内部冲突时，主体企业首先是调整自身的价值取向，使之更适应供应链的体系运作，再协助客体企业，特别是与主体企业关系紧密的内围企业更新观念；企业社会化过程是员工对新环境的造就过程，主体企业在这一过程中，从自身的调整做起，并通过辐射作用影响其他客体企业的重新社会化。

供应链的构建过程,如图7-8所示。

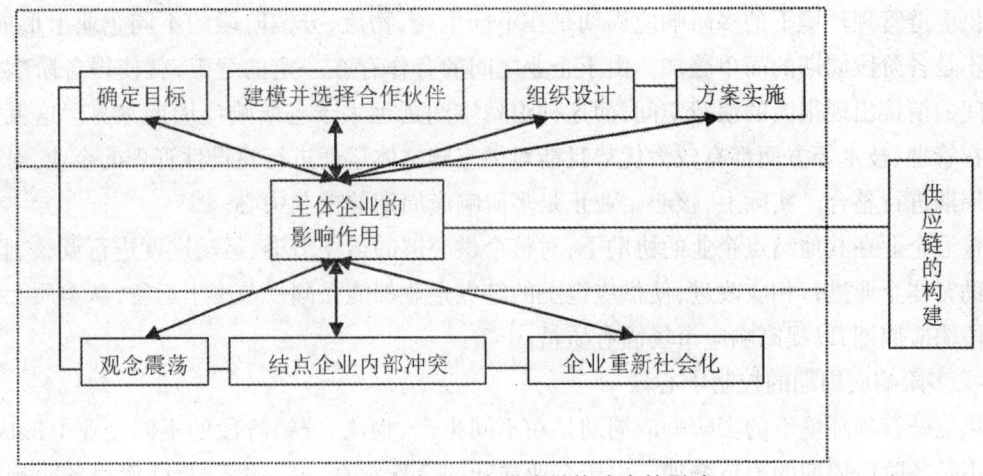

图7-8 主体企业在供应链构建中的影响

(二)核心企业对供应链运作的影响

核心企业在供应链中扮演了"中心"的角色,对供应链的运作起着重要的影响作用。

1. 结构调整中心

核心企业对供应链运作的一个重要的影响就是进行组织结构调整。供应链的发展仅依靠长期合同建立的关系是不够的,还要把供应链成员纳入统一的管理体系中去,根据环境的变化和自身发展的要求,对整个供应链的组织结构进行实时的调整。这就要求核心企业在其他结点的协助下,对整个供应链的业务流程和组织结构进行优化、调整,使得供应链的构建更趋合理化。

2. 信息交换中心

一体化的、协调的供应链具有高度的反应能力,能迅速响应市场要求。这是因为所有供应链伙伴分享业务计划、预测信息、库存信息、进货情况以及有关协调物流的信息。整个供应链通过各种信息相连接,并以此信息协调所有供应链伙伴的活动。信息化是现代供应链的必由之路。要提供最佳的服务,实现最低的成本,保证供应链流畅、高效的运行,供应链体系必须要有良好的信息处理和传输系统。可是在实际运作中,却存在很大程度上的"信息屏蔽"——出于各种考虑,供应链上的各结点企业很难做到开诚布公地共享信息。

作为供应链信息中心的核心企业所起的信息统一集成的作用就显得十分很需要了。核心企业不仅推动了供应链上信息的处理和传输系统的构建,还身先士卒地在整个供应链中倡导一种信息共享的氛围。

3. 物流集散的"调度中心"

在供应链上,核心企业扮演了对物流集散、配送时进行"调度"的角色:向相关结点企业适时发出物料需求指令或供货指令,以保证各个结点都有在正确的时间、得到正确品种和正确数量的产品,既不造成缺货,又不造成库存积压,把对供应链总成本的影响减至最低限度。因此,供应链上产品能否增值,与核心企业对物流的"调度"水平有很大关系。如果供应链上的核心企业不能在这些方面起主导作用,受影响的不仅是该企业,而是整个供应链。因此,核心企是供应链物流运作的关键,它对供应链的正常运作有着重要影响。

供应链管理环境下的多阶响应周期是在不同生产、物流、分销阶段的不同企业上形成的,但却不是各阶段周期的简单叠加。由于企业之间的合作存在一定的缝隙,就使得各阶响应周期之间的衔接出现很大的浪费空间,而这种浪费空间远远大于各阶响应周期本身。这就需要一个在管理、技术等方面都有较大优势且能对供应链整体运动进行建设性管理的企业,对多阶响应周期进行整合。实际上,核心企业正是多阶响应周期的控制中心。

核心企业在其他结点企业的协助下,对整个供应链的运作节奏、运动进度进行调整、监督、并帮助客体企业进行相应改进,使供应链上的结点企业都能在同一节奏下运行,从本质上缩短多阶段响应周期,以提高响应市场固有质量。

4. 多阶响应周期的控制中心

供应链管理环境下的多阶响应周期是在不同生产、物流、分销阶段的不同企业上形成的,但却不是各阶段周期的简单叠加。由于企业之间的合作存在一定的缝隙,就使得各阶响应周期之间的衔接出现很大的浪费空间,而这种浪费空间远远大于各阶响应周期本身。这就需要一个在管理、技术等方面都有较大优势且能对供应链整体运动进行建设性管理的企业,对多阶响应周期进行整合。实际上,核心企业正是多阶响应周期的控制中心。

核心企业在其他结点企业的协助下,对整个供应链的运作节奏、运行进度进行调整、监督、并帮助客体企业进行相应改进,使供应链上的结企业都能在同一节奏下运行,从本质上缩短多阶响应周期,以提高响应市场固有质量。

5. 文化中心

共同文化的凝聚力在供应链运作中起着举足轻重的作用。在供应链上,核心企业常常将企业文化作为连接结点企业的纽带进行倡导并推而广之。一个具有优秀企业文化核心企业,可以通过自己的影响力,把企业的价值观辐射到其他企业中,形成供应链结点企业共同的价值观念。在此基础上、把企业的价值观念与供应链本身的特点相结合,进而形成整个供链的文化。供应链文化一旦形成,使企业文化具有了更广的辐射力和影响力,成为结点企业之间的黏合剂使得供应链的向心力和凝聚力进一步加强。

以 GE 公司为例,GE 非常严格地在供应业务运作中坚持诚信的原则,并进行在结点企业之间倡导这种诚信文化,这有利于形成结点企业相互协作的氛围和在困难时相互辅助、谅解良性循环。通常,GE 与供应商之间只签订无法律效力的订货协议(又称长期合作协议)和谅解备忘录,再在订货协议的框架内定期或不定期的订货。虽然订货协议没有法律效力,但 GE 仍然严格遵守,这使得供货商十分信任 GE 公司,再如 GE 采用零流动资金的采购方式,收到产品且使用一段时间后才付款,这种付款方式使供货方处于不利地位。这一方面固然是由 GE 的市场地位所决定的,另一方面供货商能放心地将产品交给 GE 公司使用而不收预付款,也是与 GE 倡导的诚信文化分不开的,GE 公司有时也有拖欠款项的情况,供应商大都能表现出很大的耐心理解。

(三)客体企业对供应链运作的影响

供应链中的客户体企业通常处于被管理的地位,它们在供应链上不具有主导性的。但毕竟供应链是一个整体,一个结点出问题就会影响到其他结点的运作,进而影响到整个供应链的运行质量,因此,不能忽视客体企业对供应链运作的影响。

1. 优势的补充

供应链上的主体企业虽然具有相对优势,但毕竟不可能在任何方面都处于领先地位,而客体企业则在主体企业不足的地方对其进行补充。主体企业只需在最擅长的领域从事业务,而次要的领域不擅长的业务就由客体企业完成,这样供应链整体优势就得以完善,竞争力进一步提高。

2. 人才互动

由于供应链结点企业业务的侧重点不同,人才的知识结构也有所不同,如果能够整合这些人力资源,就可以提高企业的创新能力。从不同领域集中到一起的客体企业为供应链"人才库"提供了各类人才,弥补了主体企业人力资源单一的不足,从而形成合理的知识结构。

3. 技术创新的协助

在技术创新过程中,存在许多重要程度不同的技术环节。企业可以将核心技术之外的相关技术,分配给供应链客体企业来承担,这不仅有利于加快技术创新速度,而且,有利于综合各方面的技术优势,带来更具有竞争力的创新成果。

在供应链这个有机整体中,结点企业作为供应链的一部分,有着特殊的角色定位。而供应链上不同角色企业对供应链运作的影响又是不同的。因此,在实际的供应链管理运作中,只有对结点企业的角色有了正确的定位,对不同角色企业有了清晰的认识,才能依据不同角色的影响对供应链的运作进行配置和优化。

## 第七节 供应链设计步骤

### 一、供应链的设计方法

(一) 数学模型法

数学模型法是研究经济问题普遍采用的方法。把供应链作为一个经济系统问题来描述,我们可以通过建立其数学模型来描述其经济数量特征。最常用的数学模型是系统动力学模型主经济控制论模型。特别是系动力学模型适合供应链问题的描述。系统动力学最初的应用也是从工业企业管理问题开始的。它是基于系统理论、控制理论、组织理论、信息论主计算机仿真技术的系统分析与模拟方法。系统动力学模型能很好地反映供应链的经济特征。

(二) 网络图形法

供应链设计问题有几种考虑方式:一是单纯从物流通道建设的角度设计供应链,二是从供应链定位(supply chain location)的角度选择在哪个地方的供应商,在哪个地方建设一个加工厂,在哪个地方要有一个分销点等。设计所采用的工具主要是图形(如用网络图表示),直观地反映供应链的结构特征。这种供应链的设计方法称之为图形法。在设计中可以借助计算机设计等手段进行设计。

### (三) CIMS-OSA 模架法

CIMS-OSA 是由欧盟 ESPRIT 研制的 CIM 开放体系结构，它的建模框架基于一个继承模型的 4 个建模视图：功能视图、信息视图、资源视图和组织视图。CIMS-OSA 标准委员会建立了关于企业业务过程的模架，这个框架将企业的业务过程划分为 3 个方面：管理过程、生产过程和支持过程。这们可以利用这个框架建立基于供应链管理的企业参考模型，特别是组织视图和信息视图，对供应链的设计和优化都很有帮助。

### (四) 计算机仿真分析法

利用计算机仿真技术，将实际供应链构建问题根据不同的仿真软件要求，先进行模型化，再按照方针软件的要求进行仿真运行，最后对结果进行分析。

## 二、供应链设计的一般过程

### (一) 螺旋循环设计模型

Lawson(1980)年研究设计过程时，认为设计行为有如下特征：(1)设计目标及设计要求是很难清楚描述的；(2)设计是一个无止境的过程；(3)设计总有缺陷；(4)设计与人的判断价值有关；(5)设计问题的解决与问题的出现同时存在；(6)不存在最优设计方案；(7)设计的目的是为了实施。从设计的行为特征来看，系统设计过程是一个开放性的过程，是一个螺旋上升的过程。在软件开发过程中 Gane 的 Sarson(1979)就建立了一个螺旋设计模型，Boehm(1988)将其发展为螺旋设计模型，Kidd(1994)他将它移植到敏捷企业设计。供应链的设计过程其实也是一个螺旋设计过程，同样可以采用相关的理论。

### (二) 组织元模型

供应链的每一个节点都以信息处理为中心、以计算机网络为工具的人、信息和组织的集成体，我们用 Agent 来描述。Agent 有狭义和广义的定义。狭义来讲，Agent 指一个智能体（或代理），一般是一个软件或信息系统，我们称之为软件世界的智能体。但广义来讲，Agent 是指"分布的独立的相互全作的网络中成员"。宏观上，它就像我们指的加盟供应链的"代理商"；基于多 Agent 集成的供需合作机制指的也是基于这层意义上的代理机制。组织元模型也就是 Agent 模型。

供应链建模或设计最为重要的就是组织元的确定。在供应链结构中要区分上游组织元和下游组织元，因为这两种组织的功能不同，因而其评价的标准不同。

如我们可以用 AHP 法对组织元进行评价，基本框架如图 7-9 所示。

通过评价模型对组织元的评价，优选出满意的 Agent 组织元。

### (三) 流程的合理性布置

在选定组织元之后，生产组织方式上采用团队的工作方式，业务流的重组也是必须的工作。为实现最简捷的流程及时间最短单元组合，需要建立一个流程分析模型。

### (四) 任务协调与匹配

选定组织元和流程之后，就要对企业的资源从供应链的整体进行合理配置，特别是保持企业内部和企业之间的综合平衡。首先是委托实现机制的建立，然后是采用面向对象的 QFD（产品质量功能配置）的制造决策，MRPII 物料需求计划及作业计划的制定等。

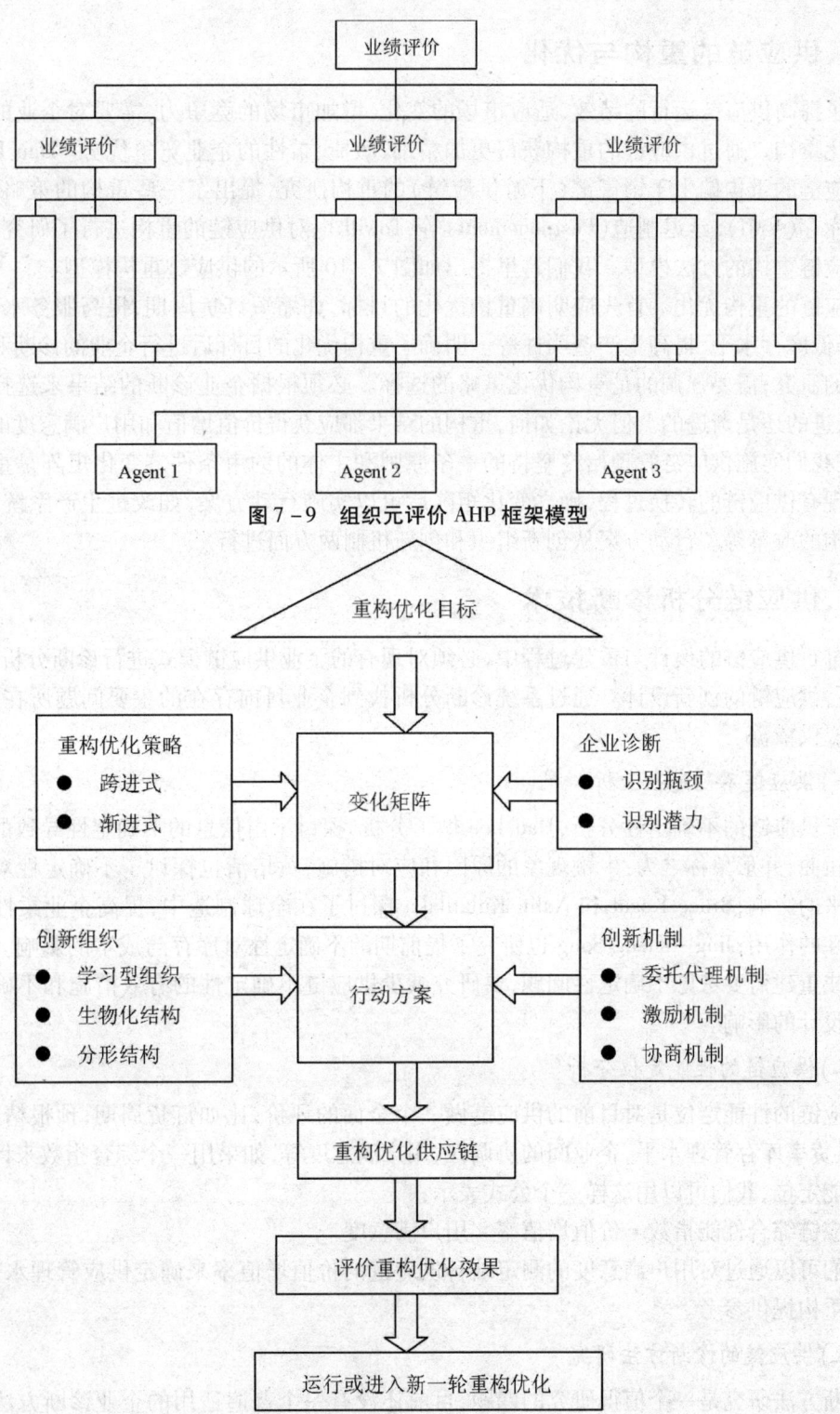

图 7-9 组织元评价 AHP 框架模型

图 7-10 供应链重构优化流程

## 三、供应链的重构与优化

为了提高供应链运行的绩效,适应市场的变化,增加市场的竞争力,需要对企业的供应链进行优化重构。通过供应链的重构获得更加精细、敏捷、柔性的企业竞争优势。Hau L. Lee 等人对供应链的重构偏生于销售链(下游供应链)的重构研究,提出了一些重构的策略,如供应商管理库存(VMI)、延迟制造(Postponement)等,Towill 也对供应链的重构进行了研究,提出了关于供应链重构的方法模型。我们这里提出如图 7-10 所示的供应链重构模型。

供应链的重构优化。首先应明确重构优化的目标,如缩短订货周期,提高服务水平,降低运费、降低库存水平、提高生产透明性等。明确了重构优化的目标后进行企业的诊断和重构优化策略的研究,需要强调的是重构优化策略的选择。必须根据企业诊断的结果来选择重构策略,是跃进的还是渐进的。但无论如何,重构的结果都应获得价值增值和用户满意度的显著提高,这是我们实施供应链管理始终坚持的一条原则和主体的约束条件。变化矩阵是重构优化目标和现有供应链的转换过程,确立变化矩阵后可以实施行动方案,如改进生产系统,人员的高速机构的改革等。行动方案从创新组织和创新机制两方面进行。

## 四、供应链分析诊断技术

在进行供应链的设计与重建过程中,必须对现有的企业供应链模式进行诊断分析,在此基础上进行供应链的创新设计。通过系统诊断分析找到企业目前存在的主要问题所在,为新系统设计提供依据。

### (一)供应链不确定性分析

对于供应链的不确定性分析,Hau Lee 做了分析,探讨了由信息的不确定性导致的供应链的信息扭曲,并形象称之为:牛鞭现象的原因和应对措施;黄培清也探讨了不确定性对库存和服务水平的影响;Bruce Kogut 和 Nalin Kulatilaka 探讨了在全球制造中,提高企业柔性对应变不确定性的作用;Jing-sheng Song 也研究了提前期的不确定性对库存与成本的影响。供应链的设计或重建需要考虑不确定性问题,要研究减少供应链不确定性的有效措施和不确定性对供应链设计的影响。

### (二)供应链的性能定位分析

供应链的性能定位是对目前的供应链做一个全面的评价,比如订货周期,预报精度,库存投资,供货率库存管理水平,企业间的协调性,用户满意度等,如果用一个综合指数来评价供应链的性能定位,我们可以用这样一个公式表示:

供应链综合性能指数 = 价值增值率 × 用户满意度

我们可以通过对用户满意度的测定结合供应链的价值增值率来确定供应管理水平,为供应链的重构提供参考。

### (三)供应链的诊断方法研究

诊断方法研究是一个值得研究的课题,目前还没有一个普遍适用的企业诊断方法。随着企业改革发展的需要,企业诊断已成为许多企业策划必不可少的内容,企业诊断不同于传统的可行性研究报告,它是企业从需要出发,为企业的改造或改革提供科学的理论与实际相结合的分析,提供战略性的建议和改进措施。

目前常用的诊断方法主要有：

1. 定位分析法。定位分析是比较好的系统比较分析方法。

2. AHP法。AHP是广泛采用的多目标综合评价方法，并且可以结合模糊数学，产生定性和定量相结合的分析。

另外，还包括神经网络/专家系统法、物元模型法、熵模型法等。

## ※ 思考题

1. 请根据供应链构建的原理用框图设计模型。
2. 试述供应链设计的原则。
3. 供应链设计涉及到哪几个问题？
4. 供应链中企业角色怎样分类？

## 参考资料

1. Rupert Booth. The role of supply – chain re – engineering in the pharmaceutical industry. Logistics Information Management, 1996, 9(3): 4 – 10
2. G. N. Evans. D. R. Towill and M. M. Naim. Business Re – engineeering the Supply Chain. Production Planning and Control, 1995, 6(3): 227 – 237
3. "基于产品的供应链设计"，林勇，马士华，《中国机械工程》，1998(10)
4. 《系统工程概论》[M]，杨家本，武汉理工大学出版社，2002
5. "战略联盟内部的相互信任及其建立机制"，王蔷，《南开管理评论》，2000(3)

## 案例讨论

### 华夏彩电公司湖北地区的物流系统重构

2004年12月20日，华夏彩电公司武汉公司经理刘斌从深圳返回武汉，他刚刚参加了华夏彩电公司所召开的年终总结大会。总结大会上，公司总裁对武汉公司一年的业绩做出了肯定和表扬，同时也给刘经理提出了新的战略目标，降低湖北地区的物流成本，提高销售利润。在满怀喜悦的同时，他也感到压力甚重。

在经过激烈的价格战之后，华夏彩电目前的经销渠道面临着库存成本大，积压多、周转慢等问题。而且由于移库、转动的不及时，经常导致华夏与客房订单失之臂。对此，刘经理一边回顾着公司物流动作的现状，一边陷入了沉思之中；如何优化湖北地区的物流动作？

彩电行业竞争背景

1994年，我国电视机产量首次超过美国，一举成为世界头号电视机生产大国。1997年、1998年、1999年，我国彩电电视机的产量分别达到2711万台、3497万台、4262万台，2000年1～10月份我国彩电产量达2771万台。我国现有彩电企业87家，生产能力达到年产5000万台以上，实际年产销量为3500万台，已经成为全球最大的彩电生产销售国家。由于过度的市场进入，短短的十几年时间，我国彩电工业目前已经进行生产能力过剩的阶段，到2000年彩电产品首次出现负增长。2000年彩电产量为4207万台，较1999年同期下降1.3%。

1989年8月，是中国彩电工业自起步以来最为困难的时刻，四川长虹冲破政府价格管制的约束,毅然将产品出厂价平均降低350元,揭开了中国彩电工业价格竞争的序幕。从1996年起,大规模的彩电价格大战就有6次。包括华夏彩电在内的5大巨头都参与了价格大战,但没有一家对价格战说好。

沉浮之间,很多业内人士陷入深刻的反思之中。华夏电子公司总经理刘斌认为价格战带来了双重危机:一是财务危机,巨大的库存、越来越多的应收账款正在侵蚀着企业;另一个是创新危机,没有持续的资金力量投入研发,当然也没有机会分享高新技术带来的利润。对于价格战对彩电企业的影响,华夏电子刘总经理在接受记者采访时说,经过几年价格战,华夏亏了,大家都亏了。如果再打下去,只有死路一条。同时,有专家提醒:靠降低技术含量来降低价格,靠降低价格来占领市场,终究不是长久之计,更何况价格战虽然打出了销量却没有提高销售额。

在彩电行业决战终端的市场环境中,如何减少流通环节,缩短彩电的旅行时间,关系到生产制造企业的身家性命。同时,在竞争激烈过度的家电待业利润率已经越来越低,如何避免重复的运输,减少家电旅行的成本,同样也是至关重要的。另外,目前城市市场饱和,增长前景在广阔的农村腹地,如何让家电行业能覆盖尽可能多的目标市场也是家电企业目前非常头痛的问题。而要能做到这三点,迫切需要的是一个反应迅速,经济体触角遍布各地的物流网络。而在这个物流、配送显得日益重要的商业环境,家电行业的一些拥有全国性网、渠道的巨头也为其所动,在物流上打主意。在几轮疯狂的价格战之后,连一些名声显著的家电巨头也感受到了自下而上的压力。进一步在流通,采购环节压缩成本,已成为不少家电巨头不约而同想到一块的问题,彩电物流网络优化成为行业关注的焦点。

### 华夏彩电公司

华夏彩电公司隶属华夏集团。集团成立于1985年,现拥有1家控股上市公司,22家合资企业及5个配套厂。公司产品涉及视听、通信、IT等领域,已形成了彩电、手机、计算机、显示器、传真机为主导,电视导航器、社区网络服务、车载视听系统、系统集成、微波通信设备、电子商务等齐头并进的产业格局。整个集团员工总数5000多名。2002年,该集团名列"中国电子信息百强"前20位。2000年华夏曾一度进军五大产业,但现在已只剩下数字电视这一块了,华夏集团在进行产业结构调整规划时,就已明确将数字电视作为整个发展战略的核心。

华夏彩电公司的注册商标已于2000年被认定为"中国驰名商标",2001年5月,其外销品牌荣登了"国家重点支持和发展的名牌出口商品"榜。2001年9月,被授予首批"中国名牌产品"荣誉称号。目前在21英寸以上的数字电视市场上,华夏彩电优势明显。其中34吋以上大屏幕彩电占国内同类型彩电市场的60%,在消费者心目中形成了华夏彩电就等同于大屏幕彩电的印象。这些成果确定了华夏彩电在纯平彩电一度占据了国内同类产品市场竞争的60%,把竞争对手远远地甩在了后面。面对今年彩电市场国内外更为激烈的竞争局面,华夏在2004年第一季度财务报表中,提出要集中优势资源,迅速扩大高端彩电规模,用三年时间使HDTV、PDP、LCD总产量处于国内市场的首位,处于国际领先地位。

据悉,华夏彩电走高端产品的战略路线已于这两年调整到位,并占领了国产高端彩电市场的半壁江山。2004年下半年以来高端彩电市场开始迅猛增长,华夏在国庆期间的高端彩电销售同比增长了200%左右。华夏决定乘势而上,在2005年实现跨越式增长。然而根据华夏相关负责人的介绍,虽然目前华夏彩电公司总的销售额不断增加,但和2002年相比较,华夏2004年的毛利却下降了2.3%,成本有不断增加的趋势,且居高不下。

### 华夏彩电公司湖北地区的物流运作

从2002年1月到2003年3月,华夏彩电公司在湖北地区彩电的销售额为5640万元,平均每台彩电的售价为1200元。华夏彩电公司对彩电的配送运输采用的是商流,物流一体化的配送模式(以下简称"自营配送模式")。该模式把彩电配送活动作为华夏的一种商业促销手段而与彩电交易活动紧紧联系在一起。使彩电销售部门不仅要进行商品交易,还要从事相应的配送活动,这些配送活动是作为华夏的产品销售活动的一个环节,彩电配送实际上是华夏的一种营销手段而存在的。其物流与商流没有分离,导致物流环节过多,手续复杂,无法快速响应市场需求。

华夏彩电公司在湖北地区共有7个二级仓库,这些仓库分布在省内各地,由各地办事处进行管理。各种产品从生产基地下线后,根据总部物资部的运输指令,被移库到这7个仓库中,仓库中的产品于满足各地的客户需求。各二级(地市)、三级(县)市场的需求不太旺盛,因此,各地仓库的规模也都不大。有关各仓库信息如表7-3。

表7-3 华夏彩电公司湖北各地仓库

| 仓库 | 面积($M^2$) | 租金(元/月/$M^2$) | 管理费用(元/月) | 辐射半径(公里) |
|---|---|---|---|---|
| 武汉仓库W1 | 1000 | 3.7 | 800 | ≤1000 |
| 十堰仓库W2 | 200 | 2.3 | 250 | ≤260 |
| 孝感仓库W3 | 250 | 2.2 | 350 | ≤60 |
| 宜昌仓库W4 | 300 | 3.1 | 300 | ≤230 |
| 荆州仓库W5 | 200 | 2.1 | 250 | ≤130 |
| 荆门仓库W6 | 200 | 2.0 | 250 | ≤200 |
| 襄樊仓库W7 | 500 | 2.6 | 360 | ≤300 |

它的分布较散、规模较小的仓库布局在库存管理方面有很多弊端。产品从总部到各二级仓库的移库数量是通过市场预测估计的,这种估计一般对各二级仓库分配的数量是比较平均的。而家电产品的需求在不同的地区具有不同的特点,也就是说需求具有一定地区性。同样型号的产品在一个地方是畅销产品,在另一个地方却有可能是不太好销的产品。出现这种情况,往往希望进行调库,将滞销地区多余的产品调配到畅销地区,以满足各地不同客户需求。但是,进行实物调库必然会产生二次移库费用,当二次移库费用超过了商品利润,或将利润低到不足以刺激办事处进行商品交易时,则调库不会发生。在国内家电行业竞争激烈、商家利润菲薄的今天,这种情况是经常发生的。其结果是,畅销地区不得不再次从总部要货、移库,产品到货后再进行销售,延长了客房需求的响应周期,延误了商机同时增加了各地仓库的库存量。

同时,为了防止缺货,为了在尽可能短的时间里向客户送货,以免丧失有利的商机会,各区域仓管不管产品是畅销还是滞销,都在各自的仓库里对各种规格型号的产品保留大量的安全库存。较高的库存使总公司不能准确地预测市场需求,当市场需求发后变化,原来畅销的品种逐渐变成滞销甚至是过时品种时,总公司却不能了解这种需求的变化,仍然继续大量生产该品种,导致应该生产的畅销品种没有投入生产,而属于过时品种的机型却源源不断地送往各地仓库。这样不断发生恶性循环,使得公司的库存不断增加。

从生产基地向各地区性仓库转移的运输计划是由总部制定的。仓库负责人对仓库的送货数据、内部流动库存量以及能表现出送货量的提单进行分析,然后向配送经理汇报,以在必要的环节进行修改。每一个地区性仓库的库存量需要是由通常的使用量(或存货量)决定的,每过一阵就要进行检查,在必要的时候做些改动,在改动的同时要考虑到移库转运费用,其中,从深圳到各地区性仓库,平均每台彩电的零担运输费率为 0.47 元/kg,而现在进行彩色的二级、三级配送,平均每台彩电有零担费为 0.3 元/kg。

虽然目前湖北地区彩电需求量不断增加,但是华夏彩电的销售却呈下降趋势,而且物流成本也越来越高。对此,刘经理感觉到自己身上的担子越来越重,于是找到武汉分公司的销售主管,要求销售主管统计从 2002 年 1 月到 2003 年 3 月份的物流成本。在销售主管的汇报中他得知:在此期间,华夏彩电在湖北地区的库存过到 25.4%,由此而产生的库存管理费高达 2.8563 万元。仅库存费用就令人惊讶,如果再加上运输费用和仓储费用,那么华夏彩电在湖北地区的物流成本更是高得惊人,针对这种状况,他吩咐销售主管对同行作出相关调查研究并尽快拿出调查报告。通过市场调查,销售主管发现:公司自主配送的运输费用比市场的运输报价高,而且由于目前公司的信息管理技术较落后,导致诸如订单处理等所耗费的库存管理费用比同行相比要高出 2~3 倍。下面是销售主管根据调查情况所提出的调查报告的备忘录(见表 7-4)。

表 7-4 华夏彩电武汉销售部备忘录

时间:1996 年 1 月 30 日
致:华夏彩电武汉公司销售经理刘斌
来自:华夏彩电武汉公司销售主管于华
主题:物流成本记录

在计算物流成本,要考虑以下三种基本成本类:(1)运输成本,(2)库存成本,(3)仓储成本。其中运输成本包括干线运输成本的区域配送成本;库存成本包括库存资金成本和库存管理费用(主要指订单处费用);仓储成本包括仓库租金和仓库管理费用。

向库存投入的资本是附属于存货的真实成本。货物的存放本占用了原本可以进行其他投资的资金。这一推理既符合内部筹集的资金,也适用于从外部资源所获得的资金。因此,必须计算公司资本的机会成本,以正确反映所涉及的真实成本。目前,各彩电公司的平均库存量为年销售量的 16.1% 左右。

交通运输路线的不同,可以将从华夏公司总部仓库到湖北地区的移库作业分为:干线运输和区域配送运输,从生产基地到武汉运输划为干线运输,湖北省内的运输配送划为区域运输配送。当前各运输公司所给出的干线运输费率和区域运输配送费率分别为 0.38 元/kg 和 0.27 元/kg。

在进行配送时,必须对顾客的订单及时处理,否则就会导致订单的丢失,而华夏目前的配送方式不仅容易丢失订单,而且订单的处理费用很高。如果能采用先进的信息管理技术,对订单进行实时处理,估计平均每台彩电的库存管理费用只需 0.248 元。

| 物流成本信息 | |
|---|---|
| 成本项目 | 备注 |
| 运输成本 | |
| 　干线运输成本 | 零担费率为 0.38 元/kg |
| 　区域配送成本 | 零担费率为 0.27 元/kg |
| 库存成本 | |
| 　库存资金杨本 | 当前银行的月利率为 0.465% |
| 　库存管理成本 | 0.248 元/台 |
| 仓储成本 | |
| 　仓库租金 | 平均每台彩电的仓储费率为 0.04 元 |
| 　仓库管理费 | |

华夏彩电公司早已认识到分公司自营配送的诸多不足：商流、物流不分离，运作效率低；库存成本大，资金占用严重。而且，公司经常收到来自于顾客关于缺货率高和响应周期长的抱怨。虽华夏彩电公司在湖北地区设有7个仓库，但这种小规模的仓库布局也难免出现服务区域辐射重叠的情况：设置在武汉的仓库完全可以满足孝感、荆州、荆门等周边地区的需求，而且荆门、宜昌、十堰也在襄樊的辐射区域内。这就使得处于重叠辐射区域的订单难以处理，同时无形之中就增加了从生产基地到各仓库的运输费用。

在信息技术日新月异的今天，信息在生产力体系中的地位越来越突出。然而，华夏对客户订单的处理还没有完全走上信息化，这样不仅增加了订单的处理费用，而且延长了客户订单的响应周期。

在华夏公司，从深圳到湖北的运输以及在湖北省内的配送运输的子周期分别为5天和1天左右，而彩电的平均库存子周期约为一个半月。实际上，如果能实时处理客户订单，与之相对应的3个子周期分别为：3天、5.5天、2天。

讨论题：
1. 刘经理对目前华夏采用的物流模式是否合理？
2. 为公司进行物流动作的优化应从哪方面入手？
3. 如果您是刘经理，您会如何优化公司的物流动作呢？

# 第八章 物流与供应链管理战略

\* 本章主要内容
- 物流战略概述
- 物流战略管理
- 物流企业战略
- 供应链战略合作伙伴关系

---

\*
　　2001年海尔销售收入已超过了600亿元。海尔取得的这些显著业绩是以其强大的科研开发和生产能力为后盾的，更是以她强大的供应链和物流管理为基础的。

　　海尔物流整合带来的效益首先就是整合了采购系统，将集团的采购活动全部集中，在全球范围内采购质优价廉的零部件。海尔一年的采购费用约150多亿元，有1.5万个品种，供应商2000多家。2001年，海尔通过物流整合采购，加强采购管理，全球集合竞价，使供应商的数目减少到900多家。与之相适应，采购人员减少1/3，成本每年降低4.5%以上。海尔整合全球配送网络，将产品即时按要求配送到用户手中。现在海尔物流配送网络已从城市扩展到农村，从沿海扩展到内地，从国内扩展到国际，目前与300多家运输公司建立了紧密的合作关系。

　　海尔内部实现了以订单为中心、各部门信息同步的模式，最大限度地缩短了对订单的响应时间。物流速度的提高使海尔2001年的订单量比上年大幅度增加。海尔外部使用B2B采购平台，100%供应商的订单从网上获得，网上付款达80%以上。通过网上支付，每年为供应商节约上千万元的费用。

　　为了高速、高质量完成订单，海尔国际物流中心采用高速运转、操作简便的巷道堆垛机，实现了对货物的自动存取。激光导引的无人运货车，自动完成装卸货物。充电行走、自动码垛的机器人，高精度地进行着存货和取货。在这个投资近亿元、相当于平面仓库30万平方米的国际物流中心里，只有19名员工，其中叉车工仅9位，其效率之高让人叹服。海尔物流提高了海尔动作速度。

　　进入21世纪人们开始认识到物流在战略管理中的重要地位，物流以其对生产、销售的推动作用，成为继生产、销售之后企业发展的第三方物流利润的源泉。制定合理的物流发展战略，对于经济的可持续发展意义深远。

# 第一节 物流战略管理概述

## 一、战略的概念和特征

"战略"一词源于希腊语 Strategos，原意是"将军"，在现代社会和日常经济生活中，这一词语主要用来描述有一个组织打算如何生存和发展的全局性、长远性的策略与艺术。

企业为长远发展，立足于前沿科技，立足于人才建设，这就是科技兴企、人才兴企的战略；企业战胜对手，采用兼并、重组的方式扩大企业，这就是一种战争战略。

战略具备以下特征：

1. 纲领性。战略所规定的是事物整体的长远目标、发展方向和重点，这些都是原则性、概括性的规定，只是一个行动纲领。在具体招待的时候，另外还要根据这个战略制定具体的行动方案、实施细则才能够变成人们的具体行动。

2. 总体性。战略基本上是都是站在事物整体的立场上研究事物总体的行动方向、方法和策略。

3. 长远性。企业战略既是企业谋取长远发展要求的反映，又是企业对未来较长时期内生存和发展的通盘考虑。

4. 艺术性。战略是行动方向、方法和策略、带有艺术性。因为市场经济的竞争很激烈，只有运用一些巧妙的方法策略，才能够或者回避对手，或者竞争取胜。

5. 前瞻性。战略一般是未来的发展方向和行动步骤，所以要制定出一个合适的发展战略，必须要前瞻性，要掌握未来市场发展变化趋势以及企业的发展变化趋势和发展能力。

## 二、物流战略的概念

企业的物流战略，就是企业发展其物流业务的方法策略。有的企业自己的物流自己经营，有的企业把自己的物流业务外包，有的企业依靠把它的物流业务做强做大来发展企业，这些都是它们的物流战略。

物流战略的具体内容一般包括：

1. 物流发展的目标。包括长远目标和阶段目标。例如一年达到什么目标，三年达到什么目标？五年达到什么目标，十年达到什么目标？不仅包括经济效益目标，也包括社会效益目标，要有一个目标体系。

2. 物流发展的进度。物流发展分成几个阶段，每个阶段发展进度如何？既包括总体的发展进度，也包括个体的发展进度。

3. 物流发展的方法、途径。是自我经营、只为企业生产服务，还是跳出企业、面向社会市场提供物流服务？如果面向社会市场，则是依靠单一的大用户，还是开辟大市场？如果依靠大用户，则应选择谁？如果开辟大市场，则选择什么样的目标市场？

4. 物流发展的策略。是快速发展，还是稳步发展？是低成本发展，还是高投资迅速发展？是自己建立独立资产，还是租用社会资产、走无资产型发展道路？是走独立发展的路子，还是走联合发展的路子,亦还是走借鸡生蛋发展的路子?面对竞争对手,是采用正面进攻取胜的策略,还是避强凌弱的策略?

5. 物流发展的方向。是走专业化发展方向,还是走综合化发展方向?如果是专业化发展方向,则是搞什么专业(运输、仓储,还是管理咨询)?是单一专业,还是多个专业?

物流战略的具体内容也随企业的性质类别以及物流业务的具体内容不同而不同。

物流战略也和一般的战略一样,具有前瞻性、长远性、总体性、纲领性、艺术性的特点。

### 三、物流战略类型

物流战略根据不同的分类方法可分成各种类型。

1. 根据物流战略的战略用途分,可以分为物流发展战略、物流经营战略、物流运作战略、物流竞争战略等;

2. 根据物流的业务内容分,可以分成物流运输战略、物流仓储信息战略、物流配送战略、物流包装战略、物流搬运战备、物流信息战略、采购物流战略、分组物流战略、生产物流战略以及综合物流战略等;

3. 根据物流的经营方式分,可以分为自营物流战略、物流外包战略、第三方物流战略、供应链物流战略、信息化物流战略、高资产型物流战略、低资产型物流战略、知识型企业战略、学习型企业战略等;

4. 根据物流的发展方式分,可以分为稳定型发展战略、收缩型发展战略、扩张型发展战略、低成本发展战略、高投资迅速发展战略、科技兴企战略、人才兴企战略、知识型企业战略、学习型企业战略等;

5. 根据物流的竞争方式分,可以分为正面进攻战略、回避退让战略、侧面攻击战略、避强凌弱战略、迂回游击战略、兼并战略、联合战略等。

### 四、物流战略的作用

物流战略对企业发展物流有重要作用:

1. 物流战略是为物流竞争提供竞争策略的艺术,为企业物流竞争取胜提供支持。

2. 物流战略是物流经营和运作的艺术,为企业物流经营的成功和物流业务的有效运作提供支持。

3. 物流战略是物流经营计划的依据。企业的物流经营计划就是将物流战略按时间阶段进行分解,结合具体情况进行细化、具体化实施计划。

4. 物流战略指明了企业物流发展的方向、进度、目标、发展方式和经营方式,为企业发展物流提供了有力的支持,保证了企业物流按计划健康顺利发展。

有战略和没有战略大不一样。没有物流发展战略,则企业中物流业务的进行和发展,很容易陷于盲目性和随意性的泥坑。有一个物流战略,企业物流的发展就有了依据,由于物流战略是经过认真分析研究市场的发展变化趋势以及企业的发展能力并充分讨论后制定出来的,物流战略是科学的、正确的,所以,按照物流战略执行,肯定能把企业物流引向健康发展的道路,保证物流发展的战略目标能够得以顺利实现。

## 第二节 物流战略管理

### 一、物流战略管理的内容

物流战略管理就是基于物流战略的管理,包括物流战略的制定和根据制定的物流战略对企业物流业务进行的管理活动。

由于物流战略特别重要,所以制定物流战略是一个很慎重、很复杂的过程,需要采用科学的方法、做很多的调查和分析研究研究工作。更要学会采用科学的方法,按照规定的方法程序一步步做好扎实的工作。

物流战略制定以后,就要实施物流战略,要根据物流战略对企业整修物流业务活动进行管理,要对物流战略的实施进行计划、组织、指挥、协调和控制。物流战略管理同样也贯穿于整个企业管理过程中。

### 二、物流战略的制定

物流战略制定是企业组织各方面的力量,依据一定的方法和程序,为企业选择确定合适的物流战略的过程。

#### (一)SWOT分析法的原理

制定物流经营战略的方法有SWOT分析法,自上而下和自下而上、上下结合的方法,战略小组的方法等。这里只着重介绍SWOT分析方法。这里,S(superiority,优势)指企业优势分析;W(weakness,劣势)指企业劣势分析;O(opportunity,机遇)指市场机遇分析;T(threat,威胁)指市场威胁分析。合起来,SWOT分析,就是指市场的机遇风险和企业优势劣势分析。

SWOT分析制定物流战略的基本思路是:首先需要掌握两个方面的信息:一是外部环境信息,即掌握市场的发展善信息,特别是掌握市场发展的机遇和威胁;二是企业内部实力的信息,即掌握企业的资源状况,特别是掌握企业的优势和劣势。然后以企业优势和劣势分别面对市场的机遇和风险,用企业优势资源寻找发展机遇,避开企业劣势和环境威胁,寻找战略思路,就可以得出企业的多个市场切入战略方案,如图8-1所示。我们以企业内部条件分析作为横轴,以企业外部环境分析为纵轴,可以分别组成Ⅰ、Ⅱ、Ⅲ、Ⅳ四个象限。其中:

第Ⅰ象限:以企业的劣势资源面对外部环境的不利威胁,这是最没有希望取得成功、企业需要回避的业务领域,称为WT战略。

第Ⅳ象限:以企业的优势资源面对外部环境的有利机遇,这是企业最有希望发展成功的业务领域,是企业需要优先着力并切入发展的业务领域,称为SO战略。

第Ⅱ象限:以企业的优势资源面对外部环境的不利威胁。

第Ⅲ象限:以企业的劣势资源面对外部环境的有利机遇,这两个业务领域,我们需要谨慎从事,注意它们具体的相对大小和变化趋势,采取相应的策略,利用企业优势,回避风险,取得发展。这两个战略分别称为ST战略和WO战略。

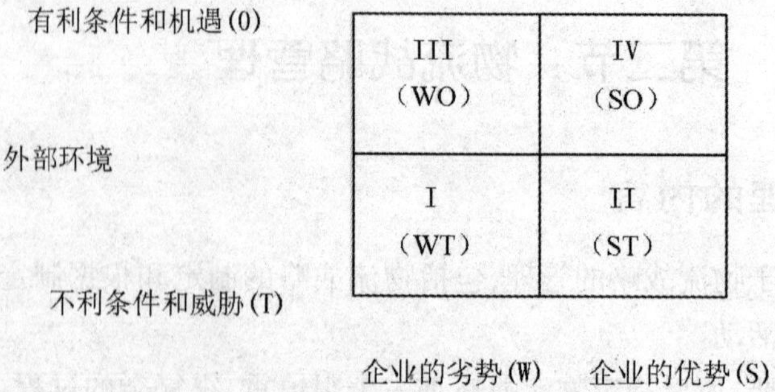

```
有利条件和机遇(O)
              ┌─────────┬─────────┐
              │   III   │   IV    │
              │  (WO)   │  (SO)   │
外部环境      ├─────────┼─────────┤
              │    I    │   II    │
              │  (WT)   │  (ST)   │
              └─────────┴─────────┘
不利条件和威胁(T)
           企业的劣势(W)    企业的优势(S)
```

图 8-1 SWOT 分析

通过这样的分析,就可以制定企业的物流发展战略。

SWOT 分析法一般要经过以下几个步骤:

1. 分析企业的外部环境,找出市场机遇与威胁因素;
2. 分析企业的内部实力,找出企业的资源优势和劣势;
3. 列出备选战略方案;
4. 评价和比较战略方案;
5. 选择和确定战略方案。

(二)企业外部环境分析

外部环境,也就是市场环境条件。

市场环境条件,主要是指市场容量、市场规模、市场的经济政治条件、交通、通信、能源、文化风俗、地理条件等。特别要注意寻找发展机遇和潜在的威胁因素。

发展机遇如:

政府计划重点支持某个产业;

计划在某个地方新建一个工业园区(或经济开发区、旅游区);

政府计划新修一条铁路或高速公路;

政府新出台某些政策等。

潜在威胁因素如:

国家限制某些行业、地区的发展;

竞争对手竞争;

国家货币紧缩政策;

国际金融危机或经济危机;

国际动乱等。

这些威胁因素妨碍企业的发展,应当引起我们注意,企业要回避这些威胁。

例如,某物流公司在制定物流战略时分析外部环境的机遇与威胁因素如表 8-1 所示。

表 8-1

| O(机会) | 1. 政府大力发展制造业；<br>2. 在当前的经济环境和市场条件下，物流需求市场潜力巨大，物流业有较大的发展空间；<br>3. 投资环境大为改善；<br>4. 交通环境得到极大改善。 |
|---|---|
| T(威胁) | 1. 进入 WTO，国内物流企业面临严峻的挑战；<br>2. 物流企业在经营中面临较高的经营成本；<br>3. 虽然物流市场潜在需求增加，但低层次瓜分市场恶性竞争在加剧，竞争对手实力较强；<br>4. 全国各地物流中心增加，造成国内物流企业重复投资；<br>5. 我国物流业需要更好的法制环境。 |

(三)企业内部条件分析

企业内部条件分析，就是分析企业内部所具有的实力，主要是企业资源状况，特别是企业的优势条件和劣势条件。要事实求是地列出企业所有的优势和劣势条件，进行分析。例如，某物流公司对自己内部条件分析如表 8-2 所示。

表 8-2

| S(优势) | 1. 有良好的财务状况；<br>2. 有良好的商务能力；<br>3. 拥有地理优势；<br>4. 有很有影响力的总经理；<br>5. 已拥有好几个大客户。 |
|---|---|
| W(劣势) | 1. 技术能力薄弱；<br>2. 物流配送领域还需要开发；<br>3. 信息系统亟待建立；<br>4. 物流行业经验不足。 |

(四)列出备选战略方案

根据前面的外部环境分析和内部条件分析的结果，可以列出一些备选战略如下：

1. SO 战略

(1)进行市场开拓，对本地区制造企业进行重点培养；

(2)开辟其他的物流市场；

(3)开辟少数大城市的物流市场。

2. WT 战略

(1)进行市场维护，培养客户忠诚度；

(2)培养后备技术力量，广泛开发内部培训；

(3)不开展物流配送服务项目,逐步培养对少数制造企业的部分物流服务;
(4)不增加服务网点;
(5)不参加恶性的物流服务竞争。

3. WO 战略
(1)引进急需人才;
(2)小范围开展物流配送业务;
(3)先建立小范围信息系统。

4. ST 战略
(1)利用地理优势,培养现有客户的忠诚度;
(2)小范围近距离开辟市场;
(3)避免恶性的服务竞争;
(4)不轻易增加物流服务网点。

得到如图 8-2 的 SWOT 矩阵图。

把以上备选方案进行归纳,进一步浓缩成四个备选方案:
(1)市场扩张战略:以本市为中心,向国内其他城市、省外城市扩张。
(2)进一步开拓本地市场战略:以本市经济技术开发区内的对象,进一步挖掘近距离的物流服务需求量。
(3)服务品种延伸战略:引进和培养人才,探索开展小范围、短距离配送服务。
(4)市场维持战略:除了进行极少数潜在客户的培养之外,基本上不开辟新市场,主要集中培养现有客户的忠诚度。

(五)评价比较备选战略方案

评价方法可以是定性评价,也可以建立数学模型、定量计算,例如可以采用专家评分法,按评价指标体系给各个方案评分。

对以上四个备选方案进行评价比较分析:

方案一是一个典型的扩张发展战略,它紧紧抓住外部环境所提供的机遇,发挥企业自身财务状况和商务实力上的优势。但是对外部环境的威胁和自己公司技术能力薄弱、信息系统未开发的弱势估计不够,很可能导致外地市场根本无法运作的风险。

方案二进一步开拓本地市场,比较稳妥,既发挥了公司现有财务优势和商务优势,同时回避对于激烈恶性的竞争和较高的交易成本。

方案三是服务品种延伸战略,引进培养人才,新开展小范围短距离物流配送业务。

方案四是市场维持战略,不开拓新用户,维持现有客户,提高服务质量,提高客户忠诚度。这样等于市场机遇没有利用,比较保守。

(六)选择确定最佳战略方案

采用专家评分法。首先为每个评价指标设置重要度权数,让专家给每个方案打分,最后计算各个方案的评价部分。

——第八章 物流与供应链管理战略

| T 威胁 | ST 战略 | WT 战略 |
|---|---|---|
| 1. 进入 WTO,国内物流企业面临严峻的挑战;<br>2. 物流企业在经营中面临较高的经营成本;<br>3. 虽然物流市场潜在需求增加,但低层次瓜分市场恶性竞争在加剧,竞争对手实力较强;<br>4. 全国各地物流中心增加,造成国内物流企业重复投资;<br>5. 我国物流业需要更好的法制环境。 | 1. 利用地理优势,培养现有客户的忠诚度;<br>2. 小范围短距离开辟市场,避免远距离的同行竞争;<br>3. 避免恶性的服务竞争,发挥自己的优势服务项目;<br>4. 不轻易增加物流服务网点。 | 1. 进行市场维护,培养客户忠诚度;<br>2. 培养后备技术力量,广泛开发内部培训;<br>3. 不开展物流配送服务项目,逐步培养对少数制造企业的部分物流服务;<br>4. 不增加服务网点;<br>5. 不参加恶性的物流服务竞争。 |

图 8-2　SWTO 矩阵图

### 三、物流战略的实施

物流战略制定出来以后,就要进行实施。物流战略实施,就是要把物流战略划分为各个时间阶段的任务目标,再对各个阶段的任务目标制定具体实施计划。

物流战略实施大体包括如下内容:

(一)计划

物流战略只是一项纲领性文件,它虽然有任务目标、方向途径,但都是概括的、总体的、纲领性的、框架性的。

要进行任务目标分解,就是需要战略任务目标按战略阶段分解,然后还要把每个战略阶段的任务目标分解到每一年,得到每一年的任务目标。

根据既定的每年任务目标,制定实施的方案,这个实施方案应当包括人力、物力、财力的安排,时间进度安排,操作方法程序,控制指标,保障措施等。

(二)组织

计划制定出来之后,就要按计划组织实施。组织人员、组织资源,不光是行动组织,还要有空间组织,时间组织,分工负责、互相协调,共同完全计划任务。

(三)指挥

各个组织的行动,需要有指挥。指挥的依据,也是计划,要根据计划的规定来指挥。

(四)协调

在实施过程中,要有协调,由于实际情况千变万化,各个部门的执行进度可能与计划进度完全不一样,或者执行过程中出现一些矛盾,这时,就要进行协调,使矛盾得到解决、进度达到一致。

(五)控制

实际结果可能会与计划不完全一致,可能时大时小、时快时慢、时前时后,产生偏差,这时就要进行控制。控制的标准,也是计划。

## 第三节 物流企业战略

物流战略不只是物流业务的战略,还应包括物流企业的战略。这里的物流企业,是指企业化的物流企业,是专门从事物流服务的企业。物流企业是物流市场上物流服务的供应商。物流市场上的需求主体则是生产企业、其他社会组织和个人,他们共同构成物流市场。由于物流市场也存在着激烈的竞争,所以要在物流市场上获得胜利,也需要有一个好的物流企业战略。物流企业战略与一般的物流战略区别,在于物流企业战略本质上是一种企业战略。

### 一、物流企业的基本类型

多功能的服务企业其类型及经营策略是多种多样的,故表现为市场主体也是多元化的。一般可根据企业物流服务的范围大小和物流功能的整合程度这两个标准,确定物流企业类型。物流服务的范围主要是指业务服务区域的广度、运送方式的多样性、保管和流通加工等附加服务的广度;物流功能的整合性是指企业自身所拥有的提供物流服务所必要的物流功能的多少,必要的物流功能是指导包括基本的运输功能在内的经营管理、集配送、流通加工、信息、企划战术等功能。不同类型的企业在市场竞争中采取的经营策略有很大的区别。按照上述两个标准,可以将物流企业分成四种类型,如图 8-3 所示。

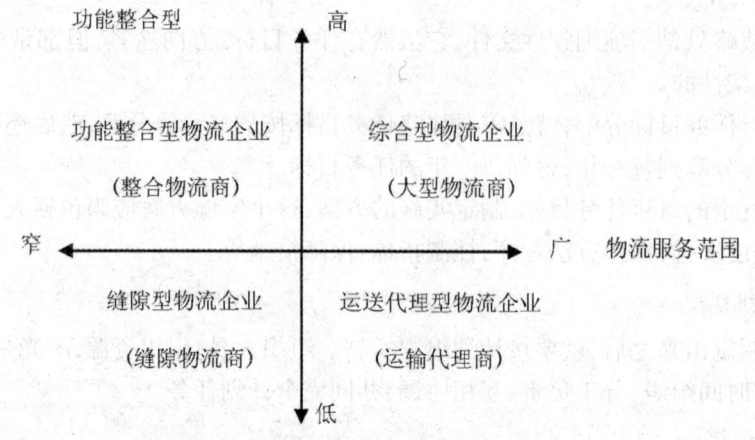

图 8-3 物流市场竞争者分析

1. 功能整合型物流企业:这种是功能整合度高,物流服务狭窄,专业领域服务能力强的企业。它能对专业性较强的经济领域提供全面的系统化物流服务,选择目标市场,实行专业化经营策略,如日本的 NYK 运输公司。因此,在特定市场,其他企业难以与之竞争。

2. 缝隙型物流企业:这种是功能整合度低,物流服务范围窄的企业,它提供差别化、低成本物流服务,采取拾遗补缺的细分市场策略。如搬家公司,送鲜花、礼品的公司等。

3. 综合型物流企业:这种功能整合程度高、物流服务范围广、综合服务能力强的企业属于物流业界的先驱,它是一种综合性物流企业。如美国的 UPS。这种企业的业务范围往往是全国或世界规模,因此也被称为超大型物流业者,能应对货主企业的全球化经营从事国际物流。

4. 运送代理型物流企业:这种是物流服务范围广,功能整合度较低,为供需双方提供服务的企业。它在货主和承运人之间起着桥梁作用,满足客户的需要,充分发挥多种运输方式的优势,有物流伙伴之称。实行个性化的服务策略,因而能够灵活应对市场环境的变化。

## 二、物流市场的经营战略

面对当前全球化的发展趋势,物流市场已成为近来发展较快的市场之一,主要表现在物流服务的供求有较大增长,产业物流正在从自给自足转向市场化,专业的中外物流服务商正活跃在物流市场上,市场主体的多元化使竞争更加激烈。物流企业应树立明确的物流竞争理念,首先要建立一支高素质、懂现代物流理论与实务的人才队伍;其次,树立可持续发展战略思想,在抑制物流对环境造成危害的同时,形成一种能促进经济和消费生活健康发展的环境共享型物流系统;最后,经济的服务化对物流有深刻影响,制定服务化物流战略对物流企业的快速发展有积极的作用。

### (一)综合型物流企业(大型物流服务商)——先驱型企业战略

综合型物流企业的优点是能实现一站式托运。随着货主企业活动的不断扩大,发货、入货范围逐渐延伸到全国或海外市场,如果综合型物流企业能实现物流服务供给中经营资源的共有化,就能达到效益的乘数效应。例如建成集商品周转、流通加工、保管为一体的综合设施或实现运输、保管等物流功能的单一化管理等,从而极大降低综合物流企业的服务成本。如联合速递公司(United Parcel Service, UPS)是世界上最大的配送公司。1992年,UPS公司的收入接近160亿美元,其包裹和单证流量约29亿件,平均每天向100多万的老顾客递送1100万件包裹。公司向制造商、批发商、零售商和服务公司提供多种范围的陆路和空运的包裹和单证的递送服务,以及大量的增值服务,以及大量的增值服务。我国也有少数巨大综合型物流企业,以中远集团为例,以占全国远洋运力75%的船队规模和覆盖全球的营销网络,成为我国外贸运输的主力。作为全球承运人,中远在进一步确立航运业在现代物流业中主干地位的同时,正努力向现代综合物流方向转变,从而实现物流、商流、信息流的一体化,使物流成为中远集团新的利润增长点。

### (二)功能整合型物流企业(专业物流服务商)——系统化物流战略

功能整合型物流企业经营战略的特点是以对象货物为核心,导入系统化的物流通过改进货物分拣、货物跟踪系统提供高效、迅速的运输服务。同时从集货物配送等物流活动全部由企业自己承担,实现高度的功能整合。但是由于这种由特定货物为对象构建的系统一般货物运输无法适应,因此,服务范围受到限制。其经营战略主要服务于特定目标市场顾客群,如日本的NYK公司。

NYK是传统的海运服务公司,该公司自1896年起便开始经营欧洲和远东的"港至港"的服务。海运是NYK的主业,它拥有一支由322艘船舶组成的船队,每年承运七千多万吨货物。航运业的利润下降和动荡,使NYK开始重组和改变其经营战略,由单一的"港至港"服务转向更加细致周到的"门到门"服务。NYK集团提出了一个面向21世纪的公司战略,内部称为"NYK21"。"NYK21"的目标是使公司发展成为一个超越海上运输的全方位综合物流公司,也就是成为一个可以提供更广泛的服务种类的超级承运人。NYK战略之一是计划首先通过其下属子公司在空运、货代、仓储和公路运输的运作上的协调一致,来实现其战略联盟。

公司的目标是加强NYK的货运服务、物流活动、空运和陆上运输,使其占NYK年收入的30%(目前10%)。NYK努力建立一个围绕海、陆、空服务的综合网络体系,以实现其目标。

该战略的核心部分在于 NYK 不断在世界各主要地区发展其物流中心。1991 年 NYK 从联合承运集团(United Carriers Group)收购了三个欧洲运输和物流公司,作为其在欧洲建立物流网络体系的一部分。NYK 的物流中心遍布全球,并且不断有新的中心建立。这些中心经营的远远不止仓储服务,NYK 将它们看作是集中向客户提供一定程度的物流服务中心,如存货管理和订单处理。NYK 物流中心的经营理念是积极向客户推销,提供客户集中存货控制的好处,以达到缓解存货紧缺和减少运输设备的目的。每个中心均有陆、海、空运输的专业人才和自己的货物集中与分送的网络。NYK 认为信息技术是现代物流的重要基础,并且使用每个中心互相联网以提供全球货物跟踪。一些 NYK 的物流中心甚至向客户提供更为广泛的物流服务。以新加坡为例,物流中心为日本电子产品制造商提供"物料需求计划服务"(MRP),NYK 认为这是一个物流提供者尚未开发的巨大的领域。MRP 服务涉及将零件清单、卖方、日期和订单次数与主要生产计划相匹配,以保证生产进程能有最低费用和即定的物料。这种即订即到的服务可以建立在零库存(JIT)的基础上。很明显,当零件数和卖方增加时,MRP 系统的复杂程度也随之增加。NYK 认为,制造商与有经验的物流专家订立 MRP 合同,就可以获得优势。主要生产计划可以转换到 NYK 的电脑系统,MRP 就能同时执行,而且购货订单可以以 NYK 享有或不享有货物所有权的方式发到卖方手中。这样的系统对于客户来说,具有下列好处:

1. 将人力投入到别的生产任务上;
2. 避免了采购安排和繁琐的文件;
3. 避免了与卖方进行货币结算。

过去,NYK 有广泛的地理覆盖范围,但仅经营有限的服务。要在竞争中成为超级承运人,就必须在一些领域里引入复杂的技术,如存货管理和产品配送。NYK 的全球能力以及与许多有实力的制造商的牢固关系表明,它们在走向超级承运人的道路上正迈着坚定的步伐。NYK 的实践表明下列策略是值得借鉴的:

1. 加强公司本部的协调,避免由于信息滞后而造成损失。
2. 根据本公司的发展战略,考虑采用兼并手段进入该国市场或得到被兼并方的技术和网络体系。
3. 建立遍布全球各重要地区的物流中心,加强各物流中心的联络。
4. 改变原有单一的范围种类,向服务多元化发展,同时不断根据客户的需求调整服务范围并提高服务质量。

(三)运送代理型物流企业(运输和货物代理商)——柔软性物流战略

运送代理型物流企业综合运用铁路、航空、船舶运输各种手段,开展货物混载代理业务。代理型企业的最大优点是企业经营具有柔软性。物流企业可以根据货主企业有需求结构提供最合适的物流服务。从发达国家看,利用外部的物流公司从事物流活动的情况逐渐增加,在欧洲出现了用契约形式明确货主物流效率的目标,进而全面承担货主物流的第三方物流企业。第三方物流企业中既有拥有货车、仓库等资产的企业,也有自己不拥有任何物流设施采取租赁经营的企业。两种类型的企业物流服务范围都有很广,前者逐渐向功能整合型企业发展,而后者成为纯粹的货主物流代理企业。作为运送代理型物流企业的经营战略主要是向无资产的第三方物流企业发展,由于企业实质上并不拥有整合的物流功能,因而可以灵活、柔软、彻底地实现物流效率。但是,也正因为无资产而能产生物流服务不稳定,企业应建立并加强有效的运输功能管理体系，这其中核心的是信息系统的完善以及树立良好、柔软型的企业间的关系。

(四)缝隙型物流企业(缝隙物流服务商)——差别化、低成本的物流战略

在经营资源数量和质量方面都受限制的中小企业，必须发挥在特定功能或定服务方面的优势，在战略上实现在物流服务差别化和低成本化。例如，搬家综合服务、代收商品服务、仓储租赁服务以及摩托车急送服务等。

## 第四节　供应链战略合作伙伴关系

### 一、供应链合作关系的定义

供应链合作关系(SCP)，也就是供应商－制造商(Supplier-Manufacturer)关系，或者称为卖主/供应商－买主(Vendor/Supplier-Buyer)关系，供应商关系(Supplier Partnership)。供应链合作关系可以定义为供应商与制造商之间，在一定时期内的共享信息，共担风险、共获利的伙伴关系。

这样一种战略合作关系形成于集成化供应链管理体制环境下，形成供应链中有特定的目标和利益的企业之间。形成的原因通常是为了降低供应链总成本、降低库存水平、增强信息共享水平、改善相互之间的交流、保持战略伙伴相互之间 操作的一贯性、产生更大的竞争优势，以实现供应链节点企业财务状况、质量、产量、交货期、用户满意度和业绩的改善和提高，显然，战略合作关系必然要求强调合作和信任。

实施供应链合作关系就意味着新产品/技术的共同开发、数据和信息的交换、市场机会共享和风险共担。在供应链合作关系环境下，制造商选择供应商不再是只考虑价格，而更注重选择能在优质服务、技术革新、产品设计等方面进行良好合作的供应商。

供应商为制造企业的生产和经营供应各种生产要素(原材料、能源、机器设备、零部件、工具、技术和劳务服务等)。供应者所提供要素的数量、价格、直接影响到制造企业的生产的好坏、成本的高低和产品质量的优劣。因此，制造商与供应商的合作关系应着眼于以下几个方面：

1. 企业与供应商要明确双方的责任，并各自向对方负责，使双方明确共同的利益所在，并为此团结一致，以达到双赢的目的。

2. 让供应商了解企业的生产程序和生产能力，使供应商能够清楚地知道企业的需要产品或原材料的期限、质量和数量。

3. 向供应商提供自己的经营计划和经营策略的必要措施，使供应商明确企业自身的希望，以使自己也能随时达到企业需求的目标。

供应链合作关系发展的主要特征就是从以产品/物流为核心转向以集成/合作为核心。在集成/合作逻辑思想的指导下，供应商和制造商把他们相互的需求和技术集成在一起，以实现为制造商提供最有用产品的共同目标。因此，供应商与制造商的交换不仅仅是物质上的交换，而且包括一系列可见和不可见的服务(R&D、设计、信息、物流等)。

供应商要具备创新和良好的设计能力,以保证交货的可靠性和时间的准确性。这就要求供应商采用先进的管理技术(如 JIT、TQM 等),管理和控制中间供应商网络。而对制造商来说,要提供的活动和服务包括:控制供应市场、管理和控制供应网络、提供培训和技术支持、为供应商提供财务服务等。

## 二、供应链战略合作伙伴关系的产生

对供应链管理模式的认识,人们强调最多的就是企业间的"战略伙伴关系"问题,把基于这种新型企业关系的和传统的企业关系的管理模式区别开来,就形成了供应链管理模式,这是近年企业关系发展的新动向。

莱明(Lamming)在《超越伙伴关系:革新的战略和精细供应》一书中,将自动化工业中企业关系的发展分为 5 个阶段。

1. 传统关系阶段(1975 年以前)。这个时期的市场基本上供不应求。企业的管理战略是改进工艺和技术,提高生产力率;扩大生产规模,降低单位产品成本。企业各忙各的,竞争比较温和、友好,竞争压力较轻、稳定。

2. 自由竞争时期(1972~1985 年)。市场上产品供应日趋饱和,企业间的竞争非常激烈,杀伤力极大;竞争压力很高,具有爆炸性,令人无法忍受。

3. 合伙关系时期(1982 年前后)。市场竞争激烈混乱,顾客对产品的质量要求日益提高。质量竞争使得企业经营战略转向纵向一体化经营,以确保最终产品稳定的质量。企业间合作比较紧密,部分合作伙伴具有一定的战略性,竞争压力适中。

4. 伙伴关系时期(20 世纪 90 年代)。市场变化加快,纵向一体化经营反应迟缓、失去市场风险、投资风险、行业经营风险都不断增大,企业逐渐由纵向一体化经营转向横向一体化经营,采取快速响应市场变化的竞争战略。企业间确立伙伴关系,经营合作具有一定的层次性、能动性。竞争压力很大,但比较稳定。

5. 战略联盟关系时期 21 世纪产生了"Win – Win"的合作竞争和企业间的战略联盟。

从时间上看,企业关系大致经历了 3 个发展阶段(如图 8 – 4)。

从传统的企业关系过渡到创新的合作企业关系模式,经历了从以生产物流相结合为特征的物流关系(20 世纪 70 年代到会 80 年代),到以战略协作为特征的合作伙伴关系这样的过程(21 世纪),在传统的企业关系眼中,供应管理就是物流管理,企业关系主要是"买 – 卖"关系。基于这种企业关系,企业的管理理念是以生产为中心的,供销处于次要的、附属的地位。企业间很少沟通和合作,更谈不上企业间的战略联盟与协作。

从传统的以生产为中心的企业关系模式向物流关系模式转化,JIT 和 TQM 等管理思想起着催化剂的作用。为了达到生产的均衡化和物流同步化,加强了部门间、企业间的合作与沟通。但是,基于简单物流关系的企业合作关系,可以认为是一种处于作业层和技术层和合作。在信息共享(透明性),服务支持(协作性),并行工程(同步性),群体决策(集智性),柔性化与敏捷性等方面都不能很好地适应越来越剧烈的市场竞争的需要,企业需要更高层次的合作与集成,于是产生了基于战略伙伴关系的企业模型。

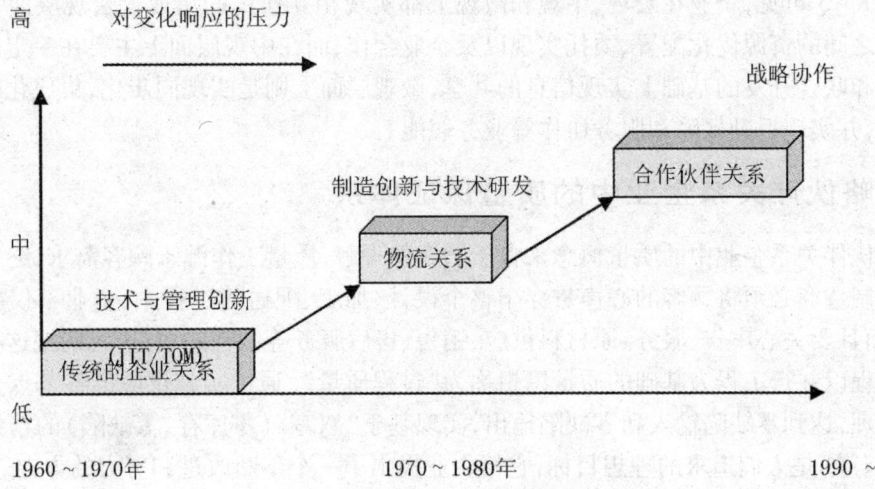

图 8-4 企业关系演变过程

具有战略合作伙伴关系的企业体现了企业内外资源集成与优化利用的思想。基于这种企业运用环境的产品制造过程,从产品的研究开发到投放市场,周期大大地缩短了,而且顾客导向化(customization)程度更高,模块化、简单化产品、标准化组件的生产模式使用权企业在多变的市场中柔性和敏捷性显著增强,虚拟制造与动态联盟加强了业务外包这种策略的利用。企业集成即从原来中低层次的内部业务流程重组(BPR)上升到企业间的协作,这是一种最高级别的企业集成模式。在这种企业关系中,市场竞争的策略最明显的变化就是基于时间的竞争和价值链的价值让渡系统管理,或基于价值的供应链管理。

## 三、基于战略合作伙伴关系的企业集成模式

基于战略合作伙伴关系的企业集成模式如图 8-5。

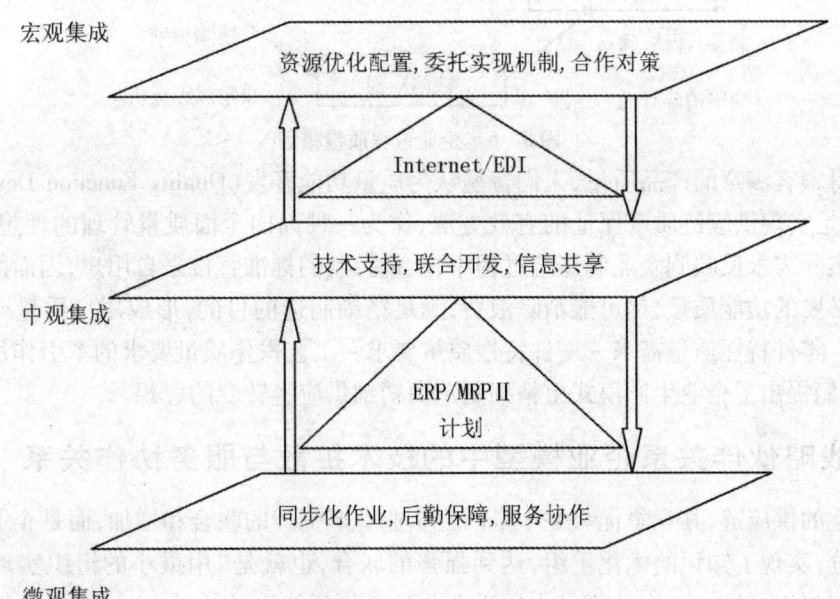

图 8-5 战略伙伴关系的企业集成模式

由图8-5可见，企业在宏观、中观和微观上都实现相互作用的集成。宏观层面上主要是实现企业之间的资源优化配置、委托实现以及企业合作，而在中观层面上主要在一定的信息技术的支持和联合开发的基础上实现信息的共享，微观层面上则是实现同步化，集成化的生产计划与控制，并实现后勤保障和服务协作等业务职能。

### 四、战略伙伴关系企业中的质量保证体系

战略伙伴关系企业中的质量概念来自于顾客的理解，质量工作源于顾客需求，终结于顾客的理解。制造商必须将顾客的心声贯穿于整个设计、加工、配送的过程中，企业不仅要关心产品质量，而且要关心广告、服务、原材料供应、销售、售后服务等活动的质量，我们把这种基于供应链全流程以并行工程为基础的质量思想称为"过程质量"，通过实施供应链各节点企业的全面质量管理，达到零缺陷输入和零缺陷输出，实现基于"双零"（零库存，零缺陷）的精细供应链目的。"双零"是人们追求的理想目标，它给企业提出了一个不断改进和努力的方向。

企业过程质量模型见图8-6。

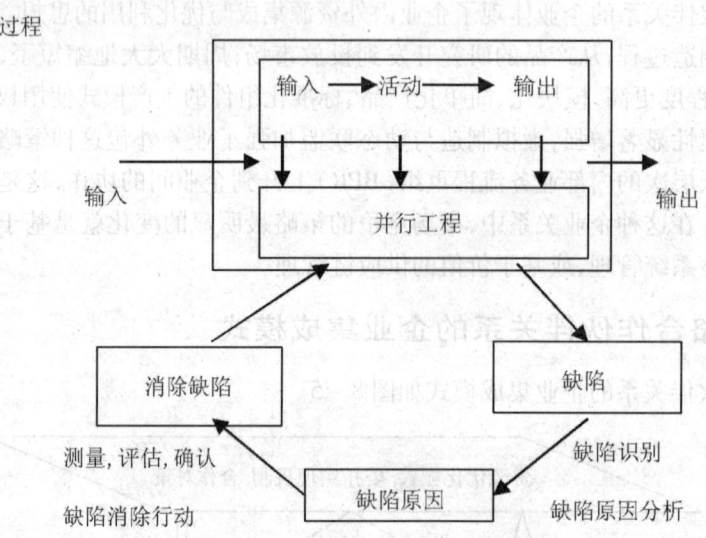

图8-6 企业过程质量模型

要获得顾客满意的产品质量，人们普遍认为质量功能开发（Quality Function Development，QFD）思想是实现供应链质量保证的有效方法，作为一种面向全面质量管理的理想模式，QFD能将顾客实际需求反映到企业制造全过程中，质量控制的标准直接来自用户，因而能消除产品多余的不必要的功能质量，尽可能消除浪费，满足精细制造的目的，形成用户质量要求-工程质量需求-零件特性质量需求-零件特性质量要求-工艺操作质量要求的牵引作用。基于这一认识，人们提出了企业生产模式由精细制造向精细供应链转变的思想。

### 五、战略伙伴关系企业模型中的技术扩散与服务协作关系

集成化的供应链，其竞争优势并不是因为企业有形资产的联合和增加，而是企业成为价值链的一部分，实现了知识的优化重组，达到强强的联合，也就是"用最小的组织实现了最大的权能"。通过信息的共享，企业把精力用于企业最具创新能力的活动上，运用集体的智慧提高应变能力和创新能力。作为面向21世纪知识经济时代的供应链管理，信息技术的作用越来

大。供应链过程中的知识或技术的扩散,和传统意义的信息流是不同的,企业也并不是拥有了合适的软件系统和充分的信息量即能够使其竞争能力显著增强,而如何合理利用知识链(或技术链),确定各项具体技术在知识链中的每一个环节中所起的作用。为此必须重视知识主管(Chief Knowledge Officer,CKO)和信息主管(Chief Information Officer,CIO)在企业中的作用。如图8-7所示。

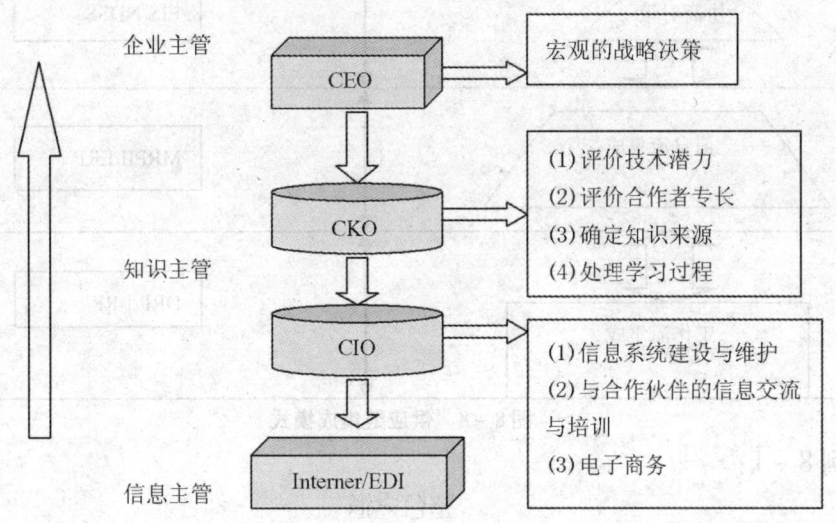

图8-7 知识主管与信息主管在企业中的作用模型

供应链管理是21世纪的信息化时代的管理模式,自然要面对合作企业之间技术与知识的扩散和协作支持问题。

## 六、供应链企业的合作对策及委托实现机制

供应链集成的最高层次是企业间的战略协作问题。当企业以动态联盟的形式加入供应链时,即展开了合作对策的过程。企业之间通过一种协商机制,谋求一种双赢的目标。自从20世纪60年代恰克(Chark)研究多级库存以来,诸多学者集中精力致力于多级库存的优化问题的求解,很少有人从供应链的战略高度去研究供应链的协调性问题。在市场学和产业组织理论研究中,人们主要从价格协商与资源分配的角度研究这个问题。但是,集成化供应链管理和传统的基于物流的单一企业的供应链管理不是同的,它更强调企业间的合作与协调机制,特别是动态联盟的供应链,在加盟某个供应链时,企业都会从各自的自身利益出发,展开合作对策研究,在委托与承包企业间形成一个合作协商机制和委托代理机制。

21世纪,随着全球制造、敏捷制造、虚拟制造等先进制造模式的出现产生了以动态联盟为特征的新的企业组织形式,使原有的企业生产组织和资源配置方式发生了质的变化。最能反映这一变化的是供应链管理思想。集成化供应链是以资源外用为特征的集成企业网络(扩展企业模型),改变了原来的"纵向一体化"模式,向横向一体化模式转变。市场的竞争不再是单一企业的竞争,而包括了联盟之间的竞争,即供应链之间的竞争。然而,从战略伙伴关系的企业集成模式(图8-8)看,这只能使供应链达到中观集成和微观集成,而宏观方面的资源配

置、合作对策和委托实现机制,并没有得以体现。通过 MRPII/EPR 实现了中观集成(信息流集成),通过 DRP 或 LRP(Logistic Resource Planning)实现工作流的集成,而要实现协商代理和合作对策的只有建立面向决策高层的管理系统 – EIS/NDSS(Executive Information System/Negotiation Decision Support System)。

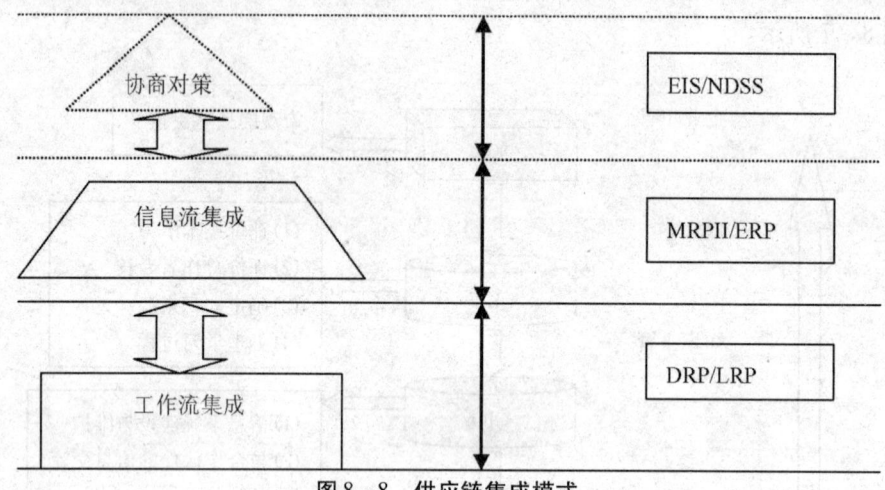

图 8-8 供应链集成模式

### 案例 8-1:

#### 整合之道

整合供应链可以"瘦身",更可以"强身"。不然,施乐不会苦研此道。

1989 年,施乐公司曾与一些美国电子公司进行了存货水平面的基准比较,这次评估向施乐高层提示了施乐与领先企业的差距。由于存货水平过高,大量资金常常在供应链中,如果想法压缩这部分资金,就能给新产品的研发提供更多的资金支持。从评估中,施乐公司得出结论,造成高库存的主要原因是部门间相互冲突的工作目标。

接着,施乐各公司的物流管理人员全部纳入供应链部门,并将其命名为整合供应链(Integrated Supply Chain)。这个国际化的跨部门小组用来改善整个供应链的资产管理绩效。

作为一个"变革机构",小组需要参与一线机构正在进行的对提高顾客满意度、削减物流成本和存货的活动,以及每年例行的项目优化和改善。小组的使命是通过发展和实施整体战略和业务流程,推动对物流管理和资产管理的优化。

整个计划首先汇集了各个业务单元在绩效优化中取得的成就,有的是由业务单元内部完成的,有的是由世界各地的分公司得到的想法和灵感完成的。通过理解各个业务单元内部的物流运作,物流与资产管理小组开始与供应链各部分沟通,并以"跨组织流程重组"的方式推动系统整合。

"供应链流程改造"强化了这个国际小组的作用,负责存货管理、订单配送、制造及供应商管理等环节的工作人员都加入其中。另外,产品设计、营销、质量控制、财务和信息系统部门的人员也在小组中。

"跨职能小组"成了整个优化战略的守护者与最直接的利益相关者。它使第一线的经理可以参与到战略制订中;在某个部门内业已证实可行的创意可以迅速地推广到其他部门,跨职能小组确保了单个业务单元的优化项目符合公司的总体目标,不会被重复进行,欧洲和美洲,改善后的动力系统解决了分批运输的问题,充分的信息也被传到各个业务单元,鼓励彼此之间存货共享,资产回收利用的具体实践也在各个业务单元之间得到推广。

业务流成的深层目标也被分解,转化为物流与存货管理领域中每个环节的基本原则,为具体操作设定了框架。这些原则并非面向某个部门,而是面向具体的物流操作,所以它们的排列次序是非常重要的。

首先,在供应链内部用统一的"产品语言"来定义顾客需要的产品或部件。其次,计划的制订过程必须是灵活的,由精确的顾客需求报告驱动。再次,供应链部门被定义为整个公司业务的"整合者"。最后,强调对"资产流"进行管理,而非对"库存"进行管理。

通过与远景目标的比较,所需的改变就十分明确了,不同的产品的分销渠道是不同的。

零配件主要由技术服务人员使用,主要流向他们手中的配件储存,消耗品不需要特别的搬运处理,主要通过电话营销渠道向最终用户提供,而设备,由于它们敏感的电子和机械部件,则需要特别的搬运处理。

应用"整合"概念,施乐设计了一个理想化的设备供应链网络,每个流程都应针对一类产品特别设计,满足不同顾客的不同需求,商品化的产品,如个人复印机,小型办公复印机和传真复印机应该被设计成安装简便,即插即用;高档产品则100%按单制造,不需要额外的安装和调试工作。

任务要在限定的时间内完成,同时又要保持尽可能少的存货,施乐必须尽了解需求,以廉价信息来替代昂贵的存货。

最难的改变在于将目标转化为切实可行的制度。这分几个阶段:最初是说服每一个人,让大家都认同变化的生产,第二个阶段是将理解和认同转换成正面的印象,并开始选择试进行革新,最后的阶段是让所有感受到变化的工作人员亲自去推动变化的发生。为了保证革新有效实施,必须让每一个人都知道革新的日程安排。

施乐正在以这样的方法整合它的供应链。营销经理和挂靠经理的绩效评价指标中,加入"供应链中的总资产"这样的新要领使他们职能性的评价转换成跨职能的综合评价。供应链的总体存货水平和总体顾客满意度,也成了营销经理、制造以理和研发经理现在必须考虑的因素。

下一步则要考虑,如何把物流成本分解到每个职能部门,从一体化供应链的角度系统性地考虑成本方面的问题。当企业进行各种各样创先举措时,都要有意识地贯穿供应链来整合活动,提高资产利用和降低成本,创造价格优势。

## ※ 思考题

1. 如何界定物流企业的经营宗旨?
2. 三种一般性竞争战略的内容是什么?适用范围是什么?
3. 推动物流市场发展的环境变量有哪些?
4. 举例说明如何对某个物流系统进行战略设计。
5. 物流市场经营战略有哪些类型?比较其异同点。

## 参考材料

1.《现代工业企业物资管理》,顾国祥,上海:复旦大学出版社,1992

2. "论核心企业对供应链战略伙伴关系形成的影响"马士华,《工业工程与管理》,200(1). 24~27

3.《Managing Organization Network: Defining the Core》,Emily Boyle,Management Decision, 1993,31(7):pp23~27

4.《跨国公司经营学》,裴平,南京:南京大学出版社,1996

5."施乐供应链复兴",《环球供应链》,2004.02(5)

## 案例讨论

### UPS 由包裹运送公司到整体化物流企业

#### 一、起步

**1. 递送服务**

1907 年的美国对私人邮递员和递送服务有很大的需求。因为私人住宅很少装有电话,个人信息不得不依靠人工传递。而当时,距离"美国邮政服务"开展还有六年时间,所以行李和包裹也只能单个地递送。为了满足这种需要,Jim 在西雅图建立了美国递送者公司。尽管竞争相当激烈,但公司运营得还不错,这在很大程度上应归功于 Jim 的严格准则:礼貌待客、诚实可靠、全天候服务和低廉的价格。即使在今天,这些准则还在指导着 UPS,Jim 的口号可以总结为:"最好的服务,最低的价格"。

**2. 零售时代**

这家年轻的公司在开业后不久,便开始将重点集中在零售商店的包裹递送上,并于 1913 年兼并了竞争对手,建立了"批发商包裹递送"。到 1918 年,三家西雅图最大的百货公司均成为了它的固定客房。与此同时,Charlie 也加入了公司,帮助管理公司飞速增长的递送交通工具。在那段时间里,公司还率先尝试合并递送理念——将目的地址注明为某了邻近地区的包裹合并,并装在同一个递送交通工具上。这种方法使得人力和机动化的交通工具得以有效利用。

**3. 拓展**

20 世纪 20 年代和 30 年代,这家公司将其经营范围扩展到奥克兰,后来扩展到洛杉矶。1929 年公司开办了"联合航空邮件快递",通过飞机提供包裹递送服务,最远可到得克萨斯州。那时,UPS 在西海岸所有主要城市提供递送服务,并在纽约,以合并递送服务建立了它的立足点。许多创新被采纳,其中包括第一个用于包裹分拣的机械系统和在洛杉矶安装的 180 英尺长的传送带。也就是在这时,采用了"联合包裹服务"这个名称。"联合"是因为货运是以合并方式进行的;"服务"是因为他们认为"服务是所有我们必须提供的"。UPS 所有交通工具的颜色都是在美国很熟悉的火车卧铺车厢的颜色——棕色,因为这种颜色整洁、可靠并且具有专业性。

#### 二、全国性的增长

**1. 公用货运公司服务**

20 世纪 40~50 年代间的变化趋势促使 UPS 对自己重新进行定位。由于第二次世界大战期间的燃料和橡胶的短缺,零售商店开始鼓励顾客自己运送包裹,而不是由零售商店运送。因为大批人口移居到郊区,而郊区有大量新建的购物中心,而这些购物中心附近有足够的停车位,这就让顾客可以将包裹载回家,战后这种趋势一直持续。直到 20 世纪 50 年代早期,来自零售商店的订单服务是很有限的。UPS的管理者开始寻找新的机会。他们决定通过获得"公用货运公司"的权利为所有地址——为任何用户,私人的或商业的——递送包裹,以拓展他们的服务。这种决定将UPS直接置于与"美国邮政服务"竞争的地位。

2. 黄金链接

拓宽服务的同时,UPS也在扩展新的领域。今天,整个世界(从大西洋沿岸到太平洋沿岸)到处都有快速、便宜快捷的递送服务。但是在20世纪50年代,UPS在国内许多地区的经营都受到限制。一个包裹可能需要几个运送者间的传递,才能到达目的地。在所需穿越的每个州边界都需要联邦授权,并且每个州不得不为在其境内的包裹传送授予许可。经过30年的努力,UPS系统得到了48个相邻州的授权,并在1975年缔造了"黄金连接",实现了全国性的包裹递送服务。为了继续坚持"最好的服务,最低的价格"这个宗旨,即使业务仍在迅速增长,UPS依然长期坚持这一规则:一个有效经营的系统要由高素质的人员来运作,UPS的管理者和工程师们不断推出实现最快捷、最可靠和最高效运送包裹的方法和技术。同时,为一些在设计和装置上需要根本变化的广大地区提供服务,其中包括采用航空递送。

三、航空运送

1. 起飞

1953年,UPS重新开始了空运服务,提供东西海岸主要城市间的两天空运服务。运输机满载包裹,使用固定安排好的航线。称为"UPS蓝色标签航线"的服务一直在增长。直到1978年,包括阿拉斯加和夏威夷在内的所有州都有了这项服务。20世纪80年代,对航空包裹递送业务需求的增加以及联邦政府对航空业管制的解除为UPS创造了新的机会。但是,解除管制又引起了变化,已经与UPS建立合作关系的航空公司减少了航班数或放弃了一些航线。为了确保服务可靠,UPS开始组建自己的喷气机货运机队,这是同行业中最大的一支。随着需求的增长,UPS进入昼夜航空公司递送业,并且到1985年,UPS要所有48个州和波多黎各实现了次日递送(服务)。阿拉斯加和夏威夷后来也加入了进来。同年,UPS将美国和欧洲和六国连接了起来,开始了具有国际性航空包裹及文件递送服务的新纪元。

2. UPS航空公司

1988年,UPS便得到了来自FAA(联邦飞行管理部门)的授权,即可以经营自己的飞机。这样,UPS便正式地成为了一家航空公司。招募到最优秀的人才后UPS将很多文化和流程整合在一起,建立了衔接紧密、配合默契UPS航空公司。UPS航空公司上FAA历史上成长最快的航空公司,在短短的一年多的时间内,开成了具有所有必备技术的支持系统的规模。今天,UPS航空是美国十家最大的航空公司之一。UPS航空公司以其在世界上最先进的信息系统而闻名,如COMPASS(计算机化操作监视、计划和调度系统)为航班的计划、调度和负荷处理提供信息。这个系统能够提前设计出最优化的航班调度,是业内独一无二的。

3. 国际性增长

20世纪80年代,UPS正式地加入了国际运输市场,并不断与美洲、欧洲、中东、非洲和泛太平洋和地区建立了联系。今天,UPS在多达185个国家和地区进行国际性小包裹和文件业务经营,范围跨越大西洋和太平洋。UPS通过国际性的服务,为40亿人提供服务,这个数字是通过电话网络服务人数的双倍。

四、现在和未来

1. 崇高科技

到1993年，UPS每日为多达100万的固定客户递送1150万份包裹和文件。对于如此庞大数量的业务，UPS依赖先进的科技来保证效率，保持价格的竞争性并提供新的客户服务。技术UPS中的应用已达到了一个难以置信的范围，从专门设计的包裹递送运输工具到全球计算机的通信系统。例如，UPS net是一个全球电子数据通信网络，为国际性包裹处理的递送提供信息处理流水线。有超过500 000英里通信线路的UPS net，其中包括一个UPS卫星，连接46个国家中超过1 300个UPS分发中心。这个系统每日追踪821 000个包裹。1986～1991年，UPS在技术改进上花费了15亿美元，并计划在以后的五年里再投入32亿美元。这些改进既瞄准高效服务，又着眼于延伸客户服务。

2. 延伸的服务

在20世纪80年代中期，UPS将其重点从高效及可靠的经营转移到面向客户上，主要注意客户需求。今天，UPS提供许多客户信息服务，如TotallfacL和MaxiShip。TotallfacL是基于全国性的蜂窝移动数据系统，可以为客户即时提供所有具有条形码的空中的地面包裹的追踪信息。MaxiShip是基于计算机的系统，可以让客户管理全部的分发处理，从包裹的定价的分区到用户定义的管理报表准备。同时，UPS也继续扩展了其基本服务，从定价和服务付款方式到整个业务的新分类。例如，存货特快专递是一种合约物流管理服务，在其中，UPS存储客户的商品，并在需要时运送。"适时"甚至更深远，就是UPS全球物流服务，一种全面的咨询服务，其中UPS依靠客户的个人需要来装配服务。这些个人需要可能包含运费付款方式、海关通关、仓储、货运公司的选择、价格商议、追踪、信息系统、电子数据交换、机队管理、订单处理和存货控制，等等。

3. 未来

UPS立足于递送业，客户的需求将继续成为此公司的驱动力。UPS今后五年的最新目标将是开拓技术，使UPS继续引入新的服务，为客户提供关于他们货件的全面信息，并提供培训，使所有雇员清晰地理解UPS服务，理解使这些成为可能的技术，并且可以与其客户交流这些信息。

4. UPS员工

UPS相信最有价值的资产是其忠诚能干的员工。UPS员工的奉献是通过公司两项长期坚持的原则得以实现的：雇员主人化和培训。UPS股票主要由UPS的管理者和雇员拥有。这样促进了优质服务，因为每个持的UPS股票的管理者和雇员都是在为自己和自己的事业工作。从一开始，UPS就许诺要进行培训。由创始人建立的培训活动一直继续到现在，包括奖学金计划、UPS基金会和UPS城市实习计划。通过这些培训，每年都有的40位UPS经理和主管被送去进行为期一个月的团体实习。

五、UPS如何运作

1. 取件

每天，全世界的客房依靠UPS来运输包裹和文件。无论是送到城市的另一端，还是地球的另一端，每个通过UPS网络的包裹均会得到快速、可靠、有效且非常仔细的处理。处理的第一步是取件。UPS递送员沿着指定的特定路线行进，并在这条线路上固定安排好停车。通常，驾驶员在早上递送包裹，下午提取包裹。大宗客户，或许每天要运输成千上万的包裹，UPS的拖车可以在现场完成。小客户或许一个星期才运输2–5个包裹，也可由他们已熟悉的UPS包裹车来完成。有次日递送信或包裹等紧急货件的客户可以打电话给UPS，要求电话取件。使用顶尖的通信技术，电话航空分派员寻找到最近的包裹车并电子化在将它派遣到客户所在

## 第八章 物流与供应链管理战略

处来进行"适时"取件。临时客户可在便利的UPS信件中心和服务柜台处投递包裹。

2. 集散中心

为了更有效地运送包裹，UPS开发了一个精心制作的，"集散中心"电子网络或遍布全世界的中央分拣设备。每个集散中心由本地操作中心"喂养"，它作为UPS取件和递送工具的基地。每天下午，来自本地操作中心的包裹被通常是由拖车运进集散中心。在集散中心内，同时来自许多拖车的成千上万的包裹常仔细地卸载。通过这项宏大但却快速的操作，包裹按ZIP码排序集中的各条传送带上，到某一个特定地区的所有包裹都集中到同一条传送带上。在集散中的另一端，包裹经过仔细的排序，或发送到要出行的拖车，或是装入用于邻近地区的包裹车，进行本地递送。装载前，最后一次检查每一个包裹，以确保它们是正确排序的。

3. 支流网络

为了在集散中心间运输包裹，UPS使用地面支流网络。每天，进料器或拖车从包裹来源地的集散中心将成千上万的包裹运送到离包裹目的地最近的集散中心。依赖于典型的装载，许多类型的拖车可同时作业。它们的长度从24到45英尺都有，可装载多达1800个包裹。拖车是为最大程度地保证包裹安全和方便装载、卸载而专门设计的。这些独特的特点包括"滚筒"（允许包裹前后方便移动的滚筒）和"放置框架"（可使小包裹被保险地存储在拖车底部）。有了这些创新，一个熟练的UPS装运工仅需一小时就可把一个24英尺长的拖车装满包裹！

4. 递送

每个UPS驾驶员一天递送多达500个包裹，包括必须在上午10:30前递送的特快包裹。为了统一处理如此大的数量，处理过程需要仔细地计划和协同工作。在集散中心内，当将包裹装到用于本地递送的包裹车上时，包裹按要运送地的地区以同样的顺序被装载。这个过程称为"预装"。按顺序递送包裹，从一个地址到下一个最近的地址，驾驶员尽可能地最快、最有效地完成他们的路线。每个驾驶员分配一条特定的路线或"环路"。UPS的工业工程师一直在研究和分析每条路线的递送趋势和交通模式。当递送包裹时，技术确保了包裹准确到达，并向客户提供有用的信息。使用称为DIAD（递送信息获取设备）的电脑设备，驾驶员迅速捕捉关于每个包裹的信息，包括递送时间甚至是接受包裹者的签名。这种信息通过电话从包裹车传送到UPS计算机，那里可以为客户货物追踪或递送签收的验收单。

5. UPS航空

伴随着地面货件的运送，UPS每天平均处理130万个航空包裹，包括隔日和次日递送包裹和文件。为适应如此大的数量，UPS使用了一个位于全球的"空中集散中心"系统。在肯塔基州的路易斯维尔市，UPS的主要航空中心，每晚有超过60架次的飞机着陆、起飞。在当晚10点钟到次日凌晨2:20间，成千上万的包裹必须从飞机上卸载、分拣，然后发送到正确的地面或空中进料器。午夜时分，处理正常进行，UPS飞机开始每两秒一架的频率快速起飞。UPS机队由波音727,747,757,767和DC-8飞机组成，它们每日载着包裹飞过390个国内机场和超过219个国际机场。757和767包裹运输机，依照UPS规范订制，是迄今建造的技术最精良、噪音最小的商用飞机之一。其他的UPS飞机上也安装了高效发动机，这样，UPS机队成为空中最能干的机队之一。

6. 国际性递送

由于全球市场中各行各业进行着日益激烈的竞争，于是UPS就承担起帮助提供递送和信息服务的角色来加速国际运输并简化管理海外业务的过程。例如，有了UPS全球信息网络和

UPS 警报系统,美国和许多其他国家的海关官员能知道仍在途中将要入关的货件。并且,很多情况下,包裹在到达时已获得通关授权。另一项 UPS 服务,合并通关,允许国际货件由海关成批合并、通关,然后发送给单个收件人。UPS 客户可以从多种国际服务中挑选,包括两日国际特快,三到五日加速服务和昼夜快送服务。并且,UPS 国际客户服务代表一天 24 小时帮助追踪全球的货件并确认递送。

**讨论题:**
结合本章所述的 UPS 公司案例,回答以下问题:
1. 公司在物流战略管理上有何特点?
2. 评价物流企业合理选择经营战略对物流企业发展的意义。

# 第九章
## 物流与供应链管理绩效评价

* 本章主要内容：
  - 绩效评价的概述
  - 物流绩效评价
  - 供应链绩效评价
  - 供应链绩效报告

---

电子制造服务（EMS）提供商弗莱克斯特罗尼克斯国际公司两年前便面临着一个既充满机遇又充满挑战的市场环境。弗莱克斯尼克斯公司面临的境遇不是罕见的。事实上，许多其他行业的公司都在它们的供应链中面临着同样的问题。很多发发可危的问题存在于供应链的方方面面——采购、制造、分销、物流、设计、融资等等。

惠普、3COM、诺基亚等高科技原始设备制造商（OEM）出现的外包趋势，来自电子制造服务业的订单却在减少，同时，弗莱克斯特罗尼克斯受到来自制造成本和直接材料成本大幅度缩减的压力。供应链绩效控制变得日益重要起来。

我们判断管理工作的好坏，必须对管理活动所产生的效果进行度量和评价，本章结合绩效评价，阐述物流与供应链绩效评价的基本知识和绩效评价体系，最后介绍供应链标杆管理和供应链绩效报告。

## 第一节 绩效评价概述

任何企业，在经营运作的过程中，需要耗费大量的人力、物力和财力，承受来自管理、组织和产品的风险，因此，有效的绩效评价是企业经营管理程序中不可分割的重要组成部分，它通过定期或不定期地对企业的生产经营活动进行评估，以事实为依据，通过对该活动所产生的效果进行度量和评估，帮助发现企业经营管理中的薄弱环节，提出改进措施和目标，使管理者做出有效决策，从而使企业取得长足进步。

## 一、绩效评价的发展历程和含义

### (一)绩效评价的发展历程

绩效评价是企业和组织管理人员进行管理的手段和依据。企业的绩效评价体系受到企业竞争态势、企业发展过程、企业所处环境和管理者个人风格的影响,本身是一个不断发展变化的体系,并且从绩效评价体系为人们关注,成为一种管理工具开始,它也经历了许多从内容到形式的变化。大体上说,企业绩效评价体系发展的历史可以分为四个阶段(时间以在美国等西方国家出现为准),见表9-1。

表9-1　　　　　　　　　　　　　　　绩效评价的发展历程

| 时　间 | 阶　段 | 主要特点 | 评价体系 |
| --- | --- | --- | --- |
| 20世纪20年代以前 | 单一财务指标阶段 | 绩效评价的手段主要是一些简单的、没有内部关系的财务指标和经营指标,如利润率、市场占有率,各种周转率、资产负债率等 | 无 |
| 20世纪20年代至20世纪80年代初 | 财务指标体系阶段 | 绩效评价主要是通过一些内部关系比较密切的多个财务和经营指标组成的指标体系进行绩效评价 | "杜邦分析法"和"波士顿/GE矩阵" |
| 20世纪80年代中后期 | 价值评价指标阶段 | 绩效评价主要通过一些价值评价指标进行,比较关注长期绩效 | "经济增加值"(EVATM)和净现值(NAV) |
| 20世纪90年代以后 | 战略绩效评价体系阶段 | 绩效评价主要通过一些综合性的与企业战略密切联系的评价指标进行,比较关注财务指标和非财务指标的结合,短期绩效和长期绩效的结合 | BSC(平衡记分卡)和Skandia导航器 |

绩效评价的四个不同阶段主要是侧重点不同的阶段,不能简单地将不同的阶段等同于不同的绩效评价能力和水平。企业的管理人员可以根据企业的现实状况和关注倾向(主要是战略方向)进行选择,也可以在企业的不同管理层次,运用相应的阶段的绩效评价手段,综合起来形成有效的评价体系。

### (二)绩效评价的含义

绩效是一个多义的概念,在不同的情景之下有不同的解释。从管理实践的历程看,人们对于绩效的认识是不断发展的,这说明不论是对组织还是对于个人来说,都应该以系统和发展的眼光来认识和理解绩效的概念。

我们一般认为绩效指的是那些经过评价的工作行为、方式及其结果。从这个概念中可以看出,绩效包括了工作行为、方式以及工作行为的结果。另外,绩效必须是经过评价的工作行为、方式及其结果,没有经过评价的工作行为及其结果在这里不被视为绩效。

绩效评价是对人或事物的价值做出判断的一种观念性的活动。绩效评价活动一般包括四个环节:

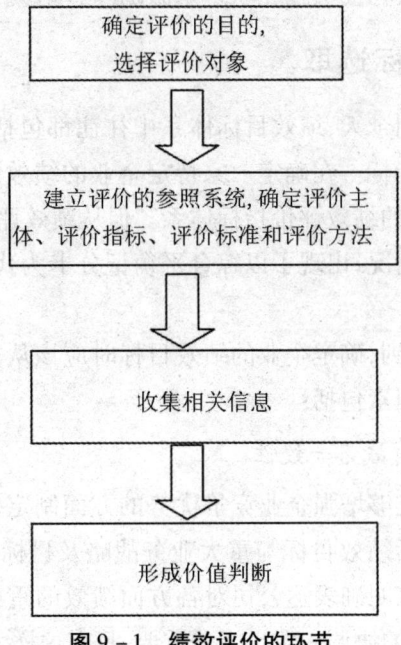

图9-1 绩效评价的环节

## 二、绩效评价的意义

绩效评价是企业管理者对企业经营运作情况的一个判断过程。这一过程是管理过程中不可缺少的,只有进行科学、合理的绩效评估工作,才能保证企业的经营运作按既定的要求进行,才能保证企业未来的发展方向。

具体地说,绩效评估的施行有以下四个方面的好处。

（一）支持更好的决策制定

绩效衡量活动使得绩效和成果更具可见性,公司能够据此制定更好的决策。如果不清楚哪些领域的绩效达不到标准,开发绩效改善计划将是十分困难的。衡量标准提供了一定时间内采购绩效的追踪记录并直接支持管理层的决策制定。

（二）支持更好的沟通

绩效衡量活动可使供应链成员间更好地进行沟通,包括在采购部门内部、在部门之间、与供应商以及与行政管理层之间。

（三）提供绩效反馈

绩效衡量活动提供了绩效反馈的机会,可以在绩效衡量过程中防止或改正可能出现的问题。反馈也可提供买方、部门、团队或者是供应商在一段时间内为满足绩效目标所进行的努力。

### (四)激励和指导行为

绩效衡量活动激励和引导行为向所要求的结果方向发展。一个衡量体系将以多种方式完成这一任务。首先,绩效种类和目标的选择暗示管理人员哪些活动是公司看重的;其次,管理层通过将绩效目标的完成与公司的奖励相联系来激励和影响员工行为。

## 三、绩效评价的目标选取

从20世纪60年代一直到今天,绩效目标体系中往往都包括各类财务方面的指标,但是,财务指标绝不是惟一的绩效指标。在确定一家特定企业的绩效情况时,目前较多采用的是财务指标为主、非财务指标为辅的绩效评价指标体系。但从绩效评价的发展来看,越来越多的企业越来越重视非财务指标的情况,出现了以综合平衡记分卡为代表的综合各种软硬指标的新型的目标。

目前,许多企业都已意识到,确定企业的绩效目标时应该从企业的战略出发,并考虑评价中的各种现实因素。具体的因素包括:

### (一)所选的目标是否具有战略一致性

绩效目标应该主要针对能够增强企业竞争优势的方面制定,与企业的发展战略一致。通常我们所说的战略一致性包括绩效目标与重大业务战略及目标(包括长期目标和短期目标)之间的一致性。绩效目标应该明确表达公司对各方面绩效的重视程度,并能够反映企业文化的变化。另外,绩效目标之间的协调一致也十分重要,只有这样才能让员工齐心协力地为实现企业战略而努力。

### (二)该目标是否便于进行评价

公司在选择绩效目标时要考虑自己在搜集、分析与评价有关信息中的能力。许多企业对现有绩效目标进行调整的过程往往由于信息技术及人员的能力有限,无法最终得到新的绩效目标的相关信息。有专家指出,企业应该事先判断自己是否有能力跟踪和报告有关绩效目标的各类信息,之后才决定是否将该目标确定为绩效目标,如果该目标对于企业的战略实现非常必要,就必须首先发展本公司在评价该目标上的能力。

### (三)员工对绩效目标的看法

包括员工对绩效目标的了解程度和员工是否有信心达到所确定的绩效目标。如果员工对绩效目标缺乏了解或了解有偏差,绩效目标就无法得到充分的实现,甚至会影响整个公司战略的实现。另外,如果所确定的目标不能得到员工的认可,被认为是不可实现的,恐怕不仅不能激励员工为实现目标而努力,反而会发生消极怠工的行为。因此被评价方(子公司、部门乃至员工)能够在一定程度上影响目标的实现。员工对自己的行为与绩效目标之间的联系的看法在很大程度上决定员工对于绩效目标的看法和在实现目标过程中的投入程度。

## 四、绩效评价指标体系的构成

企业的绩效评价指标体系是一个包括企业绩效目标、部门绩效目标乃至员工绩效目标的目标体系,绩效评价指标体系是一系列绩效目标构成的。传统的绩效评价指标体系主要包括与财务绩效目标相对应的财务绩效评价指标,这类指标注重反映经营的结果,带有静止、单一和被动反映的特点,而不能全面、动态地反映经营过程中的问题,也无法与组织的战略目标和管理文化相结合,这样的指标体系已经无法满足快速发展的信息社会对于企业经营提出的要求。信息社会时代的信息传递更为迅速,市场竞争更为激烈,产品和服务更新换代的周期不断缩短。企业必须找到一种灵活的管理机制,使它们能够根据市场的变化及时进行调整,绩效评价指标体系也必须顺应这种变化,指标体系不仅要更加注重经营的过程控制,更加灵活,而且要更加注重外部联系。

(一)绩效评价指标体系的构成的注意事项

1. 仅用财务指标评价公司的绩效是远远不够的,而且有时是不准确的。财务指标和产品质量、消费者满意程度、市场份额、创新能力等指标构成的综合指标体系能够全面地反映企业经营的现状和发展的前景。

2. 职能分工转向水平的。单纯由经理人员制定、执行并修改的绩效评价指标体系会阻碍多职能的团队的工作,应该建立与组织特征相适应的、由全员参与制定、修改和执行的绩效评价指标体系乃至绩效改进方案。

3. 绩效目标应该主要针对能够增加企业竞争优势的方面,并使目标系统内的各个目标之间保持协调一致,从而使员工能够齐心协力地为增强企业的竞争力而努力。

4. 绩效评价体系的设计应按"贵精不贵多,贵明确不贵模糊,贵敏感不贵迟钝,贵关键不贵空泛"的原则进行。

(二)绩效评价指标体系构成的特征

1990 年,在《新的绩效挑战——为了迎接世界级的竞争衡量组织运作情况》一书中,迪克森等人给出了一个好的绩效评价体系所应具备的 24 个特征。他们认为,一个好的绩效评价系统应该包括一部分通用的评价指标和一部分与组织自身的特点相符的特殊指标。绩效评价体系应该是一个财务指标和非财务指标相结合的指标系统。这 24 个特征是:

1. 与组织的发展目标、人员情况、组织文化以及关键成功要素相一致。
2. 与组织的发展战略相关,并能够促进战略的实施。
3. 易于实施。
4. 简单明了。
5. 根据客户的需要提出。
6. 有助于实现各职能部门之间的有机结合。
7. 包括适合于不同组织层级的多种指标体系,一般来说,在较低的层级上更多地强调非财务指标,而在较高的层级上则更多地强调财务指标。
8. 与组织所面临的外部环境相适应。在复杂的、不确定的、竞争较为激烈的环境中更加强调非财务指标,而在简单的、稳定的、竞争不激烈的环境中更加强调财务指标。
9. 有助于实现组织中的横向、纵向合作。
10. 能够衡量评价的行动所产生的客观结果。

11. 强调制定过程中的全员参与,指出应该是自上而下或字自下而上共同努力开发出来的。
12. 在组织中进行了有效的沟通。
13. 可理解。
14. 得到广泛认同。
15. 评价指标具有现实的可操作性。
16. 直接指向重要的、能够产生影响的要素。
17. 直接与行为相联系,因果关系明晰。
18. 不仅关注对成本的管理,还关注对于资源及投入的管理。
19. 能够提供及时的反馈。
20. 与行动上的反馈相衔接。
21. 并不一定是统一量纲的(即不一定是可加的)。不同职能和不同管理措施采用的评价指标不一定是可以相加计算的。
22. 有助于个人或组织的学习。
23. 促进组织或个人持续地提高。
24. 不断对照上述 23 个特征对指标体系进行修正,去掉不适应新情况的绩效评价指标或加上新的更加与战略目标相关的绩效评价指标。

**案例 9-1:**

某大型家电集团下属的某洗衣机厂,1996~2000 年一直占据洗衣机市场全国销量第五位。但 2001 年,据全国大商场统计数字表明,其洗衣机市场占有率下降了 20%,跌落全国前七位之后。厂领导班子经过调研,发现消费者反映的问题集中表现在对产品的售后服务不满意。售后服务由各地经销商负责,但这也由于公司各地办事处工作消极。

起因是 1998 年公司采取了绩效管理体系,重新用考评办法刺激销量增长,对销售公司高额奖励使得营销人员全力实现当年目标,但与此同时,重量轻质也导致了对渠道的管理与控制疏漏,短期的突击使得 2000 年底销售额增长较快,由此公司也提高了指标设置的基数。

2001 年,由于洗衣机厂竞争变化以及渠道基础管理工作不扎实,各地销售额大幅度滑坡,销售公司内部对企业绩效考核的标准不满,置疑标准的合理性,普遍认为营销公司的绩效标准高于生产部门与职能部门,其他职能部门上下级之间的考核却形同虚设。而制造部门也开始埋怨营销部门根本没有预测到市场常变化,导致制成品大量积压,造成资金周转困难、设备闲置率较高。

公司的高层领导班子研究认为,企业之所以出现这种局面,与前几年片面追求增长,忽视企业的战略规划与制定均衡发展的绩效管理机制有直接关系。于是公司接受咨询公司的建议决定在内部试行全面绩效管理制度的改革,在强调业绩增长的前提下,要更重视企业的战略规划的贯彻与均衡发展的实现。

具体方法如下:

第一步,企业内部由总部高层牵头,协调采购、生产、营销、人力资源、财务等部门的负责人成立厂绩效管理的专门部门,独立负责制定与落实全厂绩效管理方案,并报送集团公司备案。

第二步，由总经理与各主要部门负责人规划本企业3年内进入全国市场占有率三强这一战略目标的具体规划与各年度的推进步骤，逐层分解企业的战略目标与实施手段，将企业各层级的控制指标分为两大类：利润绩效管理类、均衡发展考评类。

第三步，将所有考量指标分解到各个部门或利润中心，由其负责人按时报送绩效报告，包括完成两类绩效目标的具体推进手段、目标完成进度图，并及时反馈上期末达到基础目标的原因与超越优秀目标的经验总结，确定纠偏措施。

第四步，各部门、利润中心根据各自特色制定流程改进方案，衔接整个作业链的上下环节，在报送计划中要明确对内部小组与个人给予明确扶持的方案。

第五步，作业链的下一环节即上一环节的"客户"，对上一环节部门的评价由下一环节给出。如采购部门的客户得分由制造部门给出，职能部门的客户得分由各直线部门给出。

第六步，根据市场变化情况，及时调整企业的战略推进步骤，如在2002年底，厂部在高端洗衣机市场采用新型材料，走低价位差异化产品的战略后，绩效管理部门及时进行市场价格倒算的成本核算，并将成本控制指标赋予采购、制造、营销各部门的日常考评中。特殊的市场以及行业出现情况的导致指标的异常变动，与绩效管理部门协商，确定当期修正评价指标。

应用全面绩效管理的控制方式，主要是帮助企业的各层管理人员统一战略思想甚至全员参与战略制定与实施，通过控制绩效实施全部流程，实现对企业战略推进过程的监控与灵活调整，使整个企业稳步发展。

## 第二节 物流绩效评价

现代物流企业中，对于企业的整体经营和管理，绩效评价已经成为不可或缺的手段。竞争日益激烈的现代企业，只有不断地评价企业的绩效、对物流工作的效果与物流目标进行比较，才能有效地对资源进行监督和配置，从而为企业更好地实施物流战略提供数据基础。

### 一、物流绩效评价概述

(一)物流绩效评价的重要性

由于物流活动具有多方性，过程复杂性(采购、运输、存储、保管及供应等)和形成多样性等特点，所以，物流绩效的衡量往往缺乏行之有效的标准。目前，我国企业的物流处于起步阶段和发展阶段，如果在建立物流系统的同时，实时进行绩效评价，对不断完善和提高物流管理水平，使其成为企业的"第三利润源泉"具有重要的意义。

(二)物流绩效的研究现状

在发达国家，物流的绩效研究起步较早。日本结合自身的特点，以整体物流成本最小化、顾客服务最适化、企业利益最大化为目标将物流绩效评价的重点放在了不断降低成本上，积累了一套行之有效的成本物流管理学说。美国早在1978年就开始在民航业有限放松管制，1980年又放松了对卡车运输业的管制，从而使物流企业更加自主地适应市场，依靠市场力量来决定物流服务的发展。美国国家绩效评估中心绩效衡量小组把绩效管理定义为利用绩效信息协助设定统一的目标计划，进行资源配置与优先顺序的安排，以告知管理者维持或改变既定目标计划,并报告成功符合目标的管理过程。

(三)现代物流企业绩效评价的原则

有效的物流企业绩效评价可以为企业经营提供有用的信息,判断企业获利能力和战略实施的有效性,及时发现企业尚未控制的领域,评价企业管理者的业绩。有效的物流企业绩效评价必须遵循以下原则:

1. 注重经济效益原则。现代物流企业绩效评价,首先要注重经济效益,使得费用最小化和评估收益最大化。评估要符合现代企业法的规定,应该兼顾短期利益和长远利益,实现物流企业的可持续发展,兼顾国家、企业和职工的利益,对市场经济建设要有明确的指导意义。

2. 科学性原则。绩效评价要能够科学地评价与估量出物流企业的综合运营能力,真实反映出企业的运营状况和存在问题。绩效评价的科学性如何,直接关系到评价的准确性和可靠性。

3. 时效性原则。物流企业绩效评估要突出时效性,评估要简、明、快,迅速指出物流环节的缺点和不足,形成快速有效的反馈,以适应瞬息万变的市场要求。

4. 系统性和可行性原则。绩效评价要能够完整地反映现代物流过程的特征和规律,与此同时,尽量使评估过程简便易行,便于操作,应尽量与我国企业法、税法等现行标准相一致,同时评估方法应该简洁明晰,避免产生误解和歧义。

5. 层次性和重点性原则。绩效评价要注意分清主次,要有层次性,在每一个层次中应选取评估重点,能够准确、科学地评估现代物流企业的内外部环境,估算出企业所处的优势和劣势,从而能够为评价企业整体运营状况提供有效的反馈信息,以便更好地进行决策。

## 二、现代物流企业绩效评价的指标分类

物流企业绩效评价体系属于企业管理控制系统的一部分,绩效评价的过程和结果都是按照指标体系各项要素逐项进行的。谈到绩效评价时,遇到的第一个问题就是如何选择评价指标。物流企业绩效评价指标选取的演进经过了从单一指标到多维指标的发展过程。对物流企业进行绩效评估必须设置若干具体的评价指标,可按照以下标准分类:

1. 根据物流企业的内外部情况分类。可以分为内部综合评价指标和外部综合评价指标两大类。

(1)内部综合评价指标:主要包括成本、利润、管理费用、股本收益率、工资等指标。

(2)外部综合评价指标:主要包括市场信息、供应商的意见、客户的反映、企业的公众形象以及与其他厂商相比的竞争能力等指标。

2. 根据物流企业绩效评价指标的量化程度分类。可以划分为定量和定性两大类。

(1)定量指标:主要包括成本、利润、管理费用、股本收益率、工资等指标。

(2)定性指标:主要包括服务、信息、机制作用效果、业务流程及衔接情况等指标。

3. 根据评价的关联对比分类。主要分为纵向对比、横向对比和关联指标。

(1)纵向对比指标:即以企业前几年的绩效为标准,进行自身的比较,判断企业是处于成长阶段还是衰退阶段。

(2)横向对比指标:即将企业与行业中其他企业的绩效水平进行比较,从相比较的结果中可以判断出企业的竞争能力。

(3)关联指标:现代物流企业为了提高顾客的满意程度,必须与顾客建立良好的伙伴关系,努力使为客户服务的水平达到顾客要求的标准。

4. 按照指标的层次性可以分为一级指标、二级指标、三级指标等。

(1)一级指标:即指根据物流系统的主要流程和功能设置的最主要的指标。

(2)二级指标:即指在一级指标项下设置的考核一级指标的次级指标。

(3)三级指标:二级指标下设三级指标。根据需要可以相应设置四级、五级指标等。

物流绩效评价指标的类型很多,但是理想的评价指标应满足以下几项原则:能够反映顾客和企业自身的需求;易于理解和接受;具有代表性和全面性;与企业的发展目标和战略规划相一致等。

## 三、综合平衡记分卡

在《哈佛商业评论》(1992年1~2月)上发表的《综合平衡记分卡——良好绩效的测评》这篇开拓性的文章中,哈佛商学院教授罗伯特·S·卡普兰和复兴全球战略集团的创始人兼总裁大卫·P·诺顿共同提出的一种新的绩效评价体系,为管理部门提供了一个全面的框架,用以将公司的战略目标转化为一套系统的绩效评价指标体系。作者与在绩效评价方面处于领先地位的12家公司进行了为期一年的研究项目,发明了"综合平衡记分卡"。综合平衡记分卡中包含着财务评价指标,这些指标能够衡量已采取的行动所产生的结果,同时,综合平衡记分卡通过衡量客户满意度、内部程序以及组织的创新活动等三个方面的业务指标来补充财务评价指标。作者认为"业务指标是未来财务绩效的驱动器"。

综合平衡记分卡强调明确企业的使命并找出实现战略的动因,将战略实现动因转变为具体的目标和衡量指标,其中包括外部衡量方法和内部衡量方法,并同时兼顾了客观因素和主观因素。综合平衡记分卡由四个各具特色的方面:财务、客户、内部经营过程和创新与学习组成(如图9-2所示),同时均衡记分卡将整个组织的目标分解成组织的每一层次的目标。

综合平衡记分卡不仅是控制行为和评估历史业绩的工具,而且可以用来阐明企业战略和传播企业战略,同时帮助衔接个人、组织及部门间的计划,以实现共同的目标。综合平衡记分卡强调财务和非财务衡量方法的集成,在各种层次的管理系统中必须融入这些绩效指标,供管理决策人员了解自己的决策和行为的各种因素。绩效指标在管理系统中的共享,构成了一个传播、交流和学习的系统,并不是简单地按照传统的控制系统目标保持计划的一致性。因此,综合平衡记分卡已经成为构建新的战略管理体系的基石,成为关联长期战略目标与短期行为的桥梁(如图9-3所示)。

综合平衡记分卡将组织的战略目标和所有成员的工作融合在一起。战略目标指导成员的行为,同时组织成员的工作直接指向战略的实现。组织的所有成员均沿着创新与学习、内部经营过程、客户、财务目标这条因果关系线不断修正自己的行动,使成员的日常工作与组织的战略保持一致。因此,均衡记分卡可以引导供应链节点企业确定最佳的绩效评价指标体系,确定供应链运营的绩效。

在综合平衡记分卡基础上形成的管理成略，主要包含远景描述、沟通与交流、业务流程规划和反馈与学习四项程序(如图9-4所示)。

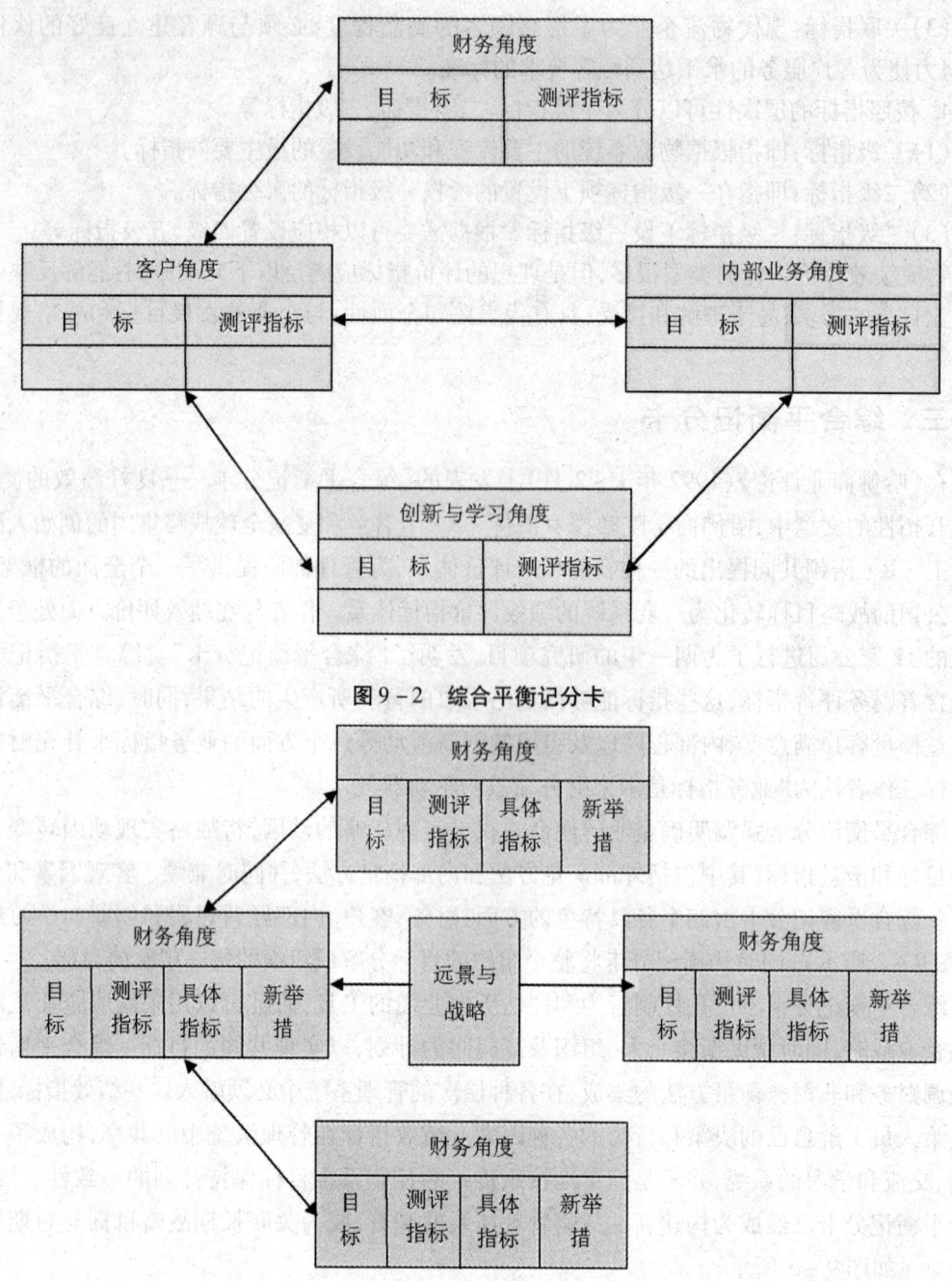

图9-2 综合平衡记分卡

图9-3 远景与战略的关系

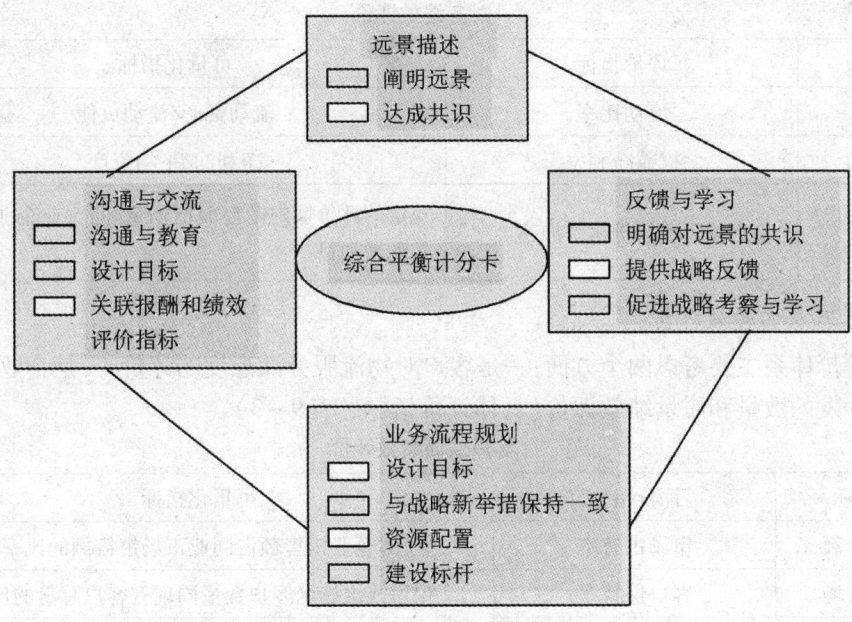

图9-4 管理战略：四个程序

由于传统的绩效测评体系自身存在的诸多不足，一些企业已经放弃了权益报酬率、每股盈利之类的财务测评指标。在经营管理实践中，有一种观点认为："改善经营之后自然会产生好的财务数字。"这种观点代表了企业经营决策者的意愿，他们希望能将财务测评指标和业务测评指标结合在一起应用，以便能够多角度、全方位地同时考察公司的绩效。

## 四、平衡记分卡在物流企业绩效评价中的应用

借鉴平衡记分卡建立与现代企业组织和战略相适应的物流服务企业的绩效评价体系，应遵循以下原则：第一，绩效评价指标体系的设计应反映物流企业本身的产业特点；第二，根据物流企业的特点，平衡记分卡的四个方面应分成两个层次，财务目标作为物流企业盈利性经营的最终绩效体现，是作为总体目标而存在的，而平衡记分卡中其他三个方面，则是企业为了实现长期经营绩效而采取的具体战术措施的绩效的表现；第三，为了避免建立层次分析时量纲不一致的情况，在选取绩效指标时，均选取无量纲的比率形式。

在以上原则基础上，依照平衡记分卡的框架，对物流企业的绩效评价也从四个方面进行：

### （一）财务绩效评价

企业的长期盈利能力应从其生存、成功和增长中体现出来。一些物流企业的固定资产沉没资本较高，专用性设备投入较大，资产变现能力较差，因此选取反映应急能力和偿债能力的流动比率作为其生存指标。同时，依照企业财务分析惯例，选取反映资产盈利能力的权益净利率作为其成功指标。由于市场是企业扩张的最终决定因素，选取市场成长相对市场份额作为其增长指标（见表9-2）。

表9-2　　　　　　　　　　　　　　　财务绩效评价

| 目标 | 评价指标 | 可量化指标 |
|---|---|---|
| 生存 | 流动比率 | 流动资产/流动负债 |
| 成功 | 权益净利率 | 净利润/平均资产 |
| 增长 | 相对市场份额增加率 | 规定的评价期内销售额增加量/同行业企业总销售额的增加量 |

## (二)客户层面绩效评价

这一评价体系主要考虑两个方面：一是客户对物流服务满意度的评价，二是企业的经营行为对客户开发的数量和质量绩效评价(具体评价指标见表9-3)。

表9-3　　　　　　　　　　　　　　客户层面绩效评价

| 目标 | 评价指标 | 可量化指标 |
|---|---|---|
| 市场份额 | 市场占有率 | 本企业销售额占同业市场销售额的比率 |
| 保持市场 | 客户保持率 | 保留或维持老客户数量同现有客户总量的比率 |
| 拓展市场 | 客户获得率 | 新客户的数量与客户总数量的比率 |
| 客户满意 | 客户满意率 | 满意客户占总客户数的比率 |
| 客户获利 | 客户平均获利率 | 从所有客户处的平均获利率 |

## (三)内部业务绩效评价

企业内部业务绩效来自企业的核心竞争能力，即保持持久的市场成长能力的关键技术与策略、营销方针等。企业应当清楚自己具有哪些优势，如：高质量的产品和服务、优越的区位、充足的资金来源、优秀的物流管理人员等。这一部分在物流企业绩效评价体系中最能反映其行业和企业特色，需要结合物流企业特点和客户需求共同确定(见表9-4)。

表9-4　　　　　　　　　　　　　　内部业务绩效评价

| 目标 | | 评价指标 | 可量化指标 |
|---|---|---|---|
| 成本竞争力 | | 单位物流成本指数 | 本企业单位物流服务成本与行业平均物流成本比率 |
| 服务质量 | 作业效率 | 配送时间指数 | 实际配送时间与合同要求配送时间比 |
| | | 特殊情况配送延迟率 | 异于合同的配送要求出现时延误时间与客户要求时间的比 |
| | 可靠性 | 考察期内的缺货率 | 考察期内缺货次数/总的订货数 |
| | | 按时交货率 | 按时交货次数/总业务数 |
| | 可得性 | 服务网点密度 | 为客户送取货物的时间与同业平均送取货物时间的比 |
| | 综合性 | 综合业务能力 | 提供物流服务项目数与同行企业平均业务数比率 |
| | 信息化 | 信息系统能力 | 借助物流信息系统处理业务的比率 |
| 资源配置 | 硬件配置 | 网络化(采用JIT、MRP等物流管理系统的客户)率 | 使用网络化物流管理的客户数/所有客户数 |
| | 软件配置 | 员工专业化比例 | 接受过专业物流教育培训的员工数/员工总数 |

### (四)创新与学习能力绩效评价

一个物流企业要不断成长,无论是管理层还是基层职员都必须不断学习,不断理解和把握客户的定制化物流需求,包括物料需求、运输需求、配送需求等等。针对物流服务的特定需求,不断推出新的产品和服务,才能保持并有效地扩大市场。对业务的不断学习和创新会持续为顾客提供更多价值含量高的产品,减少成本,保持企业成长。衡量物流企业创新和学习的绩效才能全面评估其长期的盈利能力(见表9-5)。

表9-5　　　　　　　　创新与学习能力绩效评价

| 目 | 标 | 评价指标 | 可量化指标 |
|---|---|---|---|
| 员工学习 | 员工激励 | 员工满意率 | 员工建议数量、员工 |
| | 员工能力管理 | 员工培训比例 | 考察期内员工参与培训的比例 |
| 业务创新 | 研发投入 | 研究开发费增长率 | 用于开发新的技术、管理方法费用增长率 |
| | 设备更新 | 设备投入增长率 | 考察期内更新、升级设备投入增长率 |
| | 定制比 | 定制化产品率 | 新开发定制化产品的比率 |

### 案例9-2:

可口可乐公司以前在瑞典的业务是通过许可协议由瑞典最具优势的啤酒公司普里普斯(Pripps)公司代理的。该许可协议在1996到期中止后,可口可乐公司已经在瑞典市场上建立了新的生产与分销渠道。1997年春季,新公司承担了销售责任,并从1998年年初开始全面负责生产任务。可口可乐瑞典饮料公司(CCBS)正在其不断发展的公司中推广平衡记分卡的概念。若干年来,可口可乐公司的其他子公司已经在做这项工作了,但是,总公司并没有要求所有的子公司都用这种方式来进行报告和管理控制。

CCBS采纳了卡普兰和诺顿(Kaplan & Norton)的建议,从财务层面、客户和消费者层面、内部经营流程层面以及组织学习与成长四个方面来测量其战略行动。

作为推广平衡记分卡概念的第一步,CCBS的高层管理人员开了3天会议。把公司的综合业务计划作为讨论的基础。在此期间每一位管理人员都要履行下面的步骤:

定义远景,设定长期目标(大致的时间范围:3年);

描述当前的形势,描述将要采取的战略计划,为不同的体系和测量程序定义参数。

由于CCBS刚刚成立,讨论的结果是它需要大量的措施。由于公司处于发展时期,管理层决定形成一种文化和一种连续的体系,在此范围内所有主要的参数都要进行测量。在不同的水平上,将把关注的焦点放在与战略行动有关的关键测量上。

在构造公司的平衡记分卡时,高层管理人员已经设法强调了保持各方面平衡的重要性。为了达到该目的,CCBS使用的是一种循序渐进的过程。第一步是阐明与战略计划相关的财务措施,然后以这些措施为基础,设定财务目标并且确定为实现这些目标而应当采取的适当行动。

第二步,在客户和消费者方面也重复该过程,在此阶段,初步的问题是"如果我们打算完成我们的财务目标,我们的客户必须怎样看待我们?"

第三步,CCBS明确了向客户和消费者转移价值所必须的内部过程。然后CCBS的管理层问自己的问题是:自己是否具备足够的创新精神、自己是否愿意为了让公司以一种合适的方式发展而变革。经过这些过程,CCBS 能够确保各个方面达到了平衡,并且所有的参数和行动都会导致向同一个方向的变化。但是,CCBS 认为在各方达到完全平衡之前有必要把不同的步骤再重复几次。

CCBS 已经把平衡记分卡的概念分解到个人层面上了。在 CCBS,很重要的一点就是,只依靠那些个人能够影响到的计量因素来评估个人业绩。这样做的目的是,通过测量与他的具体职责相关联的一系列确定目标来考察他的业绩。根据员工在几个指标上的得分而建立奖金制度,公司就控制或者聚焦于各种战略计划上。

在 CCBS 强调的既不是商业计划,也不是预算安排,而且也不把平衡记分卡看成是一成不变的;相反,对所有问题的考虑都是动态的,并且每年都要不断地进行检查和修正。按照 CCBS 的说法,在推广平衡记分卡概念过程中最大的挑战是,既要寻找各层面的不同测量方法之间的适当平衡,又要确保能够获得所有将该概念推广下去所需要的信息系统。此外,要获得成功重要的一点是,每个人都要确保及时提交所有的信息。信息的提交也要考虑在业绩表现里。

## 第三节 供应链绩效评价

### 一、供应链绩效评价概述

(一)供应链绩效评价的目的

1. 对整个供应链的运行效果做出评价,就是通过绩效评价而获得对整个供应链的运行状况的了解,找出供应链运作方面的不足,及时采取措施予以纠正,为供应链在市场中的存在、组建、运行或撤消的决策提供必要的客观依据。

2. 对供应链内各企业做出评价,主要考虑供应链对其成员企业的激励,吸引企业加盟,剔除不良企业。

3. 对供应链内企业与企业之间的合作关系做出评价主要考察供应链的上游企业(如供应商)对下游企业(如制造商)提供的产品和服务的质量,从用户满意度的角度评价上、下游企业之间的合作伙伴关系的好坏。

4. 对企业起到激励作用除对供应链企业运作绩效的评价外,这些指标还可起到对企业的激励的作用,包括核心企业对非核心企业的激励,也包括供应商、制造商和销售商之间的相互激励。

(二)供应链绩效评价的内容

为了达到这些目的,供应链的绩效评价一般从三个方面进行考虑,即供应链绩效评价内容包括以下三个部分:一是内部绩效的衡量;二是外部绩效衡量;三是供应链综合绩效衡量。

1. 内部绩效的衡量

内部绩效的衡量主要对供应链上的企业内部绩效进行评价,着重将企业的供应链活动和过程同以前的作业或目标进行比较。常见的评价指标可分类如下:

(1)成本

绩效评价的最直接的指标是完成特定运营目标所发生的真实成本。绩效成本代表的是以金额表示的销售量百分比或每个单位数量的成本。

(2) 顾客服务

顾客服务指标是考察供应链内部企业满足用户或下游企业需要的相对能力。

(3) 生产率

生产率是衡量组织绩效的一个指标。用于评价生产某种产品的投入与产出之间的相对关系,通常用比率或指数表示。生产率指标有三种基本类型,静态、动态和替代性。如果在一个系统里所投入的产、出都包括在生产率公式中,由于这个比率是建立在只有一个衡量指标的基础上的,因此是静态的。动态指标是跨时间完成的。如果一个系统的投入和产出以一个时期的静态生产比率与另一个时期的静态生产比率比较,其结果就是动态生产率指数。例如:

$$动态生产率 = \frac{2002 年产出/2002 年投入}{2003 年产出/2003 年投入}$$

另外,还有一种是替代性生产率指标,这些指标并不包括在生产率概念内,但他们之间有着密切的相关关系,通常使用的替代性生产率指标有顾客满意程度、利润、效益、质量、效率等。

(4) 资产的衡量

资产衡量的焦点是为了实现供应链的目标对该设施和设备的资产及流动资本的使用进行评价。设施、设备和存货是一个企业资产的重要组成部分。资产衡量指标着重对诸如存货等流动资本如何能快速周转,以及固定资产如何能产生投资回报率等方面进行衡量。

(5) 质量

质量指标是全过程评价的最主要指标,它用来确定一系列活动的效率。然而由于质量范围广阔,所以很难加以衡量,目前人们最感兴趣的是"完美订货",它是物流运作质量的最终评价标准,完美订货关注的是总体的物流绩效,并非单一功能。它用于评价一张订单是否顺利地通过了订货管理程序过程,接受订单、信用结算、库存、分拣、配货、票据处理等,每一个环节都不能出差错,快速而无人为干扰。

完美订货代表着理想的绩效。供应链实现完美订货必须符合下列标准:①圆满完成所有的配送;②订发货周期短,发货偏差控制在最小范围之内;③精确无误地完成所有文件、票据,包括标签、提货单及发票等;④状态良好。例如:安装无误,外形无损等。

2. 外部绩效衡量

外部绩效衡量主要是对供应链上的企业之间运行状况的评价。外部绩效衡量的主要指标有:用户满意程度,最佳实施基准等。

(1) 用户满意程度

用户满意程度的评价可以使物流绩效评价迈向最高层。这种评价可以由公司或行会组织调查或者系统的订货跟踪。主要是询问关于供应链企业与竞争者的绩效,例如可靠性,订发货周期,信息的可用性,问题的解决和产品的支撑等。

(2) 最佳实施基准

基准是综合绩效评价的一个重要方面,最佳的实施基准集中在对比组织指标上的实施和程序上,越来越多的供应链企业应用最佳的实施基准。将它作为企业运行与相关行业或非相关行业的竞争对手或最佳企业相比较的一种技术。特别是一些核心企业常在重要的战略领域将基准作为检验供应链运作的工具。

3. 综合供应链绩效衡量

供应链之间的竞争引起人们对供应链总体绩效的日益重视,要求提供能够透视总体的衡量方法,这种透视方法必须是可以比较的,并且既能适用于企业承包的功能部门,又能适用于分销渠道,如果缺乏总体的绩效衡量,就可能出现制造商对用户服务的看法和决策与零售商的想法完全背道而驰的现象。综合供应链绩效的衡量主要是从顾客服务、时间、成本、资产等方面展开的。

(1)顾客服务

顾客服务的衡量包括完美的订货、用户满意程度和产品质量。它衡量供应链企业所能提供的总的客户满意程度。

(2)时间

时间衡量主要测量企业对用户要求的反应能力。也就是从顾客订货开始到顾客用到产品为止需要多少时间。包括装运时间、送达客户的运输时间和顾客接受时间。

(3)成本

供应链总的成本包括订货完成成本、原材料取得成本、总的库存运输成本、与物流有关的财务和管理信息系统成本、制造劳动力和库存的间接成本等。

(4)资产

物流管理是对包括库存、设施及设备等相当大的资产负责,资产评价基本上集中在特定资产水平支持下的销售量水平。主要测定资金周转时间、库存周转天数、销售额与总资产的比率等资产绩效。

以上述三个方面的供应链绩效衡量为主线,比较系统地论述了有关供应链绩效评价的指标。关于供应链绩效评价的一般性统计指标如表9-6所示。

表9-6　　　　　　　　供应链绩效评价的一般性统计指标

| 客户服务 | 生产与质量 | 资产管理 | 成本 |
| --- | --- | --- | --- |
| 饱和率 | 人均发运系统 | 库存周转 | 全部成本/单位成本 |
| 脱销率 | 人工费系统 | 负担成本 | 销售百分比成本 |
| 准时交货率 | 生产指数 | 废弃的库存 | 进出货运输费 |
| 补充订单 | 破损率 | 库存水平 | 仓库成本 |
| 循环时间 | 退货数 | 供应天数 | 管理成本 |
| 发运错误 | 信用要求数 | 净资产回报 | 直接人工费 |
| 订单准确率 | 破损物价值 | 投资回报 | 退费成本 |

除了以上一般性统计指标外,供应链的绩效还辅以一些综合性的指标如供应链生产效率来度量,也可由某些由定性指标组成的评价体系来反映,例如企业核心竞争力、核心能力等。

(三)供应链绩效评价与现行企业绩效评价的比较

供应链管理是通过前馈的信息流和反馈的物料流及信息流将供应商、制造商、分销商直到最终用户联系起来的一个整体的管理模式,因此它与现行企业管理模式有着较大区别,在对企业运行绩效的评价上也有许多不同。

现行企业绩效评价指标侧重于单个企业,评价的对象是某个具体企业的内部职能部门或者职工个人,其评价指标在设计上有如下一些特点:

1. 现行企业绩效评价指标的数据来源于财务结果,在时间上略为滞后,不能反映供应链动态运营情况。

2. 现行企业绩效评价主要评价企业职能部门工作完成情况,不能对企业业务流程进行评价,更不能科学、客观地评价整个供应链的运营情况。

3. 现行企业绩效评价指标不能对供应链的业务流程进行实时评价和分析,而是侧重于事后分析。因此,当发现偏差时,偏差已成为事实,其危害和损失已经造成,并且往往很难补偿。

鉴于此,为衡量供应链整体运作绩效,以便决策者能够及时了解供应链整体状况,应该设计出更适合于度量供应链企业绩效的指标和评价方法。

根据供应链管理运行机制的基本特征和目标,供应链绩效评价指标应该能够恰当地反映供应链整体运营状况以及上下节点企业之间的运营关系,而不是孤立地评价某一供应商的运营情况。

例如,对于供应链上的某一供应商来说,该供应商所提供的某种原材料价格很低,如果孤立地对这一供应商进行评价,就会认为该供应商的运行绩效较好。若其下游节点企业仅仅考虑原材料价格这一指标,而不考虑原材料的加工性能,就会选择该供应商所提供的原材料,而该供应商提供的这种价格较低的原材料,其加工性能不能满足该节点企业生产工艺要求,势必增加生产成本,从而使这种低价格原材料所节约的成本被增加的生产成本所抵消。所以,评价供应链运行绩效的指标,不仅要评价该节点企业(或供应商)的运营绩效,而且还要考虑该节点企业(或供应商)的运营绩效对其上层节点企业或整个供应链的影响。

现行的企业绩效评价指标主要是基于部门职能的绩效评价指标,才适用于对供应链运营绩效的评价。供应链绩效评价指标是基于业务流程的绩效评价指标。通过示意图(见图9-5、图9-6),可以看出它们之间的差异。

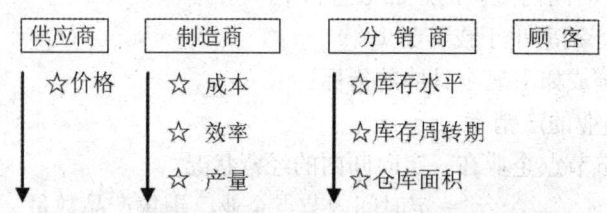

图9-5 现行的基于职能的绩效评价指标示意图

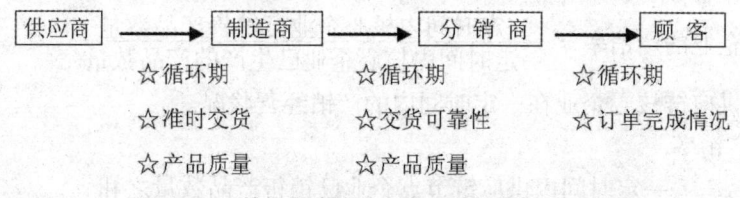

图9-6 基于供应链业务流程的绩效评价示意图

## 二、供应链绩效评价指标体系

(一)建立供应链绩效评价指标体系应遵循的原则

为了科学、客观地反映供应链的运营情况,应该考虑建立与之相适应的供应链绩效评价方法,并确定相应的绩效评价指标体系。反映供应链绩效的评价指标有其自身的特点,其内容比现行的企业评价指标更为广泛,它不仅仅代替会计数据,同时还提出一些方法来测定供应链的上游企业是否有能力及时满足下游企业或市场的需求。在实际操作上,为了建立能有效评价供应链绩效的指标体系,应遵循如下原则:

1. 应突出重点,要对关键绩效指标进行重点分析。
2. 应采用能反映供应链业务流程的绩效指标体系。
3. 评价指标要能反映整个供应链的运营情况,而不是仅仅反映单个节点企业的运营情况。
4. 应尽可能采用实时分析与评价的方法,要把绩效度量范围扩大到能反映供应链实时运营的信息上去,因为这要比仅做事后分析要有价值得多。
5. 在衡量供应链绩效时,要采用能反映供应商、制造商及用户之间关系的绩效评价指标,把评价的对象扩大到供应链上的相关企业。
6. 定量指标与定性指标相结合的原则。
7. 绝对指标与相对指标相结合的原则。

(二)供应链业务流程的绩效评价指标

在这里,整个供应链是指从最初供应商开始直至最终用户为止的整条供应链。反映整个供应链运营的绩效评价指标,综合考虑指标评价的客观性和实际可操作性,主要有如下反映整个供应链运营绩效的评价指标:

1. 产销率指标

产销率是指在一定时间内已销售出去的产品与已生产的产品数量的比值,即:

$$产销率 = \frac{一定时间内已销售出去的产品数量(S)}{一定时间内生产的产品数量(P)}$$

因为 $S \leq P$,所以产销率小于或等于1。

产销率指标又可分成如下三个具体的指标:

(1) 供应链节点企业的产销率

该指标反映供应链节点企业在一定时间内的经营状况。

$$供应链节点企业的产销率 = \frac{一定时间内节点企业已销售产品数量}{一定时间内节点企业已生产的产品数量}$$

(2) 供应链核心企业的产销率

$$供应链核心企业的产销率 = \frac{一定时间内核心企业已销售产品数量}{一定时间内核心企业已生产的产品数量}$$

该指标反映供应链核心企业在一定时间内的产销经营状况。

(3) 供应链产销率

$$供应链产销率 = \frac{一定时间内供应链节点企业已销售产品数量之和}{一定时间内供应链节点企业已生产的产品数量之和}$$

该指标反映供应链在一定时间内的产销经营状况,其时间单位可以是年、月、日。随着供应链管理水平的提高,时间单位可以取得越来越小,甚至可以做到以天为单位。该指标也反映供应链资源(包括人、财、物、信息等)的有效利用程度,产销率越接近1,说明资源利用程度越高。同时,该指标也反映了供应链库存水平和产品质量,其值越接近1,说明供应链成品库存量越小。

## 2. 平均产销绝对偏差指标

$$\text{平均产销绝对偏差} = \sum_{n=1}^{n} |P_i - S_i| / n$$

上式中，n 表示供应链节点企业的个数，$P_i$ 表示第 i 个节点企业在一定时间内生产产品的数量，$S_i$ 表示第 i 个节点企业在一定时间内已生产的产品中销售出去的数量。

该指标反映在一定时间内供应链总体库存水平，其值越大，说明供应链成品库存量越大，库存费用越高。反之，说明供应链成品库存量越小，库存费用越低。

## 3. 产需率指标

产需率是指在一定时间内，节点企业已生产的产品数量与其上层节点企业（或用户）对该产品的需求量的比值。具体分为如下两个指标：

（1）供应链节点企业产需率

$$\text{供应链节点企业产需率} = \frac{\text{一定时间内节点企业已生产的产品数量}}{\text{一定时间内上层节点企业对该产品的需求量}}$$

该指标反映上、下层节点企业之间的供需关系。产需率越接近1，说明上、下层节点企业之间的供需关系协调，准时交货率高，反之，则说明下层节点企业准时交货率低或者企业的综合管理水平较低。

（2）供应链核心企业产需率

$$\text{供应链核心企业产需率} = \frac{\text{一定时间内核心企业生产的产品数量}}{\text{一定时间内用户对该产品的需求量}}$$

该指标反映供应链整体生产能力和快速响应市场能力。若该指标数值大于或等于1，说明供应链整体生产能力较强，能快速响应市场需求，具有较强的市场竞争能力；若该指标数值小于1，则说明供应链生产能力不足，不能快速响应市场需求。

## 4. 新产品开发率

$$\text{新产品开发率} = \frac{\text{在研究新产品数} + \text{储备新产品数} + \text{已投产新产品数}}{\text{现有产品总数}}$$

该指标反映供应链的产品创新能力。指标数值越大，说明供应链整体产品创新能力和快速响应市场能力越强，具有旺盛和持久的生命力。

## 5. 专利技术拥有比例

$$\text{专利技术拥有比例} = \frac{\text{供应链企业群体专利技术拥有数量}}{\text{全行业专利技术拥有数量}}$$

该指标反映供应链的核心竞争能力。指标越大，说明供应链整体技术水准高，核心竞争能力强，其产品不能轻易被竞争对手所模仿。

## 6. 供应链产品出产（或投产）循环期（Cycle Time）或节拍指标

当供应链节点企业生产的产品为单一品种时，供应链产品出产循环期是指产品的出产节拍；当供应链节点企业生产的产品品种较多时，供应链产品出产循环期是指混流生产线上同一种产品的出产间隔。由于供应链管理是在市场需求多样化经营环境中产生的一种新的管理模式，其节点企业（包括核心企业）生产的产品品种较多，因此，供应链产品出产循环期一般是指节点企业混流生产线上同一种产品的出产间隔期。它可分为如下两个具体的指标：

（1）供应链节点企业（或供应商）零部件出产循环期

该循环期指标反映了节点企业库存水平以及对其上层节点企业需求的响应程度。该循环期越短,说明了该节点企业对其上层节点企业需求的快速响应性越好。

(2) 供应链核心企业产品出产循环期

该循环期指标反映了整个供应链的在制品库存水平和成品库存水平,同时也反映了整个供应链对市场或用户需求的快速响应能力。核心企业产品出产循环期决定着各节点企业产品出产循环期,即各节点企业产品出产循环期必须与核心企业产品出产循环期合拍。该循环期越短,一方面说明整个供应链的在制品库存量和成品库存量都比较少,总的库存费用都比较低;另一方面也说明供应链管理水平比较高,能快速响应市场需求,并具有较强的市场竞争能力。缩短核心企业产品出产循环期,应采取如下措施:

① 使供应链各节点企业产品出产循环期与核心企业产品出产循环期合拍,而核心企业产品出产循环期与用户需求合拍。

② 可采用优化产品投产计划或采用高效生产设备或加班加点来缩短核心企业(或节点企业)产品出产循环期。其中,优化产品投产顺序和计划来缩短核心企业(或节点企业)产品出产循环期是既不需要增加投资又不需要增加人力和物力的好方法,而且见效快,值得推广。

7. 供应链总运营成本指标

供应链总运营成本包括供应链通信成本、供应链库存费用及各节点企业外部运输总费用。它反映供应链运营的效率。具体分析如下:

(1) 供应链通信成本包括各节点企业之间通信费用,如 EDI、因特网的建设和使用费用,供应链信息系统开发和维护费等。

(2) 供应链总库存费用包括各节点企业在制品库存和成品库存费用、各节点之间在途库存费用。

(3) 各节点企业外部运输总费用等于供应链所有节点企业之间运输费用总和。

8. 供应链核心企业产品成本指标

供应链核心企业的产品成本是供应链管理水平的综合体现。根据核心企业产品在市场上的价格确定出该产品的目标成本,再向上游追溯到各供应商,确定出相应的原材料、配套件的目标成本。只有当目标成本小于市场价格时,各个企业才能获得利润,供应链才能得到发展。

9. 供应链产品质量指标

供应链产品质量是指供应链各节点企业(包括核心企业)生产的产品或零部件的质量。主要包括合格率、废品率、退货率、破损率、破损物价值等指标。

(三) 供应链企业之间的绩效评价指标

1. 供应链层次结构模型

本章所提出的反映供应链上、下节点企业之关系的绩效评价指标是以供应链层次结构模型为基础的。根据供应链层次结构模型,对每一层供应商逐个进行评价,从而发现问题,解决问题,以优化整个供应链的管理。在该结构模型中,供应链可看成是由不同层次供应商组成的递阶层次结构,上层供应商可看成是其下层供应商的用户。有关供应链结构,在这里将其进一步简化成一种层次结构模型,如图 9-7 所示。

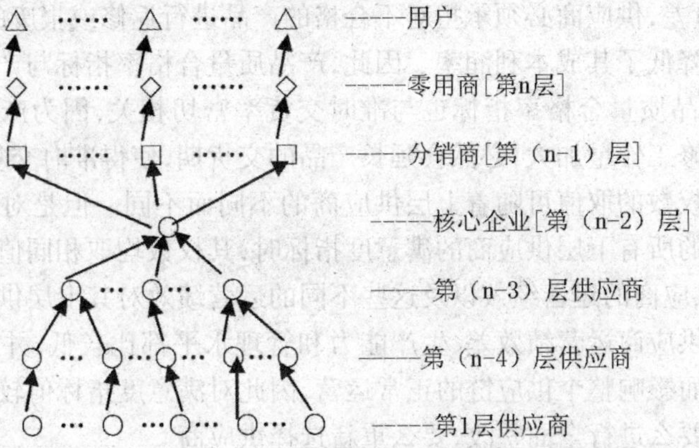

图 9-7 供应链层次结构模型示意图

**2. 反映供应链上、下节点企业之关系的绩效评价指标**

供应链是由若干个节点企业所组成的一种网络结构,如何选择供应商、如何评价供应商的绩效以及由谁来评价等问题必须明确。根据供应链层次结构模型,这里提出了相邻层供应商评价法,可以较好地解决这些问题。相邻层供应商评价法的基本原则是通过上层供应商来评价下层供应商。由于上层供应商可以看成是下层供应商的用户,因此通过上层供应商来评价和选择与其业务相关的下层供应商更直接、更客观,如此递推,即可对整个供应链的绩效进行有效的评价。为了能综合反映供应链上、下层节点企业之间的关系,在此提出满意度指标,其内容具体介绍如下。

满意度指标是反映供应链上、下节点企业之间关系的绩效评价指标,即在一定时间内上层供应商 $i$ 对其相邻下层供应商 $j$ 的综合满意程度 $C_{ij}$ 其表达式如下所示:

满意度 $C_{ij} = \alpha_j \times$ 供应商 $j$ 准时交货率 $+ \beta_j \times$ 供应商 $j$ 成本利润率 $+ \lambda_j \times$ 供应商 $j$ 产品质量合格率

在式中,$\alpha_j$、$\beta_j$、$\lambda_j$ 为权数,且 $(\alpha_j + \beta_j + \lambda_j)/3 = 1$

在满意度指标中:

(1) 准时交货率

准时交货率是指下层供应商在一定时间内准时交货的次数占其总交货次数的百分比。供应商准时交货率低,说明其协作配套的生产能力达不到要求,或者是对生产过程的组织管理跟不上供应链运行的要求;供应商准时交货率高,说明其生产能力强,生产管理水平高。

(2) 成本利润率

成本利润率是指单位产品净利润占单位产品总成本的百分比。在市场经济条件下,产品价格是由市场决定的,因此,在市场供需关系基本平衡的情况下,供应商生产的产品价格可以看成是一个不变的量。按成本加成定价的基本思想,产品价格等于成本加利润,因此产品成本利润率越高,说明供应商的盈利能力越强,企业的综合管理水平越高。在这种情况下,由于供应商在市场价格水平下能获得较大利润,其合作积极性必然增强,必然对企业的有关设施和/或设备进行投资和改造,以提高生产效率。

(3) 产品质量合格率

产品质量合格率是指质量合格的产品数量占产品总产量的百分比,它反映了供应商提供货物的质量水平。质量不合格的产品数量越多,则产品质量合格率就越低,说明供应商提供产品的质量不稳定或质量差，供应商必须承担对不合格的产品进行返修或报废的损失，这样就增加了供应商的总成本，降低了其成本利润率。因此，产品质量合格率指标与产品成本利润率指标密切相关。同样，产品质量合格率指标也与准时交货率密切相关，因为产品质量合格率越低，就会使得产品的返修工作量加大，必然会延长产品的交货期，使得准时交货率降低。

在满意度指标中，权数的取值可随着上层供应商的不同而不同。但是对于同一个上层供应商，在计算与其相邻的所有下层供应商的满意度指标时，其权数均取相同值，这样，通过满意度指标就能评价不同供应商的运营绩效以及这些不同的运营绩效对其上层供应商的影响。满意度指标值低，说明该供应商运营绩效差，生产能力和管理水平都比较低，并且影响了其上层供应商的正常运营，从而影响整个供应链的正常运营，因此对满意度指标值较低的供应商的管理应作为管理的重点，要么进行全面整改，要么重新选择供应商。

在整个供应链中，若每层供应商满意度指标的权数都取相同值，则得出的满意度指标可以反映整个上层供应商对其相邻的整个下层供应商的满意程度。同样地，对于满意度指标值低的供应商就应当进行整改或更换。

供应链最后一层为最终用户层，最终用户对供应链产品的满意度指标是供应链绩效评价的一个最终标准。可按如下公式进行计算，即

满意度 = $\alpha$ × 零售商准时交货率 + $\beta$ × 产品质量合格率 + $\lambda$ × （实际的产品价格/用户期望的产品价格）

### （四）供应链分销渠道的绩效评价标准

评价供应链的绩效是一件很困难的事。供应链某些方面的绩效很难量化，难以建立一个统一的标准。同时不同的供应链有各自的特征，很难建立一个通用的比较标准。在实践中，为了分析某一渠道结构的有效性，及时做出反馈，进行恰当的绩效评价又是必要的。

渠道绩效评价一般有定性和定量两种方法。定性评价方法主要用于评价以下方面：分销渠道成员协作的程度，分销渠道成员矛盾冲突的程度；所需信息的可获得程度。定量评价方法有：每单元的分销成本；履行订单的出错率；商品的破损率等。

一般情况下，采用企业目标市场顾客的满意程度来评价分销渠道绩效。这包括评价产品在店铺中的可获得性；评价顾客服务是否充分；评价企业品牌形象的优势等。另外，评价分销渠道结构的有效性可以包括：评价渠道成员的营业额；渠道中的竞争力量和相关问题。

评价分销渠道绩效没有通用标准，企业可以根据自身的战略目标、运营环境、顾客的特殊需求等设计适合自己的标准，表9-7将主要的评价标准分成三类列示。

表9-7　　　　　　　　　分销渠道绩效评价标准

| 顾客服务 | 宏观生产率 | 微观生产率 |
| --- | --- | --- |
| 库存补充速度 | 物流成本占销售额的百分比 | 每单位的仓库成本 |
| 订单完成百分率 | 运输成本占销售额的百分比 | 库存破损 |
| 运送提前期 | 累计库存成本 | 运输成本/吨公里 |
| 订单、运货单、票据出错率 | 定期补充的库存量 | 回程空载率 |

### 三、供应链标杆管理概述

绩效度量是一种手段，目的是通过对企业经营绩效的度量，可以发现问题，找出解决办法。

尤其是在供应链管理环境下,一个节点企业运行绩效的高低,不仅关系到该企业自身的生存与发展,而且影响到整个供应链的其他企业的利益。因此,建立绩效度量指标和方法只是手段,目的是激励各个企业都要创造一流绩效,通过树立一个标杆促使其他企业采取措施迎头赶上。在现代企业管理方法体系中,标杆法(benchmarking)得到了越来越多的应用。标杆法广泛用于建立绩效标准、设计绩效过程、确定度量方法及管理目标上。

### (一)标杆的内涵和分类

标杆的内涵可以概括为:以那些出类拔萃的企业作为基准,将本企业的产品、服务和管理措施等方面的实际状况与这些基准进行定量评价和比较,分析这些基准企业的绩效达到优秀水平的原因,在此基础上选取改进的最优策略。这种程序不断地反复进行。利用所获得的信息作为制定企业绩效目标、战略和行动计划的基准。

绩效标杆一般分为以下三种:

第一种是战略性标杆,它包含一个企业的市场战略与其他企业的市场战略的比较。战略性标杆通常包括如下几个方面的问题:

1. 竞争对手强调什么样的市场?
2. 竞争对手是什么样的市场战略?
3. 支持竞争对手市场战略的资源水平?
4. 竞争对手的竞争优势集中于哪些方面?

战略性标杆可以使一个企业获得优秀企业的市场战略。

第二种是操作性标杆(operational benchmarking)。操作性标杆以职能性活动的各个方面为重点,找出有效的方法,以便在各种职能上都能取得最好成绩。为了解决主要矛盾,一般选择对标杆职能有重要影响的有关职能和活动,以便使企业能够获得最大的收益。

第三种是支持活动性标杆(support – activity benchmarking)。企业内的支持功能应该显示出比竞争对手更好的成本效益,通过支持活动性标杆控制内部间接费用和防止费用的上升。

### (二)标杆法简介

定量分析自己公司现状与其他公司现状,并加以比较,标杆法就是将那些出类拔萃的企业作为企业测定基准,以它们为学习的对象,迎头赶上,并进而超过之。一般地说,标杆法除要求测量相对于最好公司的企业的绩效外,还要发现这些优秀公司是如何取得这些成就的,利用这些信息作为制定企业绩效目标、战略和行动计划的基准。值得指出的是,这里的优秀公司也并非局限于同行业中的佼佼者,它可以在各种业务流程的活动中,与那些已取得出色成绩的企业相比较。

绩效标杆法认为传统的建立绩效目标的方法是不全面的。利用过去的标准或者与企业内部标准比较的方法,都不能对引导企业了解竞争对手,为企业制定提高绩效能力的计划提供充分的信息。当然,标杆法也并不总是一定要与竞争对手比较。有些企业也经常与非竞争对手比较。作为一种信息来源,特别是当建立标杆过程或者对不同企业(如供应商管理)的功能活动具有共用性时,从合作伙伴获得标杆信息往往比从竞争对手那里更容易。

标杆法对那些没有处于领先地位的企业是非常有用的。但是,许多企业并没有认识到这一点。平时不注意这方面的工作,一旦发现竞争对手推出更有竞争力的产品再去采取行动时,总是一种被动行为。例如,一个企业发现竞争对手推出一种新产品,然后赶紧分析为什么它的产品那么有竞争力。这就是一种反应性的标杆法。尽管反应性标杆法比较被动,但一旦通过标杆的实施过程找到了竞争对手的优势,企业就可以利用在标杆过程中获得的知识,创造各种方法,超过竞争对手。

行业领先者企业也应该经常性地开展标杆活动。一个企业如果不注意其竞争对手的发展,虽有可能在一时一事占据一定的优势,但不可能在市场上始终处于领先地位。大量曾红火一时的企业走向衰退就是很好的例证。

(三)标杆管理制度

标杆最早是美国施乐公司确立的经营分析手法。20世纪70年代末,施乐公司在复印机市场失去其领导地位,1979年开始对其制造成本施行标杆制度,并对制造质量及特性进行改进。在制造活动中标杆制度获得成功后,将标杆制度运用于各企业单位,使其小型复印机在市场上居于优势。目前,在日本和欧美国家的企业中,标杆制度已在计算机、医院、银行及物流企业中得到广泛的应用。

1. 基本构成

标杆管理制度的基本构成可以概括为两部分,即最佳实践和衡量标准。所谓最佳实践,即是指行业中的领先企业在经营管理中所推行的最有效的措施和方法。所谓衡量标准则,是指真实客观地反映经营管理者绩效的一套评价指标体系以及与此相应的作为标杆的基准数据,如顾客满意程度、单位成本、周转时间以及资产计量指标。

2. 基本程序

开展标杆管理制度包括以下3个基本程序:

(1)掌握本企业在经营中需要解决的问题、制定工作措施,建立绩效评价指标;

(2)调查同行业中领先企业或竞争对手的绩效水平,掌握其关键性优势;

(3)调查这些领先企业的最佳实践,即了解这些企业获取优秀绩效的原因,并树立目标努力效仿。

能够成功开展标杆活动的关键是要在组织内部形成一种要求改变现状的共识和目标一致的行动。需要组织成员之间的沟通以及其他管理措施的支持。

标杆活动的应用范围十分广泛,它可以应用到企业外部顾客的最终产品和服务,也可以应用于企业内部顾客的产品,即每道工艺流程的产出,还可以应用于各种经营职能,甚至某个具体的经营程序和措施。标杆企业可以是同行业的竞争对手,也可以是跨行业的优秀企业。现在标杆活动已经超过了企业的范围。

3. 标杆管理制度的原则

标杆管理涉及诸多影响因素,所以在执行时应遵循以下几点原则:

(1)设定具体标杆目标

设定具体标杆目标,全方位、全过程、多层面进行标杆管理。标杆管理的应用范围很广,从策略规划到质量活动,都可以利用标杆管理方式,企业在运用时,一方面要全方位、全过程、多层面进行标杆管理,另一方面要将具体目标界定清楚。需先检查所有的作业流程,检查与顾客期望是否有差距,而后选定最迫切需要改善的项目进行标杆管理。

(2)挑选最佳的标杆对象

最佳的标杆对象可能是特定产业、竞争者、不同产业中的佼佼者、熟悉的供应商,甚至关系企业等,只要有卓越的地方就可以成为标杆,企业在某一方面的对象可能是一个,但就企业总体而言,标杆对象则可能是多个,只要是最佳的,不论局部还是整体都可作为标杆对象。美国的福特汽车公司选择日本的本田公司作为标杆进行管理,虽然本田公司的规模不及福特,但工作效率高于福特。

(3)有效收集标杆信息

选定标杆对象后,应多阅读相关资料,然后进行实地考察,期待能网罗所有信息,以及对结果的评价。

(4)不断发掘问题,持续标杆管理

不断发掘问题,追踪标杆对象,持续标杆管理,勇于创新进取。找出和标杆对象的差异,并从中归纳各种阻碍企业进步的关键影响因素然后拟定详细的规划步骤并付诸实施。应将标杆作为一项制度固定下来。不断发掘问题,追踪标杆对象,持续进行标杆管理,勇于创新进取是标杆管理的精髓。

(四)影响标杆管理制度成功的关键因素

标杆管理是否能够取得成功,在实施中受到多种因素的影响,其中主要的关键性影响因素如下:

1. 高层领导的支持。绩效标杆必须成为企业全体人员所接受的实实在在的过程,而不能搞形而上学或者其他形式主义。全体人员必须把绩效标杆看做是建立企业竞争战略的长久措施,企业高层领导的支持是十分关键的因素。

2. 注意收集有关数据。首先要了解哪些企业是第一流的,然后要分析为什么这些企业能够成为第一流的企业,最后确定标杆实施效果的定量分析方法。标杆管理的成功依赖于细致的、准确的数据和信息处理,这是整个标杆实施过程的一个重要组成部分。

3. 必须认识到标杆管理的作用。管理人员必须将标杆管理实施过程看作是向其他企业学习和改进本企业工作的一个有效途径。在一些经营还过得去的企业里,有些人不愿承认竞争对手的优势而认为标杆过程不必要,这种思想是十分有害的。所谓"人无远虑,必有近忧",尽管目前日子好过,但市场是千变万化的,稍有放松就会落后。因此,从思想深处认识到标杆的作用是影响成功的关键因素之一。

(五)标杆的信息和数据来源

详细而准确收集数据的能力是标杆实施成功的关键因素之一。标杆过程的一个主要任务就是确定数据来源。一个较为常用的方法是从商业期刊或者图书馆的资料库获得相关数据和信息。商业期刊及其他出版物经常报道一些经营或管理出色的企业,其中就有关于该企业的绩效评价等内容。

学术研讨会和工业界的交流会也是很好的信息来源,特别是对具体的操作层。这些会议通常就不同的主题进行讨论,交换思想。一些处于领先地位的企业经常被邀请做报告,通过这些会议可以获得哪些企业是最优秀的线索,因此,企业管理人员要经常参加各种学术会议或研讨会之类的活动。

企业的供应商是另一种重要的信息源。企业的采购人员可以向供应商询问哪些企业是标杆的最好对象。企业也可以依靠专业咨询机构或者其他专家选择标杆目标。

Internet 网络是一个资源庞大的信息库,可以通过它,并进行认真筛选,获得大量有益的信息。

不但要获得一定数量的信息,而且对这些数据和信息的质量也要给予充分注意。企业要努力收集那些有用的信息,而不是看方便与否。

## 四、标杆管理的实施步骤与实施过程

### (一)标杆管理实施步骤

1. 明确标杆的内容

标杆管理的第一步是从改进和提高绩效的角度出发,明确本企业和本部门的任务是什么,这些任务实际上是企业成功的关键因素,它是标杆管理首先考虑的目标。接着应对这些任务进行具体分解,以便易于进行诸如成本等问题的量化分析和检查,最后确定标杆管理的具体内容,可以采用因果分析法,针对各项任务,提出问题、分析原因,将企业面临的问题、挑战和机遇作为主要内容。关键是深刻理解,正确把握影响企业成功的问题和症结所在。这些问题和症结才是主要内容。

2. 选择标杆企业(或部门)

选择标杆企业应遵循两个原则,一是应具有卓越的业绩与经济效益,应是行业中具有最佳实践的领先企业;二是标杆企业应与本企业或部门有相似的特点。选择标杆,可以在同行中选择有潜力的企业,也可以在跨行业企业中相近的部门选择,还可以在企业内部相似的部门选择,选择的标准是具有可比性的,不要遗漏任何一个极有可能在管理实践中绩效优秀的企业或部门。

3. 收集资料和数据资料和数据

它是开展标杆活动的基础。资料和数据可分为两大类:一类是标杆企业的资料和数据,主要包括标杆企业的绩效数据和它们的最佳实践,即标杆企业优良的绩效管理方法、措施和管理诀窍。这类数据资料是标杆的基准线,也是学习追求的目标;另一类资料数据是开展标杆管理活动的企业或部门,反映他们目前的绩效及管理现状。

作为基准线的资料数据可以来自单个的标杆企业和部门,也可以来自行业、全国乃至全球的某些样本。通过同这类数据比较,可以了解企业(部门)在行业及国内外同行中所处的相对位置,明确努力方向。

资料数据来源主要有:政府统计部门、资讯部门、各种协会、顾客、标杆企业工作过的雇员等。通过访问、座谈、问卷调查及实地考察等方法获取。

4. 分析差距

对收集的数据进行分析比较,即可找出本企业与目标企业在绩效水平上的差距,以及在管理措施和方法上的差异。

5. 制定绩效目标

在分析的基础上,可确定追赶绩效目标,明确应该学习的标杆企业的最佳实践。在制定绩效目标时,必须考虑以下四个方面的客观条件的差异:

(1)经营规模的差异及由于规模经济而造成的效率差异;

(2)管理哲学及管理观念上的不同,例如:对经营职能的集权程度、资源分享程度以及内部控制程度的不同观点;

(3)产品特性及生产过程的差异;

(4)经营环境中存在的不同条件。

6. 综合与交流

将上述 1~5 项活动中取得的各项进展同全体员工反复交流、征询意见,并将标杆管理所要达到的目标前景向全体职员通报。根据全体职员的意见,修正已制定的绩效目标,改进计划方案。全体职员的目标一致、行动一致。这是标杆管理活动能否取得成功的关键。

(1)制定具体的行动方案。对包括计划、安排、实施方法和技术以及阶段性的成绩评估等制定出一整套行动方案。

(2)专人负责,专家指导。标杆管理工作应有专门的人员负责,必要时可聘用标杆管理专家进行指导。除专职人员外,与标杆管理内容密切相关的人员也需要参与。

(3)标杆管理方法的连续进行。前一次标杆管理工作完成之后,要及时总结,并对新的情况、新的发现进一步分析,提出新的基准目标,以便进行下一轮的标杆管理,这样可以使企业始终保持在行业中不断变化和进取的态势。

7. 标杆管理的成熟运用

标杆管理活动成功开展以后,应被作为企业经营的一项职能活动融入到日常工作中去。标杆管理活动最终成果应具备以下两个特点:

(1)企业标杆管理应获得与领先企业相同甚至超越领先企业的竞争实力。

(2)单独进行的各项标杆管理活动应融合到企业日常经营活动的整体中。

(二)标杆管理的实施过程

罗伯特·坎普(Robert Camp)提出了标杆实施的 5 个阶段(见表 9-8)。

表 9-8 标杆管理实施阶段

| 阶段 | 工作内容 |
| --- | --- |
| 1.计划 | 确定哪些产品、过程或者职能要实施标杆确定实施标杆的目标确定对数据和信息的要求 |
| 2.分析 | 怎样使标杆的目标更好怎样把标杆企业的做法应用于本企业确定未来的趋势和绩效水平 |
| 3.整合 | 主要负责人交换标杆实施中的情况建立运作层的工作目标和具体的职能目标 |
| 4.行动 | 确定具体行动负责人确定一套对标杆计划和目标进行评审和修改的程序建立标杆进程的沟通机制 |
| 5.正常运作 | 在供应链各企业中继续坚持标杆活动坚持绩效的持续改进 |

1. 计划阶段

计划是第一个,也是最关键的一个阶段。在此阶段中,企业要提出哪些产品或者职能需要实施标杆法,选择哪一企业作为标杆目标,需要什么样的数据和信息来源等。标杆计划应该集中精力解决标杆实施的过程和方法问题,而不是追求某些数据指标。

2. 分析阶段

本阶段的主要工作是数据和信息的收集与分析。企业必须分析为什么被定为标杆的企业更好一些,它在哪些方面真正是优秀的,标杆企业与本企业的差距到底有多大,怎样把标杆企业的成功经验用于本企业的改进上来等问题。这一阶段是很关键的,因为若目标定位不准,将导致后续工作偏离预定目标。

3. 整合阶段

整合（Integration）是将标杆实施中的新发现，在组织内进行沟通，使有关人员了解和接受这些新的发现。然后基于新发现建立企业的运作目标和操作目标。

4. 行动阶段

确定项目、子项目负责人，具体落实绩效标杆计划和目标，建立一套报告系统，能够对计划和目标进行修改和更新。

5. 正常运作阶段

当企业的标杆能成为制定绩效计划、绩效目标的方法时，就进入了正常运作阶段。根据标杆法的特征，赫格斯（Jon Hughes）等人总结出了一套标杆实施的程序，如图9-8所示。将坎普的5个实施步骤与赫格斯的实施程序相结合，可以构成一个体系相对完整的标杆实施方法。

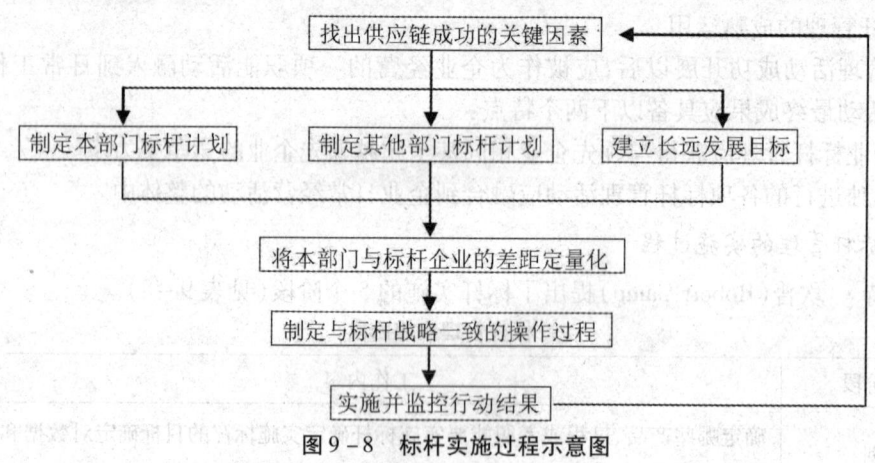

图9-8 标杆实施过程示意图

## 五、实施标杆管理的经济效益分析

（一）实施标杆管理的收益

开展标杆管理活动可以获得如下收益：

1. 标杆管理实施过程可以帮助企业辨别最优秀企业及其优秀的管理功能，并将之吸收到企业的经营计划中来，以通过标杆活动改进工作绩效。这个过程可以激励管理人员更好地完成绩效计划，使人们发挥出更高的创造性，取得实施标杆法的实际效益。

2. 实施标杆法可以克服阻碍企业进步的顽疾。管理者通过对比外界的状况，找出本企业中深层次的问题和矛盾，再根据标杆企业成功的做法，决定采取何种措施保持企业的持续发展。

3. 实施标杆还是一种市场信息的来源，例如，可以通过实施标杆法发现过去没有意识到的技术或管理上的突破。最后，通过标杆的实施过程使得企业间各个部门的结合更加紧密。

（二）标杆管理的成本效益分析

作为管理者在做出标杆管理制度决策时，须考虑采用标杆管理后的收益是否大于投入成本。作为管理者只有在对其欲采取的标杆管理做过成本效益评价，且确定其效益将大于成本时，才能实施标杆管理。标杆管理的效益评价指标如下：

1. 量化指标

(1) 程序或产品质量的改善;

(2) 生产力的改善;

(3) 生产绩效的改善;

(4) 无缺陷产品或服务;

(5) 提高市场占有率;

(6) 产品带来的收益及现金流量的增加;

(7) 降低产品成本或达到目标产品。

2. 非量化指标

(1) 优越感与企业文化;

(2) 增进创造力;

(3) 增强对外部环境改善的敏感度;

(4) 将自我满足的消极心态转为追求持续性改进的积极心态;

(5) 透过管理者与职员协商而制定的绩效目标来集中企业资源;

(6) 与标杆对象分享最好实务;

(7) 改进工作士气满意度及工作态度;

(8) 改善管理者与职员间的合作与协调;

(9) 对员工有较大的授权以期改善程序与产品;

(10) 顾客对产品的满意度增加;

(11) 组织生产的产品或提供的服务;

(12) 增加企业机会。

3. 成本评价指标

可评价的成本:包括制定、学习、认识与实践标杆管理所需时间。

不可评价成本:揭露经营者资讯的风险成本——对企业文化改变的潜在反抗者所产生的成本。

## 六、供应链的标杆管理

自1981年美国施乐公司首创标杆管理制度以来,标杆管理受到人们的广泛关注。标杆管理不仅仅在传统企业,在供应链的构建或再建中的作用也日趋明显,可以说供应链的标杆管理是一种新型的标杆管理方法。它是将标杆管理的思想、工作方法贯穿于从供应商、制造商、分销商到第三方物流及最终用户整个供应链过程。

(一) 顾客服务的标杆管理

供应链管理的目标就是赢得顾客、抢占市场。这也是供应链管理的出发点和归宿,把握了顾客的需求和变化就是把握了市场的脉搏。顾客服务标杆一般分为4个阶段:

1. 明确顾客心目中把供应链企业与哪几家企业进行相互参照,同时划定比较的范围,选定比较企业。

2. 供应链必须掌握顾客需求及所提供的产品或服务与顾客需求的差距,并找出影响顾客需求的关键因素,一般情况下关键要素是产品特性、价格、质量、交货、服务、灵活性等方面。

3. 确定影响顾客需求关键要素之后,将这些关键要素的相对重要性进行排序。具体操作是将每一个关键要素细分为多项指标,这些细分指标用来对相关顾客进行调查,选取较为重要的指标,同时将指标的重要性进行评定。如表9-9所示,在交货这一关键要素方面最重要的是准时交货,其次是按质按量交货,而交货周期则排在最后。

表9-9　　　　　　　　　　　　交货分项指标及重要程度

| 指标 | 重要程度 |
| --- | --- |
| 准时交货 | 5 |
| 按质按量交货 | 3 |
| 交货周期 | 1 |

4. 将各企业的顾客需求关键要素与各比较企业进行对比,分析企业对顾客的满意程度。例如顾客对供应链中的企业与A、B、C三家同行把比较企业对比,满意度评价如表9-10所示,其中5分表示顾客最满意,1分表示不满意。

表9-10　　　　　　　　　　　　顾客满意度评分表

| 指标 | 本企业 | A | B | C |
| --- | --- | --- | --- | --- |
| 准时交货 | 5 | 4 | 5 | 3 |
| 按质按量交货 | 4 | 3 | 5 | 4 |
| 交货周期 | 4 | 5 | 4 | 4 |

以表6-5中各指标的重要程度作为权数,各企业的顾客满意度为:

供应链企业(本企业):$5 \times 5 + 3 \times 4 + 1 \times 4 = 41$

A企业:$5 \times 4 + 3 \times 3 + 1 \times 5 = 34$

B企业:$5 \times 5 + 3 \times 5 + 1 \times 4 = 44$

C企业:$5 \times 3 + 3 \times 4 + 1 \times 4 = 31$

在交货方面顾客对B企业最为满意(44),其次是供应链企业(41),不太满意的是C企业(31)和A企业(34)。

根据上面的分析结果,供应链企业应该将B企业作为标杆,向B企业学习,尽最大努力改进绩效,满足顾客的需求。

(二)供应链流程的标杆管理

产品是投入的结果,要提高供应链的绩效,还要进一步从供应链流程着手,因此,实施供应链标杆管理主要解决以下两个关键问题。

1. 供应链流程识别

由于制造企业产品的原料占产品成本的一大部分,流通渠道及路径直接影响企业的成本,因此提高企业绩效不仅需关注企业自身的行为,还要考虑供应链中的供应商、分销商、零售商的效率。评价供应商或中间商的相对绩效,必须找出工作流程、职能部门的工作效率和企业经营、行业领先水平或最佳类似部门的差距。在物流、供应链流程图中,除了要把供应链中所有企业清晰表达出来外,还需注意各企业间的界面接触问题,这是一个容易被忽视的问题。不仅供应商、分销商的行为需要与领先企业相比较并控制,供应链界面也需要与其他竞争力更强的供应界面相比较,分析其他供应链中的组织是如何有效地在供应商—制造商间传递信息或者制造商—分销商间协调生产计划等,以便向他们学习。

## 2. 供应链标杆管理的优先环节

供应链流程是相当复杂的,需要进行标杆管理的环节很多,如果只有重点,可能收益甚微,必须抓住关键环节,也就是确定标杆管理的优先环节,对此可以从四个方面进行综合评价:

(1) 战略的影响程度;
(2) 相关企业的影响程度;
(3) 标杆管理的主观迫切性;
(4) 该环节必须进行自制与外购的选择。

总之,根本的决策原则是有利于提高竞争优势,在成本和差异化方面有所建树。标杆管理的有效性早已被证实,它已成为经济发达国家物流管理的一种基本方法,供应链标杆管理是对该管理方法的进一步发展。

# 第四节 供应链绩效报告

## 一、供应链绩效报告的作用与基本要求

绩效报告是供应链及供应链企业内部管理控制过程中的重要项目,应该定期(按月或季度)编制绩效报告,以报告供应链整体、供应链企业及企业内部的部门经营绩效,主要作用有:

1. 使供应链各企业了解供应链及供应链各企业的工作概况和成果;
2. 使供应链企业各部门了解本部门的工作概况及成果;
3. 使各级管理人员能了解下属工作的概况及成果。

绩效报告可以作为组织上下阶层有效的沟通工具,但是必须满足下列要求:

1. 最高管理层需要了解整个供应链及本企业全面营运状况,绩效报告应包括供应链及供应链企业的绩效,本企业各部门的汇总绩效,并标明重大的特殊事情,应有详细的附表以供跟踪查核。
2. 中级管理层较最高管理层更注重例行性营运的控制,故其所需绩效报告除包含汇总性信息外,另应提供例行性营运的详细信息。
3. 基层管理者完全以日常作业的协调与控制为主要任务,所用绩效报告应详细、易懂,且范围仅限于各管理者的负责范围。

除满足上述使用者的需求外,为了使绩效报告成为有效的沟通工具,尚需考虑4项因素:

1. 供应链各企业的特性;
2. 有效的管理控制所必须具有的信息项目;
3. 以何种程序及方式提供这些信息;
4. 绩效报告制度协助建立更为系统化及目标化的管理控制。

## 二、供应链绩效报告设计与编制

供应链绩效报告的目标在于传达各企业、各部门绩效评价的信息,协助管理者深入了解组织各层面的工作效率,但是由于供应链绩效报告揭示了企业及部门的经营效率,对供应链企业及组织成员产生重大影响,因此供应链绩效报告的设计与编制应谨慎,使其发挥正面效果。

绩效报告必须依据供应链及供应链企业的环境、组织、管理需求等方面的不同而有不同的

设计。供应链绩效报告在设计与编制时必须符合下列原则：

（一）配合组织构架

绩效报告的设计应与企业组织构架配合，每一个管理层次的主管，都可以获取一份绩效报告，报告中列示责任范围内所有下级单位的绩效信息，此报告遍及整个企业组织或整个供应链，当上级管理者在报告上发现重大差异时，可迅速透过绩效报告体系与组织构架，追查责任人。

（二）重点例外报告

现代企业规模与交易量迅速扩大，管理者常常面对大量的资料和数据难以理解其中的含义，也难以寻找其中隐藏的重大问题。为了节省管理者的时间，报告内容应以有用的信息为限，供应链企业内部的绩效报告的设计应能引导管理者的注意力，使其集中于少数重大例外事件上。

这里的"例外"是指与原计划不相同的内容，这样可以协助管理者有效地运用有限的时间，使其以充裕的时间来解决问题，不必将时间浪费在寻找问题上。绩效报告中揭示出来的实际数据与标准数据之间的差异，就属于例外报告中的一种形式。绩效报告中提供管理者所有的差异项目，管理者可以自行判断差异的重大性，然后就所选定的重大项目查验详细附表，并追踪发生原因。

为了协助管理者判断差异的重要程度，可事先设定控制界限，这个控制界限可用金额或比率采用数据来表示，凡差异额超过事先设定控制界限视为重大误差，应予追查；否则，视为随机误差，不予追查。绩效报告的设计也可将这些重大差异特别标明以便加速管理者的反应行动。

（三）内容力求简明相关

绩效报告的使用大多数并非会计专业人员，故在不损害报告的完整性的前提下，各项数据应尽量列表汇总，并用文字进行详尽的注释说明。报表使用也应注意相关性，这里的"相关"是指内容可供管理者决策使用。

（四）区分可控和不可控项目

提供给各级管理者的绩效报告，应该区分可控项目和不可控项目两大类。可控项目是指管理者的决策行为可直接影响的项目，对于不可控项目，管理者不应负责。

（五）报表格式的设计

绩效报告中的报表格式设计应考虑下列各项要求：

1. 考虑报表的性质与可读性；
2. 根据使用者的层次决定所列金额的详细程度；
3. 将实际发生数据与绩效标准数据列表比较，并列出其差额或差异率；
4. 区别报表的用途或紧急程度；
5. 用图示法以增进数字的传达能力。

（六）适时提供绩效报告

由于管理对于经营结果有立即或持续性的影响，故应尽量缩短"形成决策"与"报告提供"之间的时间差，主要原因如下：

1. 不利情况与问题发生时最能引起管理者追查与更正的兴趣。管理者较注意新发生的

事件,而对过去的问题较不注意;

2. 不利的情况与问题持续越久,企业甚至供应链受损失越大;

3. 随着时间的流逝管理者将倾向于视此时的不利情况为正常现象。

基于上述原因,在考虑成本的前提下,应适时向各级管理者提供绩效报告,有时在实际数额尚未完成前应以合理的估计数据代之。一般情况下,整个供应链按季度编制绩效报告,供应链企业按月份编制绩效报告。遇到特殊情况,可就所涉及的部门或领域编制周报或日报,以满足加强控制的需求。

(七)协助决策的工具而非批评他人的依据

绩效报告除具有供应信息功能外,还具有激励功能。报告内容应是正面的、建设性的表达方式,而非批评式的。绩效报告可以引导管理者改善自身的工作情况,最理想的是能使阅表人将其视为协助决策及执行任务的工具。不能认为绩效报告是会计人员指责他人的依据。

### 三、供应链绩效报告的追踪与考核

绩效报告并非最终目的,它只是管理手段,促使各阶层管理者采取必要行动来改善经营效率,才能真正发挥绩效报告的积极效果。管理程序也不仅限于绩效报告的编制,而是实施追踪考核程序,以便确保:第一,对于绩效欠佳的供应链或供应链企业采取妥当的改善措施;第二,所采取的行动确实具有改善绩效的功能。

追踪考核程序首先要求有关部门就重大差异的形成原因、必要对策、改善期限等提出书面报告;召集有关部门人员开会,以便协调所应采用的措施;根据所制定的期限评估绩效的改善情形,然后进行检查,检查的范围除不利差异之外,也应涵盖重大的有利差异,并分析形成原因。最后还应做好以下工作:

1. 研究分析原来制定的目标是否太低,制定适宜的目标;
2. 加强鼓励绩效优秀的部门;
3. 研究绩效良好的部门的人员能否教育或协助其他部门人员等。

**案例 9-3:**

在统计流程控制中,最具挑战性的任务往往是如何界定那些导致失控的根本原因。在供应链绩效管理中,也同样是这样。当例外情况被分辨出来后,必须分辨出导致这些例外的根本原因是什么。正如在医生的例子中,诊断是关键,一旦作出正确的诊断,说明治疗的方式将是很简单的事情。供应链绩效管理(SCPM)系统也应该支持这种对任务的理解和诊断。这将允许管理者迅速找回相关数据,正确综合或分解数据,并根据地理和历史因素剖析数据。

而且,与恰当的内部人员和组织外部关键人员交流同样重要。信息不再为"专家们"分析和决策所独用,而是分散到组织中恰当的人那儿,以使他们能够理解问题、评价可选方案,并且采取合适的行动。成功的供应链绩效管理也需要受过大量对口教育的人和绩效管理方法,它还需要创造一个合作性环境,以及将责任分派给合适的人。

两个公司的传说:Flextronics 和 DaimlerChrysler

让我们看看两个领导型公司如何在超越传统方法的绩效管理方法中获得显著的效益。他们的成功强化了 SCPM 作为基石性的概念和实践的力量和重要性。

Flextronics 如何利用 SCPM 提高采购灵活性

利用前一部分描述的 SCPM 方法,Flextronics 公司能够甄别出生产运营的例外情况,理解导致这些例外情况的根本原因和潜在的替代性方法,并采取改变供应商的行动,修正超额成本和调节谈判力量。该方法包括用网络软件实施系统装备 SCPM 循环。Flextronics 公司在 8 个月内节约了几百万美元,最终在第一年就产生了显著的投资回报。这都是供应链绩效管理(SCPM)带来的好处。

为了甄别出绩效例外,Flextronics 公司的系统可以不断比较合同条款内容和经许可的供应商名单。如果供应商并非是战略性的,或者订货价格高于约定价,该系统将对采购方提出警告。另一方面,如果生产运营价格低于约定价格,该系统将提醒管理者这个可能的节约成本的机会。

Flextronics 公司的管理者还利用该系统理解问题和找到可选方案。他们评价例外条件、决定是否重新谈判采购价格、考虑可选方案,或者证明基于业务需要的不一致性是必要的(例如及时满足客户订货的需要)。同样,采购经理分析市场条件,综合费用,然后再区分节约成本费用的机会。然后,系统用户对有高度影响力的问题和机会来采取行动。SCPM 循环之前和之中 Flextronics 公司都会确认数据、流程和行动。当实施绩效系统之时,Flextronics 建立关键指标和必要的门槛高度,还要确保数据质量和时间性要求。在日常使用中,他们还需确认行动的结果,加速整体的例外解决循环。

DaimlerChrysler 公司的 Mopar 零件集团是怎样提高供应链周转率的

DaimlerChrysler 公司的 Mopar 零件集团销售额 40 亿美元,在美国和加拿大地区经营汽车零配件的分销。Mopar 有一个极为复杂的供应链,有 3000 供应商、30 个分销中心和每天来自 4400 个北美经销商的 225,000 个经销商订单。然而,售后零配件销售极难预测,因为它不是直接为生产所驱使,相反是为如天气、车辆地点、车辆磨损和破坏,以及顾客对经销商促销的反应等不可预测因素所决定。顾客不愿意为替换零件而花费等待的时间,因此零售商不得不寻求可替代的零配件资源以避免顾客不满和失去市场份额。为了保证经销商不使用非 OEM 零件,汽车公司一般都因订货管理、库存平衡、供应奖励收费等导致高昂的补货成本。Mopar 零件公司就面对着这样一个困境。DaimlerChrysler 公司意识到了他们未来的竞争力在于他们甄别、理解、采取解决行动并防止昂贵的服务供应链问题的能力。因此,他们开始投入到了 SCPM 系统的实施之中。

Mopar 的 SCPM 系统通过监测未来需求、库存和与预先确定的目标相关的供应链绩效关键指标来甄别出绩效例外。然后,用户利用该系统探究问题,找到个别的或相互关联的可选方案。导致问题的潜在根本原因包括非季节性天气(或者更好或者更坏)、竞争性促销、对预测模型的不准备假设。理解问题和可选方案后,系统用户就采取解决问题的行动了。Mopar 集团通过削减安全库存和不必要的"过期"(不可能被接受)运输每年节约数百万美元的成本。仅仅在第一年,DaimlerChrysler 公司就将他们的决策周期从几个月缩短到几天、减少了超额运输成本、将补货率增加一个百分点,还节约了 1500 万存货。看来,DaimlerChrysler 从 SCPM 中获得了竞争力的巨大提升。

怎样开始管理供应链绩效

有三个关键方面有助于达成持续的、可接受的供应链提升。

第一是鼓励绩效驱动的组织。如 GE、Flextronics 和 DaimlerChrysler。提升 SCPM 绩效的第二和第三个方面是迅速、全面实施一个健全、可升级的系统。当然如果组织不是绩效驱动并没有变得更具"适应性"的目标,技术上的投资仅仅将带来一点点好处。

一个快速的、可接受的实施非常重要。原因之一是这可使组织瞄准提升领域和快速达到结果。公司期望通过大量、长期的项目实现快速变革无异于一场恶梦。通过实施一个强有力的、集中的业务计划,成功的公司经常更早地获得整个投资的收益。实际上,在实施变革计划后的十天内,Mopar 就在可避免的订单库存方面节约了数百万美元。正如一位原材料管理者所说:"我认为这是一个巨大的成功。"

第二,一个快速、全面的实施允许组织从早期成功中不断学习进步。例如,Flextronics 已经利用早期成功经验建立后面的项目,以此扩展了它绩效管理系统的范围。

第三,一个健全和可升级的绩效管理系统是一个改进的平台。它必须是基于例外管理,并允许用户预防问题、解决问题、获取知识和保持改进。该系统必须能够处理增长的用户数和信息量。当它必须变得更加个性化和易于使用的同时,它还必须确保高度的安全和隐秘性。表 9 – 11 表明 SCPM 如何提高人、流程和系统的绩效。

表 9 – 11　　　　　　　　SCPM 如何获得持续、全面的绩效提升

| 绩效提升领域 | 典型问题 | SCPM 如何起作用 |
| --- | --- | --- |
| 人 | 缺乏沟通、合作,不能减少决策周期 | 1. 前瞻的、可靠的、个性化的例外提示<br>2. 背景信息<br>3. 协作的决策制订和问题解决 |
| 流程 | 与公司目标相冲突的业务流程 | 1. 建立、确认并修正业务规则和整个组织的门槛<br>2. 组合并管理跨企业流程<br>3. 决策并获得知识 |
| 系统 | 关键系统锁定在不同的系统之中 | 1. 从相关企业系统中及时获得规范化数据<br>2. 集中、同步和有相互关系的数据和趋势<br>3. 为迅速诊断而灵活地分散数据 |

**从供应链绩效管理到企业管理**

如上所述,SCPM 今天被用于领导性组织以管理内外部供应链绩效,比如供应网络。超越这些供应链,当这种方法被应用于一个企业的其他功能性领域,如产品开发、产品生命周期管理、财务管理、售后服务支持、销售和市场、客户关系管理,甚至是战略规划,它的潜在价值将是惊人的。

在某种程度上,SCPM 向企业管理的演进也伴随着类似的质量运动的演进。戴明(Deming)是第一个支持质量控制的必要性和重要性的人,但他更认为同样的狂热的提高质量的方式也可以应用到一般管理。他用他著名的 14 条管理规则概括了这一思想。当 Motorola 创作出著名的 6 Sigma 质量改进程序后,GE 采用了这一方法作为公司管理哲学的普遍原则。如 6 Sigma 一样,供应链绩效管理(SCPM)严格的、反复的方法提高顾客满意度和财务绩效。同样,SCPM 循环不仅仅是用于供应链,还用于扩展的供应链以及企业管理的所有方面。最终,通过管理跨越企业边界的无数流程的绩效,公司将赢得企业绩效管理(EPM)的愿景。

**现在就开始行动——你不能再等**

在一个需要更多反馈和集中于底线的商业环境中,供应链绩效管理对提高竞争优势和全

面的业务改进是至关重要的。SCPM使公司能够甄别出绩效例外，理解问题和可选方案，对具有高度影响力的问题和机会采取行动，并不断确认与目标和结果相关的行动的正确性。通过采用这样一个系统，公司已经提高了反馈率和客户服务能力、削减库存和采购成本、提高了生产和分销资产的利用率。这些好处是引人注目的，这条通往成功的道路也被肯定了。现在正是开始供应链绩效管理行动的时候。

## ※ 思考题：

1. 如何理解绩效评价的含义？
2. 企业为什么要施行绩效评价？
3. 构成绩效评价指标体系时需注意哪些事项？
4. 简述物流企业绩效评价的指标分类。
5. 依照平衡记分卡的框架，物流企业的绩效评价从哪些方面进行？
6. 供应链绩效评价指标体系的组成部分有哪些？
7. 比较供应链管理绩效评价与现行企业绩效评价的异同之处。
8. 简述供应链标杆管理的实施步骤和过程。
9. 供应链绩效报告的内容和格式有何要求？

## 参考文献：

1. 《供应链管理》，马士华，北京：机械工业出版社，2000
2. 《中国物流》，丁俊发，北京：中国物资出版社，2002
3. 《物流竞争——后勤与供应链管理》，马丁·克里斯托弗，马越译，北京：北京出版社，2001

## 案例讨论：

英国航空公司的供应链绩效改进

英国航空公司（BA）是世界上最大的国际客运航空公司，每年有293架飞机运送3160万乘客到达175个终点站。100多年来，这个私有化的国家航空公司通过追求优质和创新的顾客服务，建立和维持着"全球最受欢迎的航空公司"的地位。服务导向的战略在BA颇有成效，1997年5月，公司宣布又创下了另一个利润纪录。它们没有满足于现有的荣誉，公司的首席执行官Robert Ayling宣布他的意图是扩大BA的全球经营范围，同时通过实施增长客运收入、改进资产利用率和降低运营成本的五年计划，逐步提高利润。此决策是有针对性的，因为公司认识到，以往的提供完美的顾客服务的最高目标没有根据对成本的现实性理解而加以调整。

英国航空餐饮公司，是BA客户服务部门的一部分，它力图通过供应链管理的即期和远期改进为新的公司目标做出重大贡献。BA餐饮公司每年负责运送由基地设在伦敦希思罗机场和盖特威克机场的第三方餐饮承办商或其他分布在世界各地的150家由第三方运营的小型的BA供应站提供的4400万件的食物。它的经营规模是相当大的，单单伦敦食品加工厂每年就需要约250吨肉鸡、73吨鸡蛋和38000箱酒和香槟。BA餐饮公司并不负责向食品加工厂供应这些易腐物品，它负责管理"向上"运送完工的食品和许多其他的"非食用物品"，包括盘子、玻璃杯、塑料纸、垫布和不易腐烂的"干食品",还有用于途中移送和盛载食物的设备。当每架喷气式飞机起飞时,约有4000件物品通过这个供应链。

一家外部的咨询公司对此供应链的调查表明,世界各地共有250家供应商为它供应1400种物品。绝大多数是通过希思罗配送中心来发送,经调查希思罗配送中心持有的缓冲库存的价值约达1500万英镑。持有存货根源于季节波动,可是进一步的调查揭示,在小型供应中心的网络中普遍也保持着相当数量的缓冲库存(总价值差不多)。在需求拉动的基础上,物品可以自由地从配送中心调派到供应基地,但是在餐饮承办商合同中缺少对库存管理的核算责任,导致了习惯性的存货过剩,反过来产生了大量的逆向后勤活动(主要指过期物品)。

餐饮承办商持有缓冲库存以预防不可靠的供给系统的波动,偶尔会有较长的运送提前期。问题的根本在于早期的带有良好初衷的降低成本运动虽然实现了即期的目标,但是它的实施并没有考虑到更大范围的供应链效益。例如,为使向海外基地供应的运送成本最小化,BA利用了BA货机的剩余能力——如果有可能的话——当然费用很优惠。这就意味着运送的时间安排是以货机的可用性为依据,而不是以顾客为依据。类似地,把配送中心活动外包使得以成本为中心的经营者通过餐饮承办合同卸下存货包袱,从而降低了自身的库存成本。但是综合地考虑一下这些问题,配送中心上游的劣质采购会造成进场运送的不及时和不合格。

为逐步改变BA餐饮公司的绩效,需要建立新的存货管理系统,但是执行和安装要花费大量的时间。同时设计一个三点计划,以求在短期内提高运作效率,为更根本性的改革铺平道路。这个计划旨在重新调整BA餐饮公司中服务与成本之间的不平衡,同时缩短供应链的时间并提高经营伙伴之间的协作水平。

提前期的缩短成为起点。通过提高运送的频度、准确度和可靠度,餐饮承办商被说服同意降低缓冲库存,腾出昂贵的存储空间给那些食品准备活动。在三个月内,在服务水平提高的同时,由于使用了过剩的库存而使配送中心下游的需求减少,从而节省了100万英镑。最重要的是从长期来看这种做法向BA自己的物料管理团队展示了供应链提前期、准确性和成本之间的联系。同时也说明了不必以牺牲服务水平为代价来获取成本的降低,从而鼓舞了团队的自信心,为实行更复杂的新供应链管理系统做好准备。

新的支持系统的安装始于1997年,采用了软件供应商麦特迈克的ESS系统。新的系统是BA餐饮公司供应链项目中至关重要的一个环节,这个项目在五年之内总共将会节省5000万英镑。而且,这个系统在满足职能化需求进而不断提高效率之外还可以带来更大的价值。ESS系统能够平衡两者的力量。通过把关键的供应商集成入库系统,并依据乘客簿通盘监测库存水平,BA餐饮公司就能够随时调整它的存货至最佳水平,并能按照终点站、航班和最终顾客来跟踪存货。随着系统进一步扩展至所有的非食用物品,它将会提供完善顾客服务的机会,提高对独立顾客的偏好的反应能力。也许,乘客俱乐部"金卡"会员会在旅途中收到一杯他最喜欢的饮料,更重要的是,这个系统使BA能够准确地计算它提供这种或其他服务的真实成本,从而更周密地计划如何管理未来服务变革的方向和要求。

讨论题:
1. 英国航空公司在供应链绩效改进之前存在哪些问题?
2. 英国航空公司是如何推进供应链绩效改进的?

# 第十章 绿色供应链管理

**本章主要内容：**
- 绿色供应链管理的含义
- 绿色供应链管理的内容
- 绿色供应链管理的发展

*
为了应对欧盟各项环保指令生效在即以及世界绿色浪潮蔚然成风，构建完整的绿色供应链管理已经成为业者共识。2005年9月，创维集团在深圳召集500多家国内供应商签订"绿色供应链协定"，逐步推行"零铅"工程，确保出口欧洲的产品达到需求。创维群欣安防科技有限公司作为创维集团的一份子，也积极参与其中，这标志着创维群欣的产品将逐步走向"绿色制造"。而腾龙公司的环境管理规定正是对应了这种绿色供应链管理。"从现实的情况来看，制订环境管理规定只是手段之一，只有进行生产体系的系统性对应才是惟一解决之道，扎实的彻底的执行才是关键"，腾龙公司的熊智勇说，"腾龙公司从公司内部的生产体系到外协公司的供应体系，从零部件进入工厂到最终的成品出厂的全过程都进行了彻底的对应，所以这也是个系统性的庞杂的工作。"

随着我国已成为世界价值链中的一个重要环节，"中国造"商品逐步在国际市场中渐露头脚，但在追求内部效益的同时却忽视了环境问题，同时国内企业生产的非绿色产品在国际市场上屡遭挫折，这些问题的出现势必会影响我国企业的国际竞争力和我国向和谐社会迈进的步伐。而实施绿色供应链管理对目前国内存在的诸多问题的解决提供了可行的较好的方案。本章将介绍绿色供应链管理的含义、内容和发展。

# 第十章 绿色供应链管理

## 第一节 绿色供应链管理的含义

### 一、绿色供应链管理产生的背景

传统产业在给人类带来文明和财富的同时,也给人类带来了灾难——资源枯竭,环境恶化和生态失衡等,这些问题正对人类的生存和发展造成严重的威胁。资源问题和环境问题是 21 世纪人类社会面临的巨大挑战,随着环境问题的日益恶化,环境保护受到全世界越来越广泛的关注,绿色观念逐渐深入人心。在供应链管理中考虑环境因素的思想最早是在 20 世纪 70 年代提出的,当时只是作为物流管理研究的一个次要方面提出的。大规模、有意识地研究绿色物流是在 20 世纪 90 年代初期。1994 年,Webb 研究了一些产品对环境的影响,建议通过环境准则来选择合适的原材料,同时注重再生利用,并提出了绿色采购的概念。美国国家科学基金(NSF)资助 40 万美元在密歇根州立大学的制造研究协会进行一项"环境负责制造模式"研究,于 1996 年首次提出了绿色供应链的概念,并将绿色供应链作为一项重要的研究内容。另外,英国工程物理研究委员会和英国汽油股份公司等 20 多个公司资助了一项被称为"全球环境变化"的研究,也将绿色供应链作为一个主要的研究方向。

1999 年 Saturn 公司及其供应商与 Tennessee 大学的清洁技术中心以及美国环保局组成绿色供应链管理合作伙伴,旨在减少 Saturn 汽车在整个生命周期过程中对环境的影响。在同一时期,在通用汽车公司的资助下,由美国的一个非赢利性组织发起,由 12 个著名大公司组成了一个供应链工作组,其目的是探讨提高供应链管理的环境效益和经济效益的途径。目前,绿色供应链管理的理论和实践已经得到全世界的广泛关注。

### 二、绿色供应链管理的含义

供应链是指由原材料供应商、制造商、分销商、零售商、用户组成的链状结构、通道或网络。在供应链的各个环节从原材料获取到产品的制造、运输、使用过程都会产生废弃物,对环境造成严重的污染,威胁人类的健康和生态平衡。

绿色供应链管理又称环境意识供应链管理(environmentally conscious supply chain management),它考虑了供应链中各个环节的环境问题,注重对于环境的保护,促进经济与环境的协调发展。关于绿色供应链管理的确切定义,目前理论界对此还没有一个统一的表述,但总的观点是指在供应链管理的基础上,增加环境保护意识,把"无废无污"和"无任何不良成分"及"无任何副作用"贯穿于整个供应链中,这就是绿色供应链管理。

### 三、绿色供应链管理与传统供应链管理的比较及其战略意义

1. 绿色供应链管理与传统供应链管理的比较

传统供应链在管理过程中是以市场为导向,以"企业内部效益"为标准,强调的是一种集成化管理,其设计忽视了供应链企业的行为对社会环境和社会资源合理利用、配置的影响。而绿色供应链管理则从产品整个生命周期的角度进行全面环境管理,弥补了传统供应链所带来的缺陷。如图 10-1 所示:

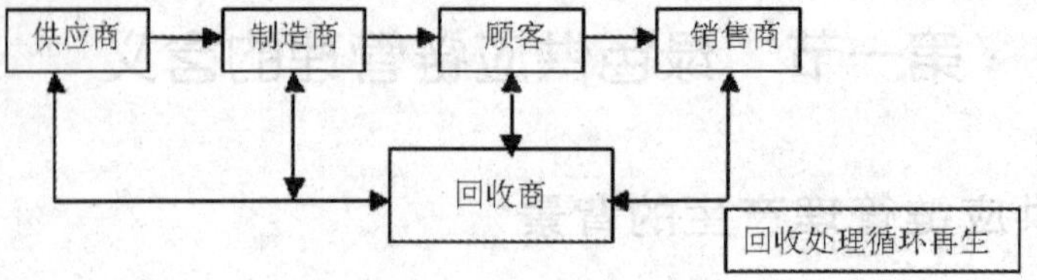

```
供应商 → 制造商 → 顾客 → 销售商
         ↑              ↓
         └──── 回收商 ←──┘
                ↑
           回收处理循环再生
```

**图 10-1 绿色供应链管理**

从图10-1可以看出,绿色供应链管理是把生产过程中产生的废品、废料和运输、仓储、销售过程中产生的损坏件及被用户淘汰的产品均回收处理,当报废产品或其零部件经回收处理后可以再使用,或者可作为原料重复使用,或者经过处理后可持续使用,并且这些产品可重新销售时,供应链没有终止点。这样,将生态效益和社会效益融入到供应链管理中,不仅弥补了传统供应链环境问题和社会资源问题的缺陷,同时也给企业带来了潜在的效益,提高了企业的竞争力。

2. 绿色供应链管理的战略价值

(1)可以降低企业生产成本,增强企业的竞争力。

当今全球经济迅速发展,社会资源短缺问题日益严重。在这种情况下企业若能充分利用社会资源,使资源使用效率尽可能的高,必能降低企业生产成本,提高其利润空间。而绿色供应链管理则恰恰改变了"一次使用"的观念,将废品,废料再次循环使用,制成半成品、成品,不仅可以降低生产成本,同时可以提升企业的利润空间,增强企业的市场竞争力。

(2)产品更容易受到顾客青睐,可以扩大市场份额。

随着可持续发展思路的广泛宣传,人们的环保观念与日俱增,企业的顾客也会越来越多地选择对环境有利的产品。这样,通过绿色供应链管理则无形中得到了顾客对产品的青睐,使企业占据长久不衰的市场份额。而那些忽视环境问题的企业则会永远失去竞争力。

(3)树立企业良好的社会形象。

企业实施绿色供应链管理,将环境保护纳入企业活动的各个环节,不仅可以改善环境质量,还可以提升自己企业的形象。而对于银行、保险公司等金融机构来说,他们更愿意对企业形象好,对环境负责的公司提供贷款和保险业务,并积极主动向这些公司投资。

(4)改善人类生产环境,提高人们生存质量。

随着人们物质生活水平的提高,渴求健康,渴望绿色消费的呼声日益强烈。绿色供应链管理的产生则是以环境保护和社会可持续发展为出发点的,它可以不断满足人们绿色消费的愿望,提高人类生存质量,改善人类生产环境。

## 案例 10-1:

肯德基供应商中山基快富宣布解除与昆山宏芳香料的供货关系,昆山宏芳香料正在考虑解除与上游供应商的供货关系,一场突如其来的苏丹红风暴使得诸多辣椒制品供应链上的厂商就像多米诺骨牌被其老客户逐一推倒。受访的相关业内人士表示,苏丹红风暴连带引发了辣椒制品行业的大地震,使其与辣椒相关的添加物料整个供应链条陷入深度洗牌之中。

触"红"厂商更换供应商

基快富食品(中国)有限公司陈小姐就我们关注的问题,透露该公司正式中断与提供受污辣椒的供应商宏芳香料(昆山)有限公司的供货关系。不过,当提到肯德基以及其他客户是否与他们中断供货关系,陈小姐则没有正面回应,称仍在尽力挽回影响。

亨氏美味源早在检讨多款产品涉"红"时透露,要求所有的供应商原料中都不包含苏丹红。当我们再次致电亨氏美味源求证时,受托的公关公司回应说,广州辉和仅向美味源提供了涉"红"的辣椒精,对美味源的供货关系自涉"红"之日自然中止,目前几家替代广州辉和的新供应商正在评估之中,但仍未确定。

在联系其他涉"红"厂家时,他们也透露,由于自己事先并不知道原料含有苏丹红,等待恢复涉"红"食品的正常生产经营时肯定会更换原料供应商。

相关食品企业重审供应链

据从有关方面证实,广州五味源生物工程有限公司应下游客户的要求,将其生产的辣椒红色素送检有关部门检测,现已证实该款色素未检出苏丹红。另从广东省其他食品添加剂企业获悉,虽然苏丹红染料与食品添加剂完全是两码事,但是广州五味原的送检并非业内个别现象,也会从同行中听说有客户要求他们将样品送检。

国内最大的食用色素厂商上海染料研究所有限公司叶姓总工程师向记者说:"据我所知,上海市最近核查苏丹红时,我们公司提供了全套技术支持,有关执法部门带了很多食品同行前来咨询相关事宜,而且来的都是规模以上的食品企业。"另外,由于涉"红"厂商未必是自己的供应商出了问题,有时还得溯及整个供应链条,所以现在很多食品企业重新审核辣椒原料供应商时大都还会考察供应商的供应商,起码往上看一级。

涉辣制品直面涉"红"洗牌

苏丹红染料被封杀之后,这会不会成为食品添加剂行业重新洗牌的契机?面对我们的关注,广东更新食品添加剂有限公司和惠州芳帝食品添加剂有限公司均确认,公司目前并没有针对苏丹红事件做出相应的市场反应,并不认同这一事件对食用添加剂起着重新分割市场的机会。

叶姓总工程师表示,苏丹红染料与食用色素完全不是一回事,(食品中)根本用不着添加苏丹红,因此不能说在食品添加物中存在苏丹红的替代产品。另外,无论查获的是什么类别的涉"红"产品,都有两个关键——辣椒制品和红色。因此,对所有的食用色素等食品添加剂同行来说,他们并没有所谓的洗牌机会。但是,对辣椒制品行业的整条供应链而言,有的供应商已经面临了机会,因为苏丹红事件已经打乱了供应链的既有秩序。

## 第二节 绿色供应链管理体系的内容

### 一、绿色供应链管理体系的基本特征

供应链管理理论已提出 20 多年，关于供应链的定义在不同时期也有着不同的内涵。早期的观点认为供应链是制造企业中的一个内部过程，概念仅局限于企业的内部操作层上，注重企业的自身资源利用。后来供应链的概念注重了与其他企业的联系，注重了供应链的外部环境，认为它应是个"通过链中不同企业的制造、组装、分销、零售等过程将原材料转换成产品，再到最终用户的转换过程"。而到了 21 世纪，供应链的概念更加注重围绕核心企业的网链关系，如核心企业与供应商、供应商的供应商乃至与一切前向的关系，与用户、用户的用户及一切后向的关系。绿色供应链是在此基础上综合考虑环境的影响，其目的是使产品从原料获取、加工、包装、存储、运输、使用到报废处理的整个过程中，注重对环境的保护，从而促进经济与环境的协调发展。绿色供应链管理具有如下特征。

1. 绿色供应链管理充分考虑环境问题

传统的供应链管理是对供应链中商流、物流、信息流、资金流以及工作流进行计划、组织、协调及控制。它是以顾客需求为中心，将供应链各个环节联系起来的全过程集成化管理。它强调在正确的时间和地点以正确的方式将产品送达顾客，但它仅仅局限于供应链内部资源的充分利用，没有充分考虑在供应过程中所选择的方案会对周围环境和人员产生何种影响、是否合理利用资源、是否节约能源、废弃物和排放物如何处理与回收、环境影响是否做出评价等等，而这些正是绿色供应链管理所应具备的新功能。

2. 绿色供应链管理强调供应商之间的数据共享

数据共享包含绿色材料的选取、产品设计、对供应商的评估和挑选、绿色生产、运输和分销、包装、销售和废物的回收等过程的数据。供应商、制造商和回收商以及执法部门和用户之间的联系都是通过 Internet 网来实现的。因此，绿色供应链管理的信息数据流动是双向互动的，并通过网络来支撑。

3. 绿色供应链管理是闭环运作

绿色供应链中流动的物流不仅是普通的原材料、中间产品和最终产品，更是一种"绿色"的物流。在生产过程中产生的废品、废料和在运输、仓储、销售过程中产生的损坏件及被用户淘汰的产品均须回收处理。当报废产品或其零部件经回收处理后可以再使用，或可作为原材料重复利用时，绿色供应链没有终止点，是"从摇篮到再现"。因此，绿色供应链管理是不断循环的闭环运作过程。

4. 绿色供应链管理体现并行工程的思想

绿色供应链管理研究从原材料生产、制造到回收处理，实际上是研究产品生命周期的全过程。并行工程要求面向产品的全生命周期，在设计一开始，就充分考虑设计下游有可能涉及的影响因素，并考虑材料的回收与再利用，尽量避免在某一设计阶段完成后才意识到因工艺、制造等因素的制约造成该阶段甚至整个设计方案的更改。因此应用并行工程的思想，使

材料的生产、产品制造过程和回收与再利用并行加以考虑。

5. 绿色供应链管理充分应用现代网络技术

网络技术的发展和应用,加速了全球经济一体化的进程,也为绿色供应链的发展提供了机遇。企业利用网络完成产品设计、制造,寻找合适的产品生产合作伙伴,以实现企业间的资源共享和优化组合利用;减少加工任务、节约资源和全社会的产品库存;通过电子商务搜寻产品的市场供求信息,减少销售渠道;通过网络技术进行集中资源配送,减少运输对环境的影响。

## 二、绿色供应链管理体系的基本内容

绿色供应链管理包括从产品设计到最终回收的全过程,其体系如图10-2所示。

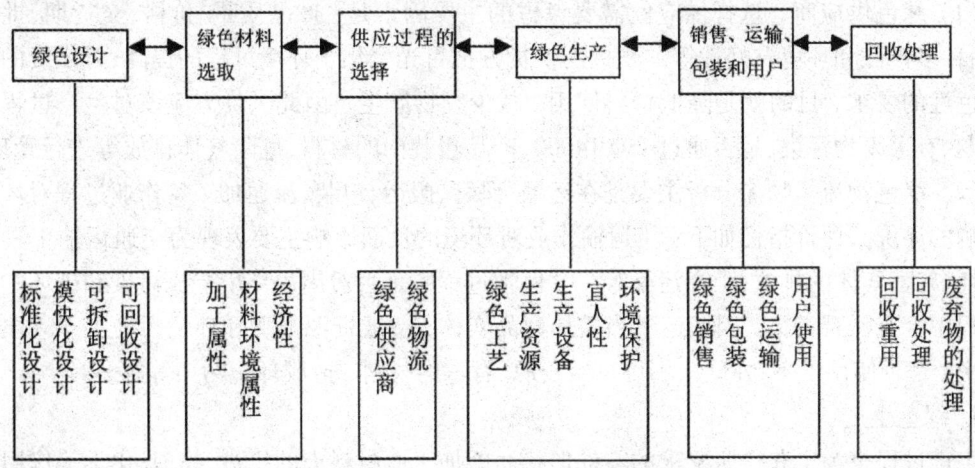

图10-2 绿色供应链管理的体系结构

1. 绿色设计

研究表明,产品性能的70%~80%是由设计阶段决定的,而设计本身的成本仅为产品总成本的10%,因此,在设计阶段要充分考虑产品对生态和环境的影响,使设计结果在整个生命周期内资源利用、能量消耗和环境污染最小。绿色设计主要从零件设计的标准化、模块化、可拆卸和可回收设计上进行研究。

(1)标准化设计使零件的结构形式相对固定,减少加工难度和能量的消耗,减少工艺装备和拆卸的种类和复杂性。

(2)模块化设计满足绿色产品的快速开发要求,按模块化设计开发的产品结构便于装配,易于拆卸、维护,有利于回收及重新使用等。

(3)可拆卸设计就是零件结构设计布局合理,易于接近并分离的联结结构,便于毫无损伤地拆下目标零件和回收再利用及处理,减少环境污染。

(4)可回收设计是指回收设计的产品在其寿命周期内达到最大的零部件重复利用率、尽可能大的材料回收量,减少最终处理量。

2. 绿色材料

原材料供应是整条绿色供应,同时产生废料和各种污染,这些副产品一部分被回收处理,一部分回到大自然中。零件装配后成为产品,进入流通领域,被销售给消费者,消费者在使用的过程中,要经过多次维修再使用,直至其生命周期终止而将其报废。产品报废后经过拆卸,一部分零件被回收直接用于产品的装配,一部分零件经过加工形成新的零件,剩下部分废物经过处理,一部分形成原材料,一部分返回到大自然,经过大自然的降解、再生、形成新的资源,通过开采形成原材料。从绿色材料的循环生命周期可以看出,整个循环过程需要大量的能量,同时产生许多环境污染,这就要求生产者在原材料的开采、生产、产品制造、使用、回收再用以及废料处理等环节中,充分利用能源和节约资源,减少环境污染。

3. 绿色供应过程

供应过程就是制造商在产品生产时,向原材料供应商进行原材料的采购,确保整个供应业务活动的成功进行,为了保证供应活动的绿色性,主要对供货方、物流进行分析。

(1) 绿色供应商。选择供应商需要考虑的主要因素是:产品质量、价格、交货期、批量柔性、品种多样性和环境友好性等。积极的供货方把目光聚焦于环境过程的提高,对供货的产品有绿色性的要求,目的就是降低材料使用,减少废物产生。因此供货方应该对生产过程的环境问题、有毒废物污染、是否通过 ISO 14000、产品包装中的材料、危险气体排放等进行管理。

(2) 绿色物流。物流分析主要是在运输、保管、搬运、包装、流通加工等作业过程对环境负面影响的评价。评价指标如下:①运输作业对环境的负面影响主要表现为交通运输工具的燃料能耗、有害气体的排放、噪音污染等。②保管过程中是否对周边环境造成污染和破坏。③搬运过程中会有噪音污染,因搬运不当破坏商品实体,造成资源浪费和环境污染等。④在包装作业中,是否使用了不易降解、不可再生资源、有毒的材料,造成环境污染等等。

4. 绿色生产

生产过程是为了获得所要求的零件形状而施加于原材料上的机械、物理、化学等作用的过程。这一过程通常包括毛坯制造、表面成形加工、检验等环节。需综合考虑零件制造过程的输入、输出和资源消耗以及对环境的影响,即由原材料到合格零件的转化过程和转化过程中物料流动、物能资源的消耗、废弃物的产生、对环境的影响等状况。

(1) 绿色工艺。在工艺方案选择的过程中要对环境影响比较大的因素加以分析,如加工方法、机床、刀具和切削液的选择,尽量根据车间资源信息,生成具有可选择的多工艺路线,提高工艺选择简捷化程度,达到节约能源,减少消耗,降低工艺成本和污染处理费用等。

(2) 生产资源。随着加工水平的提高,尽量减少加工余量,便于减少材料的浪费和边角料的处理。应考虑切削边角料的回收、分类、处理和再利用。

(3) 生产设备指生产设备选择考核设备在实际运行过程中的能源、资源消耗及环境污染情况。零、部件具有较好的通用性;维修或保养时间合理,费用适宜;维修人员劳动强度不太大等。

(4) 提高绿色产品制造中的宜人性,通过改善生产环境,调整工作时间及减轻劳动强度等措施,可提高员工的劳动积极性和创造性,提高生产效率。

(5) 重视环境保护。在产品整个生产过程中的各个环节上都不产生或很少产生对环境有害的污染物。

5. 绿色销售、包装、运输和使用

（1）绿色销售是指企业对销售环节进行生态管理，它包含分销渠道、中间商的选择、网上交易和促销方式的评价等。①企业根据产品和自身特点，尽量缩短分销渠道。减少分销过程中的污染和社会资源的损失。②选用中间商时，应注意考察其绿色形象。③开展网上销售。作为新的商务方式，电子商务是很符合环保原则的，发展前景广阔。④在促销方式上，企业一方面要选择最有经济效益和环保效益的方式，另一方面，更要大力宣传企业和产品的绿色特征。

（2）绿色包装。消费者购买产品后，其包装一般来说是没有用的，如果任意丢弃，既对环境产生污染，又浪费包装材料。绿色包装主要从以下几个方面进行考虑：实施绿色包装设计，优化包装结构，减少包装材料，考虑包装材料的回收、处理和循环使用。

（3）随着物流量的急剧增加带来车流量的大量增加，大气环境因此受到严重污染。绿色运输主要评价集中配送、资源消耗和合理的运输路径的规划。集中配送指在更宽的范围内考虑物流合理化问题，减少运输次数。资源消耗指在货物运输中控制运输工具的能量消耗。合理规划运输路径就是以最短的路径完成运输过程。

（4）在产品的使用阶段上主要是评价产品的使用寿命和再循环利用，使用寿命是延长产品寿命，增强产品的可维护性，减少产品报废后的处置工作。再循环利用是根据"生态效率"的思想，通过少制造和再制造方式，使得废弃产品得到再循环，从而节约原材料和能源。

6. 产品废弃阶段的处理

工业技术的改进使得产品的功能越来越全面，同时产品的生命周期也越来越短，造成了越来越多的废弃物消费品。不仅造成严重的资源、能源浪费，而且成为固体废弃物和污染环境的主要来源。产品废弃阶段的绿色性主要是回收利用、循环再用和报废处理。

（1）产品的回收需经过收集、再加工、再生产品的销售三步完成。通过收集可重用零部件，它又分为可直接重用的零部件和修理、整修、再制造、零件拆用、材料回收等，生产出多种再生产品；可再生零部件，即零部件本身完全报废，但其材料可再生后再利用。可将废旧产品运输到回收加工工厂处理，最后把再生产品运输到销售地点进行销售。

（2）产品的循环再用是指本代产品在报废或停止使用后，产品或其有关零部件在多代产品中的循环使用和循环利用的时间。

（3）完全无用的废弃物的处理。在初步处理和再加工过程中产生的废弃物需进行填埋、焚烧等处理。

## 三、实现绿色供应链管理的基本途径

1. 加强企业内部管理

由于企业的情况千差万别，绿色供应链管理的模式也是多种多样，因此企业在决定实施绿色供应链管理时，应仔细分析自身的状况，要从承载能力和实际出发，既能解决企业急需的问题，又能以较快见效的环节作为突破口，明确认识实施目标，确保成功。

加强企业内部管理，重新思考、设计和改变在旧的环境下形成的按职能部门进行运作和考核的机制，有效地建立跨越职能部门的业务流程，减少生产过程中的资源浪费、节约能源和减少环境污染。

强化企业领导和员工的环境意识,企业高层领导转变观念,积极地把经济目标、环境目标和社会目标恰如其分地同供应链联系在一起考虑,通过学习和培训,提高企业各个层次员工的环境认识,让员工了解企业本身对环保的重视。

实施绿色采购。尽量根据企业的需求,采购原材料和零部件,减少原材料和零部件库存量,对有害材料尽量寻找替代物,对企业的多余设备和材料要充分利用。

2. 加强供应商的环境管理

绿色供应过程对供应商提出了更高的要求。首先,要根据制造商本身的资源与能力、战略目标对评价指标加以适当调整,设置的指标要能充分反映制造商的战略意图;其次,强调供应商与制造商在企业文化与经营理念上对环境保护的认同,这是实现供应链成员间战略伙伴关系形成的基础;再次,供应链成员具有可持续的竞争力与创新能力;最后,在供应商之间具有可比性,这样有利于在多个潜在的供应商之间择优比较。

3. 加强用户环境消费意识

要从我国人均资源占有水平低、资源负荷重、压力大的角度出发,充分认识绿色消费对可持续发展的重要性。发展绿色消费可以从消费终端减少消费行为对环境的破坏,遏制生产者粗放式的经营,从而有利于实现我国社会经济可持续发展目标。同时,发展绿色消费不仅可以从优质无污染的消费对象来改善人们的消费质量和身体健康,而且在消费过程中通过观念的转化、行为的转变,提高广大消费者对环保、绿色消费与可持续发展的认识。

4. 加强管理部门的环境执法

由于一个企业的技术水平和资金是相对有限的,企业的生产过程是否最节约资源、能源和减少环境污染往往不能确定。企业为了节约成本,会对生产过程进行适当的修改,但由于习惯、经验、技术、设备和资金的影响,大多数企业生产方式的修改是有限的,效果怎样也不能很好地考察。即使有一些企业效益很好,想对生产过程进行大改造,节约资源和能源及减少环境污染,也不愿冒风险。有些企业为了追求短期效益,甚至不顾环境污染。这时需要全社会的力量参与进行。执法部门广泛深入地宣传环保,既向各企业决策者宣传绿色市场营销观念,又向广大消费者宣传生态环境的重要意义,针对不同对象,采取不同方式进行教育培训。

## 案例10-2:
### 耐克公司包装管理的创新

为减小包装的生态影响,NIKE进行了大量的包装创新工作。1995年,NIKE的包装盒进行了一次全面的重新设计,18种包装盒改为2种,然后改为1种良性生态包装,用来盛放运动鞋、滑雪板、太阳镜等商品。这种包装采用了一种开创性的折叠式设计,其结构中不使用重金属、油墨、胶水——并且每年为NIKE节约8000吨纤维材料。

旧的包装盒作为再生原料,被投入到一个封闭循环系统的粉碎设备中处理。换句话说,在处理过程中,对周围环境不会造成污染。这些纸箱超出美国环保局所要求的环保标准。1998年5月,新的粉碎设备应用到纸箱生产中,提高了纸箱的性能。这些纸箱重量减小了10%,但强度不变。仅此一项,每年节约4000吨的纤维材料。

在配送中心,NIKE正在试验重新利用包装箱的可能性。由于是新技术纸板,这些纸箱不易被损坏,易于重新使用。

## 第三节 绿色供应链管理的发展

### 一、绿色供应链管理发展现状

绿色供应链管理的概念自 20 世纪 90 年代提出以来,逐渐受到世界各国政府和企业的关注和重视,由一个抽象的概念,逐步成为日常经济生活的指南。20 世纪 90 年代中期以来,欧美和亚洲发达国家的各类组织和企业,都纷纷在理论和实践上深入研究绿色供应链管理。

美国 Lucent 技术公司率先推出绿色供应链中供应商环境质量评估标准,主要指标包括材料使用、辅助材料的使用、水的使用、能源消耗、排向大气及水中排放物、废物、包装等七个方面,并由此给出产品的环境比率和质量比率,使得企业在供应链管理中有章可循。

1996 年,美国通用汽车公司(GM)实施绿色供应链管理供应商培训计划,把资源节约、环境保护等内容列入其中,并且对世界范围内的 140 多个供应商进行轮训。1998 年 1 月,GM 邀请八个供应商组成了一个供应商环境咨询小组,旨在开拓 GM 与供应商之间的合作途径,包括如何把环境因素融入设计、制造等过程。这次会议还拟定了一个 GM 供应链环境声明,并将它传递给世界 650 个大供应商的环保行为期望,为其他世界著名企业作出了表率。

1999 年,Ford 公司应用绿色供应链管理,资源再生利用的效益达到 10 亿美元;Ford 公司利用易拉罐、塑料瓶和其他再生资源生产汽车外壳、内装饰和其他很多部分,Ford 公司要求自己所有的供应商和协作商与 2002 年 12 月获得 ISO14001 认证。NIKE 公司为加强绿色供应链管理,多次与供应商进行磋商和论证,要求供应商和合作厂商始终关注可持续发展目标,NIKE 公司明确要求所有鞋类包装合同制造商必须在 2001 年 6 月以前设立"环境卫生、安全"管理系统。

绿色供应链管理也离不开政府部门的扶持和推进,各国政府在推进企业实行绿色供应链管理上做了两方面工作,一方面是制定环境保护法律法规对企业危害环保和生态的行为加以限制,另一方面出台相应政策对绿色供应链管理进行鼓励。

### 二、绿色供应链管理发展前景

实施绿色革命是人类社会可持续发展的必然要求,是一项方兴未艾、复杂的系统工程。绿色供应链管理是人类可持续发展战略在制造业中的体现,具有重大的经济和社会意义。

1. 供应链管理"绿色化"势在必行

绿色供应链管理研究和实施方面取得了一些成就,但同时我们也看到实行绿色供应链管理的企业还是极少数,从国家和地区的角度来看也极不平衡。然而由于人类社会可持续发展的根本需要决定了全面实施绿色供应链管理势在必行。企业要实行绿色供应链管理的原因包括两大主要方面,即外部动因(external drivers)和内部动因(Internal drivers)。外部动因主要是:

(1)自 20 世纪 90 年代以来,国家间签订的国际性和地区环境保护公约多达 20 多个,确定了环境和生态保护的具体要求;

(2)指导企业的国际环境质量管理标准 ISO14001 和 ISO14040 已经颁布实施;

(3)各国为保护环境而制定的法律法规越来越详细,越来越严格;

(4)公众对企业的期望也与企业的环境保护行动紧密挂钩。

内部动因主要是：一是时代要求企业必须把自身的可持续发展和人类社会的可持续发展结合起来，倡导人与自然的和谐发展，才能真正保证企业近期利益和可持续发展的完美统一。二是企业提高国际竞争力的必然要求。国际社会十分注重绿色工程，许多国家要求进口产品进行绿色性认定，要有"绿色标志"，甚至一些严格的"绿色标准"被视为"绿色贸易壁垒"。

2. 供应链管理"绿色化"依赖两大主体的"绿色化"

供应链管理"绿色化"的两大主体是供应链环节中的每个企业和行业内或行业间的企业战略联盟。

(1)供应链环节中各企业"绿色化"是绿色供应链管理的前提和保障。企业要实行"绿色化"，首先，要根据国家的法律法规和企业特色确立符合自身企业实际的科学规划和目标，分步实施，减少企业改造面临的风险。其次，企业所有员工，特别是企业高层领导要认识到环境保护是社会、经济可持续发展的客观要求，也是企业生存的必然的、惟一的选择。企业高层领导的重视和支持是企业成功实现"绿色化"的保证。第三，将企业 BPR（业务流程重组）与绿色供应链管理有机结合是实施企业"绿色化"的手段。在这一过程中，要对企业各个职能部门按"绿色化"要求进行新的职能确定、划分和重组，适当调整运行机制，建立有效的跨越职能部门的业务流程，提高运行效率。

(2)行业内或行业间绿色供应链企业战略联盟的形成是绿色供应链管理的关键。从发达国家实施绿色供应链管理的实践来看，要全面完整地实行"绿色"管理，单靠某个企业是不行的，只有建立一个企业联盟才有可能。绿色供应链企业战略联盟是在行业内和行业间建立的一种实施"绿色"管理的企业联盟，它不仅是一种信息和利益共享、风险共担的利益集合体，而且也是一种标准和意识同步的标准集合体。在这样的企业联盟中，要求其成员具备先进的环境保护、生态保护和绿色管理意识，以及贯彻和实施这些意识的能力和决心。具体做法包括：①在联盟中实行符合或超过国际、国家环保要求的标准。②整个供应链的绿色管理以核心制造商为枢纽点，核心制造商从绿色设计、绿色材料选择、绿色制造工艺、绿色包装、绿色营销和绿色回收分别对原材料供应商、半成品供应商、包装物供应商和分销商提出"绿色管理"标准和要求。下游的"绿色管理"延至对零售商和消费者的环保要求和教育。③核心制造企业为达到"绿色管理"的目的，还要把主要供应商融入环境管理中，对他们进行必要的环境保护方面的知识培训和技术支持，共同研究开发新的环保项目。④在这个绿色供应链中，由于实行"绿色"计划，在利益平衡和分配上也不同于传统的供应链。

3. 工业生态园将成为实施绿色供应链管理的一条重要途径

生态工业的概念是20世纪90年代后期提出的，它的核心思想是以清洁生产为导向，根据循环经济的原则设计生产过程，促进原料和能源的循环使用，实现经济增长与环境保护的双重效益，是一种兼顾经济效益和环境效益的最优生产方式。生态工业可以最大限度地减少原材料和能源的消耗，减少对环境和人类自身的危害；生态工业可以根据排泄物和废弃物的物理化学性质，进行综合利用，使它成为下一个生产环节的原材料，既治理了污染，又提高了经济效益；生态工业还可以利用上一个生产环节产生的多余能源，作为下一个生产环节的能源来源，提高能源的利用效率。

总之，生态工业和实施绿色供应链管理有着密切的内在联系和相同的目标。从供应链企业循环的角度，建立生态工业链或生态工业园区是实施绿色供应链管理的有效途径。生态园区模拟生态系统的"食物链"功能,建立系统内部的生产者和还原者,降低原材料和能源消耗,使企业生产和生态环境协调发展,实现二者的良性循环。

在生态工业链中,以生态互补为纽带,把生产工厂连接起来形成共享资源和互换副产品的产业共生组合,如 A 厂家的废气,废热,废水,废物及副产品成为 B 厂家的原材料和能源来源。生态园中,注意上,下游企业在园内的合理布局,使园区的污染排放最小化,直到达到"零排放"。另外,在生态工业园建设中,还要注意建立动态的生态工业链,以开放、动态、适应性对待园区内外的环保要求和指标的变化,提高生态链的应变能力。

## 案例 10 – 3:
### 国际贸易中的绿色壁垒

1. 新世纪之初,在美国、西欧主要国家以及日本之间,又展开了建立汽车贸易壁垒的新较量,这标志着世界汽车三大市场之间的贸易摩擦又将升级。由于日本轿车在美国和欧洲市场上长期受到顾客的欢迎,日本轿车在美欧市场的份额是美欧企业在日本市场份额的几倍。欧盟试图通过制订和实施新的汽车排放标准来限制日本汽车在欧洲市场的增长。新的环境保护国际推广要求,到 2008 年。欧洲市场销售的所有轿车的二氧化碳排放量要比 1995 年下降 25%,这无疑是冲着日本和韩国企业而来的。对此,韩国的汽车企业认为"在技术上难以达到"而反对;日本汽车工业协会则表示"与欧洲企业共同努力"。但是不明确表示保证届时达标。欧盟准备在各成员国一致通过新的排放标准之前,先拿日本和韩国企业开刀,即首先强制要求日韩企业先达标,否则不能向欧洲市场出口。据分析,由于在欧洲市场上,从日本进口的轿车以高级休闲车和大型轿车为主,其平均的二氧化碳排放水平比欧洲当地生产的车要高出近 10%。若要达标,日本车就要平均减少 31% 以上的二氧化碳排放量。日本政府也不示弱,在 1999 年 3 月 19 日,日本政府与欧盟就汽车废气排放标准谈判破裂后,日本立即采取了针锋相对的策略:实施"歧视性"的《节能修正法》新法案。在 1999 年 4 月 1 日实施的该法案规定,到 2010 年,在日本市场上销售的不同质量和用途的汽车,必须达到相应的节能标准,以减少汽车的废气排放。具体规定是:两人(按 110 千克计)乘坐时总质量在 1000 千克以下的汽油轿车,到 2010 年要比 1995 年的相当车型节能 17.7%;同期 1000 ~ 1249 千克的轿车,要节能 25.7%;1250 ~ 1499 千克的轿车要实现 30% 以上的节能;1500 ~ 1749 千克以上的轿车,到 2010 年要比 1995 年分别实现节能 24% 和 9.7%。由于美国和欧洲生产的轿车在日本市场有近 90% 属于 1250 千克以上的范围,即几乎所有的美欧轿车都要在日本市场上受到更加严格的节能要求;而日本车在国内市场由于主要是轻型和微型车,因此受此修正法案的影响就没有外国企业那样大。美国政府今年 3 月向世贸组织提交了一份意见书,该意见书指出,日本单方面提高汽车节能标准是直接阻碍国外汽车进口的不正当行为。要求世贸组织正式调查。

2. 为保护环境,不少发达国家采取了各种措施来限制或禁止某些产品的进出口贸易。经济合作与发展组织成员国已禁止了多种化工产品的生产和进出口贸易,其中包括 DDT 和六六六等农药。由于食品受到污染,许多国家提出了很高的卫生要求。1991 年有 32 个国家和地区对 427 种农药在食品中的残留量订有法定的限量标准;不少国家对食品中农药残留污染、重金属含量、化肥使用、微生物污染、动物饲料及添加剂等进行了严格的规定;对食品包装的要求也越来越严格。有的国家以保护野生动物为由禁止进口裘皮、毛皮、鲸皮产品。美国宣布禁止从加拿大进口石棉;德国根据《危险物质使用条例修订草案》规定在 1994 年全面禁止进口、制造和使用石棉,并敦促其他国家在欧洲范围内禁止使用石棉。1990 年美国根据保护海洋哺乳动物法，以保护海豚为由禁止进口墨西哥的金枪鱼。废弃的塑料包装材料在许多国家和地区已成了难以处理的垃圾，构成"白色污染"。为保护环境，许多国家对进口商品的包装提出了可回收利用、循环使用、自然化解等新的要求，这使得许多产品进入其传统市场时产生困难，贸易争端也随之而起。

3. 从1996年开始，我国对欧洲的服装出口开始趋缓，主要原因是相当一部分服装残留污染，不符合环保要求。我国苏南一家服装厂出口的服装因拉链用材"含铅过度"，白白损失10万多美元，最终导致企业破产。仅1996年，欧盟国家禁止进口的非绿色产品价值就达220亿美元，其中发展中国家提供的产品占90%。值得注意的是目前一些国际组织在禁止生产和使用氟里昂之后，正着手对污染物控制采取新的行动，如联合国现已拟订《持久性有机污染物议定书》初步草案，一旦通过，必将对包括我国在内的企业生产和商品出口产生很大影响。

4. 欧盟一些国家实施纺织品环境标志（对棉花生产中农药的使用，对漂白剂、染色剂等提出较高环保要求）对我国纺织品出口产生严重影响。如厦门丝绸进出口公司出口到欧盟的丝绸由于此标志的实施而出口量大大下降。

5. 各国对进口产品的环保技术标准日趋复杂和严格。食品的环境技术标准是最高的，各国政府尤其是日本、欧盟、美国等发达国家对食品中的农药残留量和有毒物质含量标准规定到了近乎苛求的地步，过去我国大量出口冻猪肉和冻兔肉到欧洲，现在都被禁止。同样我国的很多纺织品由于环保原因不得不退出国际市场。

6. 目前国际上已签订了150多个多边环保协定，其中将近20个含有贸易条款。通过贸易限制来达到环保法规实施的目的。特别是保护臭氧层的有关国际公约将禁止受控物质及其相关产品的国际贸易，这些受控物质大部分是基本化工原料，如制冷剂、烷烯炔化工产品等，由于用途广泛，因而影响面非常大。有关保护野生动植物的公约将禁止虎骨、象牙等贸易，因此，我国一些传统出口产品如象牙雕刻已不再有市场。

7. 随着国际环境公约的频繁出台和全球环境的日益恶化，以及消费者环保意识的不断增强，许多国家纷纷制定和修订环境与贸易法规，并按照一定的环境标准颁发了环境标志（也称"绿色标志"），无疑有利于促进环境保护。但是，由于各国环境与技术标准的依据和指标水平、检测和评价方法等不同，有可能对外国商品的市场准入需求构成贸易壁垒或被新贸易保护主义所利用，从而必然引起种种的贸易纠纷，尤其威胁和冲击了发展中国家的出口贸易。据统计，因发达国家绿色标志的广泛使用，至少影响我国40亿美元的出口。

8. 产品包装方面，有些国家为强制实施再循环和再利用相关法律，建立了绿色标签制度，无绿色标签包装的产品禁止进口。1998年，美、加、英、欧盟等相继以天牛虫问题为由，禁止我国所有未经熏蒸处理的木制包装进入其境内，增加包装成本20%，影响我国对上述地区出口总额的三分之一。

9. 在农产品和食品出口中，我国正是一些发达国家名目繁多的卫生和检疫措施的直接受害者。如我国出口日本的大米，日方规定的检验项目多达56个。其中有90%以上是卫生和检疫措施项目（一般仅检9个项目）；又如我国出口日本的家禽，其卫生标准要求竟高出国际卫生标准500倍；出口至德国的蜂蜜曾经因为不能满足进口方的特殊卫生要求使全国输往德国的3万多吨蜂蜜不得不停止出运而一度退出欧洲市场；出口至欧共体国家的冻兔肉也因卫生标准不符合进口方过于苛刻的规定要求而被迫退出市场；出口至美国的陶瓷产品（稻草包装）因与美国植物检疫措施有违而被勒令销毁；甚至因我国一家生产厂某一规格的蘑菇罐头有不符合检疫的嫌疑,而使我国几百家生产厂出口至美国的所有蘑菇罐头全部遭卡关、查封,连已在美市场上销售的也全部被撤下来,其损失是巨大的。诸如此类,在过去的对外贸易中,我国有不少农产品和食品因不符合发达国家过于苛刻的卫生、检疫措施而遭拒收或卡关甚至退关或销毁,造成贸易障碍和重大经济损失的事件屡有发生。因此,在当今的农产品、食品贸易中,发达国家采取过于苛刻的卫生、检疫措施,是他们构筑非关税贸易壁垒的一个重要方面。乌拉圭回合农产品贸易谈判的矛盾和焦点,虽都集中反映在欧共体和美国等发达国家之间的利益冲突,"决议"的达成尽管也反映了他们的妥协,但真正受害的却是发展中国家。如欧共体为其统一大市场所采取的282项贸易措施中,除食品卫生措施外,关于动植物检疫的就有81项(其中动物检疫63项、植物检疫18项)。而且,这些新形成的欧洲统一的检疫标准均高于各成员国家原来的水平,这就给发展中国家设置了更高更多的贸易障碍,其受害情况是显而易见的。

10. 各国都有针对进口产品的从产品本身到产品生产、运输、消费和处置整个过程的严格的检验检疫制度,1996年8月1日,欧盟以不符合其卫生检疫标准为由,禁止我国冻鸡和部分水产品进入其市场,至今尚未解禁,每年损失达数亿美元;另外,条件近乎苛刻的美国FDA检验等,都严重影响了我国产品出口。

11. 美国对进口商品的要求,专门制定了各种法律条例,据了解,由于各种原因,每月被FDA扣留的各国进口商品平均高达3500批左右。如1989年,FDA因发现中国蘑菇罐头中存在葡萄球菌肠毒素污染而自动扣留了中国蘑菇罐头。

12. 1996年10月,我国出口到日本的魁蛤被日本食品卫生检疫部门检测出麻痹性贝毒的含量超标。这批货是10月13日以后运到日本的,为此,日本厚生省生活卫生局要求全日本各地卫生主管部门对1996年10月1日以后到日本的中国产双壳贝类中所含麻痹性贝毒的安全性实施全面性检测,出现毒素超标问题将直接报告厚生省。同时,日本厚生省颁布命令修改对中国产贝类麻痹性毒素的检测范围,修改后的贝类麻痹性毒素检测范围扩大到中国各海域捕捞的全部双壳贝类。此前,日本卫生检疫部门只对辽宁半岛东部沿岸捕捞的魁蛤、莱州湾捕捞的扇贝实施麻痹性贝毒的检测。

13. 1989年起,加拿大开始对我国出口到加拿大的蘑菇罐头进行批批抽检,并列入进口警告清单。1995年3月,加拿大颁布了关于进口罐装食品的视检议定书,规定不能有一听存在严重缺陷。虽然理论上适用所有进口商、制造商,但实际操作中对当地产品基本不检,其他国家仅抽检,对中国则批批检。

14. 1999年6月初,我国出口到欧盟某国的一批机械产品,因其木质包装材料不符合欧盟的检疫标准要求,欧盟单方面采取紧急措施,致使我国70多亿美元的对欧出口贸易受阻。

15. 复杂苛刻的动植物卫生检疫措施。例如,1998年9月,欧盟曾派专家考察团来华考察后,在所完成的报告中认为,中国的防疫检疫体系不符合欧盟要求,从而继续禁止中国向欧盟出口禽肉。

16. 从1999年1月1日起,欧盟贸易委员会对蜂蜜产品实施卫生监控计划,要求出口蜂蜜到欧盟各成员国的第三国,都必须在此之前提交对蜂蜜中残留物质进行监控的保证计划,否则欧盟将禁止该国蜂蜜进口。蜂蜜是我国传统出口商品。1996年出口量约为10万吨。其中40%销往欧盟国家,年创汇达1.1亿美元,居世界首位。但是,由于诸多方面的原因,1997年的出口量下降到4.8万吨。1998年又比1997年有所减少。据了解,蜂蜜产品直接涉及人类安全卫生，各国对此十分敏感。自80年代日本提出蜂蜜中抗生素限量要求，90年代初欧洲提出杀虫脒的限量要求之后，我国对养蜂技术作了许多改进，已停止使用杀虫脒等高残留量的敏感药品。但是，由于卫生监控体制不够健全，一些蜂农对抗生素、螨克等药物使用量、使用方法不当，出口蜂蜜中残留药物超标的现象没有从根本上消除。欧盟是我国蜂蜜的主要销售市场，在当前我国蜂蜜出口不景气的情况下，欧盟又将蜂蜜列为80%的植物性产品和20%的动物性产品，并依据其1996年4月29日制定的96/23EC指令性文件，实施对蜂蜜产品的卫生监控计划，对四环素、链霉素、磺胺、螨克等药物和杀虫剂提出严格的限量要求。此外，国外一些客商还要求对苯酚、硫磺、C13、酵母菌等进行检验控制，这将使我国出口蜂蜜面临前所未有的严峻挑战。

### ※思考题：

1. 说明绿色供应链管理含义。
2. 从可持续发展战略如何理解绿色供应链管理的重要性？
3. 绿色供应链管理的内容有哪些？试举例说明。
4. 结合企业实例谈谈如何进行绿色管理。
5. 简述绿色供应链管理的发展前景。

### 参考文献：

1. 《绿色供应链管理》，王能民等，北京，清华大学出版社，2005
2. 《全球物流与供应链管理案例》，上海，中信出版社，2003
3. 亚洲资料网
4. 环球物流网
5. SCM第一频道

### 案例讨论：

作为营业额360亿美元的跨国企业，美国的联合包裹服务公司UPS自1990年起，开始考虑在环保的前提下，建立绿色供应链，打造绿色工作环境。

能源替代

UPS首席执行官吉姆·凯利指出，"UPS在全球拥有91000台车辆、2850个服务中心、268架飞机，如何打造一个绿色供应链及绿色工作环境，对我们而言非常重要。"自1998年开始，UPS与戴姆勒克莱斯勒、美国环境保护局合作，研究开发替代性能源的运输工具；2001年，公司开始使用油电混合车，创下美国运输业界的先例。此后，电气车、丙烷发电车等陆续被开发出来；2005年，在与美国环境保护局的合作下，公司开始测试第一台通过水力发电的油电混合车，力图降低运输工具对环境的污染。

此外，UPS积极地与政府部门、协会合作，共同研究如何减少环境污染及打造绿色环境的计划。UPS在加州Palm Springs的服务设施是通过145片的太阳能镜板，来提供该服务中心的相关电力，而公司在加州也有14个中心，使用植物如玉米等产生的绿色能源。

1995年，为节省水资源，公司更改其清洗运输工具的政策，在可维持其干净车体外观之下，决定不再每天清洗运输工具，此举每年约省下3亿6500万加仑的水，并在24个营运中心加装废水利用系统，将水资源回收利用。2003年开始运用无害环境的酵素来清洗运输工具，此举每年约节省100万美元的洗车剂和水的费用。

科技"绿色"

如何运用信息科技达到保护环境及成本降低的双赢策略，UPS亦是个中的佼佼者。"UPS通过无线传输、卫星定位等科技，追踪车辆、飞机等，以规划出最经济的行经路线；并依照天气、风速、飓风或其他因素，选择最有效率的飞航路径，既能节省油料、降低成本，又能减少废气的排放，达到环境保护的目的。"

此外，UPS每一位快递员随身配备的手提式"讯息传递收集器（DIAD）"，不仅便于交易，也可以及时与公司保持联系。UPS车队在取件过程中，可以更灵活地调整路线以满足客户的取件要求，也可以进行更具效率的取件路线规划。

凯利表示，"因为DIAD的研发与使用，让公司每年节省了约5900万张纸张的用量，平均每年少砍伐5187棵树木。"对于必须要运用到纸张的部分，但凡文件信封、计算机纸张、再次送件的客户通知单等，公司皆使用再生纸，并做好垃圾分类，将可再生的物资再次利用。就连运输过程中所使用的分类袋也是由耐用的尼龙线制作，而不使用任何的塑料袋。

由内而外

UPS推动绿色供应链的方式，是先由其内部做起，建立良好的制度及环保章程，然后再往外推广至合作伙伴端，提供合作伙伴相关的服务。2000年，UPS开始推动"e-waste"项目，将其内部所有不再使用的主机、屏幕等计算机设备，取出零件循环使用，6年下来，将原先可能变成垃圾并污染环境的1209万磅电子零件废弃物回收再利用，成为有价值的物品。

对外，公司也开始提供客户或制造商资源回收的服务，包括：墨盒、计算机器材、书本、录像带、汽车零件、医疗器材等，将这些报废或使用完的资源重新利用或制造，与合作伙伴一起尽企业公民的责任。例如：惠普公司与UPS即有一项合作，称为HP星球伙伴（HP Planet Partners）的计划——当消费者购买HP墨粉盒时，每个墨粉盒的包装盒里都贴有一枚预付运费的UPS回程快递标签，消费者用完墨粉盒后，直接寄还给制造商，公司就会在后端协助处理这些计算机废弃物品。

讨论题：

1. UPS是如何实现绿色供应链管理的？
2. 为什么UPS首席执行官吉姆·凯利指出打造一个绿色供应链及绿色工作环境对UPS非常重要？

# 读者反馈意见

亲爱的读者：

　　感谢您对《物流与供应链管理》的学习和热爱！为了今后能给您提供更优质的服务，请您抽出宝贵时间填写下面意见反馈表，以便我们更好地对本教材做进一步的改进。同时如果您在使用本教材的过程中遇到了什么问题，或者有什么好的建议，也请您来信、来电告诉我们。

　　地址：北京市丰台区科学城南极星大厦108室
　　电话：010-83794590 /83794403
　　电子邮箱：caikai6223@263.net　　QQ:1694299827　　QQ:649319527
　　网址：WWW.KFHWH.CN

---

**教材名称**：《物流与供应链管理》

**个人资料**：

姓名：_____　年龄：_____　所在院校/专业_____

文化程度：_____　通讯地址：_____

联系电话：_____　电子信箱：_____

**您使用本书是作为**：□指定教材、□选用教材、□辅导教材

**您对封面设计的满意度**：

□很满意、□满意、□一般、□不满意　改进建议_____

**您对本书印刷质量的满意度**：

□很满意、□满意、□一般、□不满意　改进建议_____

**您对本书的总体满意度**：

从语言质量角度看：□很满意、□满意、□一般、□不满意
从科技含量角度看：□很满意、□满意、□一般、□不满意

**本书最令您满意的是**：

□指导明确　□内容充实　□讲解详尽　□实例丰富

**您认为本书在哪些地方应进行修改？（可附页）**

_____
_____

**您希望本书在哪些方面需进行改进？（可附页）**

_____
_____